EBS
교육방송교재

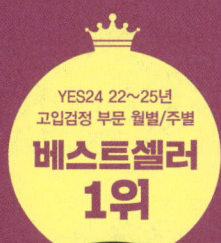

검스타트
검정고시
중졸 사회

2026
최신판

단원별 개념정리 + 적중예상문제 + 최신기출 2회분

검스타트 고득점 합격 로드맵

기출이 답이다
최신 기출문제
+ 무료 강의

연습은 실전처럼
온라인 모의고사
+ 상세 해설

빈틈 없는 마무리
시험장에서 보는
5분 정리집

빠른 결과 확인
가답안 문자 예약
+ 자동 채점

시험 안내

중졸 검정고시는 부득이한 이유로 정규 중학교 과정을 마치지 못한 사람들을 대상으로 실시하는 국가 자격 시험으로, 중졸 검정고시에 합격한 자는 중학교를 졸업한 자와 동등한 자격을 인정받습니다.

※ 자세한 사항은 각 시 · 도별 공고문을 참고하십시오.

1 시행 기관

- 시 · 도 교육청 : 시행 공고, 원서 교부 및 접수, 시험 실시, 채점, 합격자 발표
- 한국교육과정평가원(KICE) : 문제 출제, 인쇄 및 배포

2 시험 일정*

구분	공고 기간	접수 기간	시험일	합격자 발표
제1회	1월 말 ~ 2월 초	2월 초 ~ 중순	4월 초 · 중순	5월 초 · 중순
제2회	5월 말 ~ 6월 초	6월 초 ~ 중순	8월 초 · 중순	8월 하순

※ 상기 일정은 시 · 도 교육청 협의에 따라 변경될 수 있습니다. 반드시 해당 시험 공고문을 참조하세요.

3 시험 과목 및 시간표

구분	1교시	2교시	3교시	4교시	중식 12:30~13:30	5교시	6교시
시간	09:00~09:40	10:00~10:40	11:00~11:40	12:00~12:30		13:40~14:10	14:30~15:00
	40분	40분	40분	30분		30분	30분
시험 과목	국어	수학	영어	사회		과학	선택 과목

※ 필수 과목 : 국어, 수학, 영어, 사회, 과학(이상 5과목)
※ 6교시 선택 과목은 '도덕, 기술 · 가정, 체육, 음악, 미술, 정보' 중 1과목(총 6과목 응시)
※ 유의 사항 : 1교시 응시자는 시험 당일 08:40분까지, 2~6교시 응시자는 해당 과목 시험 시간 10분 전까지 지정 시험실에 입실하여야 합니다.

4 출제 형식 및 배점

- 문항 형식 : 객관식 4지 택 1형
- 출제 문항 수 및 배점

구분	문항 수	배점
중졸	각 과목별 25문항 (단, 수학은 20문항)	각 과목별 1문항당 4점 (단, 수학은 1문항당 5점)

5 **합격자 결정 및 취소**

- 전과목 합격 ➡ 100점 만점 기준으로 결시 없이 평균 60점 이상 취득한 자(과락제 폐지)
- 과목 합격 ➡ 과목당 60점 이상 취득 과목
- 합격 취소 ➡ 응시 자격에 결격이 있는 자, 제출 서류를 위조 또는 변조한 자, 부정행위자

6 **응시 자격 및 제한**

◆ 응시자격 및 응시과목

응시자격	응시과목
초등학교 졸업자 및 이와 동등 이상의 학력이 있는 자	• 국어, 수학, 영어, 사회, 과학 【필수 : 5과목】 • 도덕, 기술·가정, 체육, 음악, 미술, 정보【선택 : 1과목】
초등학교 졸업학력 검정고시 합격자	
초·중등교육법시행령 제29조의 규정에 의하여 학적이 정원외로 관리되는 자	
보호소년 등의 처우에 관한 법률 시행령 제69조 제2호에 해당하는 자	
3년제 고등공민학교 및 중학교에 준하는 각종학교의 졸업자 또는 졸업예정자	국어, 수학, 영어 【총 3과목】
'92.9.3 이전 사회교육법시행령 제7조 제1항의 규정에 의한 중학교 교육과정에 상응하는 사회교육 과정을 이수한 자	
만 18세 이후에 평생교육법 제23조 제2항에 따라 평가 인정한 학습과정 중 고시과목에 관련된 과정을 교육부장관이 정하는 바에 따라 과목당 90시간 이상 이수한 자	국어, 수학, 영어 【3과목】 + 미이수 과목

◆ 응시 자격 제한

- 중학교 또는 초·중등교육법시행령 제97조 제1항 제2호의 학교를 졸업한 자 또는 재학 중인 자 (휴학 중인 자 포함)
- 공고일 이후 초등학교 졸업자
- 공고일 이후 '제1호'의 학교에 재학 중 학적이 정원외로 관리되는 자
- 고시에 관하여 부정행위를 한 자로서 2년이 경과되지 아니한 자

7 **제출 서류**

- 검정고시 응시원서(소정서식) 1부
- 사진(최근 3개월 이내 촬영한 탈모 상반신 3.5㎝×4.5㎝) 2매
- 최종학력증명서 1부(아래에 해당서류 중 한 가지)
  - 초졸 검정고시 합격자 : 초졸 검정고시 합격증서 사본(원본 지참)
  - 중학교 정원외 관리자 : 중학교 정원외 관리증명서(유예증명서 아님)
  - 중학교 면제자 : 중학교 면제증명서
  - 중학교 제적자(의무교육이전) : 중학교 제적증명서
  - 초등학교 졸업 후 상급학교 미진학자 : 검정고시용 초등학교 졸업증명서, 미진학사실확인서
    ※ 졸업증명서는 반드시 검정고시용으로 제출하여야 함
  - 귀국자 : 귀국자 학력 인정 및 제출서류 내용에 따름
- 과목 면제자 : 과목합격증명서, 평생학습이력증명서(해당자에 한함)
- 장애인등록증 사본 또는 복지카드 사본(원본 제시) 1부(장애인으로 등록되어 있는 자에 한함)

8 출제 수준, 세부 출제 기준 및 방향

◆ 출제 수준
- 중학교 졸업 정도의 지식과 그 응용 능력을 측정할 수 있는 수준

◆ 세부 출제 기준 및 방향
- 2015 개정 교육과정에서 출제
- 각 교과의 검정(또는 인정) 교과서를 출제 범위에 활용
  - 가급적 최소 3종 이상의 교과서에서 공통으로 다루고 있는 내용으로 출제
    (단, 국어와 영어의 경우 교과서 외의 지문 활용 가능)
- 문제은행(기출문항 포함) 출제 방식을 학교 급별로 차등 적용
  - 초졸 : 50% 내외, 중졸 : 30% 내외, 고졸 : 적용하지 않음.
  - 출제 비율은 과목에 따라서 달라질 수 있음.
- 출제 난이도 : 최근 5년간 평균 합격률을 고려하여 적정 난이도 유지
- 중졸 검정고시의 '사회' 과목에 역사(한국사만 출제, 세계사 제외)를 포함하여 출제

9 응시자 시험 당일 준비물

◆ 중졸 및 고졸

> (필수) 수험표, 신분증, 컴퓨터용 수성사인펜
> (선택) 아날로그 손목시계, 수정 테이프, 도시락

※ 수험표 분실자는 응시원서에 부착한 동일한 사진 1매를 지참하고 시험 당일 08시 20분까지 해당 고사장 시험 본부에서 수험표를 재교부 받을 수 있다.
※ 시험 당일 고사장에는 차량을 주차할 수 없으므로 대중교통을 이용해야 한다.

검정고시 온라인 원서 접수, 이렇게 해요!

※ 사전 준비 : 본인의 '공동인증서' 발급 받기

1. <u>온라인 접수 기간</u>에 시·도 교육청의 검정고시 서비스 사이트에 접속

http://kged.sen.go.kr ⌕

2. 검정고시 전체 서비스 메인 화면에서, 화면 왼쪽의 검정고시 온라인 접수 클릭

3. 왼편의 검정고시 온라인 접수에서 해당하는 '시·도 교육청'을 선택하여 이동

4. 상단의 〈온라인 원서 접수〉 메뉴에서 본인이 희망하는 자격의 검정고시 선택
   ☞ 해당 자격의 원서 접수하기 버튼을 클릭하면 '온라인 원서 접수 페이지'로 이동

5. 성명과 주민등록번호(또는 외국인등록번호)를 입력하고, 원서 접수 허위 사실 기재에 관한 안내 및 서약서와 개인식별번호 처리 동의에 체크(✓)한 뒤, 인증서 로그인 을 클릭한 후 본인의 공동 인증서를 통해 로그인

6. 응시자 정보 ➡ 학력 과목 정보 ➡ 고사장 선택 ➡ 접수 완료 순으로 작성

   (1) 응시자 정보에서 본인의 기본 신상 정보와 검정고시 응시 기본 정보를 입력한 후 저장 버튼을 클릭하여 저장 (*표시는 필수 입력 항목으로, 미입력 시 다음 순서로 진행되지 않음) ➡ 다음 버튼 클릭
   • 사진 파일은 100kb 크기 미만의 jpg와 gif 파일만 저장 가능

   (2) 학력 과목 정보에서 응시자 본인의 학력 정보와 과목 응시 정보를 등록, 관련된 서류를 첨부한 후 저장 버튼을 클릭하여 저장 ➡ 다음 버튼 클릭

   (3) 고사장 선택에서 금회차의 고사장이 조회되며, 고사장별 수용 인원이 도달할 때까지 응시자가 신청할 수 있음 ➡ 다음 버튼 클릭
   ※ 고사장을 변경할 시에는 상단의 〈원서 조회〉 메뉴에서 '3. 고사장 선택 입력 단계 화면'에서 수정

   (4) 접수 완료에서 이전 단계에서 등록했던 주요 항목을 다시 한번 확인한 후, 제출 버튼을 클릭하여, 최종적으로 원서 제출
   ※ 입력을 완료하였으나 제출을 하지 않을 경우 오프라인으로 재접수를 해야만 응시 가능
   ※ 제출 완료한 응시원서에 수정이 필요한 경우, 〈수정후제출〉 버튼을 클릭하여 수정

7. 상단의 〈원서 조회〉 메뉴를 통해 본인이 응시한 검정고시 원서 조회 가능(공동인증서로 로그인)

8. 상단의 〈수험표 출력〉 메뉴에서 수험표 출력 가능(해당 자격의 수험표 출력하기 버튼 클릭)
   ※ 식별이 가능하도록 가급적 컬러프린터로 출력하여 시험 당일 소지할 것

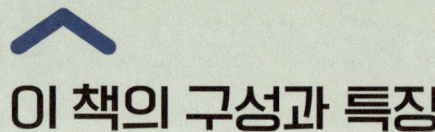

이 책의 구성과 특징

■ 알찬 개념 정리 + 다양한 학습장치

해당 단원에서 자주 출제되는 핵심 키워드를 제시하고, 각종 사진·지도·그래프 등의 시각적 자료를 충분히 활용하여 핵심 이론을 정리하였습니다. Click 주요개념 정리, 챕터별 적중예상문제를 통해 자신의 학습 상태를 점검해보실 수 있습니다.

EBS 교육방송교재

01 내가 사는 세계

* 다양한 지도 읽는 방법을 통해 공간 정보를 알 수 있다.
* 위도와 경도의 특징을 알고 위도에 따른 기후 차이, 경도에 따른 시간 차이를 알 수 있다.

1 세계를 바라보는 창, 지도

1. 지구의 모습

| 육지 | 유라시아, 아프리카, 오세아니아, 북아메리카, 남 |
| 바다 | 태평양, 인도양, 대서양, 북극해, 남극해 |

▶ 다양한 방법으로 표현되는 주제도

▲ 점지도(점묘도)

▲ 유선도

▲ 도형 표현도

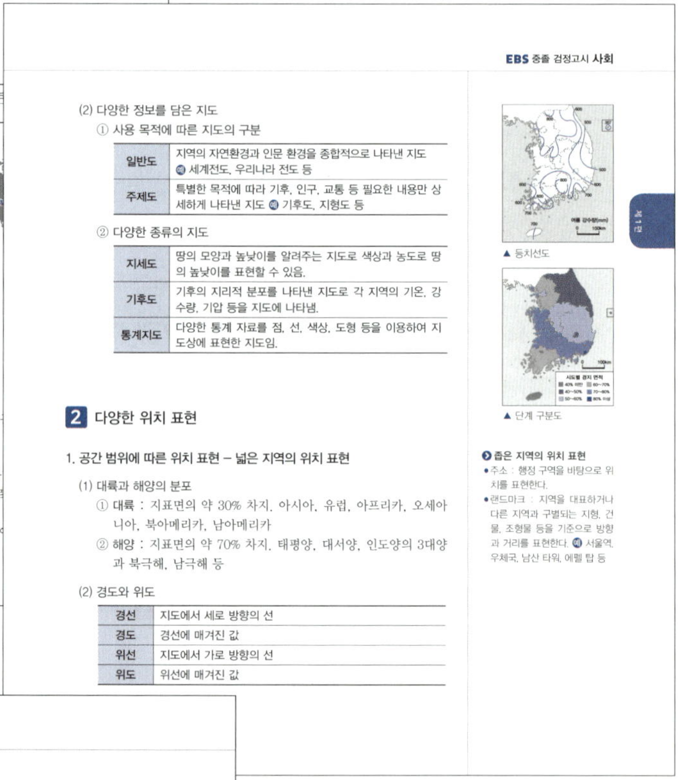

▲ 주요 대륙과 해양의 위치

2. 지도

(1) 지도의 원리
① 지도 : 지표면의 여러 가지 지리적 현상을
로 줄여서 나타낸다.
② 지도의 구성 요소
㉠ 축척 : 실제 거리를 지도상에 줄여서 나타
㉡ 방위 : 지도에서 방향을 나타내는 것으로
때는 지도의 위쪽을 북쪽으로 본다.
㉢ 기호 : 지표면의 여러 가지 현상을 지도에
일종의 약속

EBS 중졸 검정고시 사회

(2) 다양한 정보를 담은 지도
① 사용 목적에 따른 지도의 구분

| 일반도 | 지역의 자연환경과 인문 환경을 종합적으로 나타낸 지도 ⑩ 세계전도, 우리나라 전도 등 |
| 주제도 | 특별한 목적에 따라 기후, 인구, 교통 등 필요한 내용만 상세하게 나타낸 지도 ⑩ 기후도, 지형도 등 |

② 다양한 종류의 지도

지세도	땅의 모양과 높낮이를 알려주는 지도로 색상과 농도로 땅의 높낮이를 표현할 수 있음.
기후도	기후의 지리적 분포를 나타낸 지도로 각 지역의 기온, 강수량, 기압 등을 지도에 나타냄.
통계지도	다양한 통계 자료를 점, 선, 색상, 도형 등을 이용하여 지도상에 표현한 지도임.

2 다양한 위치 표현

1. 공간 범위에 따른 위치 표현 – 넓은 지역의 위치 표현

(1) 대륙과 해양의 분포
① 대륙 : 지표면의 약 30% 차지. 아시아, 유럽, 아프리카, 오세아니아, 북아메리카, 남아메리카
② 해양 : 지표면의 약 70% 차지. 태평양, 대서양, 인도양의 3대양과 북극해, 남극해 등

(2) 경도와 위도

경선	지도에서 세로 방향의 선
경도	경선에 매겨진 값
위선	지도에서 가로 방향의 선
위도	위선에 매겨진 값

▲ 등치선도

▲ 단계 구분도

▶ 좁은 지역의 위치 표현
• 주소 : 행정 구역을 바탕으로 위치를 표현한다.
• 랜드마크 : 지역을 대표하거나 다른 지역과 구별되는 지형, 건물, 조형물 등을 기준으로 방향과 거리를 표현한다. ⑩ 서울역, 우체국, 남산 타워, 에펠 탑 등

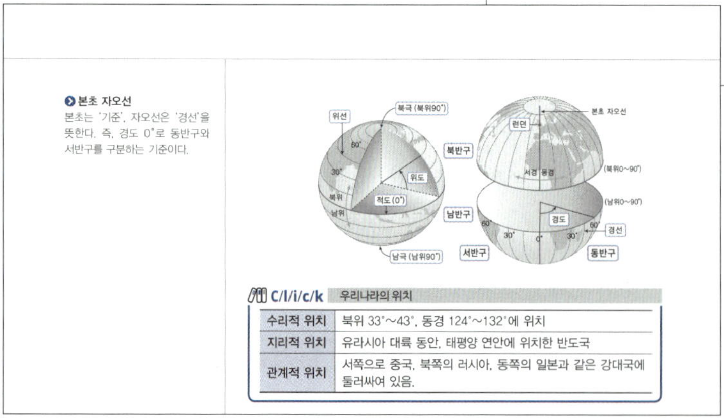

▶ 본초 자오선
본초는 '기준', 자오선은 '경선'을 뜻한다. 즉, 경도 0°로 동반구와 서반구를 구분하는 기준이다.

위선 / 북극 (북위90°) / 편서 / 본초 자오선 / 북반구 / (북위0~90°) / 위도 / 적도(0°) / 남반구 / 경도 / 경선 / 남극 (남위90°) / 서반구 / 동반구

🅜 C/l/i/c/k 우리나라의 위치

수리적 위치	북위 33°~43°, 동경 124°~132°에 위치
지리적 위치	유라시아 대륙 동안, 태평양 연안에 위치한 반도국
관계적 위치	서쪽으로 중국, 북쪽의 러시아, 동쪽의 일본과 같은 강대국에 둘러싸여 있음.

■ 최신기출문제 1, 2회분 + 상세한 해설

2025년 제1회, 제2회 기출문제를 모두 수록하여 기출 유형을 완벽하게 파악할 수 있으며, 왜 정답인지, 왜 오답인지 정확하게 파악할 수 있도록 명쾌한 해설을 수록하였습니다.

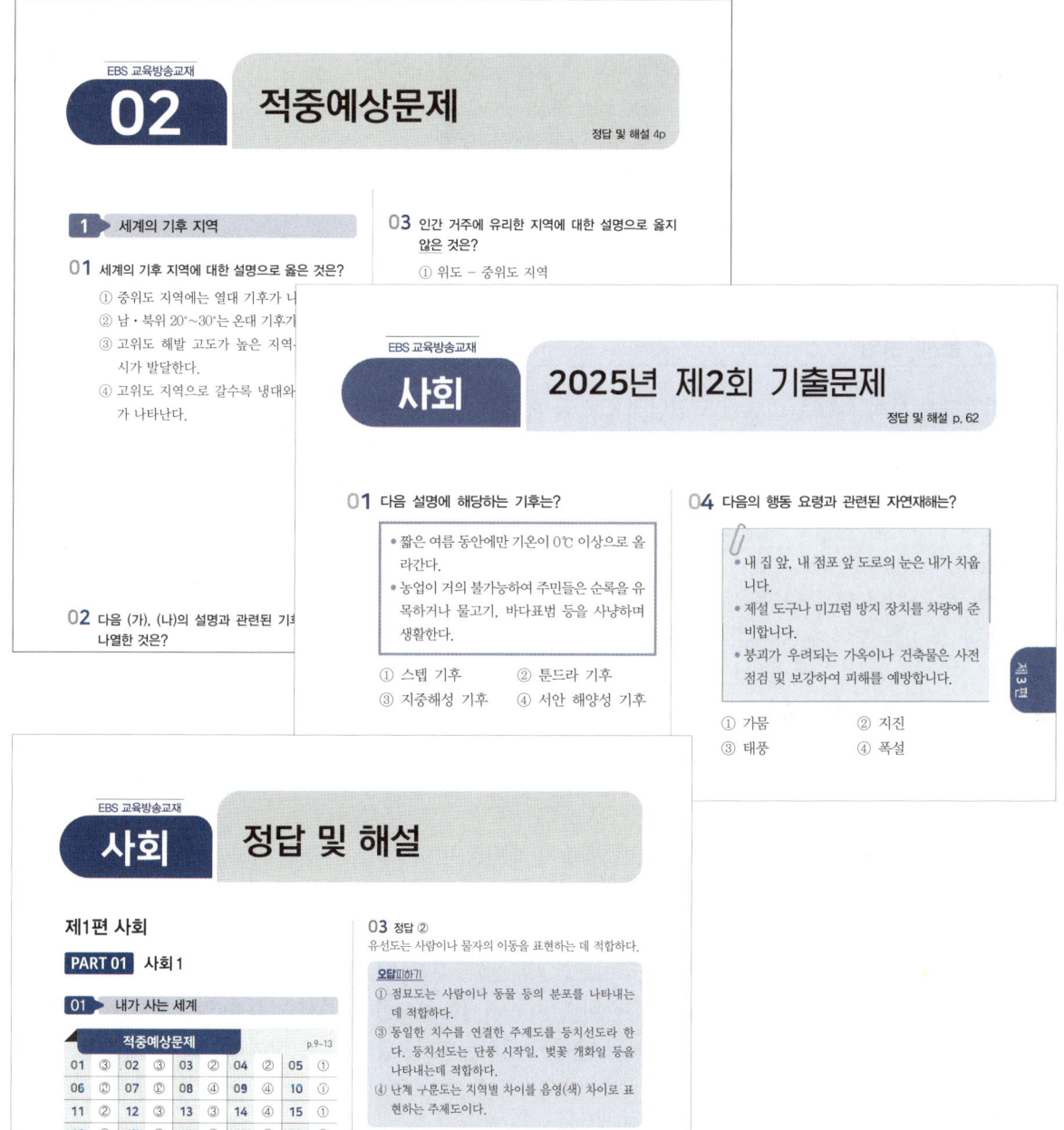

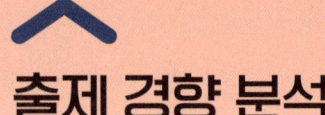

출제 경향 분석

■ 단원별 출제 빈도(중졸 사회)

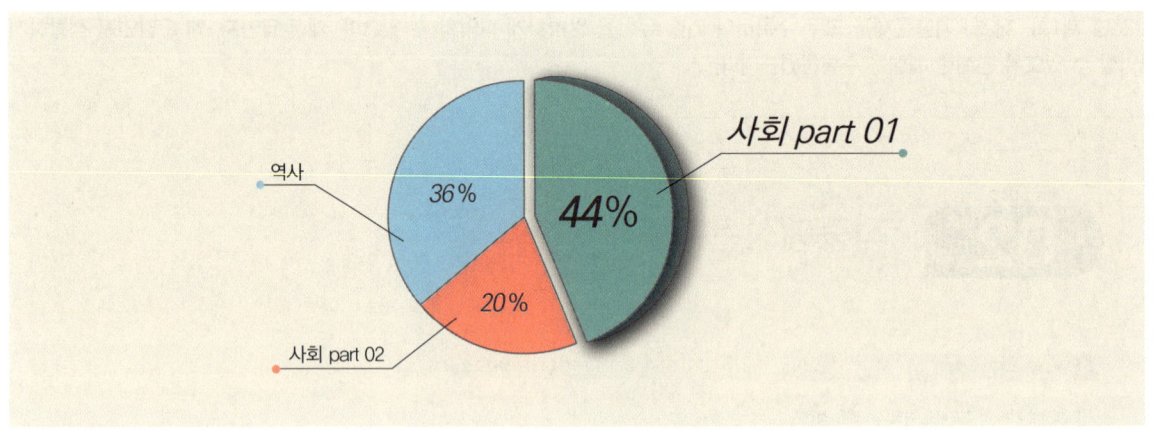

역사 36%

사회 part 01 44%

사회 part 02 20%

■ 최근 출제 경향

중졸 검정고시 사회 시험은 이번에도 전반적으로 균형 잡힌 구성을 보였습니다.

역사 영역에서는 구석기 시대의 주먹도끼부터 6월 민주 항쟁까지 전 시기를 아우르며, 특정 주제에 치우치지 않고 전 영역에서 고르게 출제되었습니다. 또한 복잡한 추론보다는 기초 개념 이해와 사례 적용에 초점을 맞춘 문제가 다수를 차지했기 때문에, 핵심 개념 정리만 충실히 한다면 고득점 확보가 충분히 가능한 수준이었습니다.

결론적으로, 사회와 역사 영역 모두에서 개념 중심 학습과 기출 유형 반복 훈련이 효과적인 대비 전략으로 작용할 수 있는 무난한 난이도의 시험이었습니다.

■ 사회, 이렇게 공부해요!

중졸 사회는 학습해야 할 범위가 넓고 개념이 많은 과목이지만, 전략적으로 공부하면 충분히 고득점을 노릴 수 있습니다.

● 기출문제 분석은 필수! 단원별로 어떤 개념이 자주 출제되는지 파악하고, 출제 비중이 높은 내용을 집중적으로 학습하세요.

● 전체를 고르게 반복 학습하기 한 단원에만 치우치지 말고 사회 전 영역을 여러 번 반복해서 보는 것이 효과적입니다.

● 기출로 실력 점검 전체 내용을 한 번 이상 학습한 뒤, 다시 기출문제를 풀면서 실력을 점검하세요.

● 약점 집중 보완 문제를 풀다 보면 자주 틀리는 단원이 생기는데, 오답 노트로 정리해두고 그 부분을 집중하여 복습해야 합니다.

사회는 핵심 개념 정리 + 기출문제 반복 훈련이 가장 확실한 공부법입니다. 꾸준히 연습한다면 누구나 안정적으로 고득점을 받을 수 있습니다.

■ 기출 분석에 따른 학습 포인트

① 사회 1

〈사회 1〉 영역에서는 다양한 기후와 주민들의 생활, 다양한 지형과 주민 생활, 문화의 다양성과 세계화 같은 부분에서 지속적으로 많은 문제들이 출제되고 있으며, 특히 지리 문제가 지속적으로 많이 출제되고 있다. 빈출 주제를 보면 다양한 기후 및 지형이 주민 생활과 연관되어 출제되었다. 특히, 자연재해의 종류와 특성 등의 주제는 반복 출제되고 있어 많은 학습이 필요하다. 정치, 일상생활과 법은 매회 출제되는 단원으로 개념과 용어 중심으로 반복적인 학습을 해야 한다.

② 사회 2

〈사회 2〉 영역에서는 인권과 헌법, 헌법과 국가 기관, 경제생활과 선택, 시장 경제와 가격, 인구 변화와 인구 문제 단원에서 지속적으로 많은 문제가 출제되고 있다.

인권과 헌법에서는 출제 주제가 기존의 법과 기본권의 종류를 물어 보던 방식에서 인권과 시민의 권리 등을 구체적 사례를 통해 물어보는 문항들이 늘고 있다. 또한 환경 문제에 대한 사회적 관심이 높아짐에 따라 지속 가능한 환경을 주제로 많은 문제들이 출제되고 있다. 경제 문제의 경우 수요 공급 곡선 그래프가 직접 제시되기도 한다.

> **Tip 〈사회 2〉 키 포인트**
>
> 〈사회 2〉 영역은 법, 정치, 경제를 다루고 있어 수험생들이 어려워하는 파트입니다.
>
> 좋은 성적을 낼 수 있는 방법은 어려운 단원에 대한 출제 경향을 파악하여 자주 사용되
>
> 고 출제되는 용어와 개념을 중심으로 학습하세요.

③ 역사

〈한국사〉 영역의 경우 선사 시대에서 오늘날 대한민국까지의 변화를 대표적인 인물과 단체, 사건을 중심으로 학습하는 것이 중요하다.

삼국, 통일 신라와 발해의 역사는 출제 비중이 낮아져서, 대표적인 인물을 중심으로 파악한다.

고려와 조선 시대에 발생한 사건과 인물이 자주 출제되고 있어 집중적인 학습이 필요하다.

조선 후기부터 현대사까지의 역사적 사건과 인물의 출제 비중이 늘어나고 있으므로 고대사보다는 중세, 근대, 현대의 학습 비중을 높이는 것이 좋다.

> **Tip 〈역사〉 키 포인트**
>
> 〈한국사〉 영역은 인물, 사건을 바탕으로 고려, 조선, 근현대사를 집중적으로 학습하는
>
> 것이 가장 효율적인 학습 방법입니다.

검스타트 합격 스토리!
다음 합격 스토리의 주인공은 바로 당신!

고득점 합격
k*****

선생님들의 좋은 강의와 교재로 열심히 공부한 결과
고득점(평균 98.86점)을 받았습니다.

검스타트는 검정고시 관련 정보를 다양하게 제공하고 있어
시험 준비에 많은 도움을 받았습니다.
특히 다양한 학습자료가 정말 맘에 들었습니다.

수험생들의 학습을 위해 많은 배려를 하고 있다는 느낌을
받았고, 저렴한 수강료도 좋았지만
수험생의 합격을 위한 진실함이 있다고 느꼈습니다.

이 모든 것들이 검스타트를 선택한 배경이었습니다.

고득점 합격
동*

전체에서 한 문제 틀렸습니다.
과학에서 아쉽게 틀려서 만점을 못 받았습니다.

첫 관문을 잘 넘었으니 이제 대학 진학이라는 더 큰 목표를
위해 더 열심히 공부하려고 합니다.

강의해 주신 선생님들 정말 감사합니다.
핵심을 잘 정리해 주시고 이해하기 쉽도록
강의를 잘 해주신 덕분에 높은 점수를 받았습니다.

검스타트 최고!!!

고령 합격
합***

인강 선택을 위해 제 아들과 상의하고 합격수기가 많은
검스타트를 선택했습니다.

공부한 지 오래되어 기초실력이 없기에
제일 처음 기초강의부터 반복해서 들었습니다.
이어서 이론공부를 시작했습니다.

강의와 교재를 반복해서 공부하다 보니 어느새 틀이
잡혀지고 자신감이 생겼습니다.

이론을 마치고 문제풀이. 기출풀이를 공부하니 검정고시가
그다지 어렵지 않게 느껴졌습니다.

시험을 마치고 채점을 해보니 총점은 합격점수를
충분히 넘었습니다.

고령 합격
t***

50대 중반 주부입니다.
38년 만에 처음으로 도전해 보았는데 혼자 공부하는 거라
처음엔 막막하고 지루하고 어려웠습니다.

검스타트 상담선생님께서 말씀해 주신 대로 쉬운 과목부터
완벽하게 준비해 나갔습니다.
기본강의, 예상문제, 모의고사, 기출문제 순서로 공부했고
무엇보다도 문제를 많이 풀어보았습니다.

특히 핵심총정리가 많은 도움이 되었습니다.
향후 사이버 대학에 도전해보려 합니다.

열심히 강의해 주신 선생님들께 감사드립니다.

중+고졸 합격
심****

검스타트와 인연을 맺은 지 1년.
훌륭하신 선생님들의 헌신적인 강의에 힘입어
70 가까운 나이에 중학교 과정과 고등학교 과정을 잘 마쳤고
특히 고등학교 과정은 7과목 중 4과목을
만점을 받을 정도의 성적으로 무사히 마쳤습니다.

이 모두가 검스타트 임직원 여러분과 각 과목 선생님들의
땀과 아낌 없는 희생 덕분이라 생각합니다.

고맙습니다.
이제부터는 대입 준비 열심히 하여 대입에 도전해 보려
합니다.

이젠, 여러분이
합격할 차례입니다!

목차

제2편 역사

제3편 2025년 기출문제

🏆 100% 합격을 위한 나만의 학습 계획

◆ 『중졸 검정고시 사회』 학습 진도표

구분			진도 체크(✓)*				
			1회	2회	3회	4회	5회
제1편 사회	PART 01 사회 1	01 / 적중예상문제					
		02 / 적중예상문제					
		03 / 적중예상문제					
		04 / 적중예상문제					
		05 / 적중예상문제					
		06 / 적중예상문제					
		07 / 적중예상문제					
		08 / 적중예상문제					
		09 / 적중예상문제					
		10 / 적중예상문제					
		11 / 적중예상문제					
		12 / 적중예상문제					
	PART 02 사회 2	01 / 적중예상문제					
		02 / 적중예상문제					
		03 / 적중예상문제					
		04 / 적중예상문제					
		05 / 적중예상문제					
		06 / 적중예상문제					
		07 / 적중예상문제					
		08 / 적중예상문제					
		09 / 적중예상문제					
		10 / 적중예상문제					
		11 / 적중예상문제					
		12 / 적중예상문제					
제2편 역사	PART 01	01~04 / 적중예상문제					
	PART 02	01~03 / 적중예상문제					
	PART 03	01~04 / 적중예상문제					
	PART 04	01~04 / 적중예상문제					
	PART 05	01~03 / 적중예상문제					
	PART 06	01~04 / 적중예상문제					
제3편 2025년 기출문제		제1회 기출문제					
		제2회 기출문제					

* 학습 완료한 날짜를 적으셔도 좋습니다.

● 진도 체크(✓) 요령

1회 해당 부분 모두를 정독(精讀)했을 때를 1회로 간주합니다. 단순히 체크(✓)하셔도 좋고 권하는 대로 해당 날짜를 적어 넣으셔도 좋습니다.

2회 해당 부분 모두를 두 번째로 정독했을 때를 2회로 간주합니다. 띄엄띄엄 부분적으로 공부한 것은 해당하지 않습니다. 반드시 해당 부분 모두를 두 번째로 정독했을 경우에만 표시하도록 합니다.

3회 해당 부분에서 취약하거나 중요한 부분을 중심으로 처음부터 끝까지 모두 공부했을 때를 3회로 간주합니다. 실력(이해와 암기)을 키우기 위한 집중 학습에 해당합니다.

4회 3회와 같은 방식으로 취약하거나 중요한 부분을 중심으로 처음부터 끝까지 다시 한번 모두 공부했을 때를 4회로 간주합니다.

5회 시험을 목전에 두고 최종적으로 해당 부분 모두를 정독했을 때를 5회로 간주합니다. 1회에서 4회까지의 학습 과정이 있었기 때문에 1회, 2회보다는 훨씬 빠른 속도로 끝마칠 수 있을 것입니다.

◆ 취약 부분 극복 계획

학습 진도 중에서 자신이 취약하다고 생각되는 부분을 적고, 이를 극복할 수 있는 방안을 고민해 봅니다.

진도 중 취약 부분	극복 방안	극복한 날
예) 시의 비유법들이 잘 구분되지 않는다 (특히 은유법). 어렵다.	예) 교재와 강의에서 비유법 관련 내용이 나올 때마다 초집중한다.	예) 7월 7일(화) 비유법 극복!

◆ 나의 다짐과 소감

본격적인 학습에 앞서 다짐의 말을 적어 봅니다. 또 주변 사람들로부터 응원의 말을 받아 보세요. 물론 스스로에게 하는 응원의 말을 적으셔도 좋습니다. 마지막 포스트잇은 합격 후에 기분 좋게 작성하세요.

● (학습 전) 나의 다짐
_____
_____
_____
_____

● 응원의 말
_____
_____
_____
_____

● 합격 소감
_____
_____
_____
_____

EBS 교육방송교재

중졸 검정고시 사회

제 **1** 편

사회

EBS 교육방송교재

중졸 검정고시 **사회**

PART

01

사회 1

✪ 이 단원은 지리, 사회 문화, 정치, 법에 대해 다루는 단원이다.

내가 사는 세계를 시작으로 세계의 기후, 지형, 자연재해에 대한 내용을 살펴보고 문화의 의미와 바람직한 문화 이해 태도를 이해하여 세계화 시대에 알맞은 문화 이해 태도가 무엇인지 생각해 본다. 민주주의 발전 과정을 이해하며, 정치 참여 주체와 정치 활동을 알아보고 공법, 사법, 사회법의 의미와 재판의 종류를 통해 우리 생활에 법이 미치는 영향을 살펴본다.

01

내가 사는 세계

- 다양한 지도 읽는 방법을 통해 공간 정보를 알 수 있다.
- 위도와 경도의 특징을 알고 위도에 따른 기후 차이, 경도에 따른 시간 차이를 알 수 있다.

1 세계를 바라보는 창, 지도

1. 지구의 모습

육지	유라시아, 아프리카, 오세아니아, 북아메리카, 남아메리카, 남극 대륙
바다	태평양, 인도양, 대서양, 북극해, 남극해

❯ 다양한 방법으로 표현되는 주제도

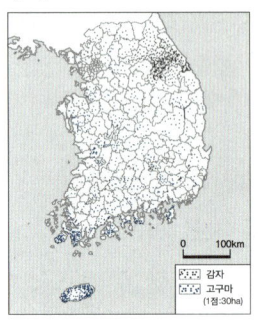

▲ 점지도(점묘도)

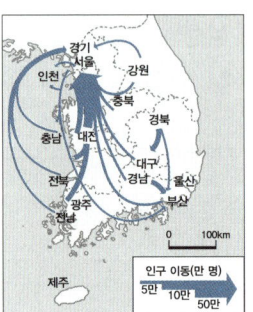

▲ 유선도

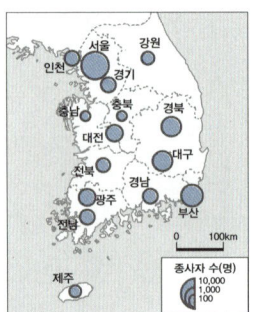

▲ 도형 표현도

▲ 주요 대륙과 해양의 위치

2. 지도

(1) 지도의 원리

　① 지도 : 지표면의 여러 가지 지리적 현상을 공간에 일정한 비율로 줄여서 나타낸다.

　② 지도의 구성 요소

　　㉠ 축척 : 실제 거리를 지도상에 줄여서 나타낸 비율

　　㉡ 방위 : 지도에서 방향을 나타내는 것으로 방위 표시가 없을 때는 지도의 위쪽을 북쪽으로 본다.

　　㉢ 기호 : 지표면의 여러 가지 현상을 지도에 간단히 표현하는 일종의 약속

(2) 다양한 정보를 담은 지도

① 사용 목적에 따른 지도의 구분

일반도	지역의 자연환경과 인문 환경을 종합적으로 나타낸 지도 예 세계전도, 우리나라 전도 등
주제도	특별한 목적에 따라 기후, 인구, 교통 등 필요한 내용만 상세하게 나타낸 지도 예 기후도, 지형도 등

② 다양한 종류의 지도

지세도	땅의 모양과 높낮이를 알려주는 지도로 색상과 농도로 땅의 높낮이를 표현할 수 있음.
기후도	기후의 지리적 분포를 나타낸 지도로 각 지역의 기온, 강수량, 기압 등을 지도에 나타냄.
통계지도	다양한 통계 자료를 점, 선, 색상, 도형 등을 이용하여 지도상에 표현한 지도임.

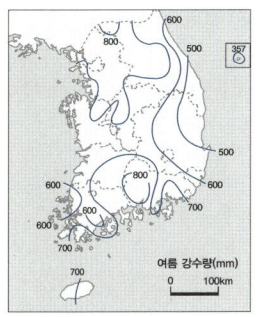

▲ 등치선도

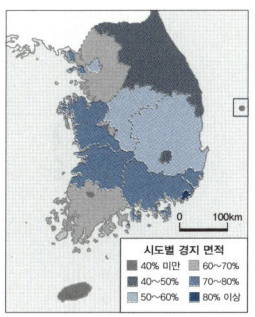

▲ 단계 구분도

2 다양한 위치 표현

1. 공간 범위에 따른 위치 표현 – 넓은 지역의 위치 표현

(1) 대륙과 해양의 분포

① 대륙 : 지표면의 약 30% 차지. 아시아, 유럽, 아프리카, 오세아니아, 북아메리카, 남아메리카

② 해양 : 지표면의 약 70% 차지. 태평양, 대서양, 인도양의 3대양과 북극해, 남극해 등

(2) 경도와 위도

경선	지도에서 세로 방향의 선
경도	경선에 매겨진 값
위선	지도에서 가로 방향의 선
위도	위선에 매겨진 값

⭕ 좁은 지역의 위치 표현

● 주소 : 행정 구역을 바탕으로 위치를 표현한다.

● 랜드마크 : 지역을 대표하거나 다른 지역과 구별되는 지형, 건물, 조형물 등을 기준으로 방향과 거리를 표현한다. 예 서울역, 우체국, 남산 타워, 에펠 탑 등

● 본초 자오선
본초는 '기준', 자오선은 '경선'을 뜻한다. 즉, 경도 0°로 동반구와 서반구를 구분하는 기준이다.

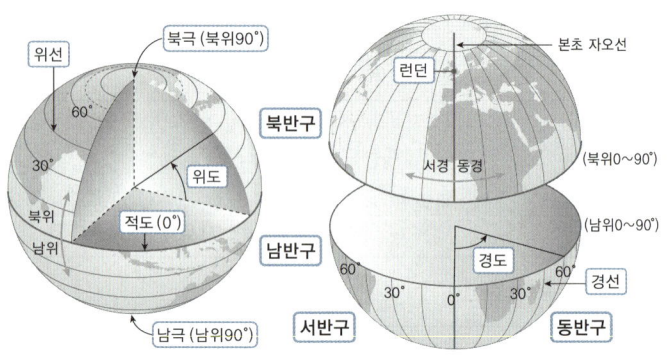

C/l/i/c/k 우리나라의 위치

수리적 위치	북위 33°~43°, 동경 124°~132°에 위치
지리적 위치	유라시아 대륙 동안, 태평양 연안에 위치한 반도국
관계적 위치	서쪽으로 중국, 북쪽의 러시아, 동쪽의 일본과 같은 강대국에 둘러싸여 있음.

3 위도와 경도에 따라 달라지는 주민 생활

1. 위도별 기후 차이

(1) 원인 : 지구가 둥글기 때문에 위도에 따라 태양 에너지를 받는 양이 달라진다.

(2) 위도별 기후 특징

● 위도와 경도의 영향
위도는 기온에 영향을 주고, 경도는 시간에 영향을 준다.

● 위도의 일사량 분포

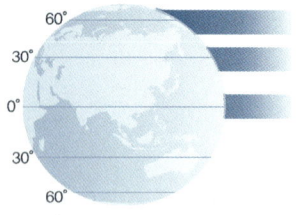

고위도 지역 (위도 60°~90°)	● 연중 태양 에너지를 가장 적게 받아 기온이 낮음. ➜ 한대 기후 ● 두꺼운 옷, 폐쇄적 가옥 구조, 얼음집 ● 훈제 요리, 저장 음식이 발달
중위도 지역 (위도 30°~60°)	● 비교적 온화한 기후 ➜ 온대 및 냉대 기후 ● 사계절의 변화가 나타남. ● 계절별 과일, 채소 음식 발달
저위도 지역 (위도 0°~30°)	● 연중 태양 에너지를 가장 많이 받아 기온이 높음. ➜ 열대 기후 ● 얇은 옷, 개방적 가옥 구조, 고상 가옥 ● 기름에 튀긴 음식, 향신료 사용(음식 부패 방지)

2. 위도에 따른 계절 차이

(1) 원인 : 지구의 자전축이 23.5° 기울어진 채 태양 주위를 공전하기 때문

(2) 위도에 따른 계절 차의 영향
   ① 농업 : 남반구와 북반구의 농작물의 수확 시기가 달라 계절에 따른 농작물 이동
   ② 관광 산업 : 남반구와 북반구의 계절이 반대이기 때문에 북반구가 겨울일 때 남반구로 여행을 가는 관광객 수 증가

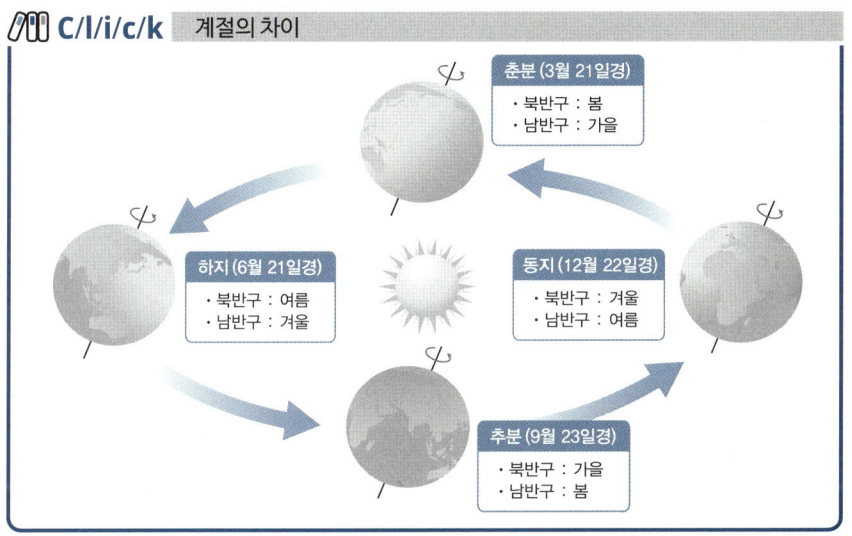

C/l/i/c/k 계절의 차이

춘분 (3월 21일경)
- 북반구 : 봄
- 남반구 : 가을

하지 (6월 21일경)
- 북반구 : 여름
- 남반구 : 겨울

동지 (12월 22일경)
- 북반구 : 겨울
- 남반구 : 여름

추분 (9월 23일경)
- 북반구 : 가을
- 남반구 : 봄

(3) 경도별 시간 차이
   ① 시차 발생 원인 : 지구가 서쪽에서 동쪽으로 하루에 한 바퀴씩 자전하기 때문
   ② 하루 24시간 동안 360° 회전하므로 경도 15°마다 1시간의 시차 발생(우리나라는 런던보다 9시간 빠름.)

(4) 표준시와 날짜 변경선
   ① 표준시 : 세계의 표준시는 본초 자오선(경도 0°)을 기준으로 한다.
      ㉠ 의미 : 각 국가나 지방에서 기준으로 하는 표준 경선에 해당하는 시각
      ㉡ 특징 : 본초 자오선에서 동쪽으로 갈수록 빨라지고, 서쪽으로 갈수록 느려짐.
   ② 날짜 변경선 : 경도 180°와 대체로 일치, 날짜 변경선을 기준으로 양쪽 지역 간에 25시간의 시자가 발생

❯ 공전
지구가 태양 주위를 365일 주기로 회전하는 현상이다.

❯ 우리나라의 표준 경도
우리나라의 표준 경도는 일본과 같은 동경 135°를 사용한다.

4 지리 정보 기술의 활용

◆ 지리 정보 체계(GIS) 활용 분야
입지 선정, 도시 계획, 시설물 관리, 환경 관리 등 다양한 분야에서 활용

1. 지리 정보 체계(GIS)

(1) 의미 : 다양한 지리 정보를 수치화하여 컴퓨터에 입력·저장하고 이를 사용자의 요구에 따라 다양한 방법으로 분석·종합하여 제공하는 정보 처리 시스템

(2) 특징 : 필요한 지리 정보만을 중첩하여 활용

2. 위성 위치 확인 시스템(GPS)
인공위성을 이용하여 자신의 위치를 정확하게 알아낼 수 있는 시스템

3. 원격 탐사
인공위성이나 항공기 등을 이용하여 접근하기 어려운 곳의 정보 수집

1 세계를 바라보는 창, 지도

01 다음에서 설명하는 지도의 구성 요소는 무엇인가?

> 실제 거리를 지도상에 줄여서 나타낸 비율이다.

① 방위　　　　② 기호
③ 축척　　　　④ 지형

02 주제도에 대한 설명으로 옳지 <u>않은</u> 것은?

① 기후의 지리적 분포를 나타낸 기후도가 있다.
② 땅의 모양으로 높낮이를 알려주는 지세도가 있다.
③ 자연환경과 인문 환경을 종합적으로 나타낸 지도이다.
④ 나양한 동계 자료를 지도상에 표현한 통계 지도가 있다.

03 인구 이동을 표현하기에 적합한 주제도는 무엇인가?

① 점묘도
② 유선도
③ 등치선도
④ 단계 구분도

04 지도에 대한 설명으로 옳지 <u>않은</u> 것은?

① 지표면의 지리적 현상을 약속된 기호로 나타낸다.
② 방위 표시가 없을 때 지도의 아래쪽을 북쪽으로 한다.
③ 지표의 높낮이는 등고선, 색깔 등을 이용하여 나타낸다.
④ 축척을 이용하여 실제 거리를 일징 비율로 줄여 나타낸다.

05 지도를 읽는 방법으로 옳지 <u>않은</u> 것은?

① 지형의 높낮이는 축척을 보고 파악한다.
② 실제 거리를 줄여 지도에 나타낸 것을 축척이라고 한다.
③ 방위의 표시가 없으면 위쪽이 북쪽, 아래쪽이 남쪽이다.
④ 기호는 지표의 여러 현상을 지도상에 간략하게 나타내는 것이다.

06 지도에 대한 해석으로 옳은 것은?

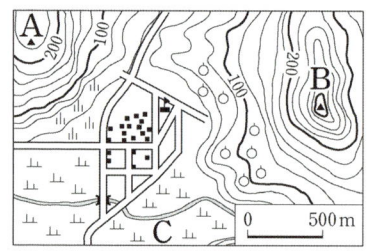

① 축척은 1 : 25,000이다.
② B산이 A산보다 높다.
③ 지도의 위쪽은 남쪽이다.
④ C지역은 과수원으로 이용된다.

07 다음 설명에 해당하는 것은?

> • 지구의 표면에 그은 가상의 가로선
> • 적도를 기준으로 하여 남북을 각각 90°로 나누는 선

① 경선
② 위선
③ 날짜 변경선
④ 본초 자오선

08 다음 위선과 경선에 대한 설명으로 옳지 <u>않은</u> 것은?

	위선	경선
①	가로로 그은 선	세로로 그은 선
②	적도를 기준	본초 자오선을 기준
③	북위, 남위로 표현	동경, 서경으로 표현
④	동반구, 서반구로 구분	북반구, 남반구로 구분

09 위치에 대한 설명으로 옳지 <u>않은</u> 것은?

① 일정한 장소에서 차지하고 있는 자리이다.

② 공간 범위에 따라 위치 표현의 방식이 다르다.

③ 위도와 경도는 정확한 위치를 표현할 때 사용된다.

④ 내가 사는 위치를 알려줄 때 대륙과 해양의 분포를 통해 표현한다.

11 국가나 지역의 위치를 수리적 위치로 표현한 것을 〈보기〉에서 고르면?

┤보기├

ㄱ. 우리나라는 중위도에 위치한다.

ㄴ. 우리나라는 동쪽으로 태평양과 인접한다.

ㄷ. 우리 집은 월드컵 경기장 앞에 위치한다.

ㄹ. 우리나라는 북위 33°~43°, 동경 124°~132°에 위치한다.

① ㄱ, ㄴ   ② ㄱ, ㄹ

③ ㄴ, ㄷ   ④ ㄷ, ㄹ

10 다양한 위치 표현 방식에 대한 설명으로 옳은 것은?

① 수리적 위치는 지리적 위치보다 정확하게 위치를 나타낼 수 있다.

② 지리적 위치는 주변 국가와의 관계를 이용한 위치 표현 방식이다.

③ 수리적 위치는 대륙과 해양을 이용한 위치 표현 방식이다.

④ 랜드마크를 이용한 위치 표현은 국가, 대륙 등 넓은 지역의 위치를 표현할 때 주로 이용된다.

12 다음 내용에 해당하는 위치 표현 방법은?

• 어떤 곳을 상징적으로 대표하는 건물이나 조형물 등

• 서울의 숭례문, 파리의 에펠탑, 베이징의 자금성 등

① 경도   ② 위도

③ 랜드마크   ④ 행정 구역

13 위도의 영향으로 볼 수 없는 것은?

① 기후대별 기온이 다르게 나타난다.
② 북반구와 남반구는 계절이 반대이다.
③ 우리나라와 영국은 표준시가 다르다.
④ 우리나라는 계절의 변화가 나타난다.

14 다음 그림에 대한 설명으로 옳은 것은?

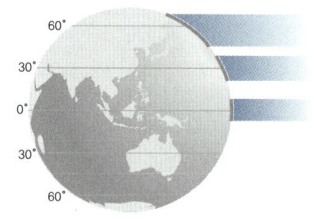

① 위도에 따라 시간 차이가 발생하게 된다.
② 위도와 관계없이 지표가 받는 일사량이 동일하다.
③ 고위도 지역은 햇볕이 수직으로 닿아 기온이 높다.
④ 적도 부근에서 극지방으로 갈수록 일사량이 줄어든다.

15 다음 ㉠, ㉡에 알맞은 말을 바르게 연결한 것은?

> 위도에 따른 계절 차이가 발생하는 이유는 지구의 자전축이 [㉠] 기울어진 채 태양 주위를 [㉡]하기 때문이다.

	㉠	㉡
①	23.5°	공전
②	23.5°	자전
③	15°	공전
④	15°	자전

16 위도에 따른 계절 차의 영향으로 옳지 <u>않은</u> 것은?

① 계절 차를 이용한 무역이 활발하다.
② 남반구와 북반구의 농작물의 수확 시기가 다르다.
③ 북반구가 크리스마스일 때 남반구의 산타는 수영복을 입고 있다.
④ 남반구와 북반구는 계절이 반대이기 때문에 12월에 남반구에서 북반구로 여행객이 증가한다.

17 다음 ㉠~㉢에 들어갈 내용이 바르게 연결된 것은?

> 지구는 [㉠]마다 1시간의 시차가 발생한다. 세계 표준시의 기준은 [㉡]으로 우리나라의 표준 경도인 135°E보다 9시간이 [㉢].

	㉠	㉡	㉢
①	위도 15°	날짜 변경선	빠르다
②	위도 15°	본초 자오선	느리다
③	경도 15°	본초 자오선	느리다
④	경도 15°	날짜 변경선	빠르다

18 날짜 변경선에 대한 설명으로 옳은 것은?

① 대부분 육지를 지난다.
② 영국의 그리니치 천문대를 지난다.
③ 북극과 남극을 연결하는 직선이다.
④ 동경 180°와 서경 180°가 만나는 지점이다.

4 지리 정보 기술의 활용

19 다음에서 설명하는 개념은 무엇인가?

> 다양한 지리 정보를 수치화하여 컴퓨터에 입력·저장하고 이를 사용자의 요구에 따라 다양한 방법으로 분석·종합하여 제공하는 시스템이다.

① 원격 탐사
② 내비게이션
③ 지리 정보 체계(GIS)
④ 위성 위치 확인 시스템(GPS)

20 인간이 접근하기 어려운 지역의 정보를 수집하기 위해 사용하는 가장 적절한 방법은 무엇인가?

① 종이 지도
② 원격 탐사
③ 지리 정보 체계(GIS)
④ 위성 위치 확인 시스템(GPS)

우리와 다른 기후, 다른 생활

- 세계의 다양한 기후와 특징을 알 수 있다.
- 열대, 온대, 건조, 툰드라 지역 주민의 의·식·주 생활 양식을 알 수 있다.

1 세계의 기후 지역

1. 날씨와 기후

(1) 날씨 : 하루의 대기 상태

(2) 기후 : 일정한 지역에서 장기간에 걸쳐 나타나는 대기의 평균적인
상태로 기후가 인간 생활에 미치는 영향은 다음과 같다.
① 인간이 삶을 영위하는 데 필요한 의식주 생활에 영향을 미친다.
② 농업, 관광업 등 경제 활동에 영향을 미친다.

2. 세계의 기후

(1) 구분 기준 : 기온과 강수량

(2) 기후 : 열대, 건조, 온대, 냉대, 한대, 고산 기후

(3) 세계의 기후 분포와 특색

한대 기후	• 극지방 부근, 가장 따뜻한 달의 평균 기온이 10℃ 미만 • 툰드라 기후와 빙설 기후로 구분, 무수목 기후
냉대 기후	• 북반구 중위도 지역 • 기온의 연교차가 크며, 타이가 지대라고 불리는 침엽수림 분포
온대 기후	• 바다와 가까운 중위도 지역, 가장 추운 달의 평균 기온이 −3℃ 이상 • 온대 계절풍 기후, 지중해성 기후, 서안 해양성 기후로 구분
건조 기후	• 남·북위 20°∼30° 일대 • 연강수량 500mm 미만 지역으로 강수량보다 증발량이 많음. • 사막 기후와 스텝 기후로 구분
열대 기후	• 적도 부근, 가장 추운 달의 평균 기온이 18℃ 이상 • 열대 우림 기후와 열대 사바나 기후로 구분
고산 기후	• 적도 부근의 해발 고도가 높은 지역 예 안데스 산맥의 고산 지대 • 연중 봄과 같이 온화한 기후가 나타남.

▶ **기온의 연교차**
1년 동안 가장 추운 달과 더운 달
의 평균 기온 차이

▶ **고산 기후 그래프**

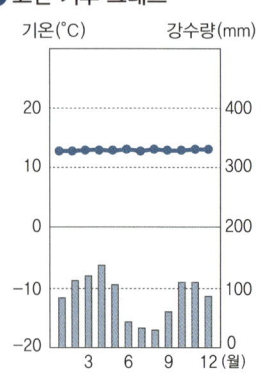

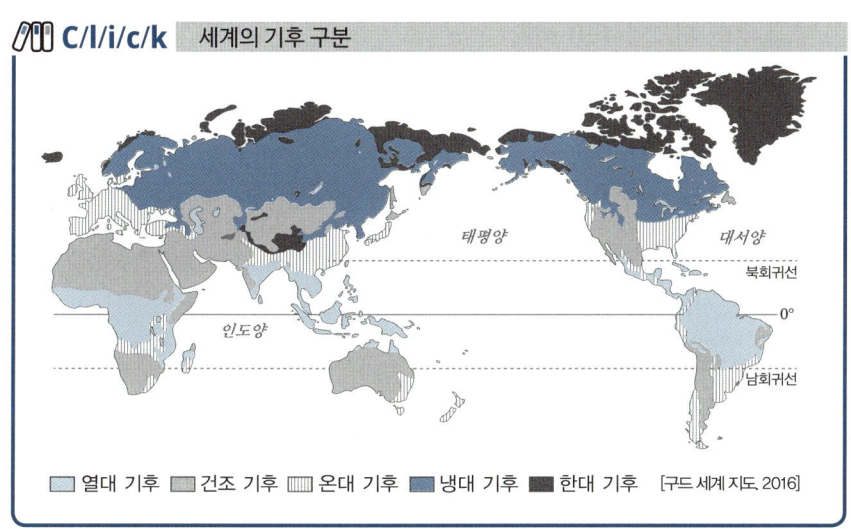

C/l/i/c/k 세계의 기후 구분

태평양
대서양
북회귀선
인도양
0°
남회귀선

■ 열대 기후 ■ 건조 기후 ▥ 온대 기후 ■ 냉대 기후 ■ 한대 기후 [구드 세계 지도, 2016]

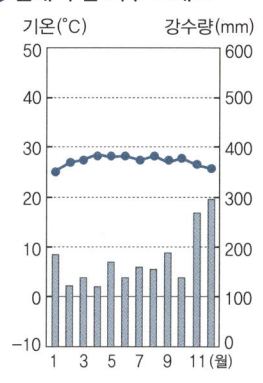

❷ 열대 우림 기후 그래프

제1편

3. 기후 지역과 거주지

(1) 인간 거주에 유리한 기후
 ① 온대 기후 : 사계절의 변화가 나타나고 비교적 강수량이 풍부하여 일찍부터 사람들이 많이 모여 거주하였다.
 ② 고산 기후 : 적도 부근의 해발 고도가 낮은 지역은 열대 기후가 나타나 무덥지만, 고산 지역은 기후가 온화하여 고산 도시 발달

(2) 인간 거주에 불리한 기후 지역
 ① 건조 기후 : 강수량이 부족하여 농업 활동이 어렵다.
 ② 한대 기후 : 기온이 낮고 지표가 얼음으로 덮여 있어 농업 활동이 어렵다.

2 열대 우림 기후 지역의 특징과 자연환경

1. 열대 우림 기후의 특징

(1) 기후 특성 : 1년 내내 기온이 높고 강수량이 많아 덥고 습한 날씨, 스콜이 자주 내리고, 적도 주변에 분포

(2) 식생 : 상록 활엽수림으로 구성되어 수종이 다양하고 키가 큰 나무와 작은 나무가 우거져 있으며, 지구의 허파 역할을 한다.

(3) 토양 : 비옥도가 낮음 ➜ 뜨거운 열과 비로 인해 나뭇잎 등이 쉽게 분해되어 물에 씻겨나간다.

따뜻한 공기

▲ **스콜** 스콜은 열대 기후 지역에서 오후에 내리는 소나기이다. 태양열을 받아 증발한 수증기가 구름을 만들어 비를 내린다.

2. 열대 우림 지역의 주민 생활

(1) 의생활 : 얇고 간편한 옷차림

(2) 식생활 : 음식이 쉽게 상하는 것을 방지하기 위해 기름에 튀겨 먹거나 향신료를 많이 사용하며, 열대 과일을 먹거나 음식의 재료로 삼는다.

(3) 주생활 : 개방적인 가옥 구조, 지붕의 경사가 급함, 고상 가옥(열기와 습기, 해충의 피해를 막기 위해), 수상 가옥 발달

(4) 열대 우림 지역의 농업
  ① 이동식 화전 농업 : 숲에 불을 질러 만든 밭에서 카사바, 얌 등을 재배
  ② 플랜테이션 : 선진국의 자본 및 기술과 원주민의 노동력을 결합하여 커피, 카카오, 천연고무 등의 상품 작물을 대량 재배

(5) 변화하는 열대 우림 기후 지역 : 자연환경을 관광 자원으로 개발하여 관광 도시로 발달

▲ **고상 가옥** 지붕의 경사가 급하며 뜨거운 열기, 습기를 차단하기 위해 바닥을 지면에서 띄워 만든 가옥

❯ **플랜테이션**
선진국의 자본과 기술, 원주민의 노동력을 바탕으로 열대 기후에서 이루어지는 농업 방식

3 온대 기후의 특징과 구분

1. 온대 기후의 분포 : 편서풍이 부는 중위도 지역을 중심으로 분포

2. 온대 기후의 특징

(1) 4계절의 변화가 뚜렷하며 인구 밀도가 높다.

(2) 농업 발달에 유리한 기온과 강수량을 갖추고 있다.

3. 온대 기후의 구분

(1) 대륙 동안 기후(온대 계절풍 기후)
  ① 분포 : 유라시아 대륙 동안, 북아메리카 대륙 동안 등
  ② 특성 : 계절풍의 영향으로 기온의 연교차가 크고 계절별 강수량 편차가 크다.
  ③ 우리나라 : 겨울에는 유라시아 대륙 쪽에서 북서 계절풍이 불어와 한랭 건조, 여름에는 북태평양에서 남동 계절풍이 불어와 고온 다습하다.

(2) 서안 해양성 기후
  ① 분포 : 서부 유럽 및 북부 유럽, 북아메리카의 북서 해안, 칠레 남부 해안, 뉴질랜드 등
  ② 특성 : 연중 바다에서 불어오는 편서풍과 난류인 북대서양 해류의 영향으로 기온의 연교차가 작고 계절별 강수량이 고르다.

(3) 지중해성 기후
  ① 분포 : 유럽과 북아프리카의 지중해 연안, 미국 캘리포니아 일대, 오스트레일리아 남서부 해안 등
  ② 특성 : 여름에는 아열대 고압대의 영향으로 고온 건조하며, 겨울에는 편서풍의 영향으로 온화하고 비교적 비가 많이 내린다.

4. 온대 기후 지역의 다양한 생활 모습

(1) 대륙 동안 기후(온대 계절풍 기후)
  ① 계절풍의 영향으로 여름철 기온이 높고 강수량이 많아 벼농사 발달
  ② 추위와 더위에 대비한 시설 발달 **예** 우리나라 전통 가옥의 온돌방과 대청

(2) 서안 해양성 기후
  ① 혼합 농업 발달
  ② 연중 강수량이 고르게 내려 운하가 발달
  ③ 흐리고 비 내리는 날이 많아 외출할 때 긴 코트를 입거나, 우산 등을 늘 가지고 다닌다.

(3) 지중해성 기후
  ① 여름철이 고온 건조하여 수목 농업이 발달하며, 겨울에는 편서풍의 영향으로 온난하고 습윤하여 밀을 재배한다.
  ② 벽이 두껍고 창문이 작아 외부의 열기가 집 안으로 들어오는 것을 차단한다.
  ③ 풍부한 일사량으로 관광 산업 발달

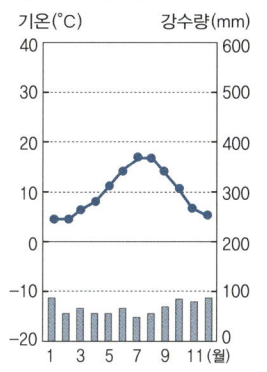

◐ 서안 해양성 기후

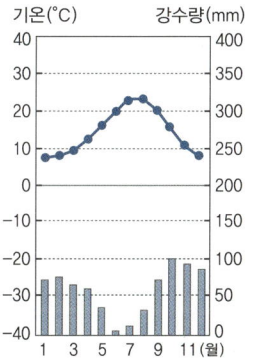

◐ 지중해성 기후

◐ 계절풍
계절에 따라 바람의 방향이 바뀌는 바람
● 여름 : 바다에서 육지로
● 겨울 : 육지에서 바다로

◐ 혼합 농업
식량 작물을 재배하면서 가축의 먹이가 되는 사료 작물을 재배하고, 동시에 가축을 기른다.

◐ 수목 농업
고온 건조한 기후에서도 잘 견디는 나무를 주요 농작물로 재배하는 농업이다. **예** 오렌지, 포도, 올리브, 코르크 등

❯ 사막(좌), 스텝(우) 기후 그래프

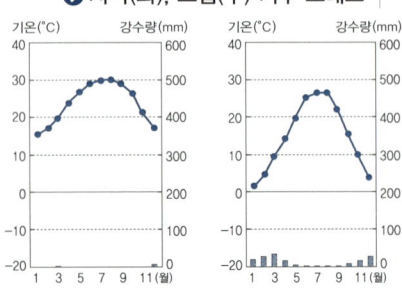

❯ 게르

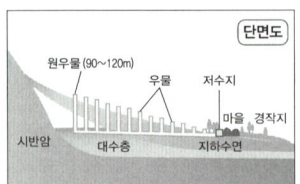

▲ **관개 농업** 산지에 내린 비가 흘러들면서 만들어진 지하수층에 우물을 판 후 지하 수로를 통해 마을과 농경지로 끌어들여 농작물을 재배한다.

❯ 툰드라 기후 그래프

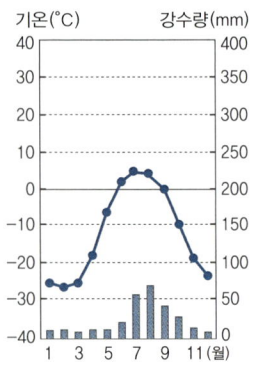

4 건조 지역 생활과 툰드라 지역 생활

1. 건조 지역의 기후 특성과 분포

구분	사막 기후 지역	스텝 기후 지역
기후	연 강수량 250mm 미만	연 강수량 250~500mm
분포	남북 회귀선 부근, 대륙의 내륙 지역, 한류가 흐르는 해안 지역	사막 주변 지역
경관	모래, 자갈, 바위로 이루어진 사막	키가 작은 풀이 자라면서 초원 형성
의복	온몸을 천으로 감싸는 헐렁한 옷	가축의 털, 가죽으로 만든 옷
가옥	흙집(벽이 두껍고 창문이 작음, 지붕이 평평함)	유목 생활에 편리한 이동식 가옥인 천막(게르)
농목업	오아시스 농업, 관개 농업	유목, 기업적 목축업과 곡물 재배

C/l/i/c/k 세계의 강수량과 위도별 강수 분포

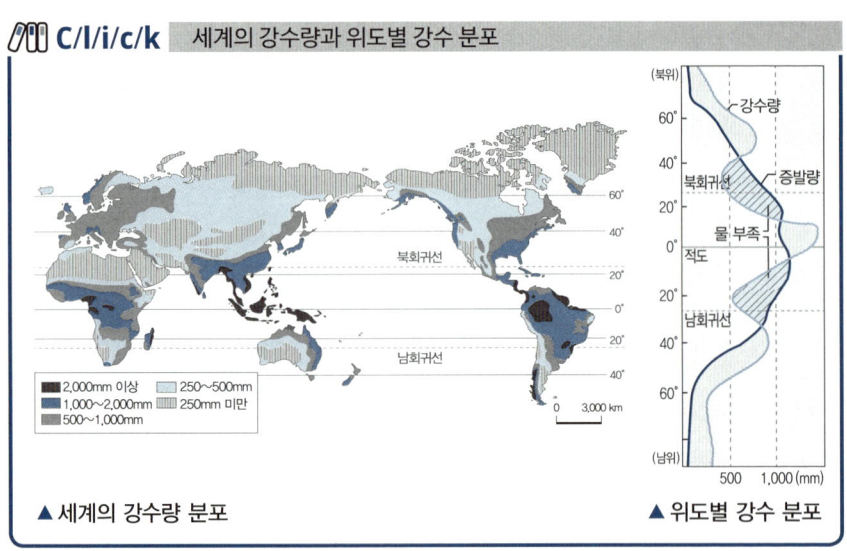

▲ 세계의 강수량 분포   ▲ 위도별 강수 분포

2. 툰드라 지역의 기후 특성과 분포

(1) 툰드라 기후 : 한대 기후 중 여름 동안 영상의 기온이 나타나 이끼 등의 식물이 자랄 수 있는 기후(최난월 10℃ 미만)
　① 겨울 : 일 년 중 대부분을 차지, 매우 추움, 극야 현상 발생
　② 여름 : 짧은 여름이 존재, 백야 현상 발생, 영구 동토층 위의 지표 부근은 눈과 얼음이 녹아 풀이나 이끼류가 자란다.

C/l/i/c/k 툰드라 기후의 주요 분포 지역

■ 툰드라 기후

- 북극해를 중심으로 한 북반구의 고위도 지역에 분포 **예** 유라시아 대륙 북부, 북아메리카 대륙 북부, 그린란드, 북극해 주변
- 툰드라 지역은 기온이 너무 낮기 때문에 나무가 자라지 못한다. 따라서 툰드라 지역의 저위도쪽 경계는 수목 한계선과 일치한다.

(2) 툰드라 지역의 주민 생활
　① **의생활** : 온몸을 감싸는 두꺼운 옷, 동물의 털가죽으로 만든 옷
　② **식생활** : 채소와 과일을 구하기 어려워 육류 위주 섭취, 식량이 부족할 때를 대비하여 건조·훈제하여 저장
　③ **주생활** : 폐쇄적 가옥 구조, 붕괴를 막기 위한 고상 가옥 발달, 임시 가옥 형태의 얼음집 사용
　④ **농목업** : 농업 불가능, 순록 유목(순록의 먹이인 이끼를 찾아 이동하며 사육)
　⑤ **산업** : 백야, 개 썰매, 빙하 체험 등 관광 산업 발달

● 극야 현상
극지방에서 겨울철에 해가 뜨지 않고 밤이 지속되는 현상

● 백야 현상
한여름에 태양이 지평선 아래로 내려가지 않는 현상

● 영구 동토층
여름에도 녹지 않고 1년 내내 얼어 있는 지대

02 적중예상문제

정답 및 해설 4p

---

1 세계의 기후 지역

01 세계의 기후 지역에 대한 설명으로 옳은 것은?

① 중위도 지역에는 열대 기후가 나타난다.

② 남·북위 20°~30°는 온대 기후가 나타난다.

③ 고위도 해발 고도가 높은 지역은 고산 도시가 발달한다.

④ 고위도 지역으로 갈수록 냉대와 한대 기후가 나타난다.

02 다음 (가), (나)의 설명과 관련된 기후를 바르게 나열한 것은?

> (가) 극지방 부근이며 가장 따뜻한 달의 평균 기온이 10℃ 미만이다.
> (나) 적도 부근의 해발 고도가 높은 지역으로 연중 봄과 같이 온화한 기후가 나타난다.

	(가)	(나)
①	건조 기후	고산 기후
②	냉대 기후	온대 기후
③	한대 기후	고산 기후
④	한대 기후	온대 기후

03 인간 거주에 유리한 지역에 대한 설명으로 옳지 않은 것은?

① 위도 – 중위도 지역

② 기온 – 열대 고산 기후

③ 지형 – 하천 주변의 평야

④ 강수량 – 연 강수량 500mm 미만

04 인간이 거주하기에 가장 불리한 지역은?

① 기후가 온화한 지역

② 강수량이 풍부한 지역

③ 해발 고도가 높은 지역

④ 하천이 흐르는 평야 지역

2 열대 우림 기후 지역의 특징과 자연환경

05 다음 그래프가 나타내는 기후는?

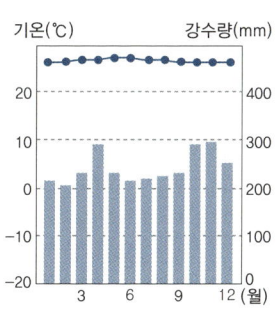

① 건조 기후
② 냉대 기후
③ 열대 기후
④ 온대 기후

06 다음 지도의 지역에 대한 설명으로 옳은 것은?

① 인구 희박 지역이다.
② 벼농사에 유리한 자연환경이다.
③ 중위도에 위치하여 기후가 온화하다.
④ 편서풍의 영향을 받아 연중 강수가 고르게 내린다.

07 동남아시아에서 주로 이루어지는 농업에 대한 설명으로 옳지 <u>않은</u> 것은?

① 동남아시아는 주로 쌀을 재배한다.
② 고온 다습한 기후에서 잘 자라는 작물을 재배한다.
③ 단위 면적당 수확량이 많고 영양이 풍부하여 인구 부양력이 높다.
④ 비교적 강수량이 적은 기후에서도 잘 자라며, 많은 노동력을 필요로 한다.

08 다음 설명과 관계 깊은 1차 산업은 무엇인가?

> 고온 다습한 기후가 나타나는 동남아시아에서 발달하였으며, 단위 면적당 수확량이 많고, 재배 과정에 많은 노동력이 필요하다.

① 벼농사
② 밀농사
③ 혼합 농업
④ 원예 농업

09 다음 그래프는 어떠한 기후에 해당하는가?

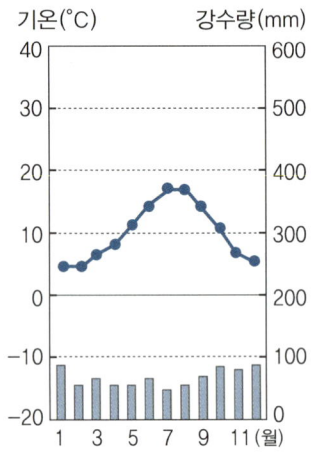

① 열대 기후
② 냉대 기후
③ 지중해성 기후
④ 서안 해양성 기후

10 다음 (가), (나)에 들어갈 용어로 옳은 것은?

> 중위도 지방은 서쪽에서 동쪽으로 부는 바람 인 _____(가)_____ 의 영향을 받아 1년 내내 비가 고르게 내리며, _____(나)_____ 의 영향을 받아 겨울이 온화하다.

	(가)	(나)
①	편서풍	한류
②	편서풍	난류
③	계절풍	한류
④	계절풍	난류

11 서부 유럽 지역에서 발달한 농업 유형을 〈보기〉에서 고른 것은?

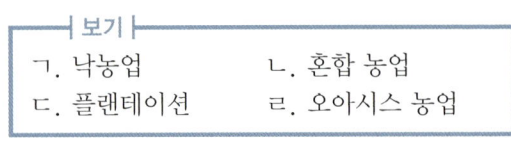

보기
ㄱ. 낙농업   ㄴ. 혼합 농업
ㄷ. 플랜테이션   ㄹ. 오아시스 농업

① ㄱ, ㄴ   ② ㄱ, ㄷ
③ ㄴ, ㄹ   ④ ㄷ, ㄹ

[12~13] 다음 물음에 답하시오.

12 다음 그래프는 어떠한 기후에 해당하는가?

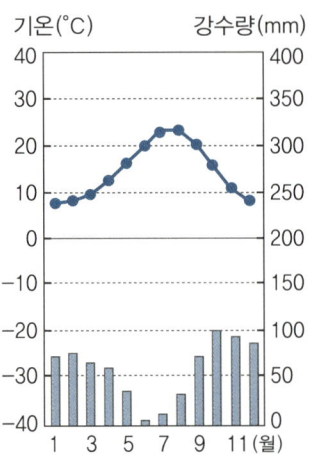

① 열대 기후   ② 한대 기후
③ 냉대 기후   ④ 지중해성 기후

13 위의 기후에 대한 설명으로 옳은 것은?

① 유라시아 대륙 동안에 주로 나타난다.
② 여름철에 기온이 높아 벼농사가 발달하였다.
③ 여름에는 아열대 고압대의 영향으로 고온 건조하다.
④ 연중 바다에서 불어오는 편서풍과 난류의 영향을 받는다.

4 건조 지역 생활과 툰드라 지역 생활

14 (가) 지역의 기후는?

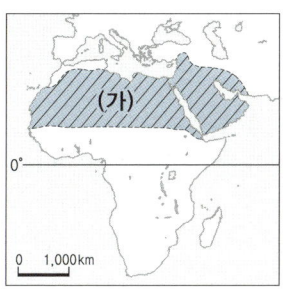

① 열대 기후   ② 건조 기후
③ 온대 기후   ④ 고산 기후

15 건조 기후에 대한 설명으로 옳지 <u>않은</u> 것은?

① 강수량보다 증발량이 작다.
② 연 강수량 500mm 미만인 지역이다.
③ 벽이 두껍고 지붕이 평평한 흙집이나 이동식 천막에 거주한다.
④ 오아시스 농업, 관개 농업 또는 유목과 기업적 목축업이 이루어진다.

16 다음에서 설명하는 기후 지역은?

> 키가 작은 풀이 자라면서 초원이 형성되며 유목과 기업적 목축업, 곡물 재배를 한다.

① 냉대 기후 지역
② 스텝 기후 지역
③ 열대 기후 지역
④ 한대 기후 지역

[17~18] 다음 물음에 답하시오.

17 다음과 같은 기후 지역의 특징으로 옳지 <u>않은</u> 것은?

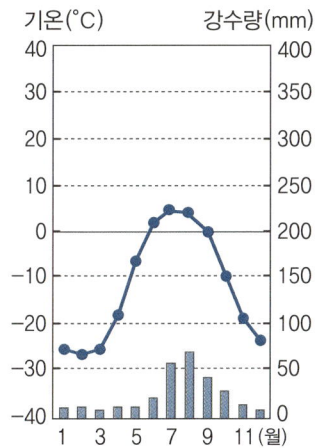

① 고상 가옥이 발달한다.
② 연중 얼음으로 덮여있는 지역이다.
③ 한대 기후에 해당하며 순록의 유목이 나타난다.
④ 식생활은 육류 위주로 섭취를 하며 건조·훈제하여 저장한다.

18 위와 같은 기후 지역에서 나타나는 특징으로 옳은 것은?

① 백야를 이용한 관광 산업이 나타난다.
② 농작물을 이용한 관광 산업이 나타난다.
③ 적은 강수량으로 관개 농업과 유목이 이루어진다.
④ 높은 인구 밀도로 인한 도시 개빌 사업이 진행된다.

03

자연으로 떠나는 여행

- 세계의 산맥, 해안 지형과 주민들의 생활 모습을 알 수 있다.
- 우리나라의 카르스트 지형과 세계 자연 유산인 제주도의 지형적 특징에 대해 알 수 있다.

1 산지 지형으로 떠나는 여행

1. 산지의 형성

(1) 세계의 산맥
  ① 고기 습곡 산지
    ㉠ 고생대에 조산 운동을 받은 이후 오랜 침식을 받아 연속성이 약하고 해발 고도가 낮은 편이다.
    ㉡ 대표 산맥 : 우랄산맥, 애팔래치아산맥, 스칸디나비아산맥 등
  ② 신기 습곡 산지
    ㉠ 신생대 제3기 이후의 조산 운동으로 형성되어 해발 고도가 높으며 지진과 화산 활동이 활발하다.
    ㉡ 대표 산맥 : 알프스산맥, 히말라야산맥, 로키산맥, 안데스 산맥 등

▶ 습곡·단층
지각에 작용하는 횡압력으로 지층이 물결 모양으로 주름이 지는 현상이다.

▶ 조산 운동
습곡, 단층 운동으로 땅이 솟아올라 산맥을 만드는 지각 변동 운동이다.

▶ 히말라야 산맥 형성

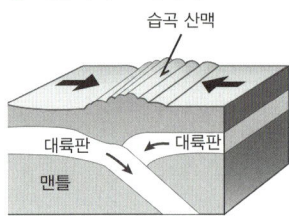

▶ 융기
땅이 기준면에 대하여 상대적으로 높아지는 현상이다.

/⫸ C/l/i/c/k 세계의 산맥

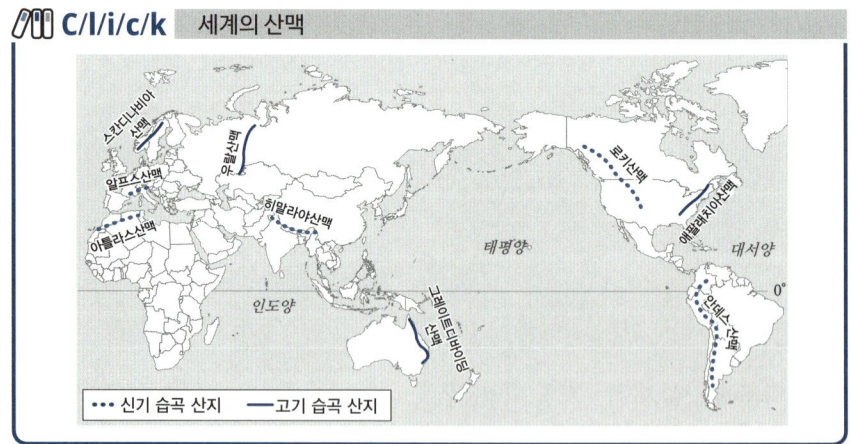

  ③ 고원과 화산
    ㉠ 고원 : 땅이 전체적으로 융기하여 높고 평탄한 지형이 형성
    ㉡ 화산 : 땅속의 마그마가 지표면을 뚫고 나와 형성

(2) 산지 지역 주민들의 생활 모습

  ① 농업 활동이 불리하여 농경이 가능한 일부 지역에서 임업과 밭 농사를 주로 한다.

  ② 최근 관광지로 개발하여 관광업에 종사하는 경향이 늘어나고 있다.

(3) 다양한 산지 지역 주민들의 생활 모습

알프스 산지	목축 생활을 하여 가축의 먹이를 찾아 여름에는 산지로, 겨울에는 평지로 이동하는 이목이 이루어짐.
티베트고원	주민들이 기르는 야크는 식용 또는 짐 운반용으로 이용
히말라야산맥	셰르파 중 최근 산악 안내자나 짐꾼 등 관광 산업에 종사하는 비중 증가
안데스 산지	라마와 알파카를 짐 운반할 때 이용하고, 고기와 털을 얻음.

2 해안 지형으로 떠나는 여행

1. 해안에서의 지형 형성

(1) 해안 지형

  ① 해안 : 육지와 바다가 만나는 곳

  ② 해안 지형 : 파랑과 조류에 의한 침식 및 퇴적 작용으로 만들어진 다양한 지형

(2) 곶과 만에서의 해안 지형 형성

  ① 곶 : 파랑 에너지의 집중으로 파랑에 의한 침식 작용 활발

  ② 만 : 파랑 에너지의 분산으로 파랑에 의한 퇴적 작용 활발

구분	곶	만
정의	육지가 바다로 돌출된 부분	바다가 육지 쪽으로 들어간 부분
지형 형성 작용	파랑의 침식 작용 활발	파랑의 퇴적 작용 활발
해안 지형	해안 절벽(해식애), 해안 동굴, 시스택 등이 형성	모래사장(사빈), 갯벌 등이 형성

2. 관광 자원으로 이용되는 해안 지형

(1) 모래사장(사빈)

  ① 파랑에 의한 퇴적 작용으로 형성된다.

  ② 주로 해수욕장으로 이용된다.

> **침식**
> 비, 하천, 빙하, 바람 등의 자연현상이 지표를 깎는 현상이다.

> **퇴적**
> 암석의 파편 등이 일정한 곳에 쌓이는 현상이다.

> **곶과 만(모식도)**

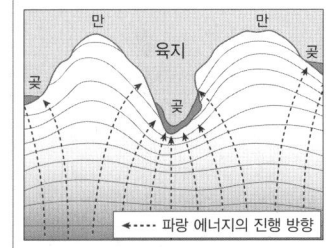

> **해안 지형**

(2) 갯벌
① 밀물과 썰물의 작용이 활발한 해안에서 조류의 퇴적 작용으로 형성된다.
② 오염된 수질 정화 능력이 뛰어나며 각종 동식물의 서식지이다.

(3) 피오르 해안
① 빙하의 침식 작용으로 만들어진 골짜기가 바닷물에 침수되어 생긴 해안이다.
② 항구가 발달하며, 관광지로 이용한다.

3 우리나라의 자연 경관

1. 석회암에 발달한 자연 경관, 카르스트 지형

(1) 의미 : 석회암이 빗물이나 지하수에 의해 녹아 만들어진 지형이다.

(2) 석회 동굴 : 과거 바다에 퇴적된 석회암층이 융기하여 육지가 된 후 지하수에 의해 녹아 만들어짐. ➡ 동굴의 천장에 고드름 모양으로 매달린 형태의 종유석, 동굴의 밑바닥에 죽순 모양으로 자라는 석순, 종유석과 석순이 맞닿아 이어지면 석주가 된다.

(3) 분포 : 강원도 남부, 충청북도 북동부 일대 **예** 단양의 고수동굴, 삼척 환선굴, 영월 고씨동굴 등

2. 세계 자연 유산, 제주도

화산 활동으로 형성되어 특이하고 아름다운 자연 경관이 곳곳에 분포함.

(1) 한라산 : 제주도를 상징하는 산으로 남한에서 가장 높은 산

(2) 오름 : 산봉우리를 뜻하는 제주도 방언으로 360여 개의 오름이 있다.

(3) 용암 동굴 : 용암의 표면이 먼저 식어 굳어지고 속에 있는 마그마가 계속 흘러가 형성된 동굴

(4) 주상 절리 : 용암이 급격히 냉각·수축하여 기둥 모양으로 발달하는 수직 절리

❯ 석회암
산호나 조개껍데기가 바다 밑바닥에 퇴적되어 만들어진 암석이다.

❯ 석회 동굴

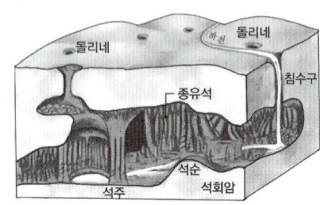

1 ▶ 산지 지형으로 떠나는 여행

01 다음 〈보기〉와 같은 산맥의 특징으로 옳은 것은?

┤ 보기 ├
우랄산맥, 애팔래치아산맥, 스칸디나비아산맥

① 신생대 3기에 형성되었다.
② 화산과 지진 활동이 활발하다.
③ 오랜 침식을 받아 연속성이 약하다.
④ 조산 운동 영향으로 해발 고도가 높다.

02 산지 지역에 대한 설명으로 옳지 <u>않은</u> 것은?

① 농업에 유리하여 논농사와 임업에 종사한다.
② 안데스 산지에서는 라마와 알파카를 이용한다.
③ 땅이 전체적으로 융기하여 높고 평탄한 지형을 고원이라 한다.
④ 최근 관광지로 개발하여 관광입에 종사하는 경향이 늘어나고 있다.

03 히말라야산맥에 대한 설명으로 옳은 것은?

① 산맥의 연속성이 약하다.
② 고기 습곡 산지에 해당한다.
③ 평야를 이동하는 유목이 행해진다.
④ 대륙판과 대륙판의 충돌로 형성되었다.

2 ▶ 해안 지형으로 떠나는 여행

04 해안의 '곶'에 대한 설명으로 옳은 것은?

① 파랑 에너지가 분산된다.
② 파랑의 퇴적 작용이 활발하다.
③ 바다에서 육지 쪽으로 들어간 부분이다.
④ 해안 절벽, 해안 동굴, 시스택 등이 형성된다.

05 다음에서 설명하는 지형은 무엇인가?

> 밀물과 썰물의 작용이 활발한 해안에서 조류의 퇴적 작용으로 형성된 지형이다.

① 갯벌　　　　　　② 시스택
③ 모래사장　　　　④ 피오르 해안

06 다음 자연 경관을 볼 수 있는 국가는?

> • 빙하의 침식 작용으로 형성된 골짜기
> • U자곡에 바닷물이 들어와 형성된 피오르 지형

① 그리스　　　　　② 이집트
③ 노르웨이　　　　④ 인도네시아

07 다음에서 설명하는 지형은?

> • 물의 용식 작용으로 형성된 지형
> • 석회암이 빗물이나 지하수에 녹아 만들어진 지형

① 해안 지형　　　　② 산지 지형
③ 화산 지형　　　　④ 카르스트 지형

08 다음 그림과 같은 지형에 대한 설명으로 옳지 않은 것은?

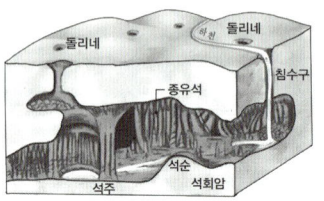

① 용암이 굳어져 만들어진 동굴에 해당한다.
② 석회암이 지하수에 의해 녹아 만들어졌다.
③ 산호초나 조개껍데기가 융기하여 만들어진 지형이다.
④ 단양의 고수 동굴, 삼척의 환선굴, 영월의 고씨 동굴이 이에 해당한다.

09 다음 내용에 해당하는 섬은?

> • 오름과 용암 동굴, 주상 절리 등 관광 자원 풍부
> • 일부 지역이 유네스코(UNESCO) 세계 자연 유산, 세계 지질 공원, 생물권 보전 지역으로 지정

① 백령도　　　　　② 거제도
③ 울릉도　　　　　④ 제주도

10 다음에서 설명하는 지형은 무엇인가?

> 용암이 급격히 냉각·수축하여 만들어진 다각형 모양의 기둥이다.

① 오름　　　　　　② 종유석
③ 용암 동굴　　　　④ 주상 절리

04 다양한 세계, 다양한 문화

- 문화의 의미와 세계의 문화 지역의 특징을 알 수 있다.
- 문화 접촉에 따른 변용을 이해하고 다양한 문화의 공존과 갈등 해결을 이해한다.

1 문화의 지역 차이

1. 문화와 문화 지역

(1) 문화 : 인간과 환경이 상호 작용하는 과정에서 만들어진 언어, 종교, 의식주, 관습, 예술 등의 생활 양식

(2) 문화의 다양성 : 지역의 자연환경과 인문 환경 등에 따라 다양한 문화가 형성된다.

(3) 여러 가지 기준으로 분류한 세계의 문화 지역

문화 지역	특징
유럽 문화 지역	백인, 크리스트교, 산업 문명
건조 문화 지역	건조 기후, 이슬람교, 유목 생활, 관개 농업
아프리카 문화 지역	열대 기후, 원시 종교, 부족 단위의 생활, 유럽 식민지
동아시아 문화 지역	유교, 불교, 한자, 젓가락 문화
인도 문화 지역	힌두교, 불교, 다양한 언어·문화
동남아시아 문화 지역	벼농사, 고상 가옥, 수상 가옥
앵글로 아메리카 문화 지역	영어, 크리스트교, 원주민 문화 존재
라틴 아메리카 문화 지역	에스파냐어·포르투갈어, 가톨릭, 다양한 혼혈족
오세아니아 문화 지역	애버리지니, 유럽 문화
북극 문화 지역	날고기, 순록 유목

▶ **문화권**
언어, 민족, 종교 등이 공통적으로 분포하는 공간 범위

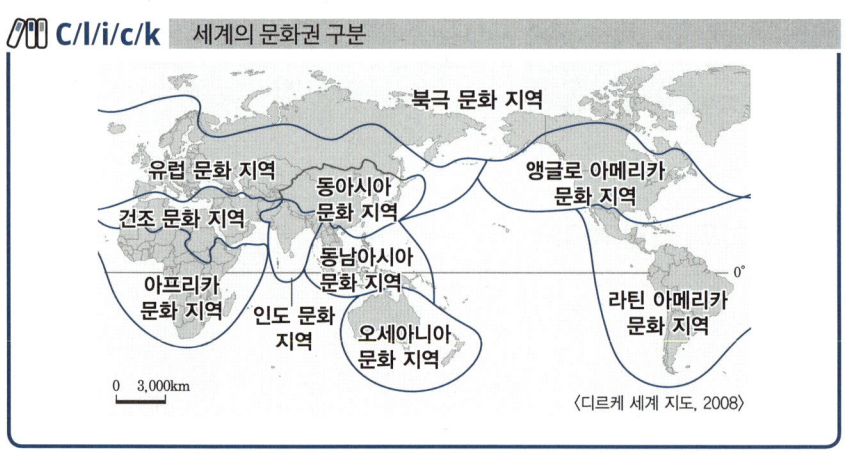

C/l/i/c/k 세계의 문화권 구분

북극 문화 지역

유럽 문화 지역

동아시아 문화 지역

앵글로 아메리카 문화 지역

건조 문화 지역

아프리카 문화 지역

동남아시아 문화 지역

인도 문화 지역

오세아니아 문화 지역

라틴 아메리카 문화 지역

0   3,000km

〈디르케 세계 지도, 2008〉

2. 문화의 차이

(1) 자연환경에 따른 문화 차이
  ① 의복 문화 : 기후 등의 자연환경에 따라 옷감 등이 다양하다.
  ② 음식 문화 : 자연환경에 따라 재배하는 식재료로 만든 음식 문화 발달, 지역마다 다른 식사 문화
  ③ 가옥 문화 : 자연환경에 적응하기 위한 다양한 가옥의 형태가 나타난다.

(2) 종교에 따른 문화적 차이

불교	살생 금지의 계율로 육식을 금기하거나 제한
힌두교	소를 신성시하여 쇠고기를 금기시 함.
유대교	문어, 오징어 등을 먹지 않고 돼지를 부정한 동물로 취급
이슬람교	이슬람교의 경전인 코란에 따라 생활하고 돼지고기, 술 등을 금기시하고 할랄 식품을 먹음.

▶ 할랄 식품
'할랄'은 아랍어로 '허용된 것'이라는 뜻으로, 할랄 식품은 이슬람 율법으로 허용되어 이슬람교도가 먹을 수 있는 식품을 의미한다.

2 세계화에 따른 문화 변화

1. 지역 간 문화 접촉과 문화 변용

(1) 문화 전파와 문화 접촉

① 문화 전파 : 한 지역의 문화가 다른 지역으로 옮겨가거나 주변으로 퍼져 나가는 현상이다.

직접 전파	서로 다른 구성원과의 직접적인 교류를 통해 새로운 문화 요소가 전파되는 것 **예** 종교의 전파
간접 전파	인쇄물이나 인터넷, TV 등과 같은 매개체를 통해 이루어지는 전파 **예** 인터넷을 통해 전파된 한류 열풍
자극 전파	다른 사회의 문화 요소에서 아이디어를 얻어 새로운 문화요소가 발명되는 것 **예** 한자에서 아이디어를 얻어 만들어진 신라 이두 문자

② 문화 접촉 : 문화가 퍼지는 도중에 다른 문화와 지속해서 만나는 현상이다.

(2) 문화 변용

① 의미 : 지역 간 문화 전파로 외부에서 새로운 문화가 들어오면 문화 공존, 문화 동화, 문화 융합 등 기존의 문화가 변화하는 현상이 나타나는데, 이를 문화 변용이라 한다.

② 문화 변용의 이해

문화 동화	기존의 문화 요소가 다른 사회의 문화 요소로 흡수되어 정체성을 상실하는 현상 **예** 미국 인디언이 백인 문화와 접촉하면서 자신의 문화를 상실한 것
문화 공존	다른 사회의 문화 요소와 기존 문화 요소가 각각의 고유한 문화 특성을 유지하며 한 사회에서 함께 공존하는 현상 **예** 우리 사회에 불교, 천주교 등이 종교 문화로 함께 존재하는 것
문화 융합	다른 사회 문화 요소가 전통문화 요소와 결합하여 제3의 새로운 문화 요소가 만들어지는 현상 **예** 한국의 온돌 문화와 서양의 침대 문화가 결합하여 만들어진 온돌침대

㉠ 긍정적 측면 : 세계화로 인해 다양한 문화를 접할 수 있으며, 지역의 고유한 문화와 결합하여 새로운 문화를 창조함.

㉡ 부정적 측면 : 문화의 획일화 현상, 개별 국가의 문화적 고유성의 약화, 국가 간 문화적 갈등 등

❯ 인천의 성공회 교회
1900년에 완공된 인천 성공회 강화 성당은 불교 사찰 양식으로 지어 서양의 종교에 대한 거부감을 완화하였다.

❯ 문화 변용

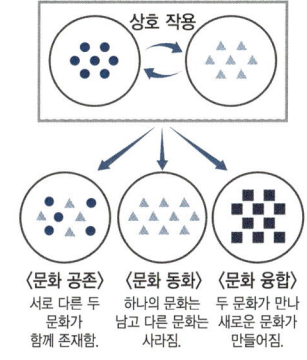

〈문화 공존〉	〈문화 동화〉	〈문화 융합〉
서로 다른 두 문화가 함께 존재함.	하나의 문화는 남고 다른 문화는 사라짐.	두 문화가 만나 새로운 문화가 만들어짐.

A 문화 B 문화 C 문화

▲ 스위스 독일어, 프랑스어, 이탈리아어, 레토로망스어(로망스어군의 하나)를 공용어로 사용한다.

2. 다양한 문화의 공존과 갈등

(1) 여러 문화가 공존하는 지역
  ① 싱가포르 : 국제 교역의 중심지로 다양한 민족, 언어, 종교가 공존
  ② 인도, 스위스 : 여러 개의 공용어를 사용하는 다언어 정책
  ③ 미국 : 아메리카 원주민, 백인, 흑인, 아시아계, 라틴 아메리카 이주민 등이 다양한 문화 형성

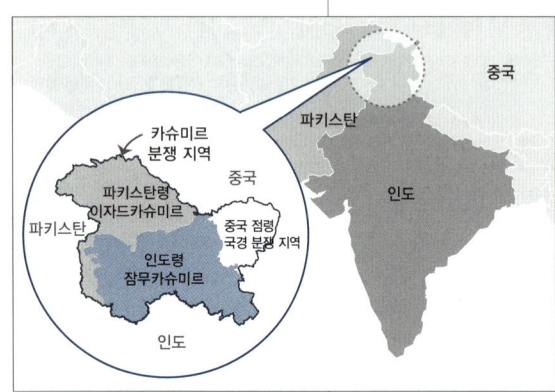

▲ 벨기에

(2) 문화 갈등이 발생하는 지역
  ① 언어 갈등
   ㉠ 벨기에 : 네덜란드어를 쓰는 북부와 프랑스어를 쓰는 남부와의 갈등
   ㉡ 캐나다 퀘벡 주 : 프랑스인들의 퀘벡 주 정착으로 인한 영어와 프랑스어 사용을 둘러싼 갈등
  ② 종교 갈등
   ㉠ 카슈미르 : 힌두교(인도)와 이슬람교(파키스탄) 간 갈등
   ㉡ 팔레스타인 : 유대교와 이슬람교의 갈등
   ㉢ 수단 : 북부의 이슬람교와 남부의 크리스트교 및 토착 신앙과의 갈등

(3) 문화 갈등의 극복 방안
  ① 문화 상대주의 : 다양한 문화를 이해하고 인정하는 태도, 소수의 문화도 존중하는 태도
  ② 여러 개의 공용어를 함께 지정, 종교의 자유를 법으로 보장

▲ 카슈미르

04 적중예상문제

정답 및 해설 6p

1 ▶ 문화의 지역 차이

01 다음 중 문화에 대한 설명으로 옳지 <u>않은</u> 것은?

① 다른 사회와 구분 가능한 기준이 된다.

② 선천적으로 타고나는 것은 문화가 아니다.

③ 자연과 역사에 따라 문화가 다양하게 나타난다.

④ 서로 다른 문화 지역에서는 유사한 문화가 나타나지 않는다.

02 다음 (가), (나)의 특징을 가진 문화 지역을 바르게 고른 것은?

> (가) 백인 문화가 나타나며, 산업 문명의 발생지이다.
> (나) 다양한 혼혈족이 거주하며, 종교는 가톨릭이다.

	(가)	(나)
①	유럽 문화 지역	라틴 아메리카 문화 지역
②	오세아니아 문화 지역	라틴 아메리카 문화 지역
③	라틴 아메리카 문화 지역	오세아니아 문화 지역
④	앵글로 아메리가 문화 지역	유럽 문화 지역

03 건조 문화 지역의 특징으로 옳지 <u>않은</u> 것은?

① 유목 생활을 한다.

② 관개 농업, 오아시스 농업을 한다.

③ 주민들 대부분 힌두교를 종교로 한다.

④ 돼지고기, 술을 금기시하고 할랄 식품을 먹는다.

04 유교, 불교, 한자를 공통으로 공유하는 문화 지역은?

① 유럽 문화 지역

② 인도 문화 지역

③ 동아시아 문화 지역

④ 동남아시아 문화 지역

05 다음 내용과 관련 있는 종교는?

> • 쿠란은 경전이면서 생활 지침서이다.
> • 유일신인 알라에 대해 절대적으로 복종한다.
> • 하루에 다섯 번 메카를 향해 예배를 드린다.

① 불교   ② 이슬람교

③ 크리스트교   ④ 조로아스터교

06 문화의 특징으로 옳지 <u>않은</u> 것은?

① 인간과 환경이 상호 작용하는 과정에서 만들어진다.

② 지역의 자연환경과 인문 환경 등에 따라 같은 모습으로 나타난다.

③ 언어, 민족, 종교 등이 공통적으로 분포하는 공간 범위를 문화권이라고 한다.

④ 특정 문화를 가진 집단이 어떤 장소에 거주하여 만들어 놓은 모습을 문화 경관이라고 한다.

2 세계화에 따른 문화 변화

08 다음에 해당하는 문화 전파 유형은 무엇인가?

- 불교는 실크로드를 통해 인도에서 중국으로 전해졌다.
- 천주교는 선교사들에 의해 조선으로 전해졌다.

① 직접 전파   ② 자극 전파

③ 간접 전파   ④ 문화 변용

09 다음 사례에서 나타나는 개념은 무엇인가?

체로키 인디언들은 미국의 알파벳을 보고 체로키 문자를 발명하였다.

① 문화 동화   ② 문화 융합

③ 간접 전파   ④ 자극 전파

07 자연환경에 따른 문화의 특징으로 옳지 <u>않은</u> 것은?

① 열대 기후 지역에서는 고상 가옥이 나타나며 개방적 가옥 구조가 특징이다.

② 건조 기후 지역에서는 뜨거운 열을 차단하기 위해 벽이 두껍고 지붕의 경사가 급하다.

③ 한대 기후 지역에서는 고상 가옥이 나타나며 추위를 피하기 위해 동물의 가죽, 털옷 등을 입는다.

④ 건조 기후 지역의 식생활은 주로 육식을 하며 한대 기후는 날고기, 생선 등을 섭취한다.

10 다음에서 설명하는 개념은?

- 서로 다른 두 개의 문화가 합쳐져 새로운 제3의 문화가 만들어진다.
- 돌침대, 퓨전 음악, 김치 냉장고 등

① 문화 융합   ② 문화 공존

③ 문화 동화   ④ 문화 갈등

11 다음에서 설명하는 개념은?

> 서로 다른 문화를 가진 사람들이 모여 살아 다양한 문화가 나타나는 현상

① 문화 융합 ② 문화 공존
③ 문화 동화 ④ 문화의 섬

12 문화 갈등이 발생하는 이유가 <u>아닌</u> 것은?

① 다문화 현상의 확산
② 여러 언어의 사용으로 인한 갈등
③ 다양한 문화를 수용하고 인정하는 태도
④ 자문화 중심주의를 바탕으로 문화를 이해 하는 태도

13 다음 갈등 사례의 원인에 해당하는 것은?

> • 카슈미르   • 팔레스타인
> • 수단   • 북아일랜드

① 종교 갈등 ② 언어 갈등
③ 국경 갈등 ④ 자원을 둘러싼 갈등

14 다음 지역에 나타나는 갈등 사례의 원인으로 옳은 것은?

> • 벨기에
> • 캐나다 퀘벡 주

① 국경 갈등 ② 종교 갈등
③ 자원 갈등 ④ 언어 갈등

15 문화 갈등을 극복하기 위한 문화 이해 태도는?

① 문화 사대주의
② 문화 절대주의
③ 문화 상대주의
④ 자문화 중심주의

05 지구 곳곳에서 일어나는 자연재해

● 세계 여러 지역에서 발생하는 자연재해의 종류와 그 영향을 이해할 수 있다.

1 자연재해의 의미와 종류

1. 자연재해의 의미 : 자연 현상이 인간에게 피해를 주는 것

2. 자연재해의 종류

    (1) **기후적 요인** : 홍수, 가뭄, 열대 저기압, 폭설, 한파 등

    (2) **지형적 요인** : 화산 활동, 지진, 지진 해일

2 자연재해의 발생과 영향

1. 지진과 화산 활용

    (1) 지진

      ① 의미 : 지각판과 판이 만나는 조산대 및 해저의 해령 부근에서 활발

      ② 지진 피해 : 지각판이 움직이면서 땅이 갈라지고 흔들리는 현상으로 각종 시설의 붕괴나 파손, 화재·지진 해일·산사태 등 동반

      ③ 지진 피해 대책 : 정확한 예보 체계로 피해 최소화, 지진 대피소 설치 및 훈련 실시, 내진 설계 강화

    (2) 화산 활동

      ① 의미 : 약해진 지각의 틈을 통해 마그마가 지표로 분출되는 현상
        ➡ 조산대에서 활발

      ② 화산 피해 : 용암이 흘러들어 시설물 파괴, 화산재가 빛을 차단하여 기온 하강, 항공 교통 장애 등

      ③ 긍정적 영향 : 화산재를 농업에 이용(이탈리아 베수비오 화산 지대), 지열을 이용한 전력 생산(아이슬란드, 뉴질랜드 등), 화산 지형을 이용한 관광 산업(간헐천, 온천 등)

❯ **내진 설계**
충격 흡수에 강한 자재를 사용하여 건물을 설계하는 방식

④ 조산대 부근 : 지각 운동이 활발하며, 환태평양 조산대와 알프스–히말라야 조산대에서 자주 발생

⑤ 지각판의 경계 : 지진대와 화산대의 분포와 일치한다.

C/l/i/c/k 지진과 화산 활동이 자주 발생하는 지역

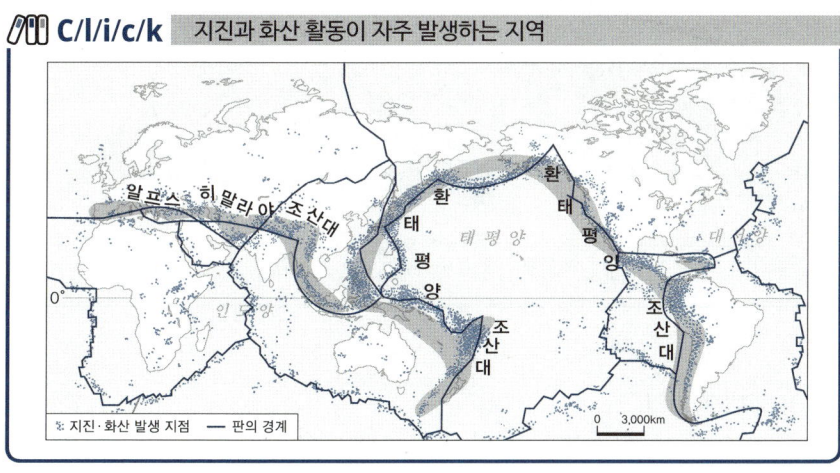

> **조산대**
> 습곡과 단층의 조산운동이 띠 모양으로 연속되어 일어나는 곳

2. 기후와 관련된 자연재해

(1) 홍수

① 의미 : 많은 강수로 인하여 하천이나 호수의 물이 범람하는 현상

② 주요 발생 지역 : 아시아의 계절풍 지역, 열대성 저기압의 영향을 받는 지역 등

③ 홍수 피해 : 농경지·가옥 침수, 토양 유실, 산사태 등 많은 재산과 인명 피해 발생

④ 긍정적 영향 : 가뭄 해소, 하천 범람으로 토양에 영양분 공급, 동부 및 동남아시아 지역의 세계적인 벼농사 지대 형성

⑤ 대책 : 삼림 녹화 사업, 배수 시설·하수도 정비, 다목적 댐 건설

(2) 가뭄

① 의미 : 오랫동안 비가 내리지 않아 물이 부족하고 땅이 메마르는 현상, 피해 범위가 넓으며 장기간 지속

② 주요 발생 지역 : 건조 기후 지역과 그 주변 지역 **예** 사헬 지대

③ 가뭄 피해 : 용수 부족, 농작물의 생산량 감소로 인한 식량 부족, 국제적 물 분쟁 발생 등

④ 대책 : 물 절약, 지하수 개발, 빗물 저장 시설 건설, 다목적 댐 건설 등

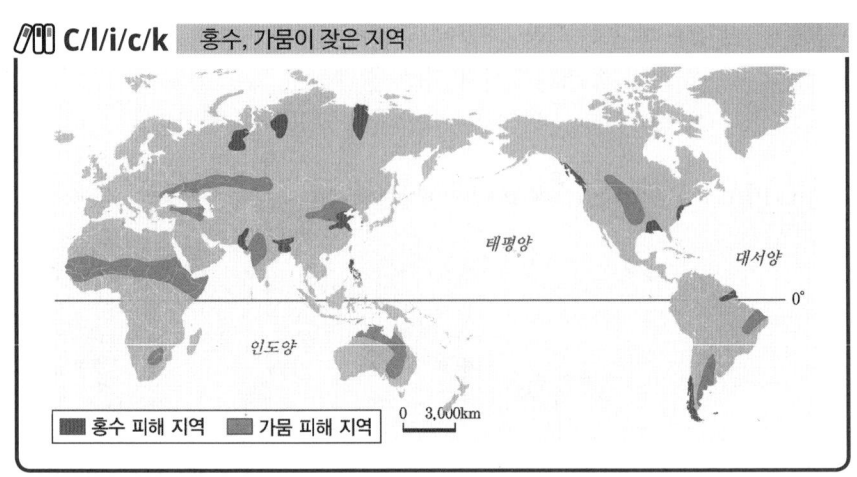

C/l/i/c/k 홍수, 가뭄이 잦은 지역

태평양

대서양

인도양

0°

0 3,000km

■ 홍수 피해 지역   ■ 가뭄 피해 지역

❯ 적조 현상
플랑크톤이 빠르게 번식하여 하천, 바다 등의 색이 붉게 변하는 현상으로, 적조 현상이 발생하면 물속에 산소가 부족하여 해양 생명체가 죽는다.

(3) 열대 저기압

① **의미** : 적도 부근의 열대 바다에서 발생하여 중위도 지역으로 이동하는 저기압

② **열대성 저기압의 피해** : 강력한 바람과 많은 비를 동반하여 막대한 재산·인명 피해가 발생

③ **긍정적 영향** : 가뭄 해소, 여름철 더위 해소, 적조 현상 완화, 지구의 온도 균형 유지

05 적중예상문제

정답 및 해설 8p

1 자연재해의 의미와 종류

01 다음 설명에 해당하는 자연재해는?

> • 지각판이 충돌하는 경계 지역에서 주로 발생한다.
> • 건물 붕괴, 산사태, 화재 등의 피해가 발생할 수 있다.

① 지진　　　　　② 가뭄
③ 홍수　　　　　④ 황사

02 다음 설명에 공통적으로 해당하는 자연재해는?

> • 해저지진의 결과로 발생한다.
> • 엄청난 양의 바닷물로 인해 발생하는 압력과 높은 파도로 인명 피해, 항만 시설과 제방 파괴 등의 피해가 있다.

① 태풍　　　　　② 홍수
③ 산사태　　　　④ 지진 해일

2 자연재해의 발생과 영향

03 지진에 대한 대책으로 옳지 <u>않은</u> 것은?

① 내진 설계 강화
② 지진 대피소 설치 및 훈련 실시
③ 정확한 예보 체계로 피해 최소화
④ 배수 시설, 하수도 정비, 다목적 댐 건설

04 화산 활동으로 인한 부정적인 영향이 <u>아닌</u> 것은?

① 화산 가스에 의한 인명 피해
② 용암 분출로 인한 도시 파괴
③ 화산재를 농업에 이용
④ 일조량 감소에 의한 기온 저하

05 환태평양 조산대 지역에서 자주 발생하는 자연재해는 무엇인가?

① 지진   ② 가뭄
③ 황사   ④ 태풍

06 다음 설명의 자연재해는 무엇인가?

- 아시아 계절풍 지역, 열대성 저기압의 영향을 받는 지역에 주로 발생
- 농경지·가옥 침수, 산사태 등 많은 피해 발생
- 가뭄 해소, 하천 범람으로 토양의 비옥도 상승 등의 긍정적 영향

① 지진   ② 가뭄
③ 황사   ④ 홍수

07 다음에서 설명하는 자연재해는?

- 적도 부근 해상에서 발생해 중위도 지방으로 이동하는 열대성 저기압
- 2005년 '나비'의 영향으로 많은 인명·재산 피해 발생

① 지진   ② 태풍
③ 화산   ④ 가뭄

08 다음과 같은 특징이 나타나는 자연재해는 무엇인가?

피해 범위가 넓으며 장기간 지속된다. 주로 건조 기후 지역과 그 주변에서 발생한다.

① 태풍   ② 지진
③ 가뭄   ④ 홍수

09 열대성 저기압의 장점으로 옳지 <u>않은</u> 것은?

① 가뭄 극복에 도움을 준다.
② 적조 현상을 완화시켜 준다.
③ 지구의 온도 균형을 유지시켜 준다.
④ 독특한 경관을 관광 사업에 이용한다.

자원을 둘러싼 경쟁과 갈등

● 식량 자원과 에너지 자원의 분포와 특징을 알고 자원으로 인해 발생하는 분쟁을 이해한다.

1 자원의 활용과 자원 문제

1. 자원의 의미와 종류

(1) 자원의 의미
① **자원의 의미** : 자연물 중에서 일상생활과 경제 활동에 쓸모와 가치가 있으며, 기술적·경제적으로 개발이 가능한 것
② 인간의 의식주 생활, 생산 활동, 여가 활동 등에도 널리 사용

C/l/i/c/k 기술 발달과 경제성에 따른 자원의 분류

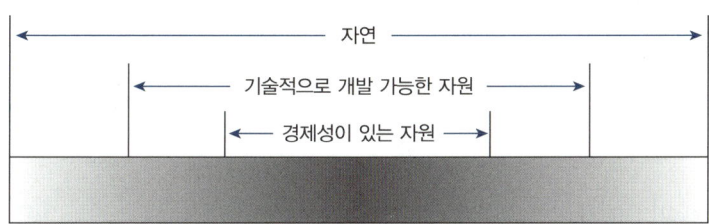

➡ 천연자원의 경우 자연으로만 인식되던 물질이 기술 개발로 인하여 채굴 및 이용이 가능해지면 자원으로서의 가치를 지니게 된다. 그러나 상업적인 생산과 본격적인 산업 부문에서의 이용은 자원 수요의 증가, 자원 가격의 상승, 기술의 발달로 인한 이용 및 채굴 비용의 감소 등의 요인으로 인하여 자원의 경제성이 확보된 이후부터 가능하다.

● **석유의 편재성**
석유는 세계 에너지 소비량에서 가장 높은 비중을 차지할 정도로 수요가 많지만 서남아시아를 비롯한 일부 지역에 매장되어 있어 편재성이 큰 편이다. 이로 인해 석유 자원을 둘러싼 지역 간 갈등과 분쟁이 끊이지 않고 있으며, 공급 불안정에 따른 국제 석유 가격의 변화도 큰 편이다.

● **국내에서 텅스텐의 가치 변화**
매우 단단하여 합금이나 절단 기구 제작 등에 이용되는 텅스텐은 1960~1970년대만 하더라도 강원도 상동 광산에서 활발하게 채굴되었다. 그러나 1980년대 이후 중국산 저가 텅스텐이 대량으로 수입되면서 1992년에 상동 광산의 텅스텐 채굴은 중단되었고, 최근 재개발을 추진 중이다.

(2) 자원의 구분
　① 범위에 따른 분류

구분	정의	사례
좁은 의미	주로 자연적 자원(천연자원)을 의미함.	● 무생물 자원 : 토지, 광물, 에너지 자원 등 ● 식량 자원 : 곡물, 원예 작물, 축산물 등 ● 생물 자원 : 동·식물, 삼림, 어류 등
넓은 의미	좁은 의미의 자원에 인적·문화적 자원까지 포함함.	● 인적 자원 : 인구, 노동력, 기술 등 ● 문화적 자원 : 언어, 종교, 제도 등

　② 재생 여부에 따른 분류

구분	정의	사례
재생 불가능한 자원	사용량에 따라 점차 고갈되는 자원	석탄, 석유, 천연가스 등
재생 가능한 자원	사용량과 무관하게 무한히 재생 가능한 자원	수력, 풍력, 조력, 태양광, 지열 등

(3) 자원의 특성
　① 가변성 : 기술 수준, 경제적 조건, 문화적 배경에 따라 자원의 가치가 달라진다.
　② 유한성 : 자원의 매장량은 한정되어 있음 ➜ 자원 고갈 문제 발생
　③ 편재성
　　㉠ 자원에 따라 특정 지역에 집중 분포함 ➜ 자원 확보를 둘러싼 분쟁 발생
　　㉡ 자원 민족주의의 발생 : 자원 보유국들이 자국에서 생산되는 자원에 대해 독점적 권리를 주장
　　㉢ 자원을 무기화 : 석유 수출국 기구(OPEC)는 석유 자원을 통해 자국의 이익을 극대화함.

2. 식량 자원과 에너지 자원

(1) 식량 자원
　① 쌀
　　㉠ 재배 조건 : 생육기에 고온 다습한 기후(무상 일수 150일 이상,

연 강수량 1,000mm 이상)의 비옥한 하천 유역의 충적토가 유리함.

ⓛ 재배 지역 : 아시아 계절풍 기후 지역에서 대부분 재배

ⓒ 특징 : 생산에 많은 노동력이 필요하며, 다른 작물에 비해 인구 부양력이 높음.

ⓔ 생산과 이동 : 대부분 아시아 지역에서 생산·소비되어 국제 이동량이 적으며, 생산지에서 대부분 소비

② 밀

ⓐ 재배 조건 : 기후에 대한 적응력이 강하여 냉대 및 반건조 기후 지역에서도 재배되고 있음.

ⓛ 특징 : 주로 신대륙에서 자본 집약적이며 대규모의 기계화된 상업적 영농으로 대량 생산, 토지 생산성은 낮으나 노동 생산성이 높은 편임.

ⓒ 생산과 이동 : 생산지와 소비지가 달라 국제 이동량이 많음(신대륙 ➡ 구대륙, 남반구 ➡ 북반구), 남반구는 북반구의 밀 수확이 끝날 때 수확하기 때문에 수출에 유리함.

③ 옥수수

ⓐ 재배 조건 : 기후에 대한 적응력이 뛰어나 냉량 건조한 기후에서도 잘 자라므로 재배 범위가 넓은 편임.

ⓛ 주산지 : 아메리카(미국 대평원, 브라질, 멕시코), 인도, 중국

ⓒ 특징 : 수요 급증에 따른 가격 상승(목축업 발달에 따른 사료용 옥수수의 수요 증가, 바이오 에탄올의 원료로 수요 증가) ➡ 국제 식량 가격 상승을 주도함.

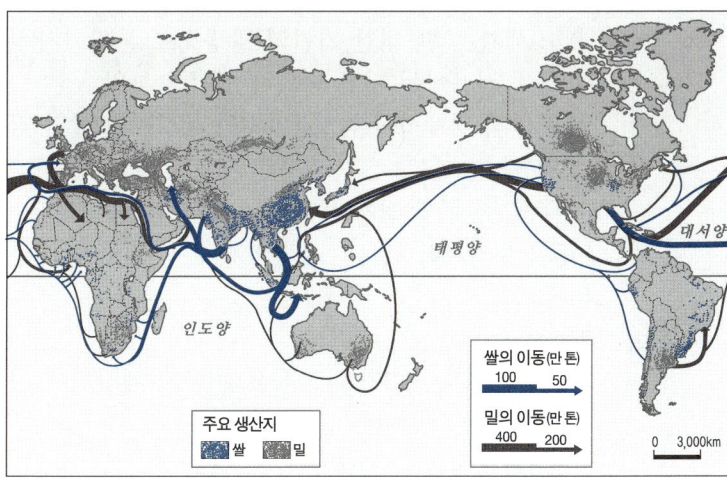

▲ 쌀과 밀의 국제적 이동

> **○ 계절풍**
> 계절에 따라 풍향이 달라지는 바람이다. 우리나라의 경우 여름에는 고온 다습한 남동·남서 계열의 계절풍이 불고, 겨울에는 한랭 건조한 북서 계열의 계절풍이 분다.

> **○ 바이오 에탄올**
> 식물성 원료를 발효시킨 뒤 증류해서 만드는 것으로, 탄수화물이 풍부한 옥수수, 밀, 보리, 사탕수수 등의 식물이 원료로 이용된다.

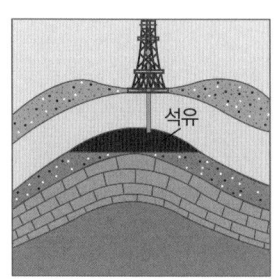

▲ 배사 구조　퇴적 당시 수평이었던 지층이 지각의 변동으로 밀리고 구부러져 둥근 모양을 형성한 구조를 말하는데, 석유가 모일 수 있는 조건이 된다.

(2) 에너지 자원

① 석탄

㉠ 분포

ⓐ 북반구의 냉 · 온대 지역으로 분포 지역이 비교적 넓은 편임.

ⓑ 고기 조산대 주변(애팔래치아산맥, 그레이트디바이딩산맥 등)에 주로 매장

㉡ 특징

ⓐ 18세기 산업 혁명 이후 동력 자원으로 이용되면서 주요 자원이 됨.

ⓑ 제철 공업 및 화력 발전의 연료로 이용

ⓒ 석유보다 수송 · 이용 면에서 불리하고, 연소 시 대기 오염 물질을 많이 배출함.

ⓓ 가정용 연료로 많이 이용하였으나, 최근 소득 수준이 높아지고 주된 연료로 석유와 천연가스가 이용되면서 소비 감소

㉢ 이동 : 주요 수출국은 오스트레일리아 · 러시아 등, 주요 수입국은 중국 · 우리나라 · 일본 등

② 석유

㉠ 분포

ⓐ 신생대 제3기층의 배사 구조에 주로 매장

ⓑ 페르시아 만을 중심으로 서남아시아 지역에 세계 석유의 약 60% 이상이 매장되어 있음.

㉡ 특징

ⓐ 수송 기관 및 화력 발전 연료용, 난방 연료 및 화학 공업의 원료

ⓑ 19세기 후반 내연 기관의 발명으로 본격 사용 ➡ 현재 인류가 사용하는 가장 중요한 에너지 자원

ⓒ 지역적 편재성이 큼, 소비지와 생산지가 달라 국제적 이동이 많음.

ⓓ 국제 경제 및 정치에 미치는 영향력이 큼.

㉢ 이동 : 우리나라, 일본, 유럽의 많은 나라들은 대부분 수입에 의존

③ 천연가스

㉠ 분포 : 신생대 제3기층에 석유와 함께 매장되어 있는 경우가 많음.

ⓒ 특징

ⓐ 주로 가정용으로 이용, 수송 기관 및 화력 발전 연료용 등 으로 이용

ⓑ 에너지 효율이 높고 오염 물질 배출이 적은 청정 에너지

ⓒ 냉동 액화 기술과 파이프라인 건설 등으로 저렴한 수송과 저장이 가능해지면서 이용 증가

ⓒ 이동 : 주요 생산국은 이란·미국·러시아 등, 주요 수입국은 우리나라·일본·독일 등

(3) 세계 에너지 소비 실태

① 산업화 이후 에너지 자원으로 석탄과 석유가 많이 사용되었으 며, 최근에는 천연가스의 사용이 늘어나고 있다.

② 에너지 소비 구조 : 석유 > 석탄 > 천연가스 > 원자력 > 신· 재생 에너지 및 기타 > 수력

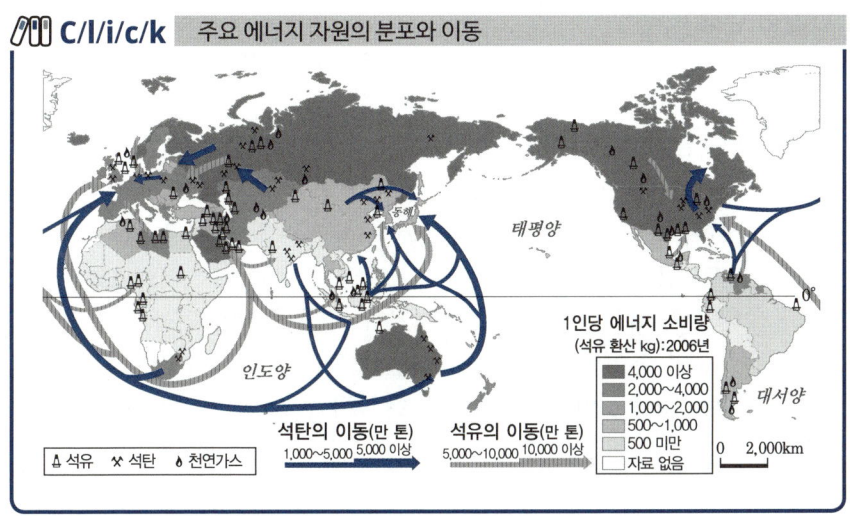

2 자원 때문에 생기는 분쟁

1. 에너지 자원을 둘러싼 갈등

(1) 분쟁 원인 : 유용한 자원이 특정 지역에만 집중적으로 분포, 자원 개발을 둘러싼 갈등과 분쟁 발생

(2) 에너지 자원 분쟁 지역
 ① 북극해 : 북극 주변국들은 자국의 배타적 경제 수역(EEZ) 확장을 통한 자원 확보를 위해 다른 나라의 출입을 제한하고 영유권을 주장
 ② 동중국해 : 중국과 일본이 가스전 확보를 위해 분쟁을 벌이고 있는 센카쿠 열도(중국명 댜오위다오) 지역은 두 국가 모두 강력하게 자국의 영유권을 주장
 ③ 카스피해 : 러시아, 이란, 카자흐스탄, 아제르바이잔, 투르크메니스탄 등 연안 국가들의 유전 지대와 관련된 갈등

2. 물 자원을 둘러싼 갈등

(1) 분쟁 원인 : 하천 상류에 댐 건설이나 오염 물질 방류 시 하류 국가의 물 부족 문제나 물 오염 문제 야기

(2) 물 분쟁 지역
 ① 나일 강 수자원을 둘러싼 갈등 : 상류에 댐을 건설하려는 에티오피아와 수자원 감소를 우려하여 이를 반대하는 이집트 간의 갈등
 ② 티그리스·유프라테스 강 유역 : 상류에 위치한 튀르키예가 하천의 상류에 댐을 건설하고 지류의 흐름을 바꾸어 많은 물을 저장하자, 하류에 위치한 시리아와 이라크는 강의 사용 권리를 주장하고 있다.
 ③ 메콩 강 유역 : 메콩 강 상류에 위치한 중국이 댐을 건설하면서 유량이 줄어들자, 메콩 강 하류에 위치한 인도차이나 반도의 태국, 라오스, 미얀마, 베트남, 캄보디아 등 여러 국가가 농업용수 확보에 어려움을 겪고 있다.

3 자원이 풍부한 지역의 주민 생활과 지속 가능한 자원 개발

1. 풍부한 자원으로 경제 발전을 이룬 지역

(1) 자원이 풍부한 국가
 ① 사우디아라비아 등 서남아시아 국가들은 자원(석유, 천연가스) 수출로 경제 성장
 ② 미국·캐나다·오스트레일리아 등은 풍부한 자원과 높은 기술 수준을 바탕으로 선진국으로 성장

> **❍ 국제 하천**
> 국경을 이루거나 여러 나라를 가로질러 흐르는 하천으로 수자원의 이용. 선박의 통행. 환경 오염과 관련하여 인접 국가 간의 합의가 필요하다.

(2) 자원 개발에 따른 긍정적 효과 : 일자리 창출로 인한 소득 수준의 증가, 자원 개발과 관련된 산업 발달, 외화 수입 증대, 자원 개발에 따른 수익으로 사회 기반 시설 확충 ➡ 주민의 삶의 질 향상

2. 자원이 풍부하지만 어려움을 겪는 지역

(1) 자원으로 인한 분쟁 발생 지역 : 아프리카의 국가들(나이지리아, 콩고 민주 공화국), 남미의 석유 생산 국가(베네수엘라) 등

(2) 자원 개발의 부정적 영향 : 선진국들의 간섭으로 인한 정치 불안, 개발에 따른 이익 분배를 둘러싼 주요 세력들 간의 갈등 심화, 빈부 격차 심화 등

3. 지속 가능한 자원 개발

(1) 지속 가능한 자원의 의미와 종류
　① 지속 가능한 자원 : 친환경적이고, 고갈 가능성이 적은 재생 자원
　② 지속 가능한 자원의 종류와 특징(신·재생 에너지)

태양 에너지	태양열과 태양광을 이용한 냉·난방과 발전, 태양 전지 활용 등
풍력 에너지	바람이 많은 해안가나 고도가 높은 지역에서 풍차의 날개를 돌려 전기 생산
조력 에너지	밀물과 썰물(조수 간만의 차) 때의 바닷물의 높이 차이를 이용하여 전기 생산
지열 에너지	마그마에 의해 데워진 지하수로부터 나오는 증기를 이용하여 전기 생산
바이오 에너지	옥수수나 사탕수수 등을 열분해하거나 발효하여 메탄, 에탄올과 같은 에너지를 얻는 방식

　③ 자원의 지속 가능한 활용 방안 : 냉·난방 절약, 대중교통 이용, 에너지 소비 효율 등급 표시제, 탄소 포인트제 등

(2) 지속 가능한 자원 개발의 효과와 부작용
　① 지속 가능한 자원 개발의 긍정적 효과 : 대기 오염 물질의 배출이 적고 환경 친화적이며, 재생 가능하여 고갈 가능성이 적다.
　② 지속 가능한 자원 개발의 부작용 : 개발 과정에서의 환경 파괴, 바이오 에너지의 연료 작물 재배를 위한 농장 개발 ➡ 삼림 파괴에 따른 환경 문제 발생, 식량 작물의 생산량 감소에 따른 피해 발생

❯ 신·재생 에너지
기존의 화석 연료를 변화시켜 이용하거나, 재생 가능한 자원을 이용하는 에너지를 말한다.

❯ 탄소 포인트제
가정, 상업 시설에 온실가스 감축 실적에 따라 포인트를 발급하고, 이에 상응하는 혜택을 제공하는 제도이다.

1 자원의 활용과 자원 문제

01 (가)에 해당하는 자원으로 옳은 것을 〈보기〉에서 고른 것은?

```
넓은 의미의 자원

  좁은 의미의 자원

     (가)
```

┤ 보기 ├
ㄱ. 광물 자원   ㄴ. 문화 자원
ㄷ. 삼림 자원   ㄹ. 인적 자원

① ㄱ, ㄴ   ② ㄱ, ㄷ
③ ㄴ, ㄹ   ④ ㄷ, ㄹ

02 다음 중 자원에 대한 설명으로 옳지 <u>않은</u> 것은?

① 좁은 의미의 자원은 인적 자원을 의미한다.
② 자연물 중 기술적·경제적으로 개발 가능한 것이다.
③ 토지, 광물뿐만 아니라 종교 제도 역시 자원으로 볼 수 있다.
④ 수력, 풍력 등과 같이 사용량과 무관하게 무한히 재생 가능한 자원을 재생 가능한 자원이라 한다.

03 다음에서 설명하는 자원의 특성을 바르게 나열한 것은?

(가) 자원은 모든 지역에 고루 분포하지 않으며 일부 지역에 집중 분포되어 있다.
(나) 대부분의 주요 자원들은 매장량이 한정되어 있어 자원 고갈에 대비해야 한다.
(다) 자원의 가치가 문화적 차이, 기술 발달, 경제적 수준의 차이 등에 따라 달라진다.

	(가)	(나)	(다)
①	가변성	편재성	유한성
②	편재성	유한성	가변성
③	유한성	가변성	편재성
④	편재성	가변성	유한성

04 다음에서 설명하는 개념은?

어떤 자원의 확인된 매장량을 그 해의 연간 생산량으로 나눈 값으로 채굴 가능한 연도 수

① 가변성   ② 편재성
③ 순환 자원   ④ 가채 연수

05 A, B 작물의 상대적 특징에 대해 옳은 내용을 말한 학생을 고른 것은? (단, A, B는 쌀, 밀 중 하나임.)

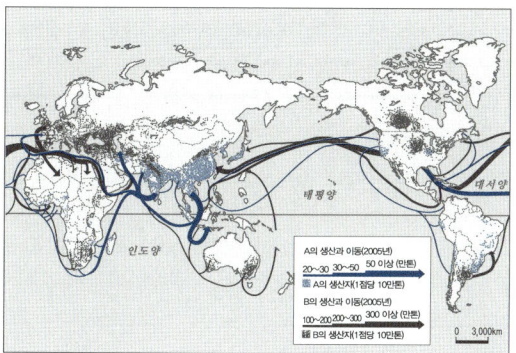

> 갑 : 고온 다습한 기후에서는 A의 재배가 더 유리해.
> 을 : 남반구에서는 B의 수출량이 더 많아.
> 병 : 국제 이동량은 A가 더 많아.
> 정 : 재배 범위는 B가 더 좁아.

① 갑, 을   ② 갑, 병
③ 을, 병   ④ 을, 정

06 다음에서 설명하는 작물로 옳은 것은?

> • 3대 곡물 자원의 하나이다.
> • 생산과 수출 1위는 미국이다.
> • 바이오 에탄올의 원료로 이용된다.

① 쌀   ② 밀
③ 옥수수   ④ 카카오

07 밀에 대한 설명으로 옳은 것은?

① 기호식품 중 하나이다.
② 생산지에서 대부분 소비된다.
③ 기온이 낮거나 건조한 지역에서도 자란다.
④ 주로 구대륙에서 생산하여 신대륙으로 이동한다.

08 다음은 어느 에너지 자원의 이동을 나타내는 지도이다. A, B 자원을 올바르게 나열한 것은?

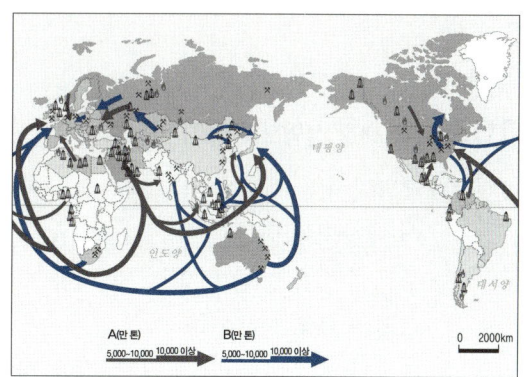

	A	B
①	석탄	석유
②	석유	석탄
③	천연가스	식유
④	원자력	천연가스

09 다음은 어떤 자원에 대한 설명인가?

> • 냉동 액화 기술의 개발로 국제적 이동 및 소비가 급증하고 있다.
> • 대기 오염 물질의 배출이 적은 청정 에너지이다.

① 석유　　　　　② 석탄
③ 원자력　　　　④ 천연가스

10 석유에 대한 설명으로 옳지 <u>않은</u> 것은?

① 서남아시아 지역에 세계 석유의 60% 이상이 매장되어 있다.
② 주로 수송용과 난방 연료 및 석유 화학 공업의 원료로 이용된다.
③ 에너지 효율이 높고 오염 물질이 적게 배출된다. 주로 신생대 3기 배사 구조에 매장되어 있다.
④ 세계에서 가장 많이 사용하는 에너지 자원으로 소비지와 생산지의 불일치로 인한 국제적 이동이 많다.

11 다음에서 설명하는 자원은 무엇인가?

> • 주로 가정용으로 사용한다.
> • 에너지 효율이 높은 청정 에너지이다.
> • 냉동 액화 기술과 파이프라인 건설로 국가 간의 이동이 이루어진다.

① 석유　　　　　② 석탄
③ 전기　　　　　④ 천연가스

12 그래프는 세계 에너지 자원의 소비 비중을 나타낸 것이다. A~C 자원에 대한 설명으로 옳은 것은? (단, A~C는 석유, 석탄, 천연가스 중 하나임.)

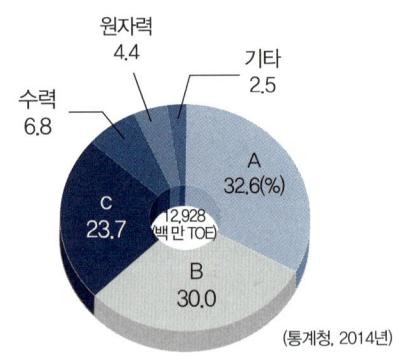

(통계청, 2014년)

① A는 산업 혁명 당시 주요 연료로 이용되었다.
② B는 주로 자동차 연료 및 화학 공업의 원료로 이용된다.
③ C는 냉동 액화 기술의 발달로 소비량이 증가하였다.
④ B는 A보다 일부 지역에 편중되어 국제 이동량이 많다.

2 자원 때문에 생기는 분쟁

13 자원 문제의 발생 원인이 <u>아닌</u> 것은?

① 자원의 소비 급증으로 인해 발생한다.

② 자원의 유한성, 편재성에 영향을 받는다.

③ 지구 온난화로 인해 지하자원 부족 문제가 발생한다.

④ 자원을 무기로 삼아 자국의 이익을 취하는 과정에서 나타난다.

14 다음 설명에 해당하는 것은?

> • 자원을 무기로 삼아 자국의 이익을 취함.
> • 석유 수출국 기구(OPEC)

① 전체주의　　　② 지역 이기주의

③ 자원 민족주의　④ 자민족 중심주의

15 다음 사례에 공통적인 갈등 원인은?

> • 나일 강
> • 메콩 강
> • 티그리스 · 유프라테스 강

① 물 자원　　　② 어족 자원

③ 석유, 천연가스　④ 언어, 종교 갈등

16 다음 분쟁 지역의 설명으로 옳은 것은?

① 민족 간의 갈등이 발생하고 있다.

② 물을 둘러싸고 일어나는 물 분쟁 사례이다.

③ 열강의 인위적인 국경 설정으로 인한 분쟁 지역이다.

④ 카스피 해 유전지역을 두고 주변 국가들의 분쟁이 일어난다.

17 센카쿠 열도 지역의 분쟁에 대한 설명으로 옳은 것은?

① 중국과 일본의 분쟁 지역이다.

② 남중국해 지역에서 발생한 분쟁 지역이다.

③ 인위적인 국경 설정으로 인한 갈등 지역이다.

④ 가스전뿐만 아니라 하천 상류에 댐 건설로 인한 갈등이 나타난다.

18 다음 설명에 해당하는 신·재생 에너지를 바르게 짝지은 것은?

> (가) 화산 및 지진대에 개발하기 유리하다.
> (나) 연중 바람이 부는 해안이나 섬에서 유리하다.
> (다) 일조 시간이 길고, 일사량이 풍부한 지역이 유리하다.
> (라) 하천의 유량이 풍부하거나 낙차가 큰 지역에 유리하다.

	(가)	(나)	(다)	(라)
①	지열	수력	태양광	풍력
②	지열	풍력	태양광	수력
③	태양광	풍력	지열	수력
④	태양광	지열	수력	풍력

19 다음 내용과 관계 깊은 에너지원은?

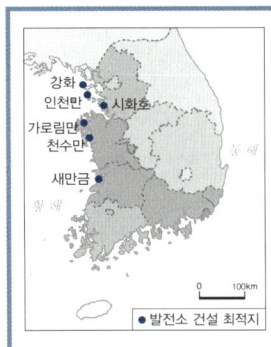

> • 고갈되지 않는 무한 에너지이다.
> • 이 에너지를 이용한 발전소는 조수 간만의 차가 큰 지역에 건설된다.

① 화력   ② 풍력
③ 조력   ④ 원자력

20 다음 내용에 해당하는 발전 방법은?

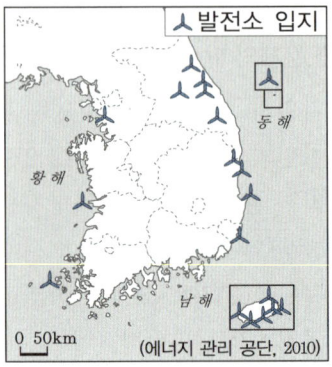

> • 산지나 해안 등 바람이 강하고 자주 부는 지역이 입지에 유리하다.
> • 제주도, 대관령 등의 지역에 발전 단지가 조성되어 있다.

① 조력발전   ② 지열발전
③ 수력발전   ④ 풍력발전

07 개인과 사회생활

- 사회화의 정의와 지위에 따른 역할을 이해한다.
- 사회 집단의 종류와 그 특징을 알 수 있고 집단에서 나타나는 차별과 갈등을 이해한다.

1 사회화의 이해

1. 사회화의 의미와 기능

(1) 의미 : 사회적 존재인 인간이 사회생활에 필요한 지식과 기술, 규범, 가치 등 사회적인 행동 양식을 습득하는 과정

(2) 기능

개인적 측면	자신이 속한 사회의 구성원으로 성장, 자아실현
사회적 측면	사회 질서 유지 및 문화 전승 기능 수행

(3) 사회화의 과정과 내용
  ① 사회화 기관과 사회화 내용

시기	사회화 기관	주요 사회화 내용
유아기	가족	언어, 기초적인 생활 방법 등
아동기	가족, 또래 집단, 학교 등	공동생활 규범, 가치관, 기초적 지식 등
청소년기	학교, 또래 집단, 대중 매체 등	가치관, 전문적 지식, 전반적인 사회 규범 등
성인기	직장, 대중 매체 등	직업 활동을 위한 지식 및 기술, 새로운 지식과 정보 등

  ② 재사회화 : 사회의 변화에 적응하기 위해 새로운 지식, 생활 양식, 기술, 규범 등을 다시 배우는 과정으로 사회 변화의 속도가 빠른 현대 사회에 필요성이 증가 **예** 재취업 교육, 교도소, 노인 대학, 직장인 외국어 교육 등

(4) 청소년기의 사회화
  ① 청소년기의 특징 : 아동기와 성인기의 중간 단계, 이성과 외모에 대한 관심 증대, 독립성 강화, 감수성 풍부, 또래 집단과 대중 매체의 영향을 많이 받음.

② 자아 정체성 형성의 중요성 : 자아 정체성 형성에 매우 중요한 시기로 바람직한 행동과 사고방식 학습, 좋은 경험과 폭넓은 독서 등 필요

2. 지위와 역할

(1) 지위와 역할의 의미
  ① 사회적 지위 : 한 개인이 자신이 속한 집단이나 사회 속에서 차지하는 위치 ➜ 한 개인은 동시에 여러 개의 지위를 가짐.
  ② 종류

귀속 지위	태어나면서 자연적으로 주어지는 지위, 전통 사회에서 중시 **예** 남자, 여자, 장남, 막내, 양반 등
성취 지위	개인의 노력이나 능력으로 얻게 되는 지위, 현대 사회에서 중시 **예** 학생, 선생님, 회사원, 아버지, 어머니, 남편, 아내 등

(2) 역할과 역할 갈등
  ① 역할
    ㉠ 의미 : 사회적 지위에 따라 기대되는 행동 양식
    ㉡ 특징 : 역할 수행에 성공했을 경우에는 보상을 받지만, 제대로 수행하지 못하면 제재를 받음.
  ② 역할 갈등
    ㉠ 의미 : 한 개인에게 기대되는 두 가지 이상의 역할이 서로 충돌하는 것
    ㉡ 특징 : 현대 사회에서는 개인이 여러 지위를 갖기 때문에 역할 갈등이 점점 증가하고 있음.
    ㉢ 해결 방법 : 역할의 우선순위를 정하여 중요한 것부터 수행하며 합리적인 의사 결정을 통해 어느 하나의 역할을 선택

2 사회 집단의 의미와 유형

1. 사회 집단

(1) 의미 : 두 사람 이상의 사람들이 소속감을 가지고 지속적인 상호작용을 하는 집합체

(2) 사회 집단의 종류

접촉 방식에 따라	1차 집단	구성원 간에 친밀감을 바탕으로 전인격적인 인간관계가 이루어지는 집단 예 가족, 친구 등
	2차 집단	특정 목적을 달성하기 위해 인위적으로 만들어진 집단으로 형식적 접촉, 공식적인 절차와 규칙에 의해 운영 예 회사, 학교, 정당, 이익 집단 등
결합 의지에 따라	공동 사회	자신의 의지와 상관없이 선천적, 자연발생적으로 형성 예 가족, 친족 등
	이익 사회	필요에 의해 후천적, 의도적으로 형성된 집단 예 회사, 학교 등
소속감에 따라	내집단	자신이 소속되어 있으면서 공동체 의식이 강한 집단 예 우리 반, 우리 팀 등
	외집단	자신이 소속되어 있지 않고, 이질감이나 적대감을 가지는 집단 예 다른 반, 상대 팀 등
준거 집단		개인이 어떤 행동이나 판단을 할 때 기준으로 삼는 집단으로 소속 집단과 준거 집단이 일치하면 만족감을 느끼지만 일치하지 않을 경우 갈등을 겪기도 함.

❯ **정당**
정치적 견해가 같은 사람들의 모임

❯ **이익 집단**
자신들의 특수 이익을 실현하기 위해 조직한 집단

2. 사회 집단에서 나타나는 차별과 갈등

(1) **차별과 갈등의 원인** : 서로 다른 가치와 신념, 이해관계를 가진 사람들이 공존하기 때문

(2) **차별의 의미** : 다르다는 이유만으로 어떤 사람이나 집단을 부당하게 대우하는 것 예 성 차별, 인종 차별 등

(3) **갈등의 의미** : 서로 추구하는 가치나 이해관계, 정치적 신념 등의 차이로 상호 간에 대립하는 상태

(4) **사회적 차별과 갈등의 영향**
① 긍정적 영향 : 잘 해결되면 사회 발전의 원동력이 된다.
② 부정적 영향 : 갈등이 잘 해결되지 못하면 사회 분열과 혼란 발생

(5) **사회적 차별과 갈등의 해결 방안**
① **차별의 해결 방안** : 인권을 존중하는 인식과 관용적 태도, 차별적 관행이나 제도 폐지 및 개선, 평등 실현을 위한 법 제정 등
② **갈등의 해결 방안** : 관용적인 태도, 민주적인 절차와 방법 준수, 이해관계의 합리적 조정 등

07 적중예상문제

정답 및 해설 10p

1 ▶ 사회화의 이해

01 다음 밑줄 친 내용을 가리키는 개념은?

> 1920년 인도의 늑대 굴에서 두 소녀가 발견되었다. 이들은 처음에 늑대처럼 행동하여 일반인들과 의사소통이 불가능했지만, 사람들과 함께 지내며 교육을 받은 결과 인간 사회에 적응하였다.

① 다원화　　　② 세계화
③ 사회화　　　④ 산업화

02 다음에서 설명하는 것은?

> • 개인이 사회적 존재로 성장해 가는 과정
> • 인간이 사회생활에 필요한 것을 학습하는 과정
> • 한 사회의 행동 양식, 가치관 등을 학습하는 과정

① 정보화　　　② 전문화
③ 사회화　　　④ 세계화

03 다음에 해당하는 개념은?

> 2016년 ○월 ○○일　　　　　　　○○일보
>
> ### 노인을 대상으로 한 스마트폰 교육 실시
>
> □□시청에서는 노인들을 대상으로 스마트폰 교육을 실시하고 있습니다. 시청은 새로운 문화를 배우기 위한 노인들의 열기로 뜨겁습니다.

① 재사회화　　　② 청소년기
③ 성취 지위　　　④ 역할 갈등

04 사회화에 대한 설명으로 옳지 않은 것은?

① 사회화는 사회마다 다르게 나타난다.
② 사회화는 사회의 유지 발전에 기여한다.
③ 사회화는 가정이나 학교에서 습득하는 일시적 현상이다.
④ 자신이 속한 사회의 지식, 규범, 가치 등의 행동 양식을 학습하는 과정이다.

05 다음에서 설명하는 가장 적절한 개념은?

> 사회의 변화에 적응하기 위해 새로운 지식, 생활 양식, 기술, 규범을 다시 배우는 과정으로 사회 변화의 속도가 빠른 현대 사회에 필요성이 증가한다.

① 사회화　　　　② 재사회화
③ 예기 사회화　　④ 탈사회화

06 사회화 기관에 대한 설명으로 옳지 <u>않은</u> 것은?

① 사회 구성원의 사회화를 담당하는 기관이다.
② 가장 기초적인 사회화 기관으로 가정, 또래 집단이 있다.
③ 학교는 목적이 사회화에 있으며 지속적이고 체계적인 사회화 기관이다.
④ 사회화 기관은 가정, 학교 등이며 대중 매체는 사회화 기관이 아니라 정보 전달 매체이다.

07 1차적 사회화 기관에 해당하는 것을 〈보기〉에서 고르면?

> ┤보기├
> ㄱ. 가정　　　　ㄴ. 학교
> ㄷ. 직장　　　　ㄹ. 또래 집단

① ㄱ, ㄴ　　　　② ㄱ, ㄹ
③ ㄴ, ㄷ　　　　④ ㄷ, ㄹ

08 다음에서 설명하고 있는 사회화 개념은?

> 유아기에 가족이나 또래 집단과 같이 가까운 사람들 사이에서 일어나는 사회화로 개인의 인성 형성에 기초가 된다.

① 예기 사회화　　② 재사회화
③ 1차적 사회화　　④ 2차적 사회화

09 자아 정체성의 형성에 대한 설명으로 옳지 <u>않은</u> 것은?

① 긍정적이고 적극적인 삶의 자세를 가져야 한다.
② 자신만의 정체성을 형성하기 위해 노력해야 한다.
③ 청소년기에 형성된 자아 정체성은 성인이 된 후의 삶에 영향을 미치지 않는다.
④ 한 빈 만들어진 자아 정체성은 쉽게 바뀌지 않는다.

10 다음은 청소년기의 다양한 표현 중 무엇을 나타 내는가?

> 성인과 아동 어느 쪽에도 속하지 못하고 주 변을 맴도는 시기

① 과도기　　　　② 심리적 이유기
③ 주변인의 시기　④ 질풍노도의 시기

11 다음 설명에 대한 개념은?

> 한 개인에게 기대되는 두 가지 이상의 역할 이 서로 충돌하는 것으로 현대 사회에는 한 개인이 여러 지위를 갖기 때문에 이러한 현 상이 증가하고 있다.

① 역할 갈등
② 지위 불일치
③ 사회적 상호 작용
④ 차이를 바탕으로 차별

12 (가)에 속하지 않는 것은?

> 사회적 지위는 태어나면서부터 갖게 되는 ☐☐(가)☐☐와 자신이 노력하여 그 결과로 얻 게 되는 성취 지위로 나눌 수 있다.

① 여자　　　　② 인종
③ 의사　　　　④ 남자

13 사회적 지위에 대한 설명으로 옳지 않은 것은?

① 현대 사회에서는 귀속 지위가 중시된다.
② 개인은 동시에 여러 개의 지위를 가진다.
③ 지위에 따라 기대되는 행동 양식을 역할이 라고 한다.
④ 한 개인이 자신이 속한 집단이나 사회 속 에서 차지하는 위치이다.

2 사회 집단의 의미와 유형

14 다음 설명에 해당하는 사회 집단은?

> 두 사람 이상이 소속감을 가지고 지속적으로 상호 작용을 한다.

① 버스 승객　　　② 학교 동아리
③ 축구장 관중　　④ 전시회 관람객

15 다음에서 설명하는 사회 집단의 종류는?

> 결합 의지에 따라 자신의 의지와 상관없이 선천적·자연 발생적으로 형성된다.

① 1차 집단　　　② 이익 사회
③ 준거 집단　　　④ 공동 사회

16 다음에서 설명하는 사회 집단의 종류는?

> 접촉 방식에 따라 구성원 간에 친밀감을 바탕으로 전인격적인 인간 관계가 이루어지는 집단

① 1차 집단　　　② 이익 사회
③ 준거 집단　　　④ 공동 사회

17 다음에서 설명하는 개념은?

> 개인이 어떤 행동이나 판단을 할 때 기준으로 삼는 집단

① 1차 집단　　　② 이익 사회
③ 준거 집단　　　④ 공동 사회

18 다음에서 설명하는 것은?

> 다르다는 이유만으로 어떤 사람이나 집단을 부당하게 대우하는 것

① 차이　　　　　② 차별
③ 역차별　　　　④ 우대 정책

08

문화의 이해

• 문화의 의미와 특징, 문화의 속성을 이해한다.
• 문화를 바라보는 관점들과 대중 매체·대중문화를 이해한다.

1 문화의 의미와 특징

1. 문화의 의미

(1) **좁은 의미** : 예술적이며, 교양이 있고, 세련된 것 **예** 문화 생활, 문화인, 문화 시민, 문화계 동향 등

(2) **넓은 의미** : 한 사회의 구성원이 가지고 있는 공통의 생활 양식 **예** 전통 문화, 음식 문화, 청소년 문화

(3) **문화가 아닌 것** : 선천적인 것, 개인의 습관, 생물적 본능 등 **예** 낮잠, 백인의 머리 색 등

(4) **문화의 구성 요소**
① **물질 문화** : 인간의 욕구를 충족시키고 인간이 살아가는 데 필요한 도구나 기술 **예** 옷, 음식, 기술, 교통수단 등
② **비물질 문화**
ⓐ **제도 문화** : 사회 질서의 유지를 위한 사회 제도 및 행동 기준 **예** 법, 예절, 관습, 정치제도 등
ⓑ **관념 문화** : 인간의 행동에 의미를 부여하거나 삶의 방향을 정해주며, 인간의 삶을 풍요롭게 해주는 정신적 산물 **예** 예술, 종교, 철학, 신화 등

> ❯ **관념**
> 사람의 마음속에 나타나는 개념 또는 의식 내용

(5) **문화의 특성**
① **보편성** : 시대와 장소를 초월하여 어느 사회에서나 공통적으로 나타나는 문화 현상
② **특수성** : 인간은 서로 다른 자연환경과 사회적 상황에 따라 다양한 생활 양식이 나타난다.

(6) **문화의 속성**
① **공유성** : 문화는 한 사회의 구성원 다수가 공통적으로 가지고 있는 생활 양식 ➡ 구성원의 행동을 예측할 수 있음. **예** '함 사세요!'

라고 외치는 소리를 들으면 한국 사람들은 이웃집의 자녀가 결혼할 것이라고 생각함.
② 학습성 : 문화는 타고나는 것이 아니라 후천적 학습에 의해 형성되는 생활 양식 **예** 학습을 통해 젓가락을 사용할 수 있게 되는 것
③ 전체성(총체성) : 문화는 여러 구성 요소들이 서로 밀접한 관계를 맺으면서 부분이 아닌 전체로서의 의미를 갖는 생활 양식 ➡ 문화 요소들이 밀접한 관계를 맺기 때문에 한 부분의 변동은 다른 부분의 변동을 초래함.
④ 변동성 : 문화는 시간이 흐르면서 그 형태나 의미가 변화함.
　예 전통 의상인 한복을 주로 입다가 현재는 청바지를 즐겨 입는 것
⑤ 축적성 : 문화는 세대 간 전승되고 상징 체계를 통해 축적되어 발전함. ➡ 문화가 발전할 수 있는 원동력 **예** 통화만 가능한 휴대 전화에 여러 첨단 기술들이 더해진 것

❯ **상징 체계**
언어, 문자, 기호, 행동 등과 같이 의미를 표현하며 전달하는 데 사용하는 체계

2 문화를 바라보는 태도

자문화 중심주의	의미	자신의 문화를 우수한 것으로 보고 다른 문화를 열등하거나 미개하다고 여기는 태도
	장점	자기 집단 내 결속을 강화시키고 자기 문화에 대한 자부심을 높여 정체성을 형성하는 데 도움을 줌.
	문제점	다른 문화와 갈등을 일으키거나, 국제적 고립을 가져올 수 있음. 지나칠 경우 군사력을 토대로 다른 문화를 파괴하거나 지배하는 문화 제국주의로 흐를 수 있음.
문화 사대주의	의미	다른 문화를 우수한 것으로 보고 자신의 문화는 부정적으로 바라보는 태도
	장점	선진 문물을 수용하여 자신의 문화를 발전시키기도 함.
	문제점	자기 문화의 고유성과 주체성을 상실할 수 있음.
문화 상대주의	의미	다른 사회의 문화를 그 사회의 특수한 자연환경과 역사적 맥락 속에서 객관적으로 이해하는 태도
	장점	문화의 다양성을 높이고, 각 사회의 문화를 편견 없이 객관적으로 이해할 수 있도록 함.
	문제점	인류의 보편적 가치를 무시하는 문화마저도 인정하는 극단적 문화 상대주의로 흐를 수 있음.

❯ **문화 절대주의**
● 자문화 중심주의
● 문화 사대주의

❯ **문화 제국주의**
자본과 기술을 앞세워 자기 문화를 다른 문화 속으로 침투시키는 것

❯ **보편적 가치**
인간의 존엄성, 생명존중, 자유, 평등 등과 같은 시대와 장소를 넘어 언제나 존중되어야 할 가치

3 대중 매체와 대중문화의 이해

1. 대중 매체

(1) 의미 : 여러 사람에게 한 번에 많은 정보를 전달할 수 있는 매개체

(2) 대중 매체의 종류
    ① **전통적 대중 매체** : 소비자에게 일방적으로 정보를 전달한다.
        ㉠ **인쇄 매체** : 신문, 잡지, 책
        ㉡ **음성 매체** : 라디오
        ㉢ **영상 매체** : 텔레비전, 영화
    ② **새로운 대중 매체(뉴 미디어)**
        ㉠ **의미** : 정보・통신 기술의 발달로 등장한 새로운 전달 체계
        ㉡ **종류** : 인터넷, SNS 등
        ㉢ **특징** : 시간과 공간의 제약을 뛰어넘어 대량으로 확산되고, 정보의 생산자와 소비자의 경계가 불분명하며, 쌍방향 의사소통이 가능해짐.

2. 대중문화의 의미와 등장 배경

(1) **대중문화** : 대중 사회에서 대중이 공통으로 쉽게 접하고 누리는 문화

(2) 대중문화의 등장 배경
    ① **정치** : 민주주의 발달과 보통 선거의 실시, 대중의 정치 참여 폭 확대
    ② **경제** : 산업 발달로 인한 대량 생산・대량 소비, 다수가 동시에 누릴 수 있는 공통의 문화가 보급됨.
    ③ **사회** : 의무 교육 확대, 대중 매체의 발달로 비슷한 생활 양식을 누리게 됨.

(3) 대중문화의 기능
    ① 긍정적 측면
        ㉠ 오락과 휴식을 제공하여 삶의 활력소 제공
        ㉡ 대중의 관심을 유도하여 사회 문제의 개선에 기여함.
        ㉢ 소수 특권층이 누리던 문화를 대중이 비교적 적은 비용으로 누릴 수 있게 되면서 문화적 평등에 기여함.
    ② 부정적 측면 : 지나친 이윤 추구(상업화)로 대중문화의 질적 수준 하락, 사람들의 생각이나 취향이 획일화, 개성 상실의 문제 발생

❯ 대중
사회를 구성하는 불특정 다수의 사람들

❯ SNS(Social Network Service)
특정 관심사를 공유하는 사람들 간의 소통을 위해 구축된 온라인 관계망 서비스

❯ 획일화
다양한 사고, 행동 등이 무시된 채 모두가 같은 방식으로 생각하거나 행동하는 것

(4) 문화와 미디어에 대한 바람직한 자세
   ① 비판적 수용 : 대중문화를 비판적으로 평가하여 선별적으로 받아들이는 태도가 요구됨.
   ② 종합적 검토 : 다양한 대중 매체를 통해 정보를 종합적으로 비교, 검토한 후 수용하는 자세가 필요함.
   ③ 능동적이고 창의적인 참여 : 대중 매체의 잘못된 정보에 대한 수정을 요구할 수 있어야 하며, 대중 매체에만 의존하기보다 스스로 정보와 문화를 창조하려는 자세가 필요함.

❷ **능동적**
다른 것에 이끌리지 아니하고 스스로 생각하고 판단하는 것

/‼ C/l/i/c/k 대중 매체의 변화

구분	산업 사회의 대중 매체	정보 사회의 대중 매체
대표적인 사례	텔레비전, 라디오, 신문 등	인터넷, SNS, 블로그 등
정보 제공자	방송사나 신문사 등 소수의 대규모 전문적인 집단	정보 매체를 소유하거나 활용할 수 있는 다수의 일반적인 개인이나 소규모 집단
정보 전달 방향	일방향 전달	양방향 전달
정보의 생산 방식	규격화·획일화된 정보	다양화·차별화된 정보
정보의 생산자와 소비자 간의 관계	정보의 생산자와 소비자 간의 경계가 뚜렷	정보의 생산자와 소비자 간의 경계가 모호해짐.

08 적중예상문제

정답 및 해설 12p

1 문화의 의미와 특징

01 다음 내용에 해당하는 문화의 의미는 무엇인가?

> 영수는 아주 오랜만에 친한 친구인 서진, 서현이와 함께 대학로에서 재미있는 연극을 보았다.

① 물질 문화
② 제도 문화
③ 좁은 의미의 문화
④ 넓은 의미의 문화

02 다음 중 문화에 해당하는 사례로 적절하지 <u>않은</u> 것은?

① 졸릴 때 하품을 한다.
② 음식을 젓가락으로 먹는다.
③ 사람들을 만날 때 악수로 인사한다.
④ 일요일에는 친구들과 영화관에 간다.

03 다음 중 물질 문화에 해당하는 것은?

① 음식
② 관습
③ 예술
④ 정치 제도

04 다음에서 나타나는 문화의 특징은 무엇인가?

> 인간은 서로 다른 자연환경과 사회적 상황에 따라 다양한 생활 양식이 나타난다.

① 보편성
② 특수성
③ 전체성
④ 변동성

05 다음 문화의 특성 중 (가)와 (나)에 해당하는 것은?

> 문화는 시대와 장소를 초월하는 __(가)__ 을 가지고 있으며, 자연환경과 역사적 상황에 따라 다양한 생활 양식이 나타나는 __(나)__ 을 지닌다.

	(가)	(나)
①	축적성	특수성
②	변동성	전체성
③	공유성	학습성
④	보편성	특수성

06 다음 내용과 관련이 깊은 문화의 속성은?

> • 인도에서는 손으로 집어서 음식을 먹는다.
> • 한국에서는 숟가락과 젓가락을 사용하여 음식을 먹는다.

① 상대성　　　　　② 강제성
③ 변동성　　　　　④ 절대성

07 다음에서 설명하는 문화의 속성은?

> 문화는 한 사회의 구성원 다수가 공통적으로 가지고 있는 생활 양식으로, 구성원의 행동을 예측할 수 있다.

① 공유성　　　　　② 학습성
③ 전체성　　　　　④ 변동성

08 다음에서 설명하는 문화의 속성은?

> • 문화는 세대 간 전승되고 상징 체계를 통해 축적되어 발전한다.
> • 문화가 발전할 수 있는 원동력을 제공한다.

① 공유성　　　　　② 축적성
③ 전체성　　　　　④ 변동성

2 문화를 바라보는 태도

09 다음에서 설명하는 문화 이해 태도는?

> 자기 문화를 무시하거나 낮게 평가하고, 다른 사람의 문화를 더 좋은 것으로 여겨 그것을 동경하는 태도이다.

① 문화 사대주의　　　② 문화 상대주의
③ 문화 제국주의　　　④ 자문화 중심주의

10 (가)와 (나)에 들어갈 용어를 알맞게 짝지은 것은?

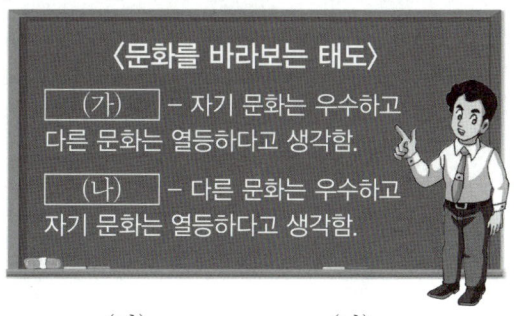

〈문화를 바라보는 태도〉

(가) – 자기 문화는 우수하고 다른 문화는 열등하다고 생각함.

(나) – 다른 문화는 우수하고 자기 문화는 열등하다고 생각함.

	(가)	(나)
①	자문화 중심주의	문화 상대주의
②	자문화 중심주의	문화 사대주의
③	문화 사대주의	자문화 중심주의
④	문화 사대주의	문화 상대주의

11 두 사람이 문화를 이해하는 태도는?

한글은 천한 것이고, 한자는 귀한 것이야.

그렇지! 우리 것은 어느 하나 중국의 것을 따라갈 수 없다네.

① 문화 국수주의　　② 문화 사대주의
③ 문화 상대주의　　④ 자문화 중심주의

12 대화에서 영희가 문화를 바라보는 태도로 알맞은 것은?

다른 나라의 문화보다 우리나라 문화가 훨씬 더 우수해.

각각의 문화는 고유한 가치를 지니므로 좋고 나쁨을 평가할 수는 없어.

철수　　　　　　　　영희

① 문화 사대주의　　② 문화 상대주의
③ 문화 제국주의　　④ 자문화 중심주의

13 다음 설명에 가장 적합한 문화 이해 태도는?

> 현대 사회는 교통·통신의 발달로 여러 문화들이 접촉하고 있다. 이러한 다문화 사회에서는 상대방의 문화를 편견 없이 객관적으로 이해할 수 있는 태도가 필요하다.

① 문화 제국주의　　② 문화 사대주의
③ 문화 상대주의　　④ 자문화 중심주의

14 다음과 같이 문화를 바라보는 관점은 무엇인가?

> 서로 다른 문화 간의 유사성과 차이점을 객관적으로 비교하는 관점

① 거시적 관점　　　② 총체론적 관점
③ 상대론적 관점　　④ 비교론적 관점

3 　대중 매체와 대중문화의 이해

15 대중문화의 긍정적 측면으로 옳지 <u>않은</u> 것은?

① 삶의 활력소 제공

② 오락과 휴식 제공

③ 누구나 누릴 수 있는 문화적 평등에 기여

④ 상업성 추구로 인한 대중문화의 질적 저하

16 밑줄 친 (가)에 대한 설명으로 옳지 <u>않은</u> 것은?

> 다수의 사람들에게 많은 정보를 동시에 전달하여 대중문화 형성에 기여하는 매체를 대중 매체라고 한다. 대중 매체는 일방향 매체에서 (가) 쌍방향 매체로 변화하고 있다.

① 인터넷, 스마트폰이 대표적이다.

② 정보를 일방적으로 수요자에게 전달한다.

③ 대중은 문화의 소비자인 동시에 생산자 역할을 한다.

④ 정보 통신 기술 발달에 따라 등장한 '뉴 미디어'이다.

17 다음과 같은 특징을 지닌 대중 매체는?

> 양방향의 정보 전달이 가능하며, 정보 생산자와 소비자 간의 경계가 모호한 특징을 가진다.

① 신문　　　　　② 라디오

③ 인터넷　　　　④ 텔레비전

18 문화와 미디어의 수용에 대한 바람직한 자세는?

① 비판적 수용이 필요하다.

② 수동적인 자세로 정보를 받아들인다.

③ 하나의 매체를 사용하여 정보를 수용한다.

④ 대중 매체의 정보는 믿을 수 있기 때문에 적극적 수용이 필요하다.

19 다음에 나타난 매체의 특징으로 옳은 것은?

> • 인터넷상에서 UCC(사용자 제작 콘텐츠)를 제작하여 전 세계 사람들과 공유한다.
> • SNS(소셜 네트워크 서비스)를 이용하여 정보를 만들고 유통한다.

① 쌍방향 의사소통이 가능하다.

② 시간과 공간의 제약을 크게 받는다.

③ 인쇄 매체에 비해 정보의 전달 속도가 늦다.

④ 대중문화의 형성과 발달에 미치는 영향이 작다.

09 정치 생활과 민주주의

- 정치의 의미와 기능을 이해한다.
- 민주주의 발전 과정과 민주주의를 구현하기 위한 정부 형태를 알 수 있다.

1 정치와 정치 생활

1. 정치의 의미와 기능

(1) 정치의 의미 : 사회 구성원 간의 이해 관계를 조정하고 대립과 갈등을 해결하는 과정
① 좁은 의미 : 정치인들이 정치권력을 획득하고 유지하며, 행사하는 활동 예 국회의원의 입법 활동, 정부의 정책 수립 등
② 넓은 의미 : 일상생활에서 발생하는 사회 구성원 간의 대립과 갈등을 조정하고 해결하는 활동 예 학급 회의, 가족 회의, 주민 회의 등

(2) 정치의 기능
① 사회 통합 및 사회 질서 유지 : 개인이나 집단 간의 이해 관계의 조정을 통해 대립과 갈등을 해결한다.
② 사회 구성원의 행복 증진 : 사회 구성원들의 권리 보장 수준이 향상되면서 개개인에게 행복을 가져다 준다.
③ 사회가 나아가야 할 방향 제시 : 공동의 의사 결정을 통해 사회 문제의 해결책을 찾는다.

2. 국가와 시민의 역할

(1) 국가의 역할
① 사회 문제의 합리적 해결 : 다양한 이해 관계를 합리적으로 조정하여 여러 가지 사회 문제에 대한 해결책을 마련해야 한다.
② 시민의 인권 보장 : 시민의 권리 보장과 권리 보장 수준 향상을 위해 노력해야 한다.
③ 복지 증진을 위한 노력 : 모든 시민이 인간다운 삶을 살 수 있는 조건을 마련하고 시민의 행복 증진을 위해 노력해야 한다.

(2) 시민의 역할
   ① 적극적인 정치 참여 : 바람직한 정치 생활을 위하여 정치 현상에 관심을 가지고 적극적으로 참여해야 한다.
   ② 국가의 정당한 권위 존중 : 국가의 권위에 대한 무조건적인 존중은 문제가 되지만 시민으로부터 주어진 국가의 정당한 권위는 존중할 필요가 있다.
   ③ 준법정신의 실천 : 법을 준수하여 바람직한 시민의 모습을 갖추어야 한다.

2 민주주의의 이념과 민주 정치의 기본 원리

1. 민주 정치의 발전 과정

(1) 고대 아테네의 민주 정치
   ① 고대 아테네의 특징 : 영토가 작고 인구 수가 적은 소규모의 도시국가, 노예가 노동을 담당하여 시민들이 한 곳에 모여 정치에 참여할 수 있는 경제적 여유와 시간이 있었다.
   ② 고대 아테네 민주 정치의 모습 : 민회, 평의회, 재판소 등을 운영하며, 모든 시민은 추첨제와 윤번제를 통해 행정 업무와 재판을 맡는 공직자가 될 수 있었다.
   ③ 고대 아테네 민주 정치의 특징
      ㉠ 직접 민주 정치 : 모든 시민이 참여하여 국가의 중요한 일을 직접 토의하여 결정함.
      ㉡ 한계 : 시민권을 가진 성인 남성만 민회에 참여할 수 있었고, 여성, 외국인, 노예는 제외되는 제한적 민주 정치

(2) 근대의 민주 정치
   ① 배경 : 자연권 사상, 사회 계약설, 계몽사상을 바탕으로 근대 시민 혁명 발생
   ② 시민 혁명 : 시민 계급이 절대 왕정을 무너뜨리고 정치에 참여할 권리를 얻은 사건으로 영국의 명예 혁명(1688), 미국의 독립 혁명(1776), 프랑스 혁명(1789)이 있다.
   ③ 근대 민주정치의 특징
      ㉠ 대의 민주 정치(간접 민주 정치) : 시민이 선출한 대표자가 의회를 구성하여 국정을 운영함.
      ㉡ 한계 : 성별, 신분, 재산 등에 따른 정치 참여 제한 ➡ 여성, 노동자, 농민 등의 정치 참여가 배제되는 제한적 민주 정치

❯ 민회
모든 시민이 참여하여 국가의 중요한 일을 직접 토의하여 결정하는 최고 의결 기관이다.

❯ 평의회
행정 기구로 평상시에 민회를 계속 운영하기 어려워 대표 500인을 선출하여 평의회로 구성된다.

(3) 현대 민주 정치
① 배경 : 차티스트 운동, 여성과 흑인의 참정권 운동 등 참정권 확
대 운동으로 일정 연령 이상의 모든 사람에게 선거권을 부여하
는 보통 선거 제도가 확립되었다.
② 현대 민주 정치의 특징 : 대의 민주 정치, 전자 민주주의 발달
③ 현대 민주 정치의 한계와 보완
㉠ 한계 : 국민은 선거 이외의 정치 과정에서 소외되기 쉬움.
㉡ 보완 : 국민 투표, 국민 소환, 국민 발안과 같은 직접 민주 정
치 요소를 도입하여 대의제의 한계 보완

> **대의 민주 정치**
> 영토가 넓고 인구가 많은 현대 국가에서는 대표자를 선출하여 국가의 의사 결정과 운영을 맡긴다.

> **전자 민주주의**
> 정보 통신 기술이 발달하면서 인터넷, 스마트폰 등을 통해 국민이 정치 과정에 직접 참여할 수 있는 기회가 확대된다.

2. 민주주의 이념

(1) 인간의 존엄성 : 인간이 인간이라는 이유만으로 존중받아야 한다는
것, 인간의 존엄성 실현 방법 ➡ 자유와 평등 보장

(2) 자유 : 부당하게 구속되거나 간섭받지 않고 자신이 원하는 대로 판
단하여 행동하는 것

(3) 평등 : 모든 사람이 차별 없이 동등하게 대우받는 것

형식적 평등	모든 사람이 법 앞에 평등하며 기회를 균등하게 보장받는 것
실질적 평등	개인이 지닌 선천적·후천적 차이를 고려하는 것

(4) 자유와 평등의 관계 : 자유를 지나치게 강조하면 사회적 불평등이
심화되고, 평등을 강조하면 자유가 제한될 수 있으므로 자유와 평등
의 조화가 필요하다.

3. 민주 정치의 기본 원리

(1) 국민 주권의 원리 : 국가의 의사를 최종적으로 결정하는 최고의 권력
인 주권이 국민에게 있다는 것 ➡ 국가 권력의 성립과 행사는 오직
국민의 지지와 동의가 있을 때 정당화된다.

(2) 국민 자치의 원리 : 주권을 가진 국민이 국가를 다스려야 한다는 것으
로 국민 투표, 주민 투표, 주민 소환, 지방 자치 제도 등을 시행한다.

(3) 입헌주의 원리 : 국민의 기본권 보장과 국가 기관의 조직 및 작용의
원리를 헌법에 규정하고, 그 헌법에 따라 통치해야 한다는 것 ➡ 국
가 권력의 남용을 방지하여 국민의 자유와 권리를 보장하기 위한
목적이다.

(4) 권력 분립 : 국가 권력을 입법, 행정, 사법으로 분리하여 독립된 기관이 나누어 맡도록 한다는 것(법을 제정하는 권한은 입법부, 법을 집행하는 권한은 행정부, 법을 적용하는 권한은 사법부에 나누어 맡김.) ➔ 상호 견제와 균형을 통해 권력의 집중과 남용을 방지하고 국민의 자유와 권리를 보장하기 위함.

3 민주주의 구현을 위한 정부 형태

1. 정부 형태의 구분

입법부와 행정부의 관계에 따라 의원 내각제와 대통령제로 구분되며, 다음과 같은 차이가 있다.

구분	의원 내각제	대통령제
대표 국가	영국	미국
형태	• 입법부와 행정부가 융합된 형태 • 의회와 내각이 긴밀하게 협조함.	• 입법부와 행정부의 엄격한 분리 • 서로 독립적으로 운영되어 견제와 균형 원리에 충실함.
구성	• 의회 의원만 선거로 선출함. • 의회 다수당의 대표가 수상(총리)이 되어 내각(행정부)을 구성함.	• 선거를 통해 의회 의원과 대통령을 각각 선출함. • 대통령이 행정부를 구성
특징	• 의회의 의원은 행정부의 장관을 겸직할 수 있음. • 의회는 내각 불신임권을 행사할 수 있음. • 수상은 의회를 해산할 수 있음. • 수상은 법률안을 제출할 수 있음.	• 의회 의원이 행정부의 장관 겸직 불가능 • 대통령은 의회의 불신임을 받지 않음. • 대통령은 의회를 해산할 수 없음. • 대통령은 의회에서 의결한 법률안에 대해 거부권을 가짐 ➔ 법률안 제출은 불가능
장점	• 의회가 내각을 불신임할 수 있기 때문에 국민의 요구에 민감하게 대처하여 책임 정치를 실현할 수 있음. • 의회와 내각의 협조 관계로 인해 능률적인 행정이 가능함.	• 대통령이 법률안 거부권을 행사하여 다수당의 횡포를 견제할 수 있음. • 대통령의 임기 동안 행정부가 안정되고 강력하게 정책을 수행할 수 있음.

❯ 내각
국가의 행정권을 담당하는 최고 기관으로, 의원 내각제 국가에서는 내각이 최고 결정 기관

❯ 수상
내각의 우두머리로, 의원 내각제에서는 다수당의 우두머리가 수상이 되는 것이 일반적

❯ 장관
행정 각 부의 우두머리

❯ 내각 불신임권
내각이 정치를 잘못할 경우 책임을 물어 내각 구성원 전원을 사퇴하게 할 수 있는 권한

단점	● 의회와 내각을 한 정당이 독점하는 경우 다수당의 횡포가 우려됨. ● 소수 정당이 난립할 경우 정국이 불안정해질 수 있음.	● 대통령에게 권한이 집중되면서 의회에 대해 책임도 지지 않기 때문에 독재 가능성이 있음. ● 의회와 행정부가 대립할 경우 국정이 효율적으로 운영되기 어려움.

/// C/l/i/c/k 의원 내각제와 대통령제

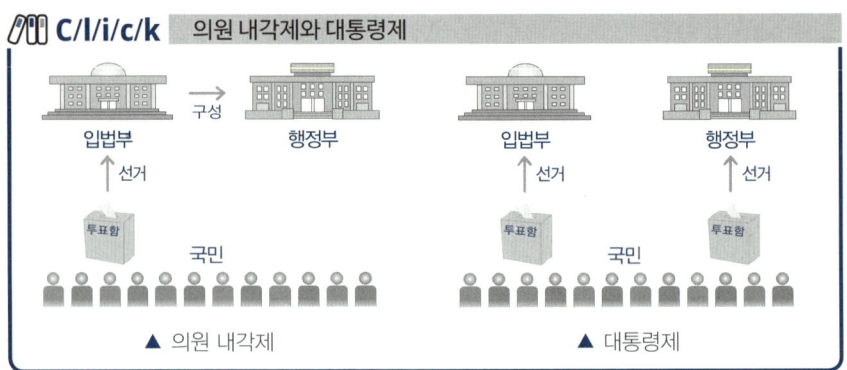

▲ 의원 내각제   ▲ 대통령제

2. 우리나라의 정부 형태

기본적으로 대통령제를 채택하고 있으며, 의원 내각제의 요소를 일부 도입함.	
대통령제 요소	● 대통령을 국민이 직접 선거로 선출 ● 대통령의 임기 보장 ● 국회의 국정 감사 및 조사권 ● 대통령의 법률안 거부권
의원 내각제 요소	● 대통령이 국회의 동의를 얻어서 국무총리 임명 ● 정부가 국회에 법률안 제출 가능

09 적중예상문제

정답 및 해설 13p

1 ▶ 정치와 정치 생활

01 '좁은 의미의 정치'에 해당하는 것을 〈보기〉에서 고른 것은?

┤보기├
ㄱ. 국회의원들의 법률 제정
ㄴ. 아파트 입주자 대표 회의
ㄷ. 대통령의 정치권력 행사
ㄹ. 학생들의 학급 반장 선거

① ㄱ, ㄴ   ② ㄱ, ㄷ
③ ㄴ, ㄹ   ④ ㄷ, ㄹ

02 정치의 기능으로 옳지 <u>않은</u> 것은?

① 사회 통합과 질서 유지
② 사회 구성원의 행복 증진
③ 특권층의 권력 독점 기능
④ 사회가 나아가야 할 방향 제시

03 올바른 시민의 역할로 옳지 <u>않은</u> 것은?

① 법을 준수하고 따라야 한다.
② 정치에 적극적으로 참여해야 한다.
③ 공동체에 대한 책임감을 지녀야 한다.
④ 국가의 정당한 권위는 무조건적으로 존중해야 한다.

2 ▶ 민주주의의 이념과 민주 정치의 기본 원리

04 다음에서 설명하는 정치 형태는?

고대 아테네에서 시민권을 가진 모든 성인 남성이 민회에 참석하여 공동체의 중요한 일을 토의하여 결정하였다.

① 군주 정치   ② 독재 정치
③ 민주 정치   ④ 전제 정치

05 고대 아테네 민주 정치의 특징은?

① 보통 선거 제도가 이루어졌다.
② 인구가 많아 간접 민주 정치를 실시하였다.
③ 여성과 외국인에게도 적극적인 정치 참여 기회를 부여하였다.
④ 시민의 자유를 위협하는 사람은 국외로 추방하는 도편 추방제를 실시하였다.

06 근대 민주 정치에 대한 설명으로 옳지 <u>않은</u> 것은?

① 시민 혁명의 영향으로 발달하였다.
② 대의 민주 정치를 바탕으로 의회를 구성하였다.
③ 모든 사람이 정치에 참여하는 보통 선거가 확립되었다.
④ 시민 계급이 절대 왕정을 무너뜨리고 정치에 참여할 권리를 얻었다.

07 현대 민주 정치의 특징으로 옳지 <u>않은</u> 것은?

① 보통 선거 제도가 확립되었다.
② 영토가 넓고 인구가 많아 대의 민주 정치를 실시한다.
③ 정보 통신 기술 발달로 전자 민주주의가 이루어질 수 있다.
④ 직접 민주 정치의 약점을 보완하기 위해 국민 투표, 국민 발안 요소가 도입된다.

08 다음에서 설명하는 가장 적절한 개념은?

> 인간이 인간이라는 이유만으로 존중받아야 한다는 것

① 민주주의   ② 인간의 존엄성
③ 차티스트 운동   ④ 국민 주권의 원리

09 인간의 존엄성 실현을 위해 보장되어야 하는 것은?

① 자유와 평등   ② 형식적 평등
③ 적극적 자유   ④ 다수결의 원리

10 자유와 평등에 대한 설명으로 옳지 <u>않은</u> 것은?

① 적극적 자유는 정책 결정에 참여할 수 있는 자유이다.

② 소극적 자유는 최소한의 인간다운 삶을 보장받을 자유이다.

③ 실질적 평등은 개인이 지닌 선천적 · 후천적 차이를 고려하는 것이다.

④ 형식적 평등은 모든 사람이 법 앞에 평등하며 기회를 균등하게 보장받는 것이다.

12 다음 설명에 해당하는 민주 정치의 기본 원리는?

> 국민의 자유와 권리를 보장하기 위하여 헌법을 제정하고, 모든 국가 기관과 국민은 헌법에 따라야 한다는 원리이다.

① 국민 주권의 원리

② 국민 자치의 원리

③ 입헌주의의 원리

④ 권력 분립의 원리

13 다음 설명에 해당하는 민주 정치의 기본 원리는?

> 국가의 의사를 최종적으로 결정하는 최고의 권력인 주권이 국민에게 있다는 것

① 국민 주권의 원리

② 국민 자치의 원리

③ 입헌주의의 원리

④ 권력 분립의 원리

11 민주 정치의 기본 원리로 적절하지 <u>않은</u> 것은?

① 국민 주권의 원리

② 국민 자치의 원리

③ 전제 정치의 원리

④ 권력 분립의 원리

14 다음 그림이 나타내는 민주 정치의 기본 원리는?

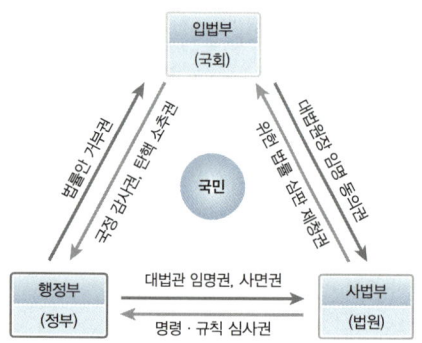

① 국민 주권의 원리
② 국민 자치의 원리
③ 입헌주의의 원리
④ 권력 분립의 원리

3 민주주의 구현을 위한 정부 형태

15 의원 내각제에 대한 설명으로 옳지 <u>않은</u> 것은?

① 의회 의원만 선거로 선출한다.
② 의회는 내각 불신임권을 행사할 수 있다.
③ 의회 의원이 행정부의 장관을 겸직할 수 없다.
④ 수상은 의회를 해산할 수 있으며, 법률안을 제출할 수 있다.

16 그림과 같이 구성되는 정부 형태에 해당하는 국가는?

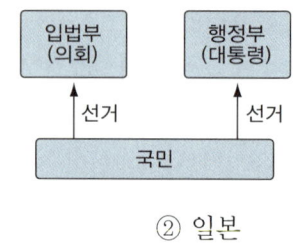

① 영국   ② 일본
③ 미국   ④ 캐나다

17 우리나라의 정부 형태 특징으로 옳지 <u>않은</u> 것은?

① 의원 내각제를 부분적으로 도입한 대통령제이다.
② 국회의원과 대통령을 각각 선출하여 국회와 행정부를 구성한다.
③ 대통령은 국가 원수이자 행정부의 수반이며 국회에 대하여 정치적 책임을 지지 않는다.
④ 국회는 대통령에 불신임권을 행사할 수 있으며 대통령은 의회를 해산할 수 있다.

10

정치 과정의 시민 참여

- 정치 과정의 의미와 다양한 정치 주체를 알 수 있다.
- 선거와 지방 자치 제도의 의미와 특징을 알 수 있다.

1 정치 과정과 정치 주체

1. 정치 과정의 의미와 단계

(1) **다양한 이익의 표출** : 민주주의가 발달하고, 사회의 다원화에 따라 사람들의 가치관, 이해 관계 등이 다양해지면서 자신의 이익을 실현하기 위해 영향력을 행사한다.

(2) **정치 과정의 의미와 단계**
　① **의미** : 공적인 문제에 대해 사회 구성원들이 제기하는 요구와 지지를 바탕으로 정책을 결정하고 집행하는 과정
　② **정치 과정의 단계**
　　㉠ **이익 표출** : 시민, 이익 집단, 시민 단체 등에 의해 다양한 이익과 주장이 표출됨.
　　㉡ **이익 집약** : 표출된 이익에 대한 다양한 의견들이 정당, 언론 등에 의해 모아짐.
　　㉢ **정책 결정** : 국회 또는 정부에서 여러 대안들을 검토한 후 가장 적합한 정책을 선택함.
　　㉣ **정책 집행** : 정부가 정책을 구체적으로 실행에 옮김.
　　㉤ **정책 평가** : 집행된 정책에 대해 평가가 이루어지며, 구성원들의 새로운 요구를 반영하여 정책을 수정함.

2. 다양한 정치 주체

(1) **국가 기관**
　① **국회(입법부)** : 국민의 대표로 구성된 기관으로서 국민의 다양한 의견을 모아 법률을 제정하거나 개정한다.
　② **정부(행정부)** : 법률을 토대로 구체적인 정책을 수립하고, 현실에 맞는 다양한 방법으로 대책을 찾아 정책을 집행하여 공익을 증진한다.

③ 법원(사법부) : 재판을 통해 법률을 해석·적용하여 정책 집행 과정에서 국민의 권리가 침해되었는지 판단한다.

(2) 정당
① 의미 : 정치적 견해를 같이하는 사람들이 정권 획득을 목적으로 만든 집단
② 기능
㉠ 국민의 다양한 요구를 집약하고, 여론을 형성·조직화하여 정부에 전달
㉡ 선거에 후보자 추천
㉢ 정치와 관련된 지식을 국민에게 제공
㉣ 정부와 의회의 매개체 역할

(3) 언론
① 의미 : 대중 매체를 통해 정부 정책 및 시민의 의견을 전달하는 정치 주체 ➡ 여론 형성 주도
② 역할 : 국민의 알권리 충족, 개인이나 집단의 의견을 널리 전달, 정책에 대한 해설과 비판을 제공

(4) 이익 집단
① 의미 : 이해 관계를 같이하는 사람들이 자신의 이익을 실현할 목적으로 만든 단체
② 역할 : 다양한 집단의 이익을 대변, 전문적인 지식을 가지고 사회 문제에 대한 해결책 제시 등
③ 역기능 : 지나치게 자기 집단만의 이익을 추구할 경우 공익을 저해하고 정책 결정에 혼란을 초래할 수 있다.

(5) 시민 단체
① 의미 : 공익 실현을 위해 시민들이 자발적으로 만든 단체
② 역할 : 정부의 정책 결정 및 집행 과정 감시·비판, 정책 대안 제시, 시민의 정치 참여 유도 및 여론 형성, 사회 문제 해결책 제시 등

2 선거의 이해

1. 선거의 의미와 기능

(1) 의미 : 대의 정치 하에서 주권 행사의 가장 기본적인 방법

(2) 기능 : 대표자 선출, 대표자에게 정당성 부여, 대표자 통제, 여론의 반영, 주권 의식 향상, 정책 평가

(3) 중요성 : 민주 정치의 성패를 결정하기 때문에 '민주주의의 꽃'이라고 부르기도 한다.

2. 공정한 선거를 위한 제도

(1) 민주 선거의 4원칙

보통 선거	일정 연령 이상의 국민 누구나 선거를 할 수 있다는 제도
평등 선거	모든 유권자가 행사하는 투표권의 개수와 가치가 동등해야 한다는 제도
직접 선거	국민 주권의 원리에 따라 유권자가 대리인을 거치지 않고 직접 투표를 해야 한다는 제도
비밀 선거	유권자가 누구에게 투표했는지 다른 사람들이 모르게 하는 제도

(2) 선거구 법정주의 : 특정 후보자나 정당의 당선을 위한 선거구의 조작(게리맨더링)을 방지하기 위해 국회에서 선거구를 법률로 정한다.

(3) 선거 공영제
① 의미 : 선거 운동을 국가 기관이 관리하여 부정 선거를 막고, 국가와 지방 자치 단체가 선거 비용의 일부를 지원하는 제도
② 목적 : 후보자 간 선거 운동의 기회 균등 보장, 선거 운동의 과열을 방지하여 선거가 민주적인 절차에 따라 공정하게 이루어지도록 한다.

(4) 선거 관리 위원회
① 의미 : 선거와 국민 투표를 공정하게 관리하는 독립된 국가 기관
② 역할 : 후보자 등록, 선거와 국민 투표의 공정한 관리, 정당과 정치 자금에 관한 사무 처리, 선거법 위반 행위 단속·예방, 선거 홍보 등

3 지방 자치 제도와 시민 참여

1. 지방 자치 제도

(1) 의미 : 지역 주민이 그 지역의 문제를 스스로 해결해 나가는 제도로 지역 주민의 복리 증진을 목적으로 한다.

◈ 게리맨더링
1812년 미국 매사추세츠 주의 주지사였던 게리(gerry)가 자기가 속한 정당인 공화당에 유리하도록 선거구를 분할하였는데, 이는 마치 그리스 신화에 나오는 괴물인 샐러맨더(salamander)와 비슷하다 하여 '게리맨더'라고 부르게 되었다. 이후 특정인이 정치적인 목적으로 선거구를 마음대로 정하는 것을 게리맨더링이라고 부르게 되었다.

◈ 선거구
대표자를 선출하는 지역적 단위 구역으로서 행정 구역을 바탕으로 하면서도 인구 수, 생활권 등을 고려하여 정한다.

◈ 국민 투표
국가의 중요한 정책을 국민이 직접 투표로 결정하는 제도

(2) 지방 자치 제도의 의의

① 주민 자치의 원리로 주민이 자발적인 참여를 통해 자신이 사는 지역에서 민주주의를 실현할 수 있게 업무를 처리함 ➜ 풀뿌리 민주주의

② 주민이 정치에 참여할 수 있는 기회가 확대되어 '민주주의의 학교'라고 한다.

③ 중앙 정부의 권력을 지방 정부가 나누어 행사하여 중앙 정부의 권력분립을 실현

● 풀뿌리 민주주의
소수 엘리트 계급이 아닌 대다수의 민중이 참여하는 민주주의

2. 지방 자치 단체의 구성과 역할

(1) **종류** : 광역 자치 단체(특별시, 광역시, 도), 기초 자치 단체(시, 군, 구)

(2) 지방 의회와 지방 자치 단체장

구분		지방 의회	지방 자치 단체장
정치		의결 기관	집행 기관
역할		예산을 심의·의결하고 지방 자치 단체의 사무를 감사, 조례를 제정	지방 의회 의결 사항을 집행하고, 지방 자치 단체의 재산을 관리, 규칙을 제정
종류	광역	특별시 의회, 광역시 의회, 도 의회	특별시장, 광역시장, 도지사
	기초	시 의회, 구 의회, 군 의회	시장, 구청장, 군수

3. 주민 참여 방법

(1) **주민 투표** : 지역 사회의 중요 결정 사항을 주민이 직접 투표로 결정하는 제도

(2) **주민 소환** : 주민이 선출한 공직자가 직무 수행을 잘못했을 때 주민 투표를 통해 해임시키는 제도

(3) **주민 발안** : 주민이 지방 자치 단체에 새로운 조례의 제정이나 기존 조례의 변경·폐지를 청구하는 제도

(4) **주민 소송** : 부당한 재정 활동을 한 경우 지방 자치 단체장에게 소송을 제기하는 제도

4. 올바른 주민 참여 자세

지역 사회의 문제 해결에 적극적으로 참여하는 자발적 참여와, 지방 자치와 행정에 관심을 가지고 감시·감독하는 비판적 참여가 필요하다.

10 적중예상문제

정답 및 해설 15p

1 정치 과정과 정치 주체

01 그림이 설명하는 과정은?

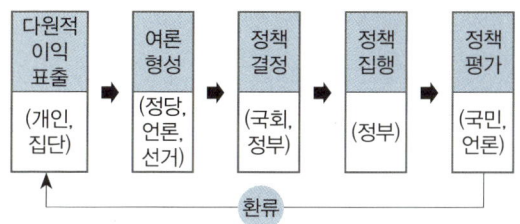

① 소비 과정　　② 유통 과정

③ 재판 과정　　④ 정치 과정

02 정치 참여 주체의 분류가 다른 하나는?

① 국회　　　　② 정당

③ 언론　　　　④ 이익 집단

03 다음에서 설명하는 정치 참여 주체는?

> 공익 실현을 위해 시민들이 자발적으로 만든
> 단체이다. 정부의 정책 결정 및 집행 과정 감
> 시·비판, 시민의 여론 형성 등의 활동을 한다.

① 국회　　　　② 언론

③ 시민 단체　　④ 이익 집단

04 다음 설명에 해당하는 정치 주체는?

> • 국민의 지지를 바탕으로 한 정권 획득이 목
>   적이다.
> • 여론을 기반으로 선거 공약을 제시하고 정
>   책에 반영한다.

① 언론　　　　② 정당

③ 시민 단체　　④ 이익 집단

05 다음 내용과 관계 깊은 정치 참여 주체는?

> • 자기 집단의 특수한 이익 실현 추구
> • 로비나 집회 등으로 정치 과정에 압력 행사

① 법원　　　　② 행정부

③ 이익 집단　　④ 헌법 재판소

06 시민 단체에 대한 설명으로 옳은 것은?

① 설립 목적은 정권 획득이다.

② 정부 정책을 결정하고 집행한다.

③ 이윤 추구만을 목적으로 재화나 서비스를
　생산한다.

④ 공익을 실현하기 위해 시민이 자발적으로
　조직한다.

07 다음 내용에 해당하는 민주 시민의 정치 참여 활동은?

> • '민주주의의 꽃'이라고도 함.
> • 가장 기본적인 정치 참여 방법
> • 보통, 평등, 직접, 비밀의 원칙 적용

① 선거　　　　　　② 여론 형성
③ 정당 활동　　　　④ 시민 단체 활동

08 다음은 민주 선거의 4원칙 중 무엇을 설명하는가?

> 국민 주권의 원리에 따라 유권자가 대리인을 거치지 않고 직접 투표를 해야 한다는 제도

① 보통 선거　　　　② 평등 선거
③ 직접 선거　　　　④ 비밀 선거

09 다음 내용에 해당하는 것은?

> • 민주주의 선거 4대 원칙 중 하나임.
> • 한 사람이 한 표씩을 행사할 수 있으며, 그 표의 가치는 같음.

① 제한 선거　　　　② 평등 선거
③ 직접 선거　　　　④ 비밀 선거

10 다음 설명으로 옳은 것은?

> 특정 후보자나 정당의 당선을 위한 선거구의 조작을 방지하기 위해 국회에서 선거구를 법률로 정한다.

① 의회 제도　　　　② 게리맨더링
③ 선거 공영제　　　④ 선거구 법정주의

11 다음은 무엇을 설명하는 것인가?

> 선거 운동을 국가 기관이 관리하여 부정 선거를 막고, 국가와 지방 자치 단체가 선거 비용의 일부를 지원하는 제도이다.

① 선거 공영제　　　② 지방 자치 제도
③ 민주 선거 4원칙　④ 선거구 법정주의

12 다음과 같은 활동을 하는 단체는?

> 선거와 국민 투표를 공정하게 관리하는 독립
> 된 국가 기관으로 후보자 등록, 선거와 국민
> 투표의 공정한 관리, 선거법 위반 단속 등의
> 활동을 한다.

① 감사원　　　　　② 이익 집단
③ 시민 단체　　　　④ 선거 관리 위원회

14 다음에 해당하는 것은?

> • 풀뿌리 민주주의
> • 민주주의의 학교

① 선거　　　　　　② 시민 단체
③ 지방 자치제　　　④ 선거 공영제

3　지방 자치 제도와 시민 참여

13 다음 내용이 설명하는 것은?

> 지역 주민들 스스로 또는 주민의 대표자를
> 통해 정치와 행정을 자율적으로 처리해 나가
> 도록 한 제도이다.

① 입헌 군주제　　　② 의원 내각제
③ 절대 군주제　　　④ 지방 자치제

15 다음 중 지방 자치 제도의 특징으로 옳지 <u>않은</u>
것은?

① 지역 주민의 자발적 참여 필요
② 중앙 정부의 재정적 지원을 통한 지역 발전
③ 지역 간의 균형적 발전을 추구하여 지역격
　차 해소
④ 중앙 정부의 권한을 지방이 나누어 가짐으
　로써 지역의 일을 스스로 결정

일상생활과 법

- 공법, 사법, 사회법의 의미와 특징을 알 수 있다.
- 재판의 의미와 재판의 종류를 알고 공정한 재판을 위한 제도를 알 수 있다.

1 법의 의미와 목적

1. 법의 의미
국가 권력에 의해 제정되어 강제력을 가진 사회 규범

2. 법의 특성
(1) 강제성 : 법을 지키지 않을 경우에는 국가에 의해 처벌을 받는다.
(2) 명확성 : 다른 사회 규범에 비해 해야 할 것과 하지 말아야 할 것을 명확하게 규정하고 있다.

3. 법의 목적
(1) 정의 실현 : 모든 사회 구성원이 정당한 보상과 대우를 받는 것
(2) 공공복리 증진 : 모든 사회 구성원이 이익과 행복을 누리는 것

2 생활 영역에 따른 법의 분류

1. 공법
(1) 의미 : 국가 기관과 관련되거나 개인과 국가 사이의 공적인 생활 관계를 규율하는 법
(2) 종류

헌법	국가의 기본 원칙이 담겨 있는 국가 최고의 법 → 국민의 권리와 의무, 국가의 통치 구조 규정
형법	범죄의 종류와 형벌의 정도를 규정하고 있는, 역사가 가장 오래된 공법
행정법	행정의 조직과 작용 및 구제에 관한 법
소송법	재판의 절차와 방법을 규정함. → 민사 소송법, 형사 소송법

❯ 형벌
국가가 범죄자에게 제재를 가하는 것으로 사형, 징역, 벌금 등이 있다.

2. 사법

(1) 의미 : 개인과 개인 사이의 사적인 생활 관계를 규율하는 법

(2) 종류

민법	개인 간의 재산 관계, 거래 관계, 가족 관계, 가족생활 등을 다루는 법
상법	기업의 활동과 관련된 상거래 관계 등을 다루는 법

3. 사회법

(1) 의미 : 사법의 영역인 개인 간의 관계에 국가가 개입하도록 하는 법으로 사회적 약자의 권리를 보호하는 법

(2) 성격 : 사법과 공법의 중간적인 성격, 오늘날과 같은 복지 국가에서 중요성이 강조된다.

(3) 등장 배경 : 자본주의가 발달하면서 빈부 격차, 노동 착취, 환경 오염 등의 사회 문제가 심화하였다.

(4) 목적 : 사회적 약자 보호, 사회 구성원의 인간다운 삶 보장

(5) 종류

노동법	근로자를 보호하기 위하여 근로자의 권리와 근로 조건을 규정한 법 예 근로기준법, 최저 임금법, 노동조합 및 노동관계 조정법 등
경제법	공정한 경쟁을 통한 바람직한 경제 활동 보장 및 소비자 권익 보호를 위해 제정된 법 예 독점 규제 및 공정 거래에 관한 법률, 소비자 기본법 등
사회 보장법	저소득층 보호 및 시민의 복지 향상을 위해 제정된 법 예 국민 기초 생활 보장법, 국민 건강 보험법, 노인 복지법, 국민연금법 등

3 재판의 이해

1. 재판의 의미와 종류

(1) 재판

① 의미 : 분쟁이나 범죄가 발생했을 때 법원이 법을 적용하여 옳고 그름을 판단하는 과정

② 재판의 역할 : 갈등과 분쟁의 공정한 해결, 사회 질서의 유지, 국민의 권리 보호

(2) 재판의 종류

민사 재판	개인과 개인 사이의 권리와 의무에 대한 분쟁을 해결하기 위한 재판
형사 재판	범죄의 유무를 판단하고, 형벌의 종류와 형량을 정하는 재판
가사 재판	이혼, 상속 등 가족이나 친족 사이의 다툼을 해결하는 재판
행정 재판	행정 기관이 국민의 권리를 침해하였는지 판단하여 행정 기관의 잘못을 고쳐 달라고 요구하는 재판
선거 재판	선거 자체의 효력이나 당선의 유·무효를 가리기 위한 재판
헌법 재판	재판에 적용되는 법률의 헌법 위배 여부, 기본권 침해 여부 등을 판단하는 재판
소년 보호 재판	10세 이상 19세 미만의 소년이 저지른 범죄 행위나 잘못된 행동에 대한 재판

(3) 재판의 절차
① 민사 재판 : 분쟁 발생 ➔ 원고의 소장 제출 ➔ 피고인에게 소장 복사본 전달 ➔ 피고의 답변서 제출 ➔ 양측 증거 제출 ➔ 법정 변론 ➔ 판결
② 형사 재판 : 범죄의 발생 ➔ 고소, 고발 ➔ 경찰·검찰의 피의자 수사 ➔ 검사의 기소 ➔ 검사의 구형 ➔ 피고인 변론 ➔ 판결

2. 공정한 재판을 위한 제도

(1) 사법권의 독립 : 어떠한 외부의 압력에도 흔들리지 않고 헌법과 법률, 법관의 양심에 따라 판결이 이루어지도록 사법권을 다른 국가 기관으로부터 독립시킨다.

(2) 공개 재판주의 : 재판 과정을 소송 당사자 이외의 일반 시민도 방청할 수 있도록 재판 과정을 공개하는 것

(3) 증거 재판주의 : 권리, 의무의 주장 내용이나 범죄 사실을 증명할 수 있는 증거를 바탕으로 재판을 진행하는 것

(4) 심급 제도
① 의미 : 공정한 재판을 위하여 하나의 사건에 대하여 여러 번 재판을 받을 수 있게 하는 제도
② 상소 : 재판의 당사자가 하급 법원의 판결에 불복하여 상급 법원에 다시 재판을 청구하는 제도
㉠ 항소 : 1심 판결에 불복할 경우 상급 법원에 2심을 청구하는 것
㉡ 상고 : 2심 판결에 불복할 경우 상급 법원에 3심을 청구하는 것

❯ 국민 참여 재판 제도
만 20세 이상의 국민이 배심원 또는 예비 배심원으로 참여하여 피고인의 유·무죄를 결정하고, 어떤 형벌을 내려야 할지에 대해 재판관과 토의하는 형사 재판

---

1 ▶ 법의 의미와 목적

01 다음에서 설명하는 사회 규범은?

> • 정의 실현을 목적으로 한다.
> • 위반할 경우 국가에 의한 강제적인 처벌이 따른다.

① 법　　　　　② 관습
③ 도덕　　　　④ 예절

02 법과 도덕의 특징 비교를 <u>잘못한</u> 것은?

	법	도덕
①	정의 실현	선의 실현
②	강제성	자율성
③	행위의 동기	행위의 결과
④	국가에 의한 제재	양심의 가책

---

2 ▶ 생활 영역에 따른 법의 분류

03 다음에서 설명하고 있는 법은?

> • 모든 법률의 토대가 되는 최상위 법
> • 국민의 권리와 의무 및 국가의 통치 조직과 운영 원리 등을 규정한 법

① 헌법　　　　② 상법
③ 형법　　　　④ 민법

04 다음에서 설명하고 있는 법은?

> • 인간다운 생활을 보장하기 위한 법
> • 노동법, 경제법, 국민연금법 등을 포함
> • 사회적 약자나 경제적 약자의 권리를 보호하기 위한 법

① 민법　　　　② 형법
③ 사회법　　　④ 행정법

05 다음에서 설명하는 법의 특징을 옳게 연결한 것은?

> (가) 개인과 개인 사이의 사적인 생활 관계를 규율하는 법
> (나) 국가 기관과 관련되거나 개인과 국가 사이의 공적인 생활 관계를 규율하는 법
> (다) 사법의 영역인 개인 간의 관계에 국가가 개입하도록 하는 법으로 사회적 약자의 권리를 보호하는 법

	(가)	(나)	(다)
①	공법	사법	사회법
②	사법	사회법	공법
③	공법	사회법	사법
④	사법	공법	사회법

---

3 재판의 이해

06 ⊙과 ⓒ에 들어갈 용어를 알맞게 짝지은 것은?

> 〈재판의 종류〉
> | ⊙ | 금전 거래 등을 둘러싼 개인 간의 분쟁 해결 |
> | ⓒ | 폭행이나 사기와 같은 범죄 사건 판결 |

	⊙	ⓒ
①	형사 재판	민사 재판
②	민사 재판	형사 재판
③	형사 재판	행정 재판
④	민사 재판	행정 재판

07 다음에서 설명하는 재판 제도는 무엇인가?

> 만 20세 이상의 국민이 참여하여 피고인의 유·무죄를 결정하고, 어떤 형벌을 내려야 할지에 대해 재판관과 토의하는 제도이다.

① 심급 제도
② 공개 재판주의
③ 구속 적부 심사
④ 국민 참여 재판 제도

08 그림에 해당하는 재판의 종류는?

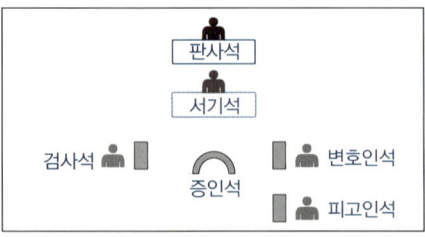

① 민사 재판　　② 행정 재판
③ 가사 재판　　④ 형사 재판

09 다음에 나타나는 제도의 목적은 무엇인가?

> • 심급 제도
> • 사법권의 독립
> • 증거 재판주의
> • 공개 재판주의

① 공정한 재판을 위한 제도
② 피해자 구제를 위한 제도
③ 효율적인 재판을 위한 제도
④ 사법부의 독립을 위한 제도

11 우리나라에서 ㉠을 시행하는 목적은?

> 민수: 영희야, 재판 결과는 어떻게 됐어?
> 영희: 패소했어! 배상을 해주지 않겠다는데.
> 민수: 이제 끝난거야? 억울하겠다.
> 영희: 아니, 소송을 제기하려고 해!
> 민수: 또 한 번? 그게 가능해?
> 영희: ㉠ 우리나라는 세 번까지 재판을 받을 수 있어!

① 공정한 재판을 위해서
② 국회를 보호하기 위해서
③ 사법부의 독립을 위해서
④ 올바른 법률 제정을 위해서

10 다음에서 설명하는 개념은?

> 공정한 재판을 위하여 하나의 사건에 대해
> 여러 번 재판을 받을 수 있게 하는 제도

① 영장주의　　　　② 심급 제도
③ 증거 재판주의　　④ 공개 재판주의

12 사회 변동과 사회 문제

- 사회 변동의 의미와 특징을 알 수 있다.
- 한국 사회의 변동의 특성과 현대 사회 문제점 및 해결 방안을 알 수 있다.

1 사회 변동의 의미와 특징

1. 사회 변동의 의미와 특징

(1) 사회 변동의 의미 : 사회의 전반적인 생활 양식, 가치관, 규범, 정치 ·경제 제도 등이 바뀌는 현상

(2) 사회 변동의 원인 : 과학 기술의 발전, 가치관과 제도의 변화, 자연 환경의 변화, 국가 정책, 문화 전파 등

(3) 사회 변동 특징 : 빠른 변동 속도, 다발적 변화, 범위가 넓어지고 있다.

2. 현대 사회의 변동 양상

▶ **인간 소외 현상**
인간이 기계의 부속품과 같이 수단으로 취급받는 것

▶ **정보 격차**
새로운 정보 기술에 접근할 수 있는 능력을 보유한 사람과 그렇지 못한 사람 사이에 경제적·사회적 격차가 심화되는 현상

구분	산업화	정보화	세계화
배경	산업 혁명	정보 통신 기술의 발달	교통·통신의 발달
의미	전체 산업에서 공업이 차지하는 비율이 높아지는 현상	지식과 정보가 중심이 되어 사회 생활의 변화를 이끌어가는 현상	국가의 경계를 넘어 세계 전체의 상호 의존성이 높아지면서 세계가 하나로 통합되어 가는 현상
영향	• 대량 생산, 대량 소비 가능 • 생산력 증가로 인한 물질적 풍요 • 도시로의 인구 집중 • 교육 기회 확대	• 지식과 정보의 가치 증대 • 정보 관련 산업 발달 • 전자 민주주의 확산	• 소비자의 선택의 폭 확대 • 다양한 문화 체험의 기회 제공 • 민주주의 이념 확산
문제점	• 빈부 격차, 환경 오염 • 전통적인 가족 제도의 붕괴 • 인간 소외 현상	• 인터넷 중독 • 정보 격차 • 사생활 침해	• 국가 간의 불평등 심화 • 지역 문화 파괴

2 한국 사회 변동의 특성과 현대 사회 문제

1. 한국 사회 변동의 특징

(1) 빠른 경제 성장
① 1960년대 이후 정부 주도로 산업화가 빠르게 진행되었다.
② 사회 전 부문에 걸친 변화가 급속도로 이루어졌다.
③ 세계의 최빈국에서 벗어나 선진국을 향해 나아가고 있다.

(2) 한국 사회 변동의 양상
① 시민 중심의 민주주의 사회로 변화하고 있다.
② 저출산, 고령화 현상이 진행되고 있다.
③ 다문화 사회로의 변화가 나타나고 있다.

2. 저출산 · 고령화 현상

(1) 저출산 · 고령화 현상의 원인
① 출산율 감소 : 여성의 사회 진출 증가, 자녀 양육을 위한 경제적 부담, 결혼 연령 상승, 가치관의 변화 등
② 평균 수명 증가 : 의료 기술의 발달, 생활 수준의 향상 등으로 사망률 감소

(2) 저출산 · 고령화 현상의 문제점
① 경제 성장 둔화 : 노동력 부족과 노동 인구의 노령화로 노동 생산성이 낮아지면서 경제 성장이 둔화
② 노인 부양 부담 증가 : 고령화로 인해 노인 부양비가 늘어나면서 젊은 세대의 노인 부양에 대한 부담이 증가할 수 있다.

(3) 저출산 · 고령화 현상의 대응 방안
① 저출산 대응 방안 : 출산과 육아를 사회가 함께 책임져야 한다는 인식 공유, 출산 장려 정책 확대, 출산과 육아로 인한 차별 금지
② 고령화 대응 방안 : 실버 산업 확대, 노인 복지 제도 확충, 노인을 위한 일자리 마련

3. 다문화 사회

(1) 다문화 사회의 의미와 등장 배경 : 외국인 근로자의 유입, 국제 결혼 이주자의 증가, 북한 이탈 주민의 증가 등

> ❥ **실버 산업**
> 노인을 대상으로 상품을 제조하고 판매하거나 의료 · 복지 시설을 세우는 산업

(2) **긍정적 영향** : 노동력 부족 문제 해결, 농어촌 지역 사회에 활력을 부여, 풍요로운 문화 형성

(3) **부정적 영향** : 문화적 차이로 인한 갈등, 사회적 차별, 일자리 경쟁의 갈등

(4) **다문화 사회의 대응 방안** : 문화적 차이를 존중하는 태도 함양, 단일 민족 관념 탈피, 다양한 문화 이해를 위한 교육, 이주민의 권리 보장을 위한 법과 제도 마련

1 ▶ 사회 변동의 의미와 특징

01 최근 사회 변동에 대한 특징으로 옳지 <u>않은</u> 것은?

① 과학 기술의 변화 속도가 빠르다.

② 생활 양식의 변화도 사회 변화의 원인이다.

③ 사회의 전문화와 세분화로 인해 한 분야의 변동은 그 분야에만 영향을 준다.

④ 가치관과 제도의 변화, 자연환경의 변화, 문화의 변화도 사회 변동의 원인이다.

02 최근 우리나라의 사회 변동 모습으로 옳지 <u>않은</u> 것은?

① 평균 수명 증가로 인한 고령화 사회

② 1차 산업 발달로 인한 농업 중심 사회

③ IT 산업의 성장으로 인한 정보화 사회

④ 국제 결혼 증가 등으로 인한 다문화 사회

03 산업화 사회의 특징으로 옳지 <u>않은</u> 것은?

① 대량 생산, 대량 소비 체제이다.

② 도시로의 인구 집중 현상이 나타난다.

③ 빈부 격차, 인간 소외 현상의 문제점이 나타난다.

④ 전체 산업에서 3차 산업이 차지하는 비중이 높다.

04 정보화 사회의 특징으로 옳지 <u>않은</u> 것은?

① 노동과 자본이 부의 원천이다.

② 인터넷상의 새로운 인간 관계가 형성된다.

③ 정보 통신 기술의 발달로 전자 민주주의가 확산된다.

④ 인터넷 중독, 정보 격차, 사생활 침해의 문제점이 나타난다.

05 한국 사회 변동의 최근 경향으로 옳지 <u>않은</u> 것은?

① 평균 수명 증가로 고령화 현상이 나타난다.
② 의학 기술, 산업 발달로 인구가 빠르게 증
   가하고 있다.
③ 고령화의 대응 방안으로 실버 산업 확대,
   노인 복지 제도 확충이 필요하다.
④ 노동력 부족과 노동 인구의 노령화로 노동
   생산성이 낮아지면서 경제 성장이 둔화된다.

06 저출산 · 고령화에 따른 문제점으로 옳지 <u>않은</u>
것은?

① 노동력 부족 현상
② 경제 성장의 둔화
③ 청년층의 부담 증가
④ 유소년 인구의 높은 증가율

07 저출산에 대한 해결 방안으로 보기 <u>어려운</u> 것은?

① 출산 장려 정책을 확대해야 한다.
② 출산과 육아로 인한 차별을 금지해야 한다.
③ 자녀 양육에 대한 경제적 부담을 줄여주어
   야 한다.
④ 육아는 가정에서 책임져야 한다는 인식을
   강화해야 한다.

08 고령화 사회에 대한 설명으로 옳지 <u>않은</u> 것은?

① 실버 산업이 발달할 것이다.
② 노인의 영향력이 작아질 것이다.
③ 노인 복지 제도의 확충이 필요할 것이다.
④ 노인을 위한 일자리 마련이 필요할 것이다.

09 다음을 통해 변화된 사회의 모습은?

> • 외국인 노동자의 국내 유입 증가
> • 국제 결혼을 통한 이주자의 국내 유입 증가

① 고령화 사회   ② 정보화 사회

③ 산업화 사회   ④ 다문화 사회

11 다문화 사회의 대응 방안으로 옳지 <u>않은</u> 것은?

① 단일 민족 관념을 탈피해야 한다.

② 세계화 시대에 적합한 문화 이해 태도가 필요하다.

③ 다양한 교육을 통해 우리나라 문화로 통합해 나가야 한다.

④ 이주민의 권리 보장을 위한 법과 제도가 마련되어야 한다.

10 다문화 사회의 긍정적인 측면으로 옳지 <u>않은</u> 것은?

① 다양한 문화 형성

② 노동력 부족 문제 해결

③ 일자리 차지를 위한 경쟁 발생

④ 농어촌 지역 사회에 활력을 부여

EBS 교육방송교재
중졸 검정고시 사회

PART

02

사회 2

✪ 이 단원에서는 우리의 생활에 많은 영향을 주는 법, 경제, 지리에 대한 다양한 내용을 다루고 있다. 인간의 권리인 인권을 보장받기 위한 인권 구제 방법과 국가 기관에 대한 내용을 학습하며, 시장의 의미와 수요·공급 법칙을 바탕으로 하는 시장 가격의 기능을 알 수 있고, 국제 거래의 발생 요인과 환율에 대해서 학습한다. 또한 세계의 여러 문제에 대해 알아보고 더불어 사는 세계에 대해 살펴본다.

01

인권과 헌법

- 인권의 의미와 특징, 인권을 보장하기 위한 기본권의 종류와 특징을 알 수 있다.
- 침해된 인권의 구제 방법을 알고, 근로자의 권리와 노동권 침해 구제 방법을 알 수 있다.

1 인권 보장과 기본권

1. 누구나 보장받아야 하는 기본적인 권리, 인권

(1) 인권의 의미 : 인간으로서 당연히 누려야 할 기본적인 권리 ➡ 천부 인권이라고도 한다.

(2) 특징

자연권	국가에서 법으로 보장하기 이전에 인간에게 자연적으로 주어진 권리
보편적 권리	인종, 성별, 지위 등을 초월하여 모든 사람이 함께 누리는 권리
불가침의 권리	국가 권력 또는 다른 사람이 함부로 침해할 수 없는 권리

2. 기본권의 보장과 제한

❯ 공무 담임권
공직을 맡을 수 있는 권리

(1) 헌법에서 보장하는 기본권

① 기본권의 의미 : 헌법이 보장하는 인간으로서의 기본적 권리

② 기본권의 종류

인간의 존엄과 가치 및 행복 추구권	인간으로서 존엄과 가치를 지니며 행복을 추구할 권리, 모든 기본권이 지향하는 근본 가치 ➡ 포괄적 기본권
자유권	가장 오래된 기본권으로 국가로부터 개인의 자유로운 생활을 간섭받지 않을 권리 ➡ 소극적 권리 예 신체의 자유, 정신적 자유, 경제적 자유
평등권	성별, 종교, 사회적 신분 등에 의해 불합리한 차별을 받지 않을 권리 ➡ 다른 기본권 보장의 전제 조건 예 법 앞의 평등
참정권	국가의 의사 결정 과정에 참여할 수 있는 권리 ➡ 능동적 권리 예 선거권, 공무 담임권, 국민 투표권

사회권	국가에 대하여 인간다운 생활의 보장을 요구할 수 있는 권리 ➡ 적극적 권리 **예** 근로의 권리, 교육을 받을 권리
청구권	국가에 대해 일정한 행위를 청구할 수 있는 권리 ➡ 다른 기본권을 보장하기 위한 수단적 권리 **예** 청원권, 재판 청구권, 국가 배상 청구권

(2) 기본권의 제한
  ① 배경 : 기본권의 행사가 타인의 기본권을 침해하거나 공익에 해를 끼치지 않도록 국가가 개인의 기본권 행사의 범위에 일정한 제한을 둔다.
  ② 요건 : 국가 안전 보장, 질서 유지, 공공복리를 위해 필요한 경우에 한하여 제한 가능
  ③ 방법 : 국민의 대표 기관인 국회에서 제정된 법률로써만 제한
  ④ 한계 : 제한하는 경우에도 자유와 권리의 본질적인 내용은 침해할 수 없다.

2 인권의 침해 및 구제

1. 인권 침해의 의미

국가 기관 또는 개인이나 단체가 헌법에 보장된 자유와 권리에 피해를 주는 것

2. 인권 침해의 양상과 사례

(1) 양상
  ① 인권 보장을 위해 다양한 법과 제도가 마련되어 있지만, 일상생활에서 항상 인권이 보장되는 것은 아니다.
  ② 인권 침해는 일상생활 전반에 걸쳐 여러 가지 형태로 나타나기 때문에 주변에서 쉽게 찾아볼 수 있다.

(2) 사례
  ① 가정 : 노인과 아동이 무관심 속에서 방치되는 것 등
  ② 학교 : 외모나 피부색이 다르다는 이유로 일부 학생이 따돌림을 당하는 것 등

❯ **청원권**
국민의 바람이나 어려움을 해결해 달라고 문서로 신청할 수 있는 권리

❯ **공공복리**
사회 구성원 전체에 공통되는 이익

❯ **기본권 제한의 내용**
헌법 제37조 ② 국민의 모든 자유와 권리는 국가 안전 보장, 질서 유지 또는 공공복리를 위하여 필요한 경우에 한하여 법률로써 제한할 수 있으며, 제한하는 경우에도 자유와 권리의 본질적인 내용은 침해할 수 없다.

3. 침해된 인권의 구제 방법

(1) **기본권 침해 시 구제 방법** : 국가 인권 위원회에 진정, 헌법 재판소에 헌법 소원 신청, 행정 심판 또는 행정 소송 제기, 상소 제도 이용, 수사 기관에 고소 또는 고발, 민사 소송 제기

(2) **국가 기관별 활동**
① 국가 인권 위원회 : 국가 기관에 의해 인권을 침해당하거나 회사, 단체 등에 의해 부당하게 차별당한 사람이 진정을 제기하면, 이를 조사해 바로잡아 준다.
② 법원 : 사법 기능을 통한 국민의 인권 보장
③ 헌법 재판소
㉠ 위헌 법률 심판 : 법원의 재판 과정에서 어떤 법률이 헌법에 위반되는지의 여부가 문제될 때, 그 법률의 위헌 여부를 심판하는 것
㉡ 헌법 소원 심판 : 공권력으로 인해 헌법상 보장된 인권을 침해받은 사람이 구제를 청구할 경우 이를 심판하는 제도

(3) **인권 보호를 위한 바람직한 자세** : 기본권의 내용을 이해하고, 기본권이 침해당했을 때 구제받을 수 있는 방법을 찾고자 적극적으로 노력해야 하며, 타인의 기본권도 존중해야 한다.

3 근로자의 권리와 노동권 침해 및 구제

1. 헌법에 보장된 근로자의 권리

(1) **근로자의 의미** : 직업의 종류나 근로 기간에 상관없이 사용자에게 노동을 제공하고 임금을 받는 모든 사람

(2) **근로자의 권리**
① 근로의 권리 : 일할 의사와 능력을 가진 사람이 국가에 대하여 근로 기회의 제공을 요구할 수 있는 권리
② 법으로 보장된 근로 조건의 원칙
㉠ 근로 시간 : 1일 8시간, 1주 40시간을 초과할 수 없음.
㉡ 휴식 시간 : 근로 시간이 4시간이면 30분 이상, 8시간이면 1시간 이상 주어야 함.
㉢ 해고 : 적어도 30일 전에 알려 주어야 하고, 정당한 이유 없이 해고할 수 없음.

❯ 국가 인권 위원회
입법부, 사법부, 행정부 중 어디에도 소속되지 않은 독립된 국가 기관이다.

❯ 행정 심판
위법, 부당한 행정 행위로 인하여 국민이 기본권을 침해당한 경우에 행정 기관이 이를 심사하고 판결하는 절차

❯ 행정 소송
행정 기관의 위법 처분에 대하여 법원에 그 처분의 취소나 변경을 요구하는 소송

ⓔ 임금 : 매달 1회 이상 일정한 날짜에 본인에게 직접 통화로 전액을 지급해야 하고, 반드시 최저 임금 이상 주어야 함.

③ 노동 3권

단결권	노동조합을 만들고 가입하여 활동할 수 있는 권리
단체 교섭권	노동조합을 통해 근로 조건에 관하여 사용자와 협상할 수 있는 권리
단체 행동권	단체 교섭이 원만하게 이루어지지 않을 경우 쟁의 행위를 할 수 있는 권리

▶ 쟁의

노동조합과 사용자 간에 근로 조건에 관한 분쟁이 발생했을 때, 노사 어느 쪽에서든 자신들에게 유리하게 분쟁을 해결하기 위해 정상적인 업무 운영을 방해하는 것

2. 노동권 침해 및 구제

(1) 노동권 침해 사례

① 임금 체불 및 최저 임금 미준수 : 임금을 제때 못 받거나 최저 임금 미만으로 받는 경우

② 근로계약서 미작성 : 일을 하기 전에 근로계약서를 작성하지 않는 경우

③ 근로 조건 위반 : 근로자와 협의 없이 1일 8시간, 1주 40시간을 초과하여 일을 시키는 경우, 일하는 도중에 휴식 시간을 주지 않는 경우 등

④ 부당 해고 : 결혼 또는 출산을 이유로 퇴직을 강요하거나 정당한 이유 없이 해고하는 것

⑤ 부당 노동 행위 : 사용자가 노동조합의 결성 또는 가입을 방해하거나 정당한 이유 없이 단체 교섭을 거부하는 것

(2) 침해당한 노동권을 구제받는 방법

① 임금 체불 : 고용 노동부에 신고하거나 법원에 도움을 요청하여 밀린 임금을 받을 수 있다.

② 부당 해고, 부당 노동 행위에 따른 노동 3권 침해 : 노동 위원회에 구제 요청 ➡ 노동 위원회의 결정에 불복할 경우에는 법원에 소송 제기

(3) 노동권 침해의 방지 및 해결을 위한 노사 관계

① 노동권 침해 방지 : 사용자는 근로자의 노동권을 침해하지 않도록 노력하고, 노동조합과 사용자가 서로 존중하면서 원만한 노사 관계를 형성해야 한다.

② 노동권 침해 해결 : 노사가 대화와 협상을 통해 입장을 조율함으로써 원민하게 해결해야 한다.

01 적중예상문제

정답 및 해설 18p

1 인권 보장과 기본권

01 인권의 특징으로 옳지 <u>않은</u> 것은?

① 인간에게 자연적으로 주어진 권리이다.
② 다른 사람이 함부로 침해할 수 없는 권리이다.
③ 국가에서 법으로 보장해주어야만 보장받을 수 있는 권리이다.
④ 인종, 성별, 지위 등을 초월하여 모든 사람이 함께 누리는 권리이다.

02 다음 내용과 관계 깊은 기본권은?

> • 국민의 다른 기본권을 보장하기 위한 기본권
> • 국가에 일정한 행위를 요구할 수 있는 권리

① 자유권　　　② 참정권
③ 청구권　　　④ 평등권

03 다음 내용을 포함하는 기본권은?

> • 법률에 의한 재판을 받을 권리
> • 국가 기관에 문서로 청원할 권리

① 자유권　　　② 참정권
③ 청구권　　　④ 평등권

04 다음에서 설명하고 있는 국민의 기본권은?

> 누구든지 성별, 종교, 사회적 신분 등에 의해 정치·경제·사회 문화적 생활에서 차별을 받지 않는다.

① 자유권　　　② 평등권
③ 참정권　　　④ 청구권

05 다음 설명에 해당하는 기본권을 바르게 연결한 것은?

> (가) 소극적 권리에 해당하며 가장 오래된 기본권이다.
> (나) 능동적 권리로 국가의 의사 결정 과정에 참여할 수 있는 권리이다.
> (다) 다른 기본권을 보장하기 위한 수단적 권리이며 일정한 행위를 청구할 수 있는 권리이다.

	(가)	(나)	(다)
①	자유권	평등권	청구권
②	사회권	참정권	자유권
③	사회권	평등권	자유권
④	자유권	참정권	청구권

06 다음 (가)에 들어갈 내용으로 옳은 것은?

> 헌법 제37조 ② 국민의 모든 자유와 권리는 국가 안전 보장·질서 유지 또는 공공복리를 위하여 필요한 경우에 한하여 (가) 로써 제한할 수 있으며, 제한하는 경우에도 자유와 권리의 본질적인 내용은 침해할 수 없다.

① 법률   ② 헌법
③ 국회   ④ 대통령

07 우리 헌법의 기본권 제한에 대한 설명으로 옳지 않은 것은?

① 국회에서 법률로써만 제한 가능하다.
② 기본권의 제한으로 인한 피해가 최소화되어야 한다.
③ 인간 존엄성이나 행복 추구권 등도 제한 가능하다.
④ 기본권 제한은 국가 안전 보장, 질서 유지, 공공복리를 위해 제한할 수 있다.

2 　인권의 침해 및 구제

08 국가 인권 위원회의 설명으로 옳지 <u>않은</u> 것은?

① 재판을 통해 국민의 기본권을 구제한다.
② 다른 기관에 소속되지 않은 독립적 기관이다.
③ 인권 침해에 관련된 기관에 개선을 권고한다.
④ 국가 기관으로 인권 침해와 차별 행위를 직접 조사하고 구제한다.

09 침해된 기본권 구제 방법으로 옳지 <u>않은</u> 것은?

① 국가 인권 위원회에 진정을 한다.

② 헌법 재판소에 헌법 소원을 신청한다.

③ 수사 기관에 고소 또는 고발은 자제한다.

④ 스스로 구제받을 수 있는 방법을 적극적으로 찾고자 노력한다.

10 다음에서 설명하는 권리 구제 방법은 무엇인가?

> 공권력으로 인해 헌법상 보장된 인권을 침해받은 경우 최후의 수단으로 구제를 청구하는 방법이다.

① 민사 소송 제기

② 헌법 소원 심판

③ 위헌 법률 심판

④ 국가 인권 위원회

3 근로자의 권리와 노동권 침해 및 구제

11 법으로 보장된 근로 조건에 대한 설명으로 옳지 <u>않은</u> 것은?

① 1일 8시간, 1주 40시간을 초과할 수 없다.

② 해고는 적어도 30일 전에 알려주어야 한다.

③ 근로 시간이 8시간이면 휴식은 30분 이상 주어야 한다.

④ 임금은 매달 1회 이상 일정한 날짜에 본인에게 전액 지급해야 한다.

12 다음 설명은 노동 3권 중 무엇에 해당하는가?

> 노동조합을 통해 근로 조건에 관하여 사용자와 협상할 수 있는 권리이다.

① 단결권

② 노동 쟁의

③ 단체 행동권

④ 단체 교섭권

13 다음 중 부당 노동 행위에 해당하는 것은?

① 임금을 체불하는 경우

② 정당한 이유 없이 해고하는 경우

③ 근로계약서를 작성하지 않은 경우

④ 정당한 이유 없이 단체 교섭을 거부하는 경우

14 노동권이 침해받았을 경우 구제 방법에 대한 설명으로 옳지 않은 것은?

① 고용 노동부에 신고를 할 수 있다.

② 법원에 소송을 통해 권리를 구제할 수 있다.

③ 노동 위원회의 결정에 소송을 제기할 수 없다.

④ 부당 해고는 노동 위원회에 구제 요청할 수 있다.

02

헌법과 국가 기관

● 국회 · 행정부 · 법원의 의미와 기능을 알 수 있다.
● 헌법 재판소의 권한과 기능을 알 수 있다.

1 국회

1. 법을 만드는 국민의 대표 기관 – 국회

(1) 국회의 의미와 위상
  ① 국회의 의미 : 국민이 선거를 통해 직접 선출한 대표들로 구성된 기관이다.
  ② 국회의 위상
    ㉠ 국민의 대표 기관 : 국민이 뽑은 대표들이 국민의 다양한 의견을 반영하여 의사 결정을 한다.
    ㉡ 입법 기관 : 법률을 제정하거나 개정 또는 폐기, 헌법 개정안을 제안하고 의결함.
    ㉢ 국가 권력의 견제 기관 : 행정부와 사법부를 감시하고 비판 ➡ 국가 권력의 남용을 막고 국민의 기본권을 보장하기 위함.

(2) 국회의 조직과 구성
  ① 국회의원의 종류 : 지역구 국회의원과 비례 대표 국회의원으로 구성됨(국회의원 임기는 4년).
  ② 주요 조직
    ㉠ 상임 위원회 : 전문적인 지식을 가진 의원들이 각 분야를 전담하기 위해 항상 활동하는 위원회
    ㉡ 특별 위원회 : 특별한 안건을 처리하기 위하여 일시적으로 구성되는 위원회
    ㉢ 교섭 단체 : 일정한 수 이상의 국회의원이 소속된 정당이나 단체가 교섭 단체를 만들어 국회 내의 다양한 의사를 사전에 통합, 조정함.
  ③ 회의 : 정기 국회(매년 한 번), 임시 국회(필요에 따라 수시) ➡ 공개하는 것을 원칙으로 한다.

● 제정
제도나 법률을 만들어 정하는 일

● 개정
법률의 내용을 고쳐 바르게 하는 일

● 지역구 국회의원
지역 선거구별로 후보자에 대해 국민의 직접 투표를 통해 선출한다.

● 비례 대표 국회의원
정당이 얻은 득표수에 비례하여 선출한다.

C/l/i/c/k 상임 위원회와 본회의

상임 위원회	본회의
국방, 보건・복지, 외교・통일 등 전문 분야별로 조직되어 본회의에서 결정할 법률안, 예산안 등을 미리 심의함.	상임 위원회에서 심의한 법률안, 예산안, 청원 등에 대하여 국회의 의사를 최종적으로 결정함.

→

2. 국회의 기능

(1) 입법에 관한 기능

① 법률의 제정 및 개정 : 모든 국가 작용의 근거가 되는 법률을 만들거나 고친다.

② 헌법 개정안의 제안 및 의결 : 헌법을 고치기 위한 개정안을 제안하거나, 개정안에 대한 찬성 여부를 결정할 수 있다.

③ 조약 체결 동의 : 정부가 외국과 체결한 조약에 대한 동의권을 행사한다.

(2) 재정에 관한 기능

① 예산안의 심의 및 확정 : 매년 행정부가 편성한 예산안을 심의하여 확정한다.

② 결산 심사 : 행정부가 예산을 제대로 집행하였는지 심사한다.

(3) 일반 국정에 관한 기능

① 국정 감사와 국정 조사

국정 감사	매년 정기적으로 행정부가 하는 일을 감시하여 바로잡는 것
국정 조사	특정 사안이 발생하였을 때, 그에 대해 조사하여 바로잡는 것

② 임명 동의 : 대통령이 국무총리, 대법원장, 헌법 재판소장 등을 임명할 때 인사 청문회를 실시하고, 임명에 대한 동의권을 행사한다.

③ 탄핵 소추 의결 : 대통령, 국무총리, 행정 각부 장관, 법관 등 법률이 정한 공무원이 직무 수행 과정에서 헌법이나 법률을 위반했을 때, 그 자리에서 물러나게 할지 여부를 심판해 달라고 헌법 재판소에 요청할 수 있다.

2 행정부와 대통령

1. 행정부의 역할과 구성

(1) 행정의 의미 : 국회가 만든 법률을 집행하고 공익을 실현하기 위해 정책을 수립하고 실행하는 국가 작용 ➜ 현대 복지 국가에서 행정부의 적극적인 역할이 더욱 증대됨(행정부의 비대화 현상, 행정 국가화 현상).

(2) 행정부의 구성과 조직
① 대통령
  ㉠ 국민이 직접 선거로 선출한 국가의 대표이며 행정부 최고 책임자
  ㉡ 임기는 5년(중임할 수 없는 단임제)
  ㉢ 국가와 헌법을 수호할 의무가 있다.
② 국무총리
  ㉠ 행정 각 부처를 총괄하며 대통령의 국정을 보좌
  ㉡ 국무총리는 국회의 동의를 얻어 대통령이 임명
③ 국무 회의
  ㉠ 정부 일반 정책, 법률 제정·개정안, 예산안 등 정부의 중요한 정책을 심의하는 행정부의 최고 심의 기관이다.
  ㉡ 의장인 대통령과 부의장인 국무총리, 각 부서의 장관을 비롯한 국무 위원으로 구성
④ 감사원
  ㉠ 대통령에 소속된 행정부의 최고 감사 기관
  ㉡ 공무원의 직무를 감찰하고 국가의 세입, 세출의 결산을 담당

2. 국가 원수이자 행정부 수반 – 대통령

(1) 대통령의 선출과 임기
① 선출 : 국민이 직접 선거를 통해 선출
② 임기 : 5년이고 중임할 수 없음 ➜ 장기 집권에 따른 독재로 국민의 자유와 권리가 침해되는 것을 방지하기 위해서이다.

(2) 지위
① 국가 원수 : 국가 최고 지도자(국가 대표로서의 권한)
② 행정부 수반 : 행정부를 지휘·감독하는 최고 책임자이다.

❷ **행정 국가화 현상**
행정부의 역할이 입법부나 사법부의 역할보다 커지는 현상이다.

❷ **중임**
직책이나 임무를 거듭하여 맡는 것으로, 두 번 이상 임명되는 것이다.

❷ **단임**
원래 정해진 임기를 다 마친 뒤에 다시 그 직위에 임용하지 않는 것이다.

❷ **국군 통수권**
국군을 통수한다는 것은 국군의 총지휘권자로서 역할을 하고 있음을 의미한다.

(3) 권한
  ① 행정부 수반으로서의 권한 : 행정부의 지휘·감독, 국무 회의 의
    장, 국군 통수권, 공무원 임명 및 해임권, 법률안 거부권, 대통
    령령 제정
  ② 국가 원수로서의 권한(국가 대표로서의 권한) : 조약 체결권, 긴급
    명령 및 계엄 선포, 국가 기관의 장을 임명, 국민 투표 제안, 국
    정 조정

3 법원과 헌법 재판소

1. 법을 적용하고 판단하는 국가 기관 – 법원

(1) 사법과 법원
  ① 사법 : 법을 해석하고 판단하여 구체적인 사건에 적용하는 국가
    의 작용
  ② 법원(사법부) : 분쟁 해결 과정에서 법을 해석하고 판단하여 적
    용하는 사법의 권한을 담당한다.

(2) 사법권의 독립
  ① 목적 : 공정한 재판을 보장하기 위해서 사법권의 독립이 필요 ➜
    국민의 자유와 권리 보장의 목적
  ② 법원의 독립 : 법원의 조직이나 운영이 외부의 간섭을 받지 않음.
  ③ 법관의 독립 : 외부의 압력을 받지 않고 헌법과 법률에 의해 그 양
    심에 따라 재판하기 위해 법관의 임기와 신분을 헌법으로 보장

(3) 법원의 조직과 기능
  ① 법원의 조직
    ㉠ 대법원 : 국가 최고의 법원, 대법원장과 대법관으로 구성, 3심
      재판을 담당하며 대법원의 판결은 최종적인 효력을 가짐.
    ㉡ 고등 법원 : 지방 법원의 판결을 받아들이지 않은 2심 사건을
      재판
    ㉢ 지방 법원 : 지방 법원 지원과 함께 주로 1심 사건을 재판
    ㉣ 기타 법원 : 가정 법원, 행정 법원
  ② 법원의 기능
    ㉠ 재판 : 재판을 통해 법률을 해석·적용함으로써 분쟁을 해결함.
    ㉡ 위헌 법률 심판 제청 : 재판 진행 과정에서 관련 법률의 헌법

❯ 계엄
전쟁 등 중대한 일이 발생하였을
때 질서를 유지하기 위하여 개인
의 기본권을 제한하고 행정권과
사법권을 군으로 넘기는 것이다.

❯ 가정 법원
이혼, 상속, 양자 등과 같은 가사
사건, 소년 보호 사건 재판

❯ 행정 법원
국가 기관의 잘못된 행정 작용에
대한 소송 사건 재판

위반 여부가 문제가 될 경우 헌법 재판소에 이를 판단해 달라고 제청할 수 있음.

ⓒ 명령·규칙·처분 심사 : 법률을 위반한 행정 처분을 취소·변경할 수 있고, 재판의 전제가 되는 명령·규칙의 헌법이나 법률 위반 여부를 대법원이 최종적으로 심사함.

2. 헌법을 수호하고 기본권을 보장하는 기관 – 헌법 재판소

(1) 헌법 재판소
   ① 의미 : 입법부에 의해 만들어진 법률이나 국가 기관의 작용이 헌법에 위배되거나 국민의 기본권을 침해했는지 여부를 판단하여 국민의 기본권을 구제해 주는 사법 기관
   ② 구성 : 법관의 자격을 가진 9명의 재판관으로 구성
   ③ 재판관 : 대통령이 3인 지명, 대법원장이 3인 지명, 국회에서 3인 선출 ➡ 대통령이 임명

(2) 헌법 재판소의 권한

> ● 헌법 재판소의 위헌 결정
> 헌법 재판소의 위헌 결정은 헌법 재판관 9인 중 6인 이상의 찬성으로 이루어지고, 위헌이 결정된 법률의 조항은 그 결정이 있는 날로부터 효력을 상실한다.

> ● 파면
> 법적으로 잘못을 한 사람을 직업이나 맡은 일에서 쫓아내어 신분을 박탈하는 일

   ① 위헌 법률 심판 : 재판의 전제가 된 법률이 헌법에 위반된다고 판단한 법원이 헌법 재판소에 그 법률이 위헌인지 여부를 심사해 달라고 제청하였을 때 하는 심판
   ② 헌법 소원 : 법률이나 공권력에 의해 기본권을 침해당한 국민이 직접 헌법 재판소에 구제를 신청했을 때 하는 심판
   ③ 탄핵 심판 : 대통령, 장관, 법관 등 고위 공직자가 직무상 헌법이나 법률에 어긋나는 중대한 잘못을 했을 경우 국회의 요청에 의해 헌법 재판소에서 파면 여부를 심판
   ④ 정당 해산 심판 : 정당의 목적이나 활동이 헌법상의 민주적 기본 질서 등에 위배되어 정부가 해산을 제소하였을 때 정당의 해산 여부를 결정하는 심판
   ⑤ 권한 쟁의 심판 : 국가 기관 사이에 권한 다툼이 발생했을 때 이를 조정해 주는 심판

02 적중예상문제

정답 및 해설 19p

1 국회

01 다음과 같은 권한을 행사하는 국가 기관은?

> • 법의 제정 및 개정
> • 예산안 심의와 확정
> • 국정 감사와 국정 조사

① 법원   ② 국회
③ 행정부   ④ 헌법 재판소

02 국회의 역할을 〈보기〉에서 고른 것은?

> ┤ 보기 ├
> ㄱ. 국민의 의사 대변
> ㄴ. 법률의 제정 및 개정
> ㄷ. 법률의 해석 및 적용
> ㄹ. 정책의 수립 및 집행

① ㄱ, ㄴ   ② ㄱ, ㄷ
③ ㄴ, ㄷ   ④ ㄷ, ㄹ

03 국회와 관련된 설명으로 옳지 <u>않은</u> 것은?

① 국회의원의 임기는 4년이다.
② 국회의원은 지역구 의원, 비례 대표 의원으로 구분된다.
③ 비례 대표 의원은 선거구별로 후보자에게 국민이 직접 투표하여 선출된다.
④ 국회는 행정부와 사법부를 감시하고 비판하며 국가 권력의 남용을 막고 국민의 기본권을 보장한다.

04 다음 국회에 대한 설명으로 옳지 <u>않은</u> 것은?

① 국회의 정기회는 매년 9월에 집회한다.
② 교섭 단체는 국회 내의 다양한 의사를 사전에 통합, 조정한다.
③ 특별 위원회는 전문적인 지식을 가진 의원들이 각 분야를 전담하여 활동한다.
④ 임시 국회는 대통령이니 국회 재적 의원 1/4 이상의 요구가 있을 때 열리는 회의이다.

05 다음에서 설명하는 국회의 권한은 무엇인가?

> 대통령을 비롯한 고위 공직자가 헌법이나 법률을 위반한 경우 파면을 요구하는 심판을 헌법 재판에 요청할 수 있다.

① 국정 감사권
② 탄핵 소추권
③ 국정 조사권
④ 고위 공직자 임명 동의권

2 행정부와 대통령

06 다음 설명에 해당하는 국가 기구는?

> 국회가 만든 법률을 집행하고 공익을 실현하기 위해 정책을 수립하고 실행하는 국가 기구

① 국회   ② 법원
③ 행정부   ④ 국무 회의

07 행정부의 구성 및 조직에 대한 설명으로 옳지 않은 것은?

① 대통령의 임기는 5년이다.
② 국무총리는 행정 각 부처를 총괄한다.
③ 국무 회의는 정부의 중요한 정책을 심의하는 최고 심의 기관이다.
④ 감사원은 국회에 소속된 최고 감사 기관으로 공무원의 직무를 감찰한다.

08 다음에서 설명하는 행정부 조직은 무엇인가?

> 의장인 대통령과 부의장인 국무총리, 각 부서의 장관으로 구성되어 있으며, 행정부 최고 심의 기관이다.

① 감사원
② 국무 회의
③ 상임 위원회
④ 특별 위원회

09 감사원에 대한 설명으로 옳은 것은?

① 헌법 개정안을 제안하고 의결한다.
② 사법부에 소속된 최고 감사 기관이다.
③ 국가의 세입, 세출을 결산한다.
④ 특별한 안건을 처리하기 위하여 일시적으로 구성되는 위원회이다.

10 대통령의 국가 원수로서의 권한에 대한 설명으로 옳지 않은 것은?

① 법률안 거부권
② 국민 투표 제안
③ 국가 기관의 장을 임명
④ 긴급 명령 및 계엄 선포

3 법원과 헌법 재판소

11 다음 제도의 목적은 무엇인가?

> • 법관의 독립　　　• 법원의 독립

① 법원의 효율적 운영
② 법원의 공정한 재판 보장
③ 공정한 법의 제정과 실행을 위해
④ 입법부, 사법부와의 연대를 통한 국정 운영

12 다음의 역할을 담당하는 기관은?

> 구체적 사건에 법을 적용하여 분쟁을 해결하는 기관으로, 재판을 통하여 억울한 사람을 돕고 국민의 자유와 권리를 보호한다.

① 감사원　　　　② 사법부
③ 입법부　　　　④ 행정부

13 다음에 해당하는 국가 기관의 구성원은?

> 법 질서에 대한 침해가 있거나 법적 분쟁이 발생했을 때 법을 적용하는 국가 기관이다.

① 내동령　　　　② 국무총리
③ 대법원장　　　④ 행정 각부 장관

14 법원의 조직에 대한 설명으로 옳지 <u>않은</u> 것은?

① 지방 법원은 주로 1심 사건 재판을 담당한다.
② 고등 법원은 지방 법원의 판결을 받아들이지 않은 3심 재판을 담당한다.
③ 대법원은 최고의 법원으로 대법원장과 대법관으로 구성되어 있다.
④ 가정 법원은 이혼, 상속 등과 같은 가사 사건 또는 소년 보호 사건의 재판을 담당한다.

15 다음에서 설명하는 헌법 재판소의 권한은 무엇인가?

> 국가 기관 사이에 권한 다툼이 발생했을 때 이를 조정해 주는 심판

① 헌법 소원
② 탄핵 심판
③ 정당 해산 심판
④ 권한 쟁의 심판

16 다음 역할을 담당하는 국가 기관은?

> • 탄핵 심판　　　　　• 헌법 소원 심판
> • 위헌 법률 심판　　• 정당 해산 심판

① 국회　　　　　② 법원
③ 감사원　　　　④ 헌법 재판소

03

경제생활과 선택

• 경제 활동의 의미를 알고 자원의 희소성과 합리적 선택을 이해할 수 있다.
• 기업의 역할과 사회적 책임, 금융 생활의 중요성에 대해 알 수 있다.

1 경제생활과 경제 문제

1. 경제 활동의 이해

(1) 경제 활동의 의미와 대상
  ① 경제 활동의 의미 : 인간이 생활하는데 필요한 재화와 서비스를 생산, 분배, 소비하는 모든 활동
  ② 경제 활동의 대상

재화	인간의 필요와 욕구를 충족시켜주는 눈에 보이는 물건 예 신발, 옷, 가방 등
서비스 (용역)	구체적인 형태는 없지만 인간의 필요와 욕구를 충족시켜주는 행위 예 의사의 진료, 선생님의 수업 등

(2) 경제 활동의 종류
  ① 생산 : 사람들이 필요로 하는 재화와 서비스를 만들거나 그 가치를 증대시키는 활동 예 상품의 제조, 운송, 저장, 판매 등
  ② 분배 : 생산 과정에 참여한 대가를 받는 것 예 임금, 이자, 지대 등을 받는 것
  ③ 소비 : 분배받은 소득으로 재화나 서비스를 구입하여 사용하는 행위 예 상품 구입, 공연 관람 등

2. 자원의 희소성과 합리적 선택

(1) 자원의 희소성
  ① 의미 : 인간의 욕구는 무한한데 비해 이를 충족시켜 줄 자원의 양은 상대적으로 부족한 현상
  ② 특징 : 희소성은 절대량이 아니라 인간의 필요와 욕구에 의해 달라지는 상대적인 개념이며, 시대와 장소에 따라 달라질 수 있다.

③ 선택의 문제 : 자원의 희소성으로 인해 여러 가지 대안 중에 하나를 골라야 하는 선택의 문제가 발생한다.

(2) 기회 비용의 의미와 특징

① 의미 : 어떤 것을 선택함으로써 포기해야 하는 대안들 중 가장 큰 가치

② 특징 : 사람마다 생각이 다르고 취향이 다르기 때문에 동일한 선택을 하더라도 그에 대한 기회 비용은 다를 수 있다.

(3) 합리적 선택

① 의미 : 가장 적은 비용으로 가장 큰 편익을 얻을 수 있는 대안을 선택하는 것

② 기회 비용 고려 : 선택에 따른 만족이 기회 비용보다 크도록 선택

③ 합리적 소비 : 한정된 소득으로 최대 만족을 얻을 수 있도록 소비에 따른 비용과 편익을 충분히 고려하여 이루어지는 소비

3. 경제 체제

(1) 시장 경제 체제와 계획 경제 체제

구분	시장 경제 체제	계획 경제 체제
의미	시장 가격에 따라 자유롭게 의사를 결정함으로써 경제 문제를 해결하는 경제 체제	국가가 계획을 세우고 개인과 기업에 명령함으로써 경제 문제를 해결하는 경제 체제
장점	개인의 창의성이 발휘되고, 희소한 자원을 효율적으로 사용할 수 있음.	국가가 채택한 주요 목적을 신속히 달성할 수 있음.
단점	빈부 격차가 발생할 수 있고, 환경 오염이 심해질 수 있음.	근로자의 근로 의욕이 저하되고, 개인의 창의적인 경제 활동이 제한됨.

(2) 혼합 경제 체제 : 오늘날 대부분의 나라는 시장 경제 체제와 계획 경제 체제의 특성이 혼합된 혼합 경제 체제를 채택하고 있다.

❯ 비용
어떤 일을 하는 데 지불되는 돈이나 시간, 자원 등

❯ 편익
선택으로 인해 얻게 되는 이익이나 만족감

❯❯ 비용과 편익 분석
● 비용이 같은 경우 : 편익이 큰 것 선택
● 편익이 같은 경우 : 비용이 적게 드는 것 선택

2 기업의 역할과 사회적 책임

1. 시장 경제에서 기업의 역할

(1) 기업의 의미와 목표
  ① 의미 : 무엇을, 어떻게, 얼마나 생산할지를 결정하고 생산 요소를 투입하여 재화나 서비스를 만들고 판매하는 생산 활동의 주체
  ② 목표 : 최소의 비용으로 최대의 이윤을 얻고자 한다.

(2) 기업의 역할
  ① 생산 활동의 주체 : 가계로부터 생산 요소를 제공받아 재화와 서비스를 생산하고, 가계에 그 대가를 지불한다.
  ② 고용과 소득 창출 : 생산 활동을 하기 위해 가계가 제공하는 노동과 자본을 사용하므로 생산을 확대할수록 사회 전체의 고용과 소득이 늘어난다.
  ③ 세금 납부 : 벌어들인 수입 중 일부를 정부에 세금으로 납부함으로써 정부의 재정에 기여한다.

2. 기업의 사회적 책임과 기업가 정신

(1) 기업의 사회적 책임
  ① 의미 : 기업이 단순한 이윤 추구를 넘어 사회에 대한 책임도 함께 짊어져야 한다는 것
  ② 필요성 : 기업의 활동은 소비자, 근로자와 관련을 맺고 있으며, 국가 경제 전반에 영향을 미치므로 기업의 사회적 책임이 필요하다.
  ③ 기업의 노력 : 윤리적으로 기업을 운영하며, 합법적인 경제 활동, 근로자와 소비자의 권익 보호, 사회 공헌 활동에 참여한다.
  ④ 기업의 사회적 책임 효과 : 소비자에게 좋은 인식을 심어줄 수 있으며, 기업의 성장을 촉진할 수 있다.

(2) 기업가 정신
  ① 의미 : 미래의 위험과 불확실성을 감수하고, 혁신과 창의성을 바탕으로 새로운 상품 개발, 새로운 시장 개척을 통해 이윤을 추구하는 기업가의 자세
  ② 필요성 : 생산성 향상, 소비자 만족으로 이어져 경제 발전에 도움이 된다.

3 금융 생활의 중요성

1. 일생 동안 이루어지는 경제생활

(1) 생애 주기에 따른 경제생활
① 생애 주기 : 시간의 흐름에 따라 개인이나 가족의 삶이 어떻게 변화하는지를 몇 단계로 나타낸 것
② 생애 주기별 경제생활의 변화 : 유소년기는 주로 부모의 소득에 의존하여 소비하는 시기이며, 청년기는 생산 활동에 참여하여 소득이 발생하지만 그 크기가 작고, 장년기는 소득이 크게 증가하지만 자녀 양육과 노후 대비 등에 따른 지출도 증가하는 시기이며, 노년기는 은퇴로 인해 소득보다 소비가 많아지는 시기이다.

(2) 생애 주기에 따른 재무 계획 수립 : 생애 주기에 따른 수입과 지출을 살펴보고 장기적인 관점에서 재무 계획을 세워야 한다.

/////// C/l/i/c/k 생애 주기에 따른 소득 곡선과 소비 곡선

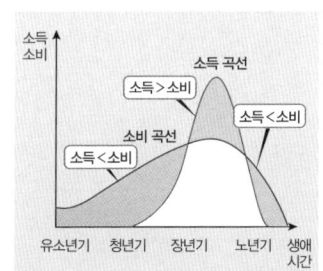

소득을 얻을 수 있는 기간은 정해져 있지만, 소비 생활은 평생에 걸쳐 지속된다. 따라서 소비보다 소득이 많은 시기에 저축하여 노년기 은퇴 후 생활에 대비해야 지속 가능한 경제생활을 할 수 있다.

2. 지속 가능한 경제생활을 위한 자산 관리

(1) 자산 관리의 필요성 : 일생 동안 소득과 소비가 일정하지 않기 때문에 지속 가능한 경제생활을 이루기 위해 자산에 대한 계획과 관리가 필요하다.

(2) 합리적인 자산 관리 방법
① 적절한 자산 관리 방법 선택 : 저축이나 투자의 목적과 기간을 살펴보고, 수익성, 안전성, 유동성 등을 고려해야 한다.
② 체계적인 지출 관리 : 소득 규모에 맞는 소비 생활을 하고, 계획적인 지출을 통해 낭비를 줄여야 한다.
③ 투자 상품의 특성을 고려한 분산 투자 : 다양한 자산 관리 상품에 적절하게 분산 투자하여 위험성을 줄인다.

❷ 자산
자신이 소유하고 있는 것 중에서 경제적 가치를 가지고 있는 유형·무형의 재산이다.

❷ 자산 관리
소득을 바탕으로 소비의 시기와 규모, 저축 및 투자의 방법 등에 관한 계획을 세우고 실천하는 것이다.

❷ 안전성
투자한 원금을 손해 없이 보장받을 수 있는 정도

❷ 수익성
투자한 금액에 비해 이익이 날 수 있는 크기의 정도

❷ 유동성
필요한 때 쉽게 현금으로 바꿀 수 있는 정도

3. 지속 가능한 경제생활을 위한 신용 관리

(1) 신용의 의미 : 정해진 날짜에 갚을 것을 약속하고 재화나 서비스를 소비하거나 현금을 빌릴 수 있는 능력

(2) 신용 거래의 장·단점
  ① 장점 : 당장 현금이 없어도 거래 가능, 현재 소득보다 더 많은 소비 가능, 목돈 마련 가능
  ② 단점 : 충동구매와 과소비 유발, 연체 시 금융 거래 및 경제 활동에 불이익
  ③ 올바른 신용 관리 : 자신의 소득 범위를 고려하여 신용 거래를 이용, 상환 날짜를 준수해야 한다.

03 적중예상문제

정답 및 해설 20p

1 ▶ 경제생활과 경제 문제

01 다음 내용에 해당하는 것은?

> 재화란 인간의 필요와 욕구를 충족시켜 주는 것 중에서 구체적인 형태가 있는 물건을 의미한다.

① 교사의 수업 　　② 의사의 진료
③ 가수의 공연 　　④ 학생의 교복

02 다음 설명에 해당하는 경제 활동의 종류는?

> 생산 과정에 참여한 대가로 임금, 이자, 지대 등을 받는 것이다.

① 생산 　　② 분배
③ 소비 　　④ 분업

03 다음에서 설명하는 경제 활동의 예는?

> 일상생활에서 자신의 욕구를 충족하기 위해 대가를 지불하고 재화와 서비스를 구입하여 사용하는 활동

① 옷을 사서 입는다.
② 가수가 노래를 부른다.
③ 교사가 교실에서 수업을 한다.
④ 돈을 빌려주고 이자를 받는다.

04 소비 활동에 해당하는 것은?

> ○○씨는 오늘 신이 났다. ⊙ 디자인 회사에서 일을 한지 한 달이 지나 월급을 받았기 때문이다. 월급 통장을 확인하니 ⓒ 월급과 함께 추석 보너스도 입금되어 있었다. 부모님 선물로 ⓒ 등산복을 사고 집으로 돌아와 ② 가족들과 담소를 나누고 하루를 마무리하였다.

① ⊙ 　　　　　　② ⓒ
③ ⓒ 　　　　　　④ ②

05 자원의 희소성에 대한 설명으로 옳지 <u>않은</u> 것은?

① 희소성은 자원의 절대량이 부족한 상태를 말한다.

② 인간의 필요와 욕구에 의해 달라지는 상대적 개념이다.

③ 인간의 욕구는 무한하지만 이를 충족시켜 줄 양이 상대적으로 부족한 현상을 말한다.

④ 자원의 희소성으로 인해 여러 대안 중에 하나를 골라야 하는 선택의 문제가 발생한다.

06 (가)에 들어갈 알맞은 경제 용어는?

> 나는 신발을 사러 백화점에 갔다. 그러나 가방이 더 마음에 들어 가방을 샀다. 이때 가방을 사기 위해 내가 포기한 신발의 가치를 ___(가)___ 이라고 한다.

① 공정성　　　　　② 형평성
③ 기회 비용　　　　④ 자원의 희소성

07 합리적 선택과 소비에 대한 설명으로 옳지 <u>않은</u> 것은?

① 한정된 소득에서 최대 만족을 얻을 수 있도록 소비한다.

② 소비의 우선순위를 정하여 미리 소비에 대한 계획을 세운다.

③ 가장 적은 비용으로 큰 편익을 얻을 수 있는 대안을 선택한다.

④ 편익이 같은 경우 비용이 큰 것을 선택하고 비용이 같을 경우 편익이 적은 것을 선택한다.

08 다음 설명에 해당하는 소비 유형은?

> • 한정된 소득을 가지고 만족을 극대화하는 소비
> • 자신의 소득, 상품의 정보와 가격, 지불 능력 등을 고려한 소비

① 과소비　　　　　② 모방 소비
③ 충동 소비　　　　④ 합리적 소비

09 다음에서 설명하는 경제 체제는 무엇인가?

> 국가가 계획을 세우고 개인과 기업에 명령함
> 으로써 경제 문제를 해결하는 경제 체제이다.

① 계획 경제 체제
② 시장 경제 체제
③ 혼합 경제 체제
④ 자본주의 경제 체제

2 **기업의 역할과 사회적 책임**

11 다음에서 설명하는 경제 활동 주체는 무엇인가?

> 무엇을, 어떻게, 얼마나 생산할지를 결정하
> 고 생산 요소를 투입하여 재화나 서비스를
> 만들고 판매하는 경제 활동 주체이다.

① 가계   ② 기업
③ 정부   ④ 개인

10 시장 경제 체제의 장점이 <u>아닌</u> 것은?

① 개인의 창의성이 높아진다.
② 능력과 업적에 따라 분배된다.
③ 자원의 효율적 이용이 가능하다.
④ 국가가 채택한 목적을 신속히 달성한다.

12 기업의 사회적 책임에 대한 설명으로 옳지 <u>않은</u> 것은?

① 윤리적으로 기업을 운영한다.
② 법을 지키며 이윤을 추구한다.
③ 사익보다 공익을 추구해야 한다.
④ 근로자와 소비자의 권익을 보호한다.

13 다음에서 설명하는 개념은 무엇인가?

> 미래의 위험과 불확실성을 감수하고, 혁신과 창의성을 바탕으로 새로운 상품을 개발하고, 새로운 시장을 개척하는 자세이다.

① 경제 활동
② 기업가 정신
③ 선택의 문제
④ 사회적 책임

---

3 금융 생활의 중요성

14 자산 관리의 필요성으로 옳지 <u>않은</u> 것은?

① 소비의 기간은 정해져 있기 때문이다.
② 평균 수명의 연장에 따라 노후를 대비해야 한다.
③ 질병이나 사고 같은 예기치 못한 지출에도 준비해야 한다.
④ 일생 동안 소득과 소비가 일정하지 않기 때문에 지속 가능한 경제생활을 이루기 위해 필요하다.

15 자산 관리 시 고려해야 할 요소를 옳게 나열한 것은?

> (가) 필요한 때 쉽게 현금으로 바꿀 수 있는 정도
> (나) 투자한 금액에 비해 이익이 날 수 있는 크기의 정도
> (다) 투자한 원금을 손해 없이 보장받을 수 있는 정도

	(가)	(나)	(다)
①	유동성	수익성	안전성
②	수익성	안전성	유동성
③	유동성	안전성	수익성
④	안전성	수익성	유동성

16 다음에서 설명하는 경제 개념은 무엇인가?

> 정해진 날짜에 갚을 것을 약속하고 재화나 서비스를 소비하거나 현금을 빌릴 수 있는 능력을 말한다.

① 편익　　　　② 교환
③ 특화　　　　④ 신용

04 시장 경제와 가격

- 시장의 의미와 특징을 알 수 있다.
- 수요와 공급의 특징을 알고 시장 가격의 기능을 알 수 있다.

1 시장의 의미와 종류

1. 시장

(1) 시장의 의미와 역할
① 의미 : 상품을 사려고 하는 수요자와 팔려고 하는 공급자가 만나 거래하는 곳으로, 구체적인 장소만을 의미하는 것이 아니라 수요자와 공급자 간 거래 활동 자체를 의미한다.
② 역할 : 재화와 서비스의 가격 결정, 거래 비용 절약, 상품 정보 제공, 특화를 통한 분업 가능

(2) 시장의 역할
① 거래 비용과 시간 절약 : 생산자와 소비자가 거래 상대방을 찾고 교환 조건을 알아내는데 드는 비용과 시간을 절약할 수 있다.
② 상품에 대한 정보 획득 용이 : 소비자가 상품의 종류와 가격, 특징 등 상품에 대한 정보를 쉽게 얻을 수 있다.
③ 상품 선택의 기회 확대 : 소비자가 다양한 상품을 접할 수 있어 상품을 선택할 수 있는 기회가 확대된다.

2. 시장의 종류

(1) 거래하는 상품의 종류에 따른 분류
① 생산물 시장 : 재화나 서비스를 거래하는 시장 예 전통 시장, 대형 마트
② 생산 요소 시장 : 생산에 필요한 노동, 토지, 자본 등을 거래하는 시장

(2) 거래 모습이 보이는지의 여부에 따라 분류
① 눈에 보이는 시장 : 수요자와 공급자 간의 모습이 눈에 보이는 시장 예 전통 시장, 백화점, 대형 마트

▶ 특화
각자 잘하는 일에 전념하여 전문화하는 것

▶ 분업
생산 과정을 여러 사람이 분담하여 일을 하는 것

② 눈에 보이지 않는 시장 : 거래 모습이 확실히 드러나지는 않지만 수요자와 공급자 간 거래가 이루어지는 시장 **예** 외환 시장, 증권 시장, 전자 상거래 시장 등

(3) 시장의 변화

① 새로운 형태의 시장 등장 : 오늘날 더 효율적인 거래를 위해 새로운 형태의 시장이 계속해서 등장하고 있으며, 기존에 있던 시장이 변화하기도 한다.

② 전자 상거래 : 인터넷 등 정보 통신망을 이용하여 이루어지는 거래

③ 전자 상거래 시장의 규모 확대 : 정보 통신 기술과 인터넷의 발달로 전자 상거래가 활발해지면서 전자 상거래 시장의 규모가 점점 커지고 있다.

2 시장 가격의 결정

1. 수요와 공급

	수요		공급
수요	일정한 가격에서 재화나 서비스를 사고자 하는 욕구	공급	생산자가 일정한 가격에서 재화나 서비스를 팔고자 하는 욕구
수요량	일정한 가격에서 사고자 하는 상품의 수량	공급량	일정한 가격에서 팔고자 하는 상품의 수량
수요 법칙	가격이 상승하면 수요량이 감소하고, 가격이 하락하면 수요량이 증가하는 것 ➡ 가격과 수요량은 반비례 관계	공급 법칙	가격이 상승하면 공급량이 증가하고, 가격이 하락하면 공급량이 감소하는 것 ➡ 가격과 공급량은 비례 관계
수요 곡선	우하향 곡선	공급 곡선	우상향 곡선

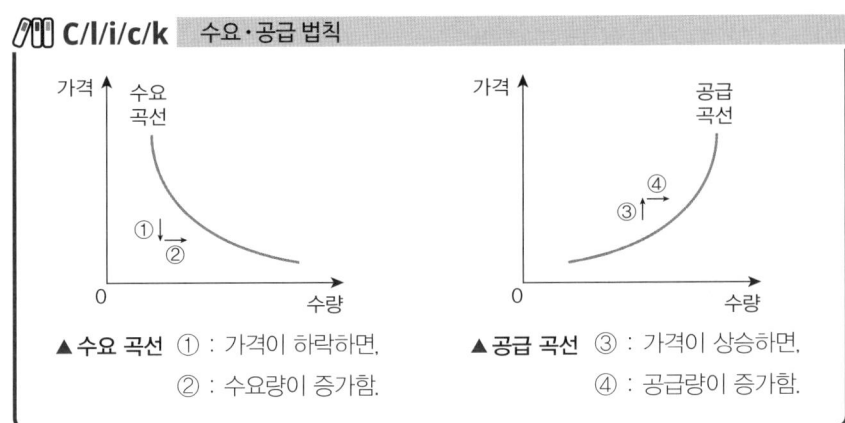

C/l/i/c/k 수요·공급 법칙

▲ **수요 곡선** ① : 가격이 하락하면,
　　　　　　 ② : 수요량이 증가함.

▲ **공급 곡선** ③ : 가격이 상승하면,
　　　　　　 ④ : 공급량이 증가함.

2. 시장 가격의 결정

(1) 균형 가격의 결정

　① 균형 가격과 균형 거래량

균형 가격 (시장 가격)	수요량과 공급량이 일치하여 균형을 이루는 지점에서의 가격
균형 거래량	균형 가격에서 거래되는 상품의 수량

　② 균형 가격의 형성 : 시장에서 수요량과 공급량이 일치하여 균형을 이루는 지점에서 균형 가격과 균형 거래량이 결정된다.

(2) 초과 공급과 초과 수요

　① 초과 공급 : 공급량이 수요량보다 많은 상태(수요량 < 공급량)
　　➡ 공급자들 간의 판매 경쟁 ➡ 상품 가격 하락

　② 초과 수요 : 수요량이 공급량보다 많은 상태(수요량 > 공급량)
　　➡ 수요자들 간의 구매 경쟁 ➡ 상품 가격 상승

C/l/i/c/k 시장 가격의 결정과 변동

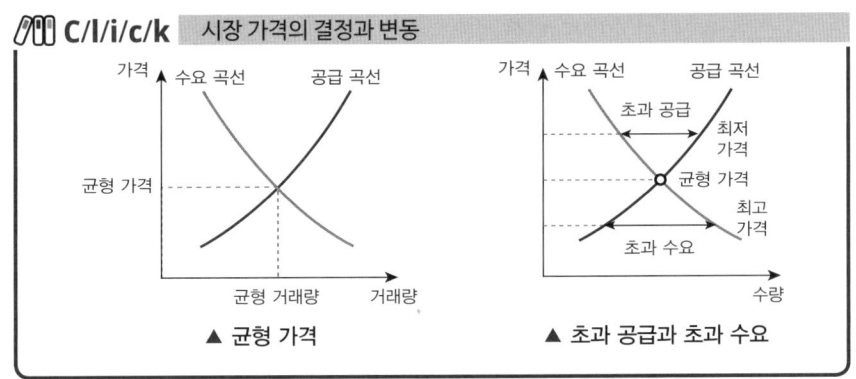

▲ 균형 가격

▲ 초과 공급과 초과 수요

3 시장 가격의 변동과 기능

1. 시장 가격 변동

(1) 수요와 공급의 변화

① 수요의 변화

의미	상품 가격 이외의 요인이 변화하여 수요 자체가 변화하는 것
요인	소비자의 소득이나 기호 변화, 관련 재화(대체재, 보완재)의 가격 변화, 인구 수의 변화, 소비자의 기대 등

② 공급의 변화

의미	상품 가격 이외의 요인이 변화하여 공급 자체가 변화하는 것
요인	생산 요소의 가격(원료의 가격, 임금 등) 변화, 생산 기술의 변화, 공급자 수의 변화, 상품 가격 변화에 대한 예상 등

(2) 수요 변화에 따른 가격 변동(공급 일정)

구분	수요 증가	수요 감소
변동 요인	소득 증가, 기대나 기호 상승, 대체재 가격 상승, 보완재 가격 하락, 인구 증가, 상품 가격 인상 예상 등	소득 감소, 기대나 기호 하락, 대체재 가격 하락, 보완재 가격 상승, 인구 감소, 상품 가격 인하 예상 등
변동	수요 곡선의 오른쪽 이동 ➜ 균형 가격 상승, 균형 거래량 증가 	수요 곡선의 왼쪽 이동 ➜ 균형 가격 하락, 균형 거래량 감소

(3) 공급 변화에 따른 가격 변동(수요 일정)

구분	공급 증가	공급 감소
변동 요인	생산 요소 가격 하락, 생산 기술 발전, 공급자 수의 증가, 상품 가격 인하 예상	생산 요소 가격 상승, 공급자 수의 감소, 상품 가격 인상 예상
변동	공급 곡선 오른쪽 이동 ➡ 균형 가격 하락, 균형 거래량 증가	공급 곡선의 왼쪽 이동 ➡ 균형 가격 상승, 균형 거래량 감소

2. 시장 가격의 기능

(1) 경제 활동의 신호등 역할
  ① 의미 : 시장 가격은 생산자와 소비자들에게 얼마나 생산 또는 소비해야 할 것인가에 대한 정보를 제공한다.
  ② 시장 가격의 변화에 따른 소비자와 생산자의 반응

가격 상승	소비자 ➡ 소비량 감소, 생산자 ➡ 생산량 증가
가격 하락	소비자 ➡ 소비량 증가, 생산자 ➡ 생산량 감소

(2) 자원의 효율적 배분 기능
  ① 의미 : 시장 가격은 경제 주체들에게 합리적인 경제 행위를 하도록 이끌어 한정된 자원을 효율적으로 배분한다.
  ② 소비자 : 가장 큰 만족을 얻을 수 있는 소비자가 상품을 구입한다.
  ③ 생산자 : 가장 적은 비용으로 생산할 수 있는 생산자가 상품을 생산한다.
  ④ 결과 : 시장 가격을 통해 그 사회에서 필요로 하는 적정한 양의 상품이 생산되어 적절하게 배분된다.

❯ **효율적**
들인 노력에 비해 얻는 결과가 큰 경우

04 적중예상문제

정답 및 해설 21p

1 시장의 의미와 종류

01 수요에 대한 설명으로 옳은 것은?

① 상품이 거래되는 공간
② 시장에서 형성되는 가격
③ 상품 생산에 필요한 원료
④ 상품을 사고자 하는 욕구

02 다음 중 수요에 대한 설명으로 옳지 않은 것은?

① 수요 곡선은 우하향 곡선이 나타난다.
② 수요 법칙은 가격과 수요량이 반비례 관계가 나타난다.
③ 수요는 일정한 가격에서 사고자 하는 상품의 수량을 나타낸다.
④ 수요 법칙은 가격이 상승하면 수요량이 감소하고, 가격이 하락하면 수요량이 증가한다.

03 다음 그래프에 대한 설명으로 옳은 것은?

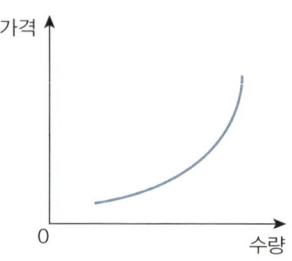

① 수요 곡선이다.
② 우하향 곡선이다.
③ 가격과 공급량은 반비례 관계이다.
④ 생산자가 재화나 서비스를 팔고자 하는 욕구이다.

2 시장 가격의 결정

04 시장에서 균형 가격은 수요량과 공급량이 일치하는 지점에서 결정된다. 다음 그래프에서 균형 가격은? (단, 다른 조건은 일정함.)

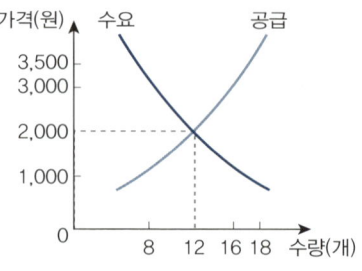

① 1,000원
② 2,000원
③ 3,000원
④ 3,500원

05 표는 아이스크림의 수요량과 공급량을 나타낸 것이다. 아이스크림의 균형 가격은? (단, 다른 조건은 일정함.)

가격(원)	수요량(개)	공급량(개)
800	500	100
900	400	200
1,000	300	300
1,100	200	400

① 800원 ② 900원
③ 1,000원 ④ 1,100원

06 다음 그래프에 대한 설명으로 옳지 <u>않은</u> 것은?

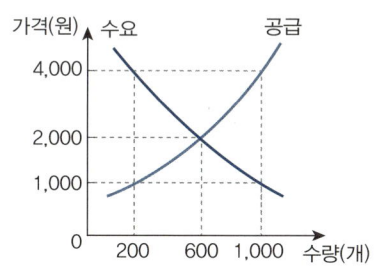

① 균형 가격은 2,000원이다.
② 가격이 4,000원이면 초과 공급이 나타난다.
③ 가격이 4,000원이면 공급자 간의 가격 경쟁이 발생하여 가격이 하락한다.
④ 물건의 가격이 1,000원이면 공급량이 늘어나고 수요량이 줄어들어 물건 가격이 하락한다.

07 수요·공급 그래프에서 가격이 P에서 P´로 상승하였을 때의 변화를 알맞게 짝지은 것은? (단, 다른 조건은 일정함.)

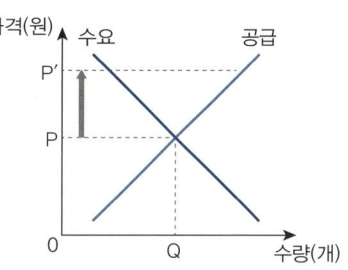

	수요량	공급량
①	감소	증가
②	증가	감소
③	감소	감소
④	증가	증가

3 시장 가격의 변동과 기능

08 다음과 같은 현상의 결과로 옳은 것은?

생산 요소 가격 하락, 생산 기술 발전, 상품 가격 인하 예상 등

① 수요 증가 ② 수요 감소
③ 공급 증가 ④ 공급 감소

09 다음 그래프에 대한 설명으로 옳은 것은? (단, 공급은 일정함.)

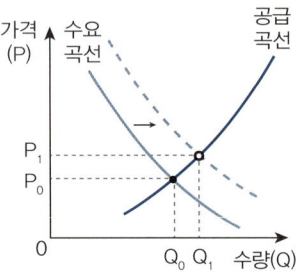

① 소득, 인구의 감소로 나타난다.
② 보완재 가격이 하락할 경우 나타난다.
③ 대체재 가격이 하락할 경우 나타난다.
④ 인구 감소, 상품 가격이 하락할 것으로 예상될 때 나타난다.

10 그래프와 같이 수요 곡선이 이동했을 때, 균형 가격과 균형 거래량의 변화로 옳은 것은? (단, 다른 조건은 일정함.)

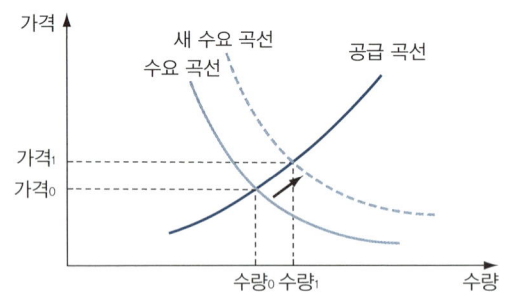

	균형 가격	균형 거래량
①	상승	감소
②	하락	증가
③	상승	증가
④	하락	감소

11 다음 (가), (나)에 들어갈 알맞은 말은?

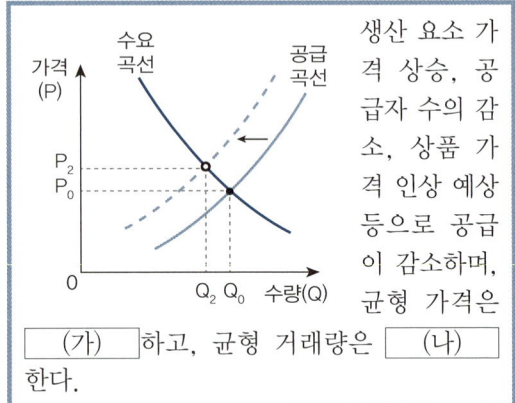

생산 요소 가격 상승, 공급자 수의 감소, 상품 가격 인상 예상 등으로 공급이 감소하며, 균형 가격은 (가) 하고, 균형 거래량은 (나) 한다.

	(가)	(나)
①	하락	감소
②	상승	감소
③	하락	상승
④	상승	상승

12 다음에서 설명하는 것은 무엇인가?

• 자원의 효율적 배분 기능을 한다.
• 경제 활동의 신호등 역할을 한다.

① 수요 법칙   ② 공급 법칙
③ 시장 가격   ④ 생산물 시장

05 국민 경제와 국제 거래

- 국민 경제 지표인 국내 총생산의 의미와 특징을 알 수 있다.
- 국제 거래의 발생 요인과 거래에 필요한 화폐 교환 비율인 환율을 알 수 있다.

1 국내 총생산과 경제 성장

1. 국민 경제 지표로서 국내 총생산

(1) 국민 경제 지표
  ① 의미 : 한 나라의 경제가 어떤 상태에 있는지를 알기 위해 통계 수치로 나타낸 것
  ② 종류 : 국내 총생산, 국민 소득, 경제 성장률, 물가 상승률, 실업률 등

(2) 국내 총생산(GDP)
  ① 의미 : 일정 기간 동안 한 나라 안에서 생산된 최종 생산물의 시장 가치를 모두 합한 것

일정 기간	보통 1년 동안 새로이 생산한 것만 포함 → 그 전에 생산되어 이미 사용하고 있는 것은 포함하지 않음.
한 나라 안	생산자가 어느 나라 사람이냐에 상관없이 우리나라 안에서 생산한 것이면 포함
최종 생산물의 가치	중간 생산물 가치는 포함하지 않음.
시장 가치	시장에서 거래되는 생산물의 가치만 포함 예 가족들과 먹기 위해 텃밭에서 재배한 채소의 가치는 포함되지 않음.

> ❯ **중간 생산물**
> 생산 과정에서 다른 재화를 생산하기 위해 사용된 재료나 부품 등을 말한다.

(3) 특징과 한계
  ① 특징 : 한 나라의 경제 활동 수준, 즉 경제 규모를 나타내어 각국의 경제 규모를 비교할 때 유용하다.
  ② 한계 : 시장에서 거래되는 생산물의 가치만 포함, 소득 분배 상태나 빈부 격차를 반영할 수 없다.

(4) 1인당 국내 총생산 : 국내 총생산을 국가 인구 수로 나눈 것 → 한 나라 국민의 평균 소득 수준을 나타냄. → 국민 개개인의 경제생활 수준을 파악할 수 있다.

> ❯ **1인당 국내 총생산**
> 1인당 GDP = GDP/총인구

(5) 국민 총생산(GNP) : 생산 지역에 상관없이 일정 기간 동안 한 나라의 국민이 생산한 최종 생산물의 시장 가치의 합

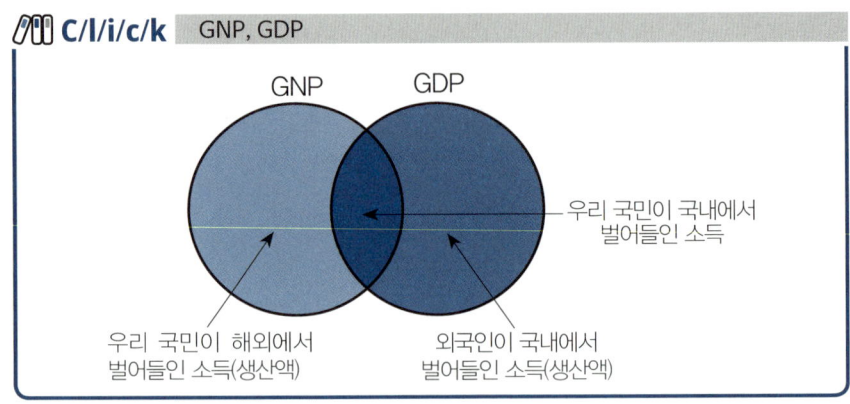

C/l/i/c/k GNP, GDP

GNP / GDP

우리 국민이 국내에서 벌어들인 소득

우리 국민이 해외에서 벌어들인 소득(생산액)

외국인이 국내에서 벌어들인 소득(생산액)

◉ 실질 GDP, 명목 GDP
실질 GDP는 기준이 되는 연도의 가격을 적용하여 구한 국내 총생산, 명목 GDP는 그 연도의 가격을 적용하여 구한 국내 총생산

2. 경제 성장과 삶의 질

(1) 경제 성장 : 한 국가의 경제 규모, 국내 총생산(GDP)이 증가하는 현상

(2) 경제 성장률

$$경제 \ 성장률(\%) = \frac{금년도 \ 실질 \ GDP - 전년도 \ 실질 \ GDP}{전년도 \ 실질 \ GDP} \times 100$$

(3) 경제 성장의 요인 : 생산 요소의 확충, 사회 간접 자본의 확충, 소비자의 합리적 소비와 저축, 근로자의 자기 계발 노력, 정부의 합리적 정책

(4) 경제 성장의 장·단점

장점	국민의 소득 증가로 물질적 풍요로움, 삶의 질 향상
단점	환경 오염, 자원 고갈, 소득 분배의 불평등 심화, 계층 간 갈등, 여가 시간의 감소

2 물가와 실업

1. 물가와 인플레이션

(1) 물가와 물가 지수
  ① 물가 : 시장에서 거래되는 개별 상품의 가격을 종합하여 평균한 것
  ② 물가 지수 : 기준 시점의 물가를 100으로 했을 때 비교 시점의
    물가 수준을 종합적으로 측정한 값

(2) 인플레이션
  ① 의미 : 물가가 지속적으로 오르는 현상
  ② 인플레이션의 원인

총수요 증가	경제 전체의 수요가 경제 전체의 공급보다 많을 때 물가 상승 예 가계의 소비, 정부의 지출 증가
생산 비용 상승	임금, 원자재 가격 등의 상승으로 생산비가 증가하면 물가 상승
통화량 증가	통화량이 많아지면 화폐의 가치가 하락하고 재화와 서비스의 가격이 올라 물가 상승으로 이어짐.

  ③ 인플레이션의 영향

화폐의 가치 하락	물가가 오르면 같은 돈으로 살 수 있는 상품의 양이 적어짐. ➡ 실물 자산의 가치 상승
소득과 부의 불공정한 분배	실물 소유자, 돈을 빌린 사람, 수입업자 등은 유리하며, 화폐 소유자, 돈을 빌려 준 사람, 수출업자는 불리함.
무역 불균형 발생	국내 상품의 가격이 외국 상품에 비해 상대적으로 비싸짐. ➡ 수출 감소, 수입 증가로 무역 적자 발생

(3) 물가 안정을 위한 노력
  ① 정부 : 과도한 재정 지출을 줄이고 세율을 인상
  ② 중앙은행 : 금리(이자율) 인상
  ③ 기업 : 효율적인 경영과 기술 혁신을 통한 생산성 향상, 생산 원가 절감 노력
  ④ 근로자 : 과도한 임금 인상 요구 자제, 생산성 향상을 위한 노력
  ⑤ 소비자 : 과소비 자제, 합리적 소비

> ❯ **물가 지수**
> 물가 지수가 110이라는 것은 기준 연도에 비해 물가가 10% 상승했음을 의미한다.

제 1 편

⊙ 구직
실업이나 현재 직위의 불만족으로
새로운 직업을 찾는 활동

⊙ 실업률(%)

$$\frac{실업자 \ 수}{경제 \ 활동 \ 인구} \times 100$$

2. 실업과 고용 안정

(1) 실업의 의미와 영향

　① 실업 : 일할 능력과 의사가 있음에도 불구하고 일자리를 구하지 못한 상태

　② 실업과 관련된 개념

노동 가능 인구	만15세 이상 인구
경제 활동 인구	노동 가능 인구 중 일할 능력과 의사가 있는 사람 예 실업자 + 취업자
비경제 활동 인구	노동 가능 인구 중 일할 능력과 의사가 없는 사람 예 주부, 학생, 구직 단념자 등
실업률	한 나라의 경제 활동 인구 중에서 실업자가 차지하는 비중

　③ 실업의 원인에 따른 분류

비자발적 실업	경기적 실업	경기 침체로 인한 일자리 감소
	구조적 실업	산업 구조의 변화로 일부 산업 쇠퇴, 직업 소멸
	계절적 실업	계절의 영향을 받아 실업이 나타나는 경우 예 농업
자발적 실업	마찰적 실업	더 나은 직장으로 옮기는 과정에서 일시적으로 발생

　④ 실업의 영향

개인적 측면	경제적 어려움, 자아실현의 기회 박탈, 안정적인 가정생활의 어려움
사회적 측면	인적 자원의 낭비, 사회 불안, 경제 성장 저하, 실업자 지원을 위한 보장비의 지출이 늘어나 국가 재정 부담 증가

(2) 고용 안정을 위한 노력

　① 근로자 : 자기 계발, 기술 습득을 통해 생산성과 업무 처리 능력을 향상

　② 기업 : 연구 개발·새로운 시장 개척 등을 통해 일자리 마련, 정규직 비율 확대

　③ 정부 : 재정 지출 확대, 직업 교육 실시, 취업 정보 제공, 복지 정책 실시

3 국제 거래와 환율

1. 국제 거래의 이해

(1) 국제 거래

① 의미 : 생산물이나 생산 요소의 거래가 서로 다른 나라 간에 이루어지는 것

② 발생 요인과 원리

㉠ 발생 요인 : 국가마다 생산 여건이 달라 생산비의 차이 발생
➔ 각국이 생산에 유리한 조건을 갖춘 품목에 특화하여 교역함으로써 이익을 얻을 수 있음.

㉡ 절대 우위 : 상품을 다른 생산자에 비해 절대적으로 낮은 비용으로 생산할 수 있는 능력

㉢ 비교 우위 : 상품을 다른 생산자에 비해 상대적으로 낮은 비용으로 생산할 수 있는 능력

㉣ 국제 거래의 이점 : 국내에서 생산비가 많이 들거나 생산할 수 없는 상품도 국제 거래를 통해 더 싼 가격에 구할 수 있음.

(2) 국제 거래의 확대와 국가 간 경제 협력 증가

① 세계화·개방화 : 재화와 서비스뿐만 아니라 생산 요소의 거래 증가

② 세계 무역 기구(WTO)의 출범 : 자유 무역의 확대, 국제 거래의 상대 확대, 각종 불공정 행위 규제, 국가 간 무역 마찰 조정

③ 지역 경제 협력체 등장 : 지리적으로 가깝고 경제적 상호 의존도가 높은 나라들이 경제 협력을 강화하기 위해 구성함. **예** 유럽 연합(EU), 아시아·태평양 경제 협력체(APEC) 등

④ 자유 무역 협정(FTA)의 체결 : 개별 국가 간 또는 개별 국가와 지역 경제 협력체 간에 관세 장벽을 없애거나 완화하여 경제 협력을 강화한다.

2. 환율 결정

(1) 환율

① 의미 : 두 나라 화폐 사이의 교환 비율

② 환율의 결정 : 상품 시장에서 상품의 가격 결정과 마찬가지로 외환 시장에서 외환의 수요와 공급에 의해 결정된다.

> **❯ 특화**
> 각국이 생산에 유리한 재화나 서비스를 선택해 거기에 생산 요소와 자원을 집중적으로 투입함으로써 해당 재화나 서비스만을 전문적으로 생산하는 것

> **❯ 관세**
> 다른 나라에서 수입하는 물품이나 다른 나라로 수출하는 물품에 대해 매기는 세금

> **❯ 무역 장벽**
> 국가 간의 재화나 서비스의 이동을 방해하는 장벽을 가리키는 말로, 관세 장벽과 비관세 장벽으로 나눌 수 있다.
> 관세 장벽은 관세를 높게 제한하여 수입품의 가격을 높이는 방법이다.

③ 환율의 변동

외환의 수요	외국 상품의 수입, 우리나라 국민의 해외 여행, 외국 투자, 해외 유학 등으로 외환 수요 증가 ➡ 환율 상승(원화 가치 하락)
외환의 공급	우리나라 상품의 수출, 외국인 관광객 유치, 외국인의 국내 투자 등으로 외환 공급 증가 ➡ 환율 하락(원화 가치 상승)

④ 환율 변동 영향

구분	수출	수입	경상 수지	물가	해외 여행	외채 상환
환율 상승	증가	감소	개선	상승	불리	증가
환율 하락	감소	증가	악화	안정	유리	감소

C/l/i/c/k 외환의 수요 요인과 공급 요인에 따른 환율 변동

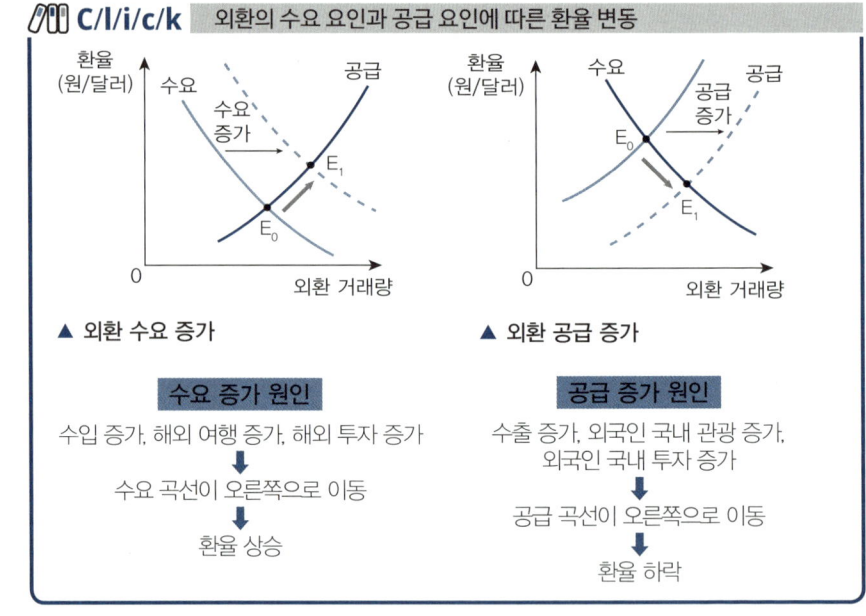

▲ 외환 수요 증가

▲ 외환 공급 증가

수요 증가 원인

수입 증가, 해외 여행 증가, 해외 투자 증가
⬇
수요 곡선이 오른쪽으로 이동
⬇
환율 상승

공급 증가 원인

수출 증가, 외국인 국내 관광 증가, 외국인 국내 투자 증가
⬇
공급 곡선이 오른쪽으로 이동
⬇
환율 하락

05 적중예상문제

정답 및 해설 22p

1 국내 총생산과 경제 성장

01 다음에서 설명하는 경제 용어는?

> 일정 기간 동안 한 나라 안에서 새롭게 생산된 최종 생산물의 시장 가치를 합한 것이다.

① 국제 수지　　　② 인플레이션
③ 국내 총생산　　④ 물가 상승률

02 다음 국내 총생산(GDP)에 대한 설명으로 옳지 **않은** 것은?

① 중간 생산물의 가치는 포함하지 않는다.
② 1년 동안 새로이 생산한 것만 포함한다.
③ 시장에서 거래되는 생산물의 가치만 포함한다.
④ 소득 분배 상태나 빈부 격차를 확인할 수 있다.

03 다음 특징에 해당하는 경제 용어는 무엇인가?

> 한 나라의 경제 활동 수준, 즉 경제 규모를 나타내어 각국의 경제 규모를 비교할 때 유용하다.

① 물가 수지　　　② 국내 총생산
③ 국민 총생산　　④ 물가 상승률

04 다음 ㉠, ㉡, ㉢에 대한 설명으로 옳은 것은?

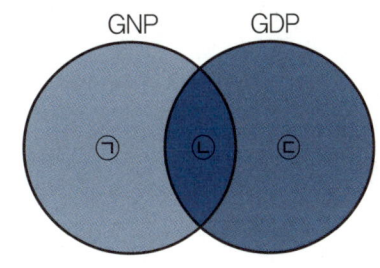

① ㉠은 외국인이 국내에서 벌어들인 소득이다.
② ㉡은 우리 국민이 해외에서 벌어들인 소득이다.
③ ㉡은 우리 국민이 국내에서 벌어들인 소득이다.
④ ㉢은 우리 국민이 외국에서 벌어들인 소득이다.

05 다음에서 설명하는 개념은 무엇인가?

> 기준이 되는 연도의 물건 가격을 적용하여 구한 국내 총생산이다.

① 명목 GDP   ② 실질 GDP
③ 인플레이션   ④ 경제 성장률

---

2   **물가와 실업**

06 다음에서 설명하는 경제 용어는?

> • 물가가 지속적으로 오르는 현상
> • 화폐 가치가 하락하여 경제생활에 영향을 줌.

① 기회비용   ② 국제 수지
③ 수요 법칙   ④ 인플레이션

07 인플레이션의 원인으로 옳은 것은?

① 상품의 공급량이 수요량보다 많다.
② 시중에 유통되는 통화량이 많아졌다.
③ 원자재 가격이 하락하여 생산비가 감소했다.
④ 가계의 소비 감소, 정부의 지출 감소가 원인이다.

08 인플레이션 안정을 위한 노력으로 옳지 <u>않은</u> 것은?

① 중앙 은행은 금리를 인상한다.
② 소비자는 과소비를 자제한다.
③ 기업은 기술 혁신을 통하여 생산성을 향상한다.
④ 정부는 경기 부양을 위해 재정을 늘리고 세율을 감소한다.

09 신문에서 설명된 상황이 발생했을 때 가장 유리한 사람은? (단, 다른 조건은 일정하다고 가정한다.)

> ### ○○ 일보   ○○○○년 ○○월 ○○일
> 최근 우리나라 시장에서 물가가 매우 높은 수준으로 꾸준히 상승하였습니다.

① 은행에 예금한 사람
② 부동산이나 금과 같은 실물 자산 소유자
③ 1년 동안 고정된 액수를 월급으로 받는 직장인
④ 매달 고정적인 연금을 받아 생활하는 70대 노인

10 다음 실업과 관련된 설명으로 옳지 <u>않은</u> 것은?

① 노동 가능 인구는 만15세 이상 인구이다.

② 경제 활동 인구는 실업자와 취업자를 합한 것이다.

③ 실업은 일할 의사가 없고 일자리를 구하지 못한 상태이다.

④ 실업률은 한 나라의 경제 활동 인구 중 실업자가 차지하는 비중이다.

12 뉴스에서 말하고 있는 실업의 종류는?

스키를 즐기는 겨울이 끝나가면서 스키장에 고용되었던 많은 사람들이 일자리를 잃고 있습니다.

① 경기적 실업   ② 계절적 실업

③ 구조적 실업   ④ 마찰적 실업

11 다음에서 설명하는 실업의 유형을 바르게 연결한 것은?

> (가) 산업 구조의 변화, 일부 산업 쇠퇴로 인한 실업
> (나) 더 나은 직장으로 옮기는 과정에서 일시적으로 발생하는 실업

	(가)	(나)
①	경기적 실업	구조적 실업
②	구조적 실업	마찰적 실업
③	경기적 실업	계절적 실업
④	구조적 실업	경기적 실업

13 고용 안정을 위한 정부의 노력으로 옳지 <u>않은</u> 것은?

① 계절적 실업은 농공 단지를 조성한다.

② 마찰적 실업은 취업 박람회를 개최한다.

③ 경기적 실업은 공공사업에 대한 정부 지출 확대로 새로운 일자리를 마련한다.

④ 구조적 실업은 자기 계발, 기술 습득을 통해 생산성과 업무 처리 능력을 향상시킨다.

14 국제 거래에 대한 설명으로 옳지 <u>않은</u> 것은?

① 우리나라 기업이 다른 나라에 물품을 판매하는 것을 수출이라고 한다.

② 외국으로부터 물품을 구입하여 국내로 들여오는 것을 수입이라고 한다.

③ 국가들이 서로 다른 화폐를 사용하는 경우가 많아서 환율을 고려해야 한다.

④ 재화와 서비스를 수출하거나 수입하는 과정에서 무역 장벽으로 인해 거래가 자유롭다.

16 다음에서 설명하는 (가)와 (나)를 옳게 연결한 것은?

> (가) 한 국가가 다른 나라에 비해 절대적으로 낮은 비용으로 생산할 수 있는 능력
> (나) 한 국가가 다른 나라에 비해 상대적으로 낮은 비용으로 생산할 수 있는 능력

	(가)	(나)
①	국제 거래	비교 우위
②	절대 우위	비교 우위
③	비교 우위	국제 거래
④	비교 우위	절대 우위

17 국제 거래의 양상으로 옳지 <u>않은</u> 것은?

① 교통·통신의 발달로 국제 거래가 증가한다.

② 국제 거래의 양상으로 다양한 품목이 거래된다.

③ 세계 무역 기구로 인하여 국제 무역을 제한을 한다.

④ 과거에는 재화 위주의 상품 거래가 이루어졌지만, 오늘날은 생산 요소의 거래 비중이 커지고 있다.

15 국제 거래의 발생 원인으로 옳지 <u>않은</u> 것은?

① 생산 조건의 차이

② 생산 비용의 차이

③ 자연환경의 차이

④ 각국 화폐 가치의 차이

18 환율의 변동에 대한 설명으로 옳은 것은?

① 환율이 상승하면 수출이 증가한다.

② 환율이 상승하면 수입이 증가한다.

③ 환율이 하락하면 수출이 증가한다.

④ 환율이 하락하면 해외 여행에 불리하다.

19 외환 수요의 증가 원인으로 옳은 것은?

① 수출 증가

② 해외 투자 증가

③ 외국인 국내 관광 증가

④ 외국인 국내 투자 증가

20 다음 그래프에 대한 설명으로 옳은 것은?

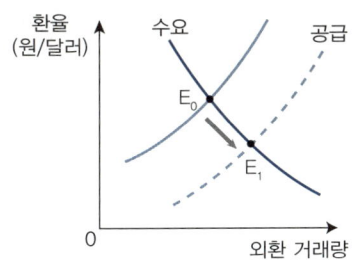

① 외환 공급 증가를 나타낸다.

② 외환 수요 증가를 나타낸다.

③ 수요 곡선이 오른쪽으로 이동한다.

④ 환율의 변동으로 환율이 상승한다.

21 세계화의 특징으로 옳지 <u>않은</u> 것은?

① 하나의 시장으로 통합된다.

② 국가 간 상호 의존과 협력을 촉진한다.

③ 자본주의에 바탕을 둔 자유 무역 원리가 확산된다.

④ 세계화로 인하여 각 국가들의 빈부 격차는 줄어든다.

22 다음에서 설명하는 개념은?

> 관세 인하, 무역 장벽 제거, 자유 무역을 방해하는 행위 규제, 무역 분쟁 조절의 기능을 한다.

① 경제 블록

② 자유 무역 협정

③ 세계 무역 기구

④ 북미 자유 무역 협정

06

국제 사회와 국제 정치

• 국제 사회의 특성과 행위 주체를 알 수 있다.
• 우리나라와 주변국과의 갈등 양상을 이해하고 대책을 알 수 있다.

1 국제 사회와 국제 정치

1. 국제 사회의 특성과 행위 주체

(1) 국제 사회의 의미
여러 나라가 서로 교류하고 의존하면서 공동 생활을 해 나가는 사회

(2) 국제 사회의 특성
① 자국의 이익을 최우선으로 한다.
② 형식적으로는 각국이 평등한 주권을 가지고 있지만, 실제로는 힘의 논리가 존재한다.
③ 분쟁을 조절할 중앙 정부가 존재하지 않음. ➡ 국제법, 국제 기구가 존재하지만 강제력이 없다.
④ 국가 간 상호 의존성이 높아지면서 공동의 이익을 추구하는 국제 협력이 증가

❯ 국제법
국가 간의 관계를 규율하기 위한 법으로 국가 간의 협상이나 합의로 설립하며 강제력이 없어 국제 사회의 분쟁 해결에 한계가 있다.

2. 국제 사회의 다양한 행위 주체

(1) 국가 : 국제 사회에서 가장 기본이 되는 행위 주체로 일정한 영토와 국민을 바탕으로 주권 행사

(2) 국제 기구
① 정부 간 국제 기구 : 두 나라 이상이 모여 하나의 조직체를 만들어 활동하는 국제 기구 **예** 국제 연합(UN), 경제 협력 개발 기구(OECD), 세계 무역 기구(WTO) 등
② 국제 비정부 기구 : 국경을 넘어 활동하는 개인이나 민간 단체가 모여 조직한 국제 기구 **예** 그린피스, 국경없는 의사회, 국제 적십자사 등

(3) 다국적 기업 : 어느 한 나라에 본사를 두고 여러 다른 나라에 지사, 생산 공장 등을 설립하여 생산과 판매 활동을 수행하는 기업

(4) 개인 : 국제적 영향력이 강한 개인 **예** 교황, 국제 연합 사무총장 등

2 국제 사회의 갈등과 공존

1. 국제 사회의 경쟁과 갈등, 협력

(1) 국제 사회의 변화 : 냉전 체제 종식 이후 이념보다 자국의 경제적 이익을 추구한다.

(2) 국제 사회의 경쟁과 갈등 양상
① 원인 : 각국이 자국의 이익을 최우선으로 생각하기 때문에 발생
② 양상 : 자원을 둘러싼 갈등, 민족과 인종·종교의 차이에서 비롯된 서로 다른 가치관 대립, 환경 오염 문제로 인한 갈등 등

(3) 국제 사회의 협력
① 필요성 : 국제 사회 문제는 특정 국가의 노력만으로 해결하기가 사실상 불가능하다.
② 양상
  ㉠ 인권 선언, 국제 환경 협약과 같은 결의안 채택
  ㉡ 국제 연합(UN)에 가입한 나라들이 지속 가능 개발 목표(SDGs)를 설정하고, 그 달성을 위해 노력하고 있음.
  ㉢ 공적 개발 원조(ODA)를 제공하여 개발 도상국의 경제 발전과 복지 증진에 기여함.

2. 국제 사회의 공존을 위해 필요한 노력

(1) 외교 정책을 통한 노력
① 외교의 의미 : 국제 사회에서 한 국가가 자국의 이익을 평화적으로 실현하기 위해 수행하는 모든 행위, 국가 정상 간 외교뿐 아니라 민간 외교의 중요성 증대
② 외교의 필요성 : 국제 사회의 경쟁과 갈등 해소, 국제 사회 공존

(2) 세계 시민 의식 함양을 통한 노력
공동체 의식을 바탕으로 국제 사회 문제에 관심을 두고, 그 문제를 해결하기 위해 적극적으로 행동할 수 있는 참여 의식과 책임 의식인 세계 시민 의식의 함양

> **냉전체제**
> 미국 중심의 자본주의 진영과 소련 중심의 공산주의 진영으로 나뉘어 무력 충돌 대신 서로 이념을 중심으로 대립하였다.

제1편

3 우리나라와 국가 간 갈등 문제

1. 일본과의 갈등

(1) **일본의 목적** : 일본은 독도가 지닌 경제적·군사적 이익을 위해 독도에 대한 영유권 주장

(2) **양상** : 일본 교과서에 독도가 일본 땅이라고 기술, '다케시마의 날' 제정

(3) **대책** : 현재 독도의 영토 주권자는 우리나라임을 확인, 객관적인 역사적 근거 확보를 위한 노력

2. 중국과의 갈등

(1) **중국의 목적** : 한반도 통일 이후의 영토 분쟁, 중국 내 소수 민족의 독립 가능성 차단

(2) **양상** : 고구려와 발해를 중국 고대 시기 지방 정권의 하나로 편입

(3) **대책** : 다양한 외교적 접근을 통해 해결

3. 다른 국가와의 갈등

문화재 반환을 둘러싼 갈등	해외로 유출된 우리 문화재의 반환을 둘러싸고 다른 국가와 갈등을 겪고 있음. 예 프랑스와 문화재 반환을 둘러싼 갈등
무역을 둘러싼 갈등	자유 무역을 확대하는 과정에서 일부 국가와 관세 부과, 자유 무역 협정(FTA) 등과 관련된 무역 갈등을 겪고 있음.
기타 갈등	환경 문제, 자원 확보를 둘러싼 갈등 등

▶ **동북공정**
'동북 변경 지역의 역사와 현상에 관한 체계적인 연구 과제'라는 말을 줄인 것으로, 중국이 자국 국경 안의 모든 역사를 중국의 역사로 편입하려는 목적에서 진행하였다.

1 국제 사회와 국제 정치

01 국제 사회에 대한 설명으로 옳지 <u>않은</u> 것은?

① 자국의 이익을 최우선한다.

② 국제법, 국제 기구가 존재하며 강제력이 있다.

③ 형식적으로는 각국이 평등하지만 실제로는 힘의 논리가 존재한다.

④ 여러 나라가 서로 교류하고 의존하면서 공동생활을 해 나가는 사회이다.

02 다음 설명에 해당하는 것은?

> • 두 나라 이상이 모여 하나의 조직체를 만들어 활동한다.
> • 국경을 넘어 활동하는 개인이나 민간 단체가 모여 조직한다.

① 국가

② 국제 기구

③ 국제 거래

④ 다국적 기업

03 다국적 기업에 대한 설명으로 옳은 것은?

① 세계화로 영향력이 축소된다.

② 다국적 기업의 생산 공장은 선진국에 위치한다.

③ 다국적 기업의 경제 규모는 점차 늘어나는 상황이다.

④ 다국적 기업은 주로 자국에서 활동하며 영향력을 행사한다.

2 국제 사회의 갈등과 공존

04 현대 국제 사회의 갈등 원인으로 옳지 <u>않은</u> 것은?

① 냉전 체제를 통한 국제적 갈등

② 지하자원을 둘러싼 갈등, 가치관의 대립

③ 자국의 이익을 최우선으로 생각하기 때문에 갈등 발생

④ 민족과 인종·종교의 차이에서 비롯된 갈등

05 국제 사회의 공존을 위한 노력으로 옳지 <u>않은</u> 것은?

① 민간 외교의 활동
② 국가 정상 간 외교 활동
③ 세계에서 발생하는 다양한 문제에 대한 관심
④ 자국의 이익을 최우선으로 하는 실리적 외교 활동

07 독도 갈등에 대한 설명으로 옳지 <u>않은</u> 것은?

① 일본은 '다케시마의 날'을 제정하였다.
② 일본은 경제적 · 군사적 이익을 위해 독도에 대한 영유권 주장을 한다.
③ 현재 독도의 영토 주권자는 대한민국이며 많은 역사적 증거를 가지고 있다.
④ 독도는 일본의 주장으로 현재 국제 재판소에서 분쟁 지역으로 판결을 기다리고 있다.

3 ▶ 우리나라와 국가 간 갈등 문제

06 다음에서 설명하는 것은?

> 고구려와 발해를 중국 고대 시기 지방 정권의 하나로 편입하려는 목적이 있다.

① 냉전체제
② 서북공정
③ 동북공정
④ 일본의 독도 영유권 주장

08 우리나라와 일본과의 독도 갈등 해결 방법으로 옳은 것은?

① 강대국의 도움으로 해결한다.
② 국방력을 이용하여 갈등을 해결한다.
③ 갈등에 대한 역사적 근거 확보, 다양한 외교적 접근을 통해 해결한다.
④ 개인적 노력보다 국가가 주도적으로 갈등을 해결해야 한다.

07 인구 변화와 인구 문제

- 세계의 인구 분포와 우리나라의 인구 분포를 이해할 수 있다.
- 개발 도상국의 인구 문제와 선진국의 인구 문제의 특징을 알 수 있다.

1 인구 분포

1. 세계의 인구 분포

(1) 인구 분포의 특징
   ① 세계 인구의 90%는 북반구에 거주
   ② 아시아에 세계 인구의 약 60% 거주
   ③ 적도 부근·극지방·내륙 지방은 인구 희박
   ④ 북위 20°~40° 지역에 인구 밀집, 해발 고도가 낮은 하천 주변의 평야나 해안지역은 인구 밀도가 높다.

(2) 인구 분포에 영향을 주는 요인
   ① **자연적 요인** : 기후가 따뜻하고 물이 풍부하며 평야 지역에 인구 밀집
   ② **인문·사회적 요인** : 자원이 풍부하고 교통이 편리하며 2·3차 산업이 발달한 도시 지역에 인구 밀집, 최근 인문·사회적 영향력이 커지고 있다.

(3) 인구 밀집 지역
   ① **동남아시아와 남부아시아 벼농사지역** : 계절풍 기후, 하천 유역에 넓은 평야가 발달하여 벼농사와 인간 생활이 유리한 지역 **예** 방글라데시, 인도
   ② **산업이 발달한 지역** : 일자리가 풍부한 지역 **예** 서부 유럽, 미국 북동부

(4) 인구 희박 지역
   ① **자연적 요인** : 건조 기후 지역, 열대·한대 기후 지역, 험준한 산지 지역
   ② **인문·사회적 요인** : 교통이 불편한 지역, 전쟁이나 분쟁이 자주 발생하는 지역

2. 우리나라의 인구 분포

(1) 산업화 이전(1960년대 이전)
  ① 인구 밀집 지역 : 기후가 온화하고 넓은 평야가 발달하여 농업에 적합한 남서부 지역
  ② 인구 희박 지역 : 연평균 기온이 낮고 높은 고원과 산지가 많은 북동부 지역

(2) 산업화 이후(1960년대 이후)
  ① 인구 밀집 지역 : 산업화와 도시화가 진행됨에 따라 이촌 향도 현상으로 인해 인구 분포에 많은 영향을 줌. 📍 수도권, 지방 대도시, 위성 도시, 남동 임해 공업 지역 등
  ② 인구 희박 지역 : 인구 유출이 심한 농어촌 지역 📍 태백산맥, 소백산맥 일대의 산지 지역

C/l/i/c/k 우리나라의 시기별 인구 분포

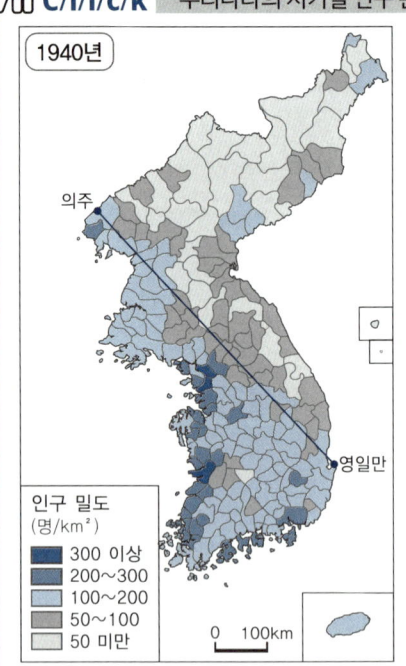

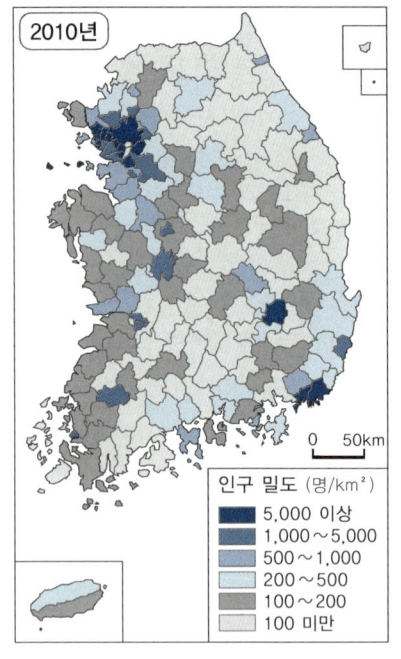

1940년

의주

영일만

인구 밀도
(명/km²)
- 300 이상
- 200~300
- 100~200
- 50~100
- 50 미만

0   100km

2010년

0   50km

인구 밀도 (명/km²)
- 5,000 이상
- 1,000~5,000
- 500~1,000
- 200~500
- 100~200
- 100 미만

- 산업화 이전에는 기후가 온화하고 평야가 발달하여 벼농사에 유리한 남서부 지역에 인구가 밀집하고, 산지가 많고 기온이 낮은 북동부 지역은 인구가 희박함.
- 공업이 발달하고, 일자리가 많은 수도권과 대도시, 남동 임해 공업 지역에 인구가 밀집하고, 농촌이나 산지 지역은 인구가 희박함.

> **이촌 향도**
인구가 농촌을 떠나 도시로 이동하는 현상

> **수도권**
우리나라 중심지인 서울과 그 주변에 있는 경기도, 인천을 말한다.

> **위성 도시**
대도시 주변에 위치하여 대도시 기능의 일부를 분담하는 도시

2 인구 이동

1. 세계의 인구 이동

(1) 인구 이동의 요인

흡인 요인	높은 임금, 많은 일자리, 경제 발달, 쾌적한 환경, 정치·종교적 자유 등으로 인구 유입
배출 요인	실업, 빈곤, 낮은 임금, 열악한 주거 환경, 전쟁과 분쟁, 종교적 박해 등으로 인구 유출

(2) 인구 이동의 유형

기간에 따른 분류	일시적 이동	유학, 여행 등
	영구적 이동	이민 등
이동 동기에 따른 분류	자발적 이동	일자리, 쾌적한 환경 등
	강제적 이동	전쟁, 종교 박해 등
범위에 따른 분류	국제 이동	다른 국가로의 이동
	국내 이동	한 국가 안에서 일어나는 이동

(3) 세계 인구의 국제 이동

① 과거의 인구 이동

종교적 이동	종교적 자유를 위한 이동 ㉐ 영국 청교도의 아메리카로의 이주
강제적 이동	아프리카 흑인 노예의 아메리카로의 이주
경제적 이동	중국인(화교)의 동남아시아 지역으로의 이주

② 오늘날의 인구 이동

경제적 이동	개발 도상국에서 일자리를 찾아 선진국으로 이동
일시적 이동	여행, 유학 등을 위한 이동 ㉐ 여름 휴가철 북서유럽인들이 지중해 연안으로 이동
정치적 이동	민족 탄압, 내전을 피한 이동 ㉐ 아프가니스탄, 콩고 민주 공화국 등

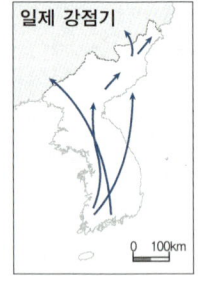

C/l/i/c/k 세계 인구의 국제 이동

ㄱ 영국 청교도들의 종교적 이동
ㄴ 노예 무역에 의한 아프리카 흑인들의 강제 이동
ㄷ 신항로 발견 이후 유럽인들의 신대륙으로의 이동
ㄹ 화교들이 일자리를 찾아 동남아시아로 이동 — 경제적 이동
ㅁ 개발 도상국에서 선진국으로 일자리를 찾아 이동

③ 세계 인구의 국내 이동

　　ㄱ 개발 도상국 : 산업화가 진행되면서 새로운 일자리를 찾아 도
　　　시로 이동(이촌 향도 현상)

　　ㄴ 선진국 : 도시를 떠나 쾌적한 환경을 찾아 농촌으로 이주(역
　　　도시화 현상) **예** 미국 북동부 지역에서 남서부(선벨트) 지역
　　　으로 이동

▶ 역도시화
도시의 인구가 농촌으로 이동하는
현상을 말하며 유턴(U-turn) 현상
이라고도 한다.

▶ 미국의 국내 이동
스노우 벨트에서 선벨트 지역으로
이동

C/l/i/c/k 우리나라 인구의 국내·국제 이동

일제 강점기	광복 이후	6·25 전쟁	1960년대 이후	1990년대 이후
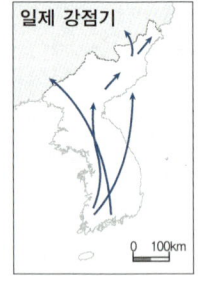	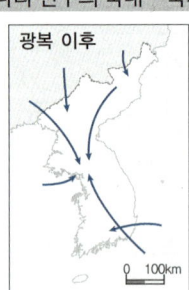	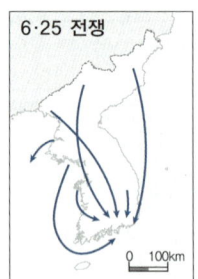	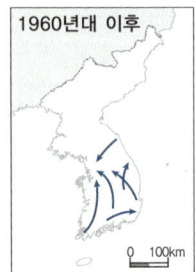	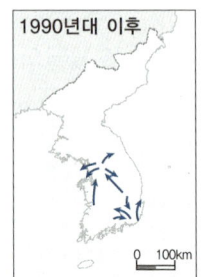

● 일제 강점기 : 북부 지방의 광공업 발달에 따른 이동, 일제에 의해 만주, 연해주 지역으로 이동
● 광복 직후 : 일본, 중국 등지에서 해외 동포 귀국
● 6·25 전쟁 : 피난민들이 남부 지방으로 이동
● 1960년대 : 이촌 향도 현상으로 수도권과 대도시로 인구 집중
● 1990년대 이후 : 수도권 및 지방 대도시의 과도한 인구 집중을 해결하기 위해 신도시 건설로
　교외화, 역도시화 현상 발생

3 인구 문제

1. 세계의 인구 문제

(1) 세계 인구 성장의 배경
① 산업 혁명 이후 의학·과학 기술의 발달과 생활 수준의 향상으로 평균 수명이 증가하고, 사망률 감소로 인구 급증
② 제2차 세계 대전 이후 선진국의 의료 기술을 받아들인 개발 도상국을 중심으로 인구 성장

(2) 개발 도상국의 인구 문제
① 인구 급증의 원인 : 제2차 세계 대전 이후 의료 기술 보급과 생활 수준 향상으로 사망률 감소, 출생률 증가
② 문제점 : 식량 부족, 일자리 부족, 도시 문제 발생, 남아 선호 사상으로 남초 현상에 따른 성비 불균형
③ 대책 : 인구 부양력을 높이기 위한 경제 성장과 식량 증산 정책, 산아 제한 정책, 양성평등의 사회 분위기 조성, 남아 선호 사상 타파

(3) 선진국의 인구 문제
① 저출산, 고령화 : 여성의 활발한 사회적 진출 및 자녀에 대한 가치관 변화에 따른 저출산, 경제 수준의 향상과 의학 기술 발달로 평균 수명 증가로 인한 고령화 현상 발생
② 문제점 : 인구 정체 및 감소, 노동력 부족, 노년 부양비 증가에 따른 세대 갈등 발생
③ 대책 : 출산 장려금 지급, 육아 수당, 보육 시설 확대, 노인 일자리 창출, 정년 연장

2. 우리나라의 인구 문제

(1) 시기별 인구 문제와 정책

1960년대	6·25 전쟁 이후 사망률이 감소, 인구 급증
1970~1980년대	가족 계획 사업 추진, 출생률 감소
1990년대	출생률 감소, 성비 불균형 문제 발생
2000년대	저출산, 고령화 문제 발생

> **산업 혁명**
> 18세기 후반 영국에서 시작되어 유럽 전역에 퍼진 기술 혁신과 이를 바탕으로 일어난 사회 경제 구조 변화

> **인구 부양력**
> 한 나라의 인구가 그 나라의 사용 가능한 자원에 의해 생활할 수 있는 능력

> **성비**
> 여자 100명에 대한 남자의 수

> **남초 현상**
> 여성의 인구 수보다 남성의 인구 수가 많은 현상

> **고령화**
> 전체 인구에서 만65세 이상의 노인 인구 비율이 증가하는 현상

⊙ **합계 출산율**
한 여성이 가임 기간 동안에 낳을 것으로 예상되는 평균 자녀 수

⊙ **노인 부양비**
(만65세 이상 인구 / 만15~64세 인구)×100

(2) 저출산·고령화 현상
  ① 저출산

원인	여성의 사회적 참여 증가, 자녀에 대한 가치관 변화로 합계 출산율이 감소
문제점	인구 감소로 노동력 부족, 경제 성장 둔화
대책	출산 지원금과 양육비 지급, 보육 시설 확충

  ② 고령화

원인	경제 발달, 의학 기술의 발달로 평균 수명 증가
문제점	노동력 부족, 노인 부양비 증가에 따른 청장년층의 부담 증가
대책	노인 일자리 개발, 연금 제도 및 복지 제도 정비

---

1 인구 분포

01 세계의 인구 분포에 대한 설명으로 옳지 <u>않은</u> 것은?

① 세계 인구의 90%는 북반구에 거주한다.

② 아프리카 대륙에 가장 많은 인구가 분포한다.

③ 북위 20°~40° 중위도 지역에 인구가 밀집해 있다.

④ 적도 부근, 극지방, 내륙 지방, 해발 고도가 높은 곳은 인구 희박 지역이다.

02 인구 분포에 영향을 주는 요인으로 옳지 <u>않은</u> 것은?

① 자연적 요인은 기후, 지형 등이 있다.

② 인문적 요인은 교통, 경제 등이 있다.

③ 최근에는 인문적 요인보다 자연적 요인의 영향을 많이 받는다.

④ 기후가 온화하고 일자리가 많은 지역은 인구가 집중되어 있다.

03 인구가 밀집하기 유리한 조건을 〈보기〉에서 고르면?

┤ 보기 ├

ㄱ. 온대 기후 지역

ㄴ. 험준한 산간 지역

ㄷ. 산업이 발달한 지역

ㄹ. 건조 기후 지역

① ㄱ, ㄷ   ② ㄴ, ㄹ

③ ㄱ, ㄹ   ④ ㄴ, ㄷ

04 다음 (가), (나) 지도에 대한 설명으로 옳지 <u>않은</u> 것은?

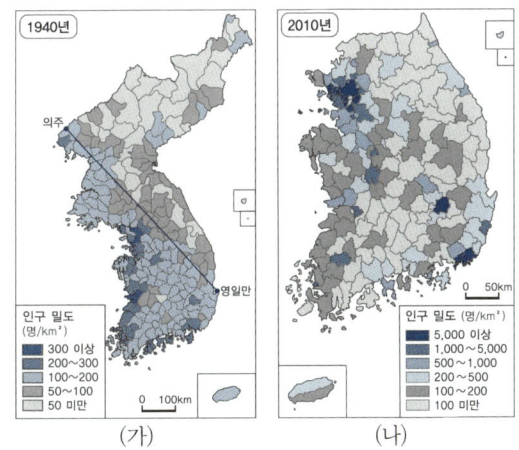

① (가)는 산업화 이전의 인구 분포이다.

② (가)는 자연적 요인에 의한 인구 분포가 나타난다.

③ (나) 시기는 수도권과 남동 임해 공업 지역에 인구가 집중되어 있다.

④ (나) 시기에는 산업이 발달하여 일자리가 풍부한 남서쪽에 인구가 밀집되어 있다.

2 ▶ 인구 이동

05 인구의 배출 요인으로 옳은 것을 〈보기〉에서 고른 것은?

> ┤ 보기 ├
> ㄱ. 낮은 임금
> ㄴ. 많은 일자리
> ㄷ. 좋은 주거 환경
> ㄹ. 교육·문화 시설 부족

① ㄱ, ㄴ   ② ㄱ, ㄹ
③ ㄴ, ㄷ   ④ ㄷ, ㄹ

06 대화 내용에 해당하는 인구 이동의 유형을 〈보기〉에서 고른 것은?

미국에는 어떤 이유로 오셨나요?

나는 멕시코에서 살다가 식품회사에 취직하기 위해 미국으로 왔습니다.

> ┤ 보기 ├
> ㄱ. 국제적 이동   ㄴ. 경제적 이동
> ㄷ. 강제적 이동   ㄹ. 종교적 이동

① ㄱ, ㄴ   ② ㄱ, ㄹ
③ ㄴ, ㄷ   ④ ㄷ, ㄹ

[07~08] 다음 지도를 보고 물음에 답하시오.

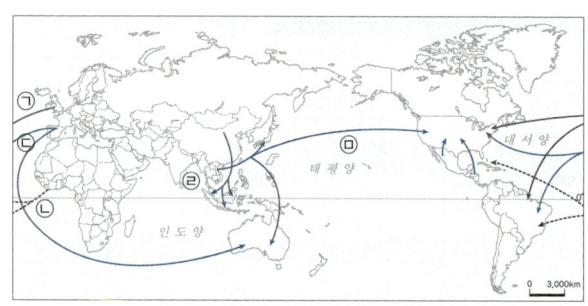

07 위 지도에서 ㉡의 이동에 대한 설명으로 옳은 것은?

① 영국의 청교도들의 종교적 이동
② 신항로 발견 이후 유럽인들의 신대륙으로 이동
③ 노예 무역에 의한 아프리카 흑인들의 강제 이동
④ 개발 도상국에서 선진국으로 일자리를 찾아 이동

08 위 지도에서 ㉣의 이동에 대한 설명으로 옳은 것은?

① 영국 청교도들의 종교적 이동
② 화교들이 일자리를 찾아 동남아시아로 이동
③ 개발 도상국에서 선진국으로 일자리를 찾아 이동
④ 신항로 발견 이후 유럽인들의 신대륙으로의 이동

09 세계 인구의 이동에 대한 설명으로 옳지 <u>않은</u> 것은?

① 개발 도상국은 일자리를 찾아 도시로 이동한다.

② 선진국은 쾌적한 환경을 찾아 이촌 향도 현상이 나타난다.

③ 미국은 북동부 지역에서 남서부 선벨트 지역으로 이동이 나타난다.

④ 선벨트 지역은 따뜻한 기후와 쾌적한 환경으로 첨단 산업이 발달하였다.

10 농촌의 인구가 일자리를 찾아 도시로 이동하는 현상을 무엇이라 하는가?

① U턴 현상

② 역도시화 현상

③ 이촌 향도 현상

④ 인구 공동화 현상

11 우리나라의 시기별 인구 이동에 대한 설명으로 옳지 <u>않은</u> 것은?

① 광복 직후 해외 동포 귀국

② 6·25 피난민들이 남부 지방으로 이동

③ 1960년대 대도시의 인구 집중 해결을 위해 신도시 건설

④ 일제 강점기 북부 광공업 발달에 따른 이동과 독립운동을 위해 만주, 연해주 이동

3 인구 문제

12 세계의 인구 현상에 대한 설명으로 옳지 <u>않은</u> 것은?

① 산업 혁명 이후 의학, 과학 기술의 발달로 인구 급증

② 제2차 세계 대전 이후 선진국 중심으로 인구 성장 주도

③ 세계의 인구 증가로 인해 인구 부양력을 높이기 위한 정책 필요

④ 선진국은 현재 인구 정체 및 감소 현상이 나타나 인구 고령화 문제 등장

13 개발 도상국의 인구 문제에 대한 설명으로 옳지 <u>않은</u> 것은?

① 산업 혁명 이후 의학 기술의 발달로 인구 급증

② 급격한 인구 증가로 식량 부족, 일자리 부족 등 문제 발생

③ 인구 부양력을 높이기 위한 경제 성장과 식량 증산 정책 실시

④ 남아 선호 사상으로 어지이이보나 남자아이의 출생률이 높아 남초 현상 발생

14 선진국의 인구 문제에 대한 설명으로 옳지 <u>않은</u> 것은?

① 여성의 활발한 사회적 진출로 저출산 문제 발생

② 자녀에 대한 가치관 변화로 저출산 문제 발생

③ 경제, 의학 기술 발달로 평균 수명 증가에 따른 고령화 현상

④ 고령화에 따른 인구 급증 문제 발생, 노년 부양비 증가에 따른 세대 갈등

15 다음 내용과 가장 관련 있는 사회 문제는?

- 노령 연금 지급
- 실버 타운 건설
- 노인 여가 활동 지원
- 노년층 재취업 훈련

① 고령화   ② 남녀 차별

③ 성비 불균형   ④ 도시 인구 집중

16 다음 정책이 해결하고자 하는 사회 문제는?

- 출산 축하금 지원
- 다자녀 가정 지원

① 환경 오염   ② 교통 혼잡

③ 주택 부족   ④ 출생률 감소

17 최근 우리나라의 인구 문제에 대한 설명으로 옳은 것은?

① 의학 기술 발달로 인구가 급증한다.

② 자녀에 대한 가치관 변화로 합계 출산율이 감소한다.

③ 가족 계획 사업을 추진하여 출산율을 감소 시켜야 한다.

④ 도시에서 농촌으로 인구가 급격하게 유입 되면서 농촌 환경 문제가 발생한다.

08

사람이 만든 삶터, 도시

- 도시의 의미와 특징을 이해하고 도시 내부 지역 분화 원인과 도시 내부 구조를 알 수 있다.
- 선진국과 개발 도상국의 도시 문제를 이해하고 살기 좋은 도시의 조건을 알 수 있다.

1 도시의 의미와 도시화

1. 도시의 의미와 특징

(1) 의미 : 정치·경제·문화의 중심지이며, 인구와 산업이 집중된 곳

(2) 도시의 특징
① 높은 인구 밀도와 집약적 토지 이용 ➡ 고층 건물이 많음.
② 생활 편의 시설 및 각종 기능 집중 ➡ 주변 지역의 중심지 역할
③ 제조업, 서비스업의 비중이 높음 ➡ 2·3차 산업의 비중이 높음.
④ 주민들의 직업 생활 모습이 다양하고 생활 범위가 넓음.

❯ **중심지 역할**
주변 지역에 재화나 서비스를 공급해 주는 역할

/// C/l/i/c/k 촌락과 도시의 비교

구분	촌락	도시
인구 밀도	낮음	높음
주요 산업	농업, 임업, 어업 등 1차 산업	제조업, 서비스업 등 2·3차 산업
토지 이용	조방적 이용	집약적 이용
주요 경관	자연 경관이 주로 나타남.	인문 경관이 주로 나타남.

➡ 도시와 촌락은 서로 다른 기능을 주고받는 상호 보완적 관계이다. 최근 교통·통신이 발달하면서 도시와 촌락의 구분이 약해짐.

(3) 도시의 형성과 발달

고대 도시	종교, 정치, 군사, 교역의 중심지
중세 도시	시장을 중심으로 상업과 교통이 발달한 지역이 도시로 성장
근대 도시	산업 혁명 이후 석탄과 철광석 산지를 중심으로 공업 도시 발달
현대 도시	교육, 문화 등 여러 기능을 수행, 정보 통신과 서비스업 중심 도시, 인구의 도시 집중으로 대도시 발달

2. 세계의 주요 도시

(1) 도시의 특색 형성 : 도시는 지역의 역사와 주민의 삶의 모습을 담고 있어 세계의 여러 도시들은 제각기 다른 특색을 띠고 있다.

(2) 주요 세계 도시

역사 · 문화 도시	오랜 시간에 걸쳐 형성되어 역사 유적이 많고 문화가 발달한 도시 ⑩ 이탈리아 로마
환경 · 생태 도시	인간 생활과 자연환경 및 문화가 조화를 이루는 환경친화적인 도시 ⑩ 독일 프라이부르크
국제 금융 · 업무 도시	세계 경제와 금융의 중심지 역할을 하는 도시 ⑩ 미국 뉴욕

(3) 세계 도시 : 세계 경제, 문화, 정치의 중심지로 세계적 영향력을 가진 금융 기관, 다국적 기업의 본사, 각종 국제 기구의 활동이 활발히 이루어지는 도시 ⑩ 미국의 뉴욕, 일본의 도쿄, 영국의 런던

2 도시 내부의 모습

1. 도시 내부의 지역분화

(1) 원인 : 접근성과 지가, 지대의 차이

● 접근성
접근하기 쉬운 정도

(2) 과정 : 최적의 장소를 찾아 비슷한 기능이 모이고, 다른 기능은 서로 밀어냄.

집심 현상	중심 업무 기능이나 상업 기능이 도시 중심부로 집중되는 현상
이심 현상	주택이나 학교, 공장 등이 외곽으로 빠져나가는 현상

● 지가
토지의 가격

● 지대
토지 사용의 대가로 지불하는 비용

(3) 결과

상업 업무 기능	비싼 땅값을 부담하고도 이익을 낼 수 있기 때문에 접근성이 높은 도심에 형성
공업 기능과 주거 기능	접근성이 낮더라도 환경이 쾌적하고, 땅값이 저렴하며, 부지가 넓은 외곽 지역에 형성

2. 도시 내부 구조

(1) **도심** : 도시 중심부에 위치하여 접근성이 가장 높고 땅값이 매우 비
싸기 때문에 고층 건물이 밀집

중심 업무 지구 (CBD) 형성	백화점, 금융 기관, 대기업 본사, 행정 관청 등이 입지하여 중추 관리 기능을 담당
인구 공동화 현상	비싼 땅값으로 도심의 상주인구 감소로 인해 낮에는 일자리가 많아 인구 밀도가 높지만 밤에는 인구 밀도가 낮은 상태

(2) **중간 지역** : 주거, 상업, 공업이 혼재되어 나타난다.

(3) **부도심** : 도심의 기능을 일부 분담, 교통이 편리한 곳에 위치, 도심
과 비슷한 경관이 나타난다.

(4) **외곽 지역** : 대규모의 아파트, 학교, 공장, 상가 입지, 도시와 농촌
의 모습 혼재

(5) **개발 제한 구역** : 도시의 무질서한 팽창을 방지하고, 녹지 공간을
확보하기 위해 설정한 공간

(6) **위성 도시** : 대도시 주변에 대도시의 기능을 분담

❱ **상주인구**
한 지역에 주소를 두고 늘 거주하
는 인구

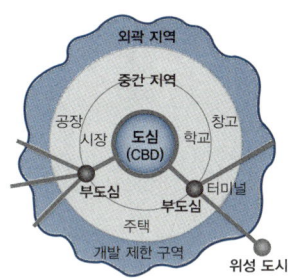
▲ 도시의 내부 구조

3 도시와 도시 문제

1. 선진국과 개발 도상국의 도시화

(1) 도시화의 의미와 특징
① 의미 : 2·3차 산업의 비중이 높은 도시의 인구 증가로 전체 인
구에서 도시 인구가 차지하는 비율이 높아지고, 도시적 생활 양
식이 확대되는 과정
② 도시화의 특징
㉠ 도시화가 진행되면 도시의 수가 늘고 도시의 면적이 넓어짐.
㉡ 일반적으로 도시화는 산업화와 함께 진행되며, 그 과정에서
도시화가 진행되는 지역은 인구 유입이 활발함.
㉢ 주민의 경제 활동은 제조업과 서비스업 위주로 변함.

◆ 도시화 곡선

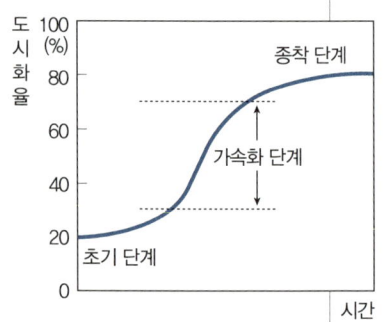

◆ 역도시화
도시의 인구가 농촌으로 이동하는 현상을 말하며 유턴(U-turn) 현상 이라고도 한다.

(2) 도시화 과정

초기 단계	농업 중심 사회로 1차 산업 비중이 높고, 도시화율이 낮음.
가속화 단계	이촌 향도 현상으로 도시 인구 급증, 도시화 진행 속도 빠름.
종착 단계	높은 도시화율, 역도시화 발생

(3) 선진국과 개발 도상국의 도시화

선진국	• 18세기 산업 혁명 이후 산업화와 함께 점진적으로 진행됨. • 주로 촌락에서 도시로 인구 이동이 이루어짐(이촌 향도). • 오늘날 도시화의 정체 또는 역도시화 현상이 나타남.
개발 도상국	• 단기간에 매우 급속하게 도시화가 이루어짐. • 대도시로 많은 인구가 집중하는 현상이 뚜렷함.

2. 선진국과 개발 도상국의 도시 문제

(1) 선진국의 도시 문제
  ① 범죄 문제, 노숙자 문제, 환경 문제 등이 나타난다.
  ② 도심 지역의 불량 주거 지역 형성 : 도시 성장 초기 도심에 건설된 건물들이 시간이 지나면서 낡고 허름해진다.

(2) 개발 도상국의 도시 문제
  ① 기반 시설이 부족 : 기반 시설이 갖추어지지 않은 상태에서 많은 사람이 도시로 이주하여 주택, 상하수도 시설 등이 부족하다.
  ② 주택 문제 : 도시에 많은 인구가 집중하여 무허가 주택과 빈민촌 이 형성된다.
  ③ 교통 혼잡 문제, 환경 문제, 실업, 범죄 문제가 나타난다.

4 살기 좋은 도시

1. 도시 문제와 해결 방안

(1) 도시 문제
  ① 도시의 특징
    ㉠ 생산 활동, 소비 활동, 여가 활동 등의 다양한 활동이 이루어진다.
    ㉡ 편의 시설이 풍부하여 많은 인구가 밀집해 있다.

② 도시 문제의 발생 원인 : 과도한 인구 집중, 무분별한 도시 개발

(2) 도시 문제 해결을 위한 노력

① 교통 문제

원인	도시 인구 증가와 생활 수준 향상으로 인한 교통량 증가
해결 방안	대중교통 수단 확충, 버스 전용 차로제 실시

② 주택 문제

원인	급격한 인구 증가와 도시화
해결 방안	신도시 건설, 도시 재개발 사업, 공공 주택 공급 확대

③ 환경 문제

원인	도시로 인구 집중, 산업 시설 증가, 지나친 쓰레기 배출
해결 방안	• 물 오염 : 폐수 및 하수 정화 시설 설치 • 대기 오염 : 청정 에너지 사용, 화석 연료 사용 감소 노력 • 쓰레기 문제 : 분리 수거 실시, 자원의 재활용

2. 살기 좋은 도시의 조건

(1) 의미 : 쾌적한 자연환경, 적정 규모의 인구, 높은 사회적 안정성, 다양한 편의 시설, 좋은 의료 시설을 특징으로 하는 도시

(2) 조건
 ① 적정 규모의 인구 거주
 ② 경제 활동이 다양하고 활발하다.
 ③ 기반 시설이 잘 구축되어 있다.
 ④ 교육, 의료, 보건, 문화, 주거 환경, 행정 서비스 등이 잘 갖추어져 있다.

(3) 살기 좋은 도시의 사례
 ① 브라질 쿠리치바 : 도시 녹지 공간 조성, 원통형 승강장 설치, 굴절 버스 도입, 재활용 자재를 활용한 오페라 하우스 건설
 ② 캐나다 밴쿠버 : 환경 우선 정책, 다양한 사회 보장 제도, 편리한 교통, 다양한 문화와 자연환경의 조화
 ③ 오스트리아 빈 : 도시 곳곳에 공원과 녹지 공간을 만들어 자연 친화적인 환경 조성, 음악과 예술 발달, 훌륭한 비즈니스 여건

08 적중예상문제

정답 및 해설 26p

---

1 도시의 의미와 도시화

01 도시에 대한 설명으로 옳지 <u>않은</u> 것은?

① 높은 인구 밀도와 집약적 토지 이용
② 생활 편의 시설 및 각종 기능 집중
③ 주민들의 직업·생활 모습이 다양함.
④ 1차 산업 중심이며 생활 범위가 넓음.

03 다음 설명에 해당하는 가장 적절한 도시는 무엇인가?

> 금융 기관, 다국적 기업의 본사, 각종 국제 기구의 활동이 활발히 이루어지는 도시

① 하위 도시
② 중위 도시
③ 세계 도시
④ 현대 도시

---

2 도시 내부의 모습

02 도시와 촌락의 비교로 옳지 <u>않은</u> 것은?

구분		촌락	도시
①	인구 밀도	낮음	높음
②	주요 산업	1차 산업	2·3차 산업
③	토지 이용	조방적	집약적
④	주요 경관	인문 경관	자연 경관

04 다음에서 설명하는 것은?

> • 서울 도시의 주거·공업·행정 기능의 일부를 분담
> • 서울 주변의 성남, 안산 등이 해당

① 광업 도시
② 위성 도시
③ 국제 도시
④ 세계 도시

05 다음 설명에 해당하는 지역은?

> 도시의 무질서한 팽창을 막고, 녹지 공간을 확보하기 위하여 설정한 지역으로 그린 벨트(green belt)라고도 함.

① 도심　　　　　② 부도심
③ 위성 도시　　　④ 개발 제한 구역

06 다음 설명에 해당하는 지역은?

> • 교통이 편리하고 땅값이 비싸다.
> • 유동 인구가 많고 상주 인구는 적다.
> • 관청, 은행, 백화점, 대기업 본사 등 고층 건물이 밀집되어 중심 업무 지구를 형성한다.

① 도심　　　　　② 위성 도시
③ 주변 지역　　　④ 개발 제한 구역

07 다음 설명에 해당하는 개념은?

> 비싼 땅값으로 도심의 상주 인구 감소로 인해 낮에는 일자리가 많아 인구 밀도가 높지만 밤에는 인구 밀도가 낮은 상태

① 병목 현상　　　② 중심 업무 지구
③ 인구 공동화 현상　④ 개발 제한 구역

08 다음 도시 내부 구조에 대한 설명으로 옳지 <u>않은</u> 것은?

① 도심 – 도시 중심부에 위치하여 땅값이 매우 비싸기 때문에 고층 건물이 밀집
② 중간 지역 – 도심과 외곽 지역 사이에 위치하며 주거, 상업, 공업이 혼재되어 나타남.
③ 부도심 – 도시의 기능을 일부 분담하여 교통이 편리한 곳에 위치하며 도심과 비슷한 경관이 나타남.
④ 외곽 지역 – 대규모의 아파트, 학교, 공장, 상가가 입지하며 도시와 농촌의 모습이 혼재되어 나타남.

09 다음은 도심의 어느 지역에 대한 설명인가?

> 백화점, 금융 기관, 대기업 본사, 행정 관청 등이 입지하여 중추 관리 기능을 담당한다.

① 중심 업무 지구　② 개발 제한 구역
③ 부도심 지역　　　④ 위성 도시

10 도시 내부 지역 분화에 대한 설명으로 옳지 <u>않은</u> 것은?

① 접근성과 지가, 지대의 차이로 발생한다.
② 공업 기능은 비싼 땅값을 부담하고 이익을 낼 수 있기 때문에 도심에 형성된다.
③ 주거 지역은 도심의 높은 지대에 영향을 받아 비교적 저렴한 땅값의 외곽 지역으로 분산되는 경향이 있다.
④ 작은 도시는 상업, 주거, 공업이 함께 나타나며, 도시가 발전함에 따라 도시 내부의 지역 분화가 활발하게 이루어진다.

[11~12] 다음 그래프를 보고 물음에 답하시오.

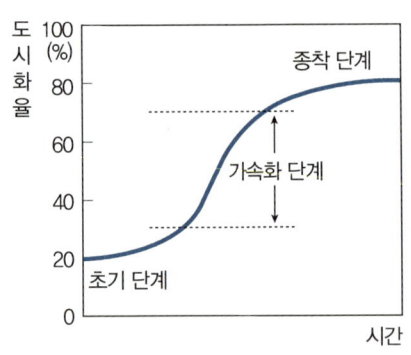

11 위 그래프에 대한 설명으로 옳은 것은?

① 초기 단계는 도시화율이 낮다.

② 가속화 단계는 역도시화가 발생한다.

③ 종착 단계는 인구의 급격한 증가가 나타난다.

④ 우리나라는 현재 가속화 단계에 진입하고 있다.

12 위 그래프에서 종착 단계의 특징으로 옳은 것은?

① 이촌 향도 현상으로 인구 급증

② 도시 인구의 감소로 농업 중심 사회로 변화

③ 도시화율은 높지만, 교외화 현상과 U턴 현상 발생

④ 종착 단계는 주로 개발 도상국의 상황으로 높은 도시화로 인한 도시 문제 발생

13 선진국의 도시화에 대한 설명으로 옳지 <u>않은</u> 것은?

① 오늘날 역도시화 현상이 나타난다.

② 산업화와 함께 도시화가 이루어졌다.

③ 단기간에 급속하게 도시화가 나타난다.

④ 주로 촌락에서 도시로 인구 이동이 이루어졌다.

14 개발 도상국의 도시 문제로 옳지 <u>않은</u> 것은?

① 기반 시설이 부족하다.

② 무허가 주택과 빈민촌이 형성된다.

③ 교통이 혼잡하고 환경 문제, 범죄 문제가 나타난다.

④ 도시화 초기에 건설된 도심 건물들이 낡고 허름하다.

4 ▶ 살기 좋은 도시

15 다음과 같은 도시 문제가 나타나는 근본적인 원인은?

> • 주택 부족 • 쓰레기 문제
> • 대기 오염 • 교통 혼잡 및 체증

① 귀농 ② 고령화
③ 정보화 ④ 인구 집중

17 살기 좋은 도시의 조건으로 가장 적절하지 <u>않은</u> 것은?

① 적정 규모의 인구가 거주해야 한다.
② 기반 시설이 잘 구축되어 있어야 한다.
③ 많은 일자리 공급을 위한 많은 공업 단지가 있어야 한다.
④ 교육, 의료, 보건, 문화, 주거 환경, 행정 서비스 등이 잘 갖추어져 있어야 한다.

16 다음은 어떠한 도시 문제 해결 방법인가?

> 신도시 건설, 도시 재개발 사업, 공공 주택 공급 확대 정책

① 교통 문제 ② 주택 문제
③ 환경 문제 ④ 수질 오염

18 다음에서 설명하는 도시는 무엇인가?

> 지속 가능한 도시로 도시가 하나의 유기적 복합체로 기능을 하는 도시를 말한다. 도시 개발에 있어서 이해 관계자들의 자발적인 협동을 통해 도시를 만들어 간다.

① 생태 도시 ② 첨단 도시
③ 세계 도시 ④ 위성 도시

글로벌 경제 활동과 지역 변화

• 세계화에 따른 1차 · 2차 · 3차 산업의 변화를 알 수 있다.

1 농업 생산의 기업화와 세계화

1. 세계화에 따른 농업 생산의 특징

(1) 농업 생산의 변화
  ① 과거 : 자급자족적 농업
  ② 현재 : 산업화 · 도시화가 진행되면서 낙농업, 원예 농업, 기업적 곡물 농업, 기업적 목축업 발달

(2) 농업의 세계화
  ① 특징 : 전 세계를 대상으로 농작물이 생산되는 등 농업의 세계화가 진행되고 있다.
  ② 배경 : 교통 통신의 발달로 지역 간의 교류가 활발하며, 경제 성장으로 생활 수준이 향상되어 다양한 농산물에 대한 수요 증가

(3) 농업 생산의 기업화
  ① 배경 : 경제 활동의 세계화와 상업적 농업 발달
  ② 기업적 농업의 특징
    ㉠ 기계를 이용하여 대규모로 이루어지는 생산 체계를 갖춤.
    ㉡ 자본과 기술력을 바탕으로 농작물을 대량 생산하여 가격 경쟁력을 확보함.
  ③ 세계의 기업적 농업 지역
    ㉠ 기업적 목축 : 오스트레일리아, 미국, 아르헨티나
    ㉡ 기업적 곡물 농업 : 우크라이나 흑토, 미국 대평원, 아르헨티나 팜파스 등

2. 농업 생산의 기업화와 세계화로 인한 지역 변화

(1) 농업 생산 구조의 변화
  농업 경쟁력을 높이기 위해 원예 작물이나 기호 작물을 재배하는 등 농업 생산 방식에 변화를 보인다.

❯ 자급자족적 농업
곡물을 소규모로 재배하여 농가에서 직접 소비함.

❯ 낙농업
젖소나 염소 등을 길러 우유나 유제품을 생산하는 산업

❯ 원예 작물
과수, 채소, 화훼 등 원예과의 농작물

❯ 기호 작물
차, 커피, 카카오 등 맛과 향을 즐기기 위해 먹는 기호 식품의 원료가 되는 작물

(2) 농작물 소비 특성의 변화
① 농업의 세계화에 따른 변화 : 다양한 농산물을 쉽게 접할 수 있게
되었다.
② 농작물 소비 특성의 변화 : 생활 수준의 향상으로 채소, 과일, 육
류의 소비량이 꾸준히 증가하고 있다.

2 다국적 기업과 생산 공간 변화

1. 경제 활동의 세계화와 다국적 기업

(1) 경제 활동의 세계화
① 배경 : 교통 통신의 발달로 국가 간 교류가 활발해졌다.
② 특징
㉠ 생산, 소비와 같은 경제 활동이 전 세계를 대상으로 이루어짐.
㉡ 상품, 자본, 노동, 기술, 서비스 등이 국경을 초월하여 자유
롭게 이동함.

(2) 다국적 기업
① 의미 : 세계 각지에 자회사, 지사, 생산 공장 등을 보유하고, 세
계 여러 나라에 진출하여 제품을 생산·판매하는 기업
② 발달 배경
㉠ 교통과 통신의 발달로 인한 국가 간 교류가 증가함.
㉡ 세계 무역 기구(WTO) 출범으로 국가 간 무역 장벽이 낮아짐.
③ 성장 과정 : 국가 내의 단일 공장에서 성장함. ➡ 지방에 공장을
건설하여 생산 기능을 분리함. ➡ 해외에 판매 지사를 개설하여
시장을 개척함. ➡ 해외에 생산 공장을 건설하여 제품을 직접 공
급함.

2. 다국적 기업의 영향

(1) 다국적 기업의 공간적 분업
① 본사 : 다양한 정보와 자본을 확보하는데 유리한 지역에 입지
➡ 자국 내 도심 또는 세계 도시
② 연구소 : 쾌적한 환경, 고급 인력이 풍부한 대학가 근처에 입지
③ 생산 공장
㉠ 생산 비용을 줄이기 위해 지가와 임금이 저렴한 개발 도상국
에 입지

ⓛ 넓은 소비 시장을 확보하기 위해 수요가 많은 국가에 입지

ⓒ 무역 장벽을 극복하기 위해 선진국에 입지하기도 함.

(2) 생산 공간 이전으로 인한 지역 변화

   ① 생산 공장 이전 영향 : 기존 지역은 산업 공동화 현상으로 지역 경제가 침체될 수 있다.

   ② 생산 공장의 입지

긍정적 영향	새로운 산업 단지 조성, 일자리 증가, 관련 산업 발달
부정적 영향	• 이윤의 해외 유출이 나타남. • 유사 제품을 생산하는 경쟁력이 약한 국내 기업이 어려워짐. • 갑작스러운 공장 폐쇄로 인해 지역 경제에 큰 타격을 입을 수 있음.

> ❯ **산업 공동화**
> 지역의 기본을 이루던 산업이 국제 경쟁력을 상실하여 없어지거나 해외로 이전됨으로써 국내 산업 기반이 없어지고 쇠퇴하여 산업 구조에 공백이 생기는 현상

3 세계화에 따른 서비스업의 변화

1. 서비스업의 세계화

(1) 서비스업의 세계화 의미와 배경

   ① 의미 : 관광, 금융, 유통 등의 서비스업 분야에서 국가 간의 경계가 약해지고 상호 의존성이 높아지는 현상

   ② 배경 : 정보 통신 기술의 발달로 업무 수행에 따른 시·공간적 제약 완화

   ③ 국가 간 서비스업의 분업 : 선진국의 기업들은 비용을 절감하고 업무 효율성을 높이기 위해 업무의 일부를 개발 도상국으로 분산하여 운영한다.

(2) 다양한 서비스 산업의 세계화

   ① 유통의 세계화 : 물자나 정보의 이동을 돕는 택배업, 통신 산업, 운수업 등의 유통 서비스가 크게 성장하여 유통의 세계화가 진행된다.

   ② 관광의 세계화 : 여가 및 관광 기회의 증가와 각국의 관광 산업 육성으로 관광의 세계화가 진행된다.

> ❯ **유통**
> 상품 등이 생산자로부터 소비자에게 전달되기까지의 과정

> ❯ **운수업**
> 규모가 크게 사람을 태워 나르거나 물건을 실어 나르는 영업

> ❯ **전자 상거래**
> 인터넷 통신망을 이용하여 물건을 사고파는 행위

2. 서비스업의 세계화로 인한 변화

(1) 전자 상거래와 유통의 세계화

① 배경 : 정보 통신의 발달은 생산과 소비를 연결하는 유통 분야의 세계화를 가속화한다.

② 전자 상거래의 특징 : 시·공간의 제약이 적음. 소비자가 해외 상점에 쉽게 접속할 수 있어 소비 활동의 범위가 전 세계로 확대된다.

③ 전자 상거래의 발달에 따른 변화

  ㉠ 택배업 등의 유통 산업이 발달함.

  ㉡ 교통이 편리한 지역에 대규모의 물류 창고가 들어서는 경향이 나타남.

  ㉢ 손님을 받는 공간이 없이 영업을 하는 무점포 상점이 증가함.

(2) 관광의 세계화

① 교통의 발달로 이동이 편리해지고, 정보 통신의 발달로 관광 정보를 쉽게 얻을 수 있게 되었다.

② 관광 산업의 효과 : 지역 주민의 일자리 확대, 소득 증가, 지역의 이미지 개선 및 홍보 효과

1 농업 생산의 기업화와 세계화

01 세계화에 따른 농업 생산의 특징으로 옳지 <u>않은</u> 것은?

① 경제 활동의 세계화와 상업적 농업이 발달한다.

② 산업화 · 도시화가 진행되면서 기업적 목축업이 발달한다.

③ 노동 집약적인 농업으로 대량 생산하여 가격 경쟁력을 확보한다.

④ 전 세계를 대상으로 농작물이 생산되는 농업의 세계화가 진행되고 있다.

03 농업의 세계화가 나타나게 된 원인으로 적절한 것을 〈보기〉에서 고른 것은?

┤ 보기 ├
ㄱ. 교통 · 통신의 발달
ㄴ. 지역 간 교류 감소
ㄷ. 자급적 농업 방식의 확대
ㄹ. 다양한 농산물에 대한 수요 증가

① ㄱ, ㄴ   ② ㄱ, ㄹ
③ ㄴ, ㄷ   ④ ㄴ, ㄹ

2 다국적 기업과 생산 공간 변화

02 세계화에 따른 농작물 소비 특성의 변화에 대한 설명으로 옳지 <u>않은</u> 것은?

① 다양한 농산물을 쉽게 접할 수 있다.

② 자급자족적 생산과 소비에서 벗어나고 있다.

③ 맛과 향을 즐기기 위한 기호 식품의 소비가 증가한다.

④ 생활 수준 향상으로 쌀과 밀의 소비량이 증가하고 있다.

04 오늘날 경제 활동의 모습으로 옳지 <u>않은</u> 것은?

① 국가 간 상호 의존도가 낮아지고 있다.

② 경제 활동의 세계화가 이루어지고 있다.

③ 전 세계를 대상으로 생산과 소비 활동이 이루어지고 있다.

④ 과거에 비해 다른 나라에서 만든 물건을 쉽게 접할 수 있다.

05 다국적 기업에 대한 설명으로 옳은 것을 〈보기〉에서 고른 것은?

┤ 보기 ├
ㄱ. 전 세계를 대상으로 생산과 판매 활동을 한다.
ㄴ. 국제 거래가 증가함에 따라 활동 범위가 축소되고 있다.
ㄷ. 농산물뿐만 아니라 금융 서비스 상품을 제공하기도 한다.
ㄹ. 세계 무역 기구(WTO)의 출범으로 수가 빠르게 감소하고 있다.

① ㄱ, ㄴ   ② ㄱ, ㄷ
③ ㄴ, ㄷ   ④ ㄴ, ㄹ

06 다국적 기업의 생산 공장이 위치할 최적의 입지 지역으로 가장 적절한 것은?

① 세금과 임금이 저렴한 지역
② 다국적 기업의 본사가 위치한 지역
③ 자녀의 교육 시설이 잘 구축된 지역
④ 고급 정보와 인력이 풍부한 지역

07 다음과 같은 지역에 입지할 다국적 기업의 시설은 무엇인가?

다양한 정보와 자본을 확보하는데 유리한 도심 또는 세계 도시에 입지한다.

① 본사   ② 연구소
③ 영업 지점   ④ 생산 공장

08 다국적 기업의 생산 공장 이전에 따른 영향으로 옳지 않은 것은?

① 생산 공장이 입지하는 지역에 일자리가 증가한다.
② 다국적 기업의 판매 이윤은 생산 공장이 입지한 지역에서 다시 소비된다.
③ 다국적 기업과 유사한 제품을 생산하는 경쟁력이 약한 국내 기업은 운영이 어려워진다.
④ 생산 공장의 이전으로 생산 공장이 입지하였던 기존 지역은 산업 공동화 현상이 나타나 지역 경제가 침체된다.

세계화에 따른 서비스업의 변화

09 오늘날 서비스업의 특징에 대한 설명으로 옳은 것을 〈보기〉에서 고른 것은?

┤ 보기 ├

ㄱ. 서비스 산업이 공간적으로 분산되고 있다.
ㄴ. 정보 통신 기술의 발달로 유통 서비스가 감소하고 있다.
ㄷ. 여가 및 관광 기회 증가로 관광업의 세계화가 진행되고 있다.
ㄹ. 금융 등의 서비스업 분야에서 국가 간의 경계가 강화되고 있다.

① ㄱ, ㄴ   ② ㄱ, ㄷ
③ ㄴ, ㄷ   ④ ㄴ, ㄹ

10 전자 상거래의 특징으로 옳지 않은 것은?

① 정보 통신의 발달로 전자 상거래가 확대되었다.
② 전통 방식의 상거래에 비해 소비 활동의 범위가 좁다.
③ 전자 상거래로 소비자가 직접 찾아가 구매하는 상점은 줄어든다.
④ 택배 산업과 교통이 편리한 지역에 대규모의 물류 창고가 발달한다.

10 환경 문제와 지속 가능한 환경

● 기후 변화의 요인과 해결 방안을 알 수 있다.
● 환경 문제 유발 산업의 이동 문제점과 생활 속에 나타나는 환경 문제를 알 수 있다.

1 전 지구적 차원의 기후 변화

1. 기후 변화의 요인

(1) 기후 변화
① 의미 : 일정한 지역에서 장기간에 걸쳐 나타나는 기후의 평균적인 상태가 변화하는 것
② 발생 원인 : 급격한 인구 증가, 산업화와 도시화로 인한 대량 생산과 대량 소비 과정에서 다양한 환경 문제 발생

(2) 지구 온난화
① 원인 : 화석 연료 사용 급증으로 이산화 탄소 등의 온실가스 증가
② 영향 : 빙하의 면적 감소, 해수면의 상승, 해안 지대나 일부 섬 침수, 홍수·가뭄·태풍 등 자연재해 증가, 열대성 질병 및 해충 확산
③ 대책 : 온실가스 감축을 위한 전 지구적 차원의 노력 필요
 📖 교토 의정서

2. 기후 변화의 영향

(1) 빙하 감소와 해수면 상승
① 빙하 감소 : 지구의 온도 상승으로 남북극 및 산지의 빙하가 감소한다.
② 해수면 상승 : 빙하가 녹은 물의 바다 유입으로 해수면이 상승하면서 해안 저지대 침수 위기

(2) 생태계 변화
① 해양 생태계 변화 : 해수면 온도 상승 ➜ 생물종 감소, 고위도로 생물종 이동
② 육상 생태계 변화 : 지표면의 대기 온도 상승 ➜ 고산 식물의 분포 범위 감소, 농작물 재배 환경 변화, 개화 시기 빨라짐, 동식물 서식지 변화 등

❯ 온실가스
지구에서 외부로 방출되는 적외선을 잘 흡수하는 성질을 가진 기체로 이산화 탄소가 대표적임.

❯ 온실 효과
대기 중의 온실가스가 지구가 방출하는 복사열을 흡수하여 유리 온실처럼 열을 가둬 두어 대기의 온도가 상승하는 현상

3. 기후 변화 해결 방안

(1) 기후 변화 협약(브라질 리우 환경 개발 회의) : 온실가스를 줄이기 위한 기후 변화 협약 최초 채택

(2) 일본 교토 의정서 : 기후 변화 협약의 구체적인 이행 방안 마련

(3) 파리 협정(프랑스 파리 제21차 국제 연합 기후 변화 협약 당사국 총회) : 2020년 이후의 기후 변화 대응을 담은 파리 협정 채택

(4) 국가 차원의 노력 : 환경 오염 최소화 정책 추진, 국가 기후 변화 적응 대책 수립 등

2 환경 문제 유발 산업의 이동

1. 유해 폐기물의 국제적 이동

(1) 전자 쓰레기
① 의미 : 첨단 전자 제품이 새롭게 등장할 때마다 그 전에 사용하던 제품을 교체하게 되어 자연스럽게 버려지는 전자 제품
② 발생 원인 : 첨단 기능을 갖춘 전자 제품이 계속해서 등장하며, 전자 제품의 교체 시기가 점점 빨라짐.

(2) 전자 쓰레기의 국제적 이동
① 선진국은 환경 및 경제적 부담을 줄이기 위하여 개발 도상국으로 전자 쓰레기를 유출 ➔ 개발 도상국은 전자 쓰레기의 부품을 분리하여 금속 자원을 채취하고 경제적 이익을 얻을 수 있어 선진국의 전자 쓰레기를 수입한다.
② 전자 쓰레기의 국제적 이동으로 개발 도상국에서 유해 물질 배출에 따른 환경 오염과 생태계 파괴 등이 심각하게 나타난다.
③ 전자 쓰레기의 폐기 방법 : 재활용할 수 있는 일부 전자 쓰레기를 제외하고는 정부의 허가를 받은 안전 설비가 갖추어진 곳에서 매립, 소각 등의 방법으로 완전 폐기가 이루어져야 한다.

2. 공해 유발 산업의 국제적 이동

(1) 공해 유발 산업 : 매연 · 폐수 · 소음뿐만 아니라 석면 · 카드뮴 등과 같은 유해 물질을 배출하여 심각한 환경 문제를 일으키는 산업

➋ 폐기
못 쓰게 된 것을 버리는 것

➋ 카드뮴
중성자를 흡수하는 능력이 있어 도금, 합금, 원자로의 연쇄반응 조절에 쓰임.

(2) 공해 유발 산업의 국제적 이동

① 선진국 : 저임금 노동력을 활용하고 환경 문제를 해결하기 위해 공해 유발 산업을 개발 도상국으로 이전한다.

② 개발 도상국 : 공해 유발 산업의 유치로 경제적 효과를 얻는 대신 심각한 환경 오염이 발생하고 있다.

③ 국제 사회의 노력 : 국제 사회에서 유해 화학 물질과 산업 폐기물의 유통을 규제하기 위해 바젤 협약을 체결하였다.

3 생활 속의 환경 이슈

1. 우리 주변의 환경 관련 이슈

(1) 미세 먼지

① 발생 요인

자연적 요인	흙먼지나 식물 꽃가루 등
인문적 요인	석탄, 석유 등의 화석 연료를 태울 때 생기는 매연, 자동차 배기가스, 건설 현장 등의 날림 먼지, 소각장 연기 등

② 피해 : 각종 호흡기 질환 유발, 미세 먼지에 노출된 첨단 제품의 불량률 증가, 항공기나 여객선 운행에 지장 발생

(2) 유전자 변형 농산물(GMO)

① 의미 : 본래의 유전자를 변형시켜 기존 번식 방법으로는 나타날 수 없는 새로운 성질의 유전자를 지니도록 개발된 농산물

② 영향

긍정적 영향	영양소 증가, 생산 비용 감소 등 식량 부족 문제 해결
부정적 영향	인간에게 어떤 영향을 미치는지 알 수 없음.

(3) 로컬 푸드 운동

① 의미 : 지역에서 생산된 농산물을 지역에서 소비하자는 운동

② 등장 배경 : 오랜 시간 이동으로 식품의 안전성 우려, 장거리 운송에 따른 화석 연료 사용 및 지구 온난화 가속으로 푸드 마일리지가 작은 식품의 소비 추구

③ 효과 : 소비자는 신선하고 안전한 먹거리를 제공받고 생산자는 안정적인 소득이 보장되며, 친환경 농업 발전으로 지역 경제 활성화에 기여한다.

> ● 푸드 마일리지
> 식품이 생산지에서 소비자에게 오기까지 소요된 총거리를 나타낸 것

2. 환경 문제 해결을 위한 노력

(1) 환경 문제의 해결 방안 : 전 지구적 차원의 대책 수립, 일상생활에서 환경 문제에 관심을 가지고 환경 보전 활동에 참여

(2) 일상생활에서 실천할 수 있는 환경 보전 활동 : 자원 및 에너지 절약, 대중교통 이용, 일회용품 사용 자제, 재활용품 분리 배출 생활화

10 적중예상문제

정답 및 해설 28p

1 전 지구적 차원의 기후 변화

01 지구 온난화가 일어난 원인으로 옳지 <u>않은</u> 것은?

① 온실 효과
② 녹지 면적 증가
③ 화석 에너지의 사용 증가
④ 대기 중 이산화 탄소 농도 증가

02 지구 온난화의 설명으로 옳지 <u>않은</u> 것은?

① 화석 연료 사용으로 인한 이산화 탄소 증가가 원인이다.
② 온실가스 감축을 위해 몬트리올 의정서를 채택하였다.
③ 빙하의 면적이 감소하며 해수면이 상승하고, 열대성 질병 및 해충이 확산된다.
④ 급격한 인구 증가, 산업화와 도시화로 인한 대량 생산과 대량 소비에 의해 나타난다.

03 다음과 같은 협약을 체결한 이유로 옳은 것은 무엇인가?

> • 교토 의정서
> • 파리 협정

① 습지 보호
② 지구 온난화
③ 사막화 방지
④ 유해 폐기물 이동 금지

04 기후 변화의 영향으로 옳지 <u>않은</u> 것은?

① 해수면이 상승한다.
② 빙하의 면적이 감소한다.
③ 꽃의 개화 시기가 빨라진다.
④ 고산 식물의 분포 범위가 넓어진다.

05 다음에서 설명하는 환경 오염 물질은 무엇인가?

> 첨단 전자 제품이 새롭게 등장할 때마다 그 전에 사용하던 제품을 교체하게 되어 자연스럽게 버려지는 전자 제품

① 폐타이어   ② 화석 연료

③ 전자 쓰레기   ④ 방사능 폐기물

06 전자 쓰레기에 대한 설명으로 옳지 <u>않은</u> 것은?

① 전자 쓰레기는 주로 선진국에서 배출된다.

② 전자 쓰레기를 수입하는 국가는 유해 물질로 인해 환경 오염이 심각하다.

③ 첨단 기능을 갖춘 전자 제품이 등장하면서 전자 쓰레기의 발생이 감소하고 있다.

④ 선진국은 환경 및 경제적 부담을 줄이기 위해 전자 쓰레기를 개발 도상국으로 수출한다.

07 공해 유발 산업의 국제적 이동에 대한 설명으로 옳지 <u>않은</u> 것은?

① 공해 유발 산업은 개발 도상국에서 기술이 발달한 선진국으로 이동하고 있다.

② 석면, 카드뮴 등과 같은 유해 물질을 배출하여 환경 문제를 일으키는 산업이다.

③ 국제 사회에서 유해 화학 물질과 산업 폐기물의 이동을 규제하기 위한 노력을 하고 있다.

④ 개발 도상국은 공해 유발 산업의 유치로 경제적 효과를 얻는 대신 심각한 환경 오염이 발행한다.

08 공해 유발 산업의 이동을 제한하기 위한 노력으로 옳은 것은?

① 파리 협정   ② 바젤 협약

③ 기후 변화 협약   ④ 람사르 협약

3 생활 속의 환경 이슈

09 미세 먼지로 인한 피해 사례로 옳은 것은?

① 토양의 산성화

② 빙하 면적 감소

③ 피부암 또는 백내장 발생

④ 첨단 제품의 불량률 증가

11 다음에서 설명하는 운동으로 가장 적절한 것은?

> 지역에서 생산된 농산물을 지역에서 소비하자는 운동이다.

① 로컬 푸드

② 지역 축제

③ 에너지 절약

④ 푸드 마일리지

10 다음에서 설명하는 개념으로 옳은 것은?

> 새로운 성질의 유전자를 지니도록 개발된 농산물을 말한다.

① 로컬 푸드

② 무농약 농산물

③ 푸드 마일리지

④ 유전자 변형 농산물(GMO)

12 로컬 푸드 운동에 대한 설명으로 옳지 <u>않은</u> 것은?

① 지역 경제 활성화에 기여한다.

② 전 지역의 다양한 식품을 즐길 수 있다.

③ 신선하고 안전한 먹거리를 즐길 수 있다.

④ 지구 온난화를 해결하는 방안으로 볼 수 있다.

11

세계 속의 우리나라

• 우리나라의 영역을 이해하고, 독도의 다양한 가치를 이해할 수 있다.
• 우리나라의 지역 경쟁력을 강화하기 위한 지역화 전략을 알 수 있다.

1 우리나라의 영토, 영해, 영공

1. 영역의 의미와 구성

(1) **영역의 의미** : 국가의 주권이 미치는 지리적 범위로 영토, 영해, 영공으로 구성되어 있으며, 국민의 생활 터전으로 외부의 침입으로부터 보호되어야 하는 공간

(2) **영역의 구성**
   ① **영토** : 한 국가에 속한 육지의 범위로 국가 간의 영토의 경계선이 국경선
   ② **영해** : 일반적으로 최저 조위선(통상 기선)으로부터 12해리
   ③ **영공** : 영토와 영해의 수직 상공, 최근 항공 교통의 발달과 국가 방위 측면에서 중요성이 커졌다.

> ◉ **통상 기선**
> 썰물 때의 해안선, 즉 최저 조위선으로 단조로운 해안의 영해를 정할 때 적용

> ◉ **해리**
> 바다 위나 공중에서 긴 거리를 나타낼 때 쓰는 단위로 1해리는 1,852m

(3) **우리나라의 영역**

영토	한반도와 부속 도서로 구성(총면적 22.3만km², 남한 면적은 약 10만km²)
영해	• 동해, 제주도, 울릉도, 독도 : 해안선이 단조롭고 섬이 적음, 최저 조위선을 기준으로 한 통상 기선으로부터 12해리 • 황해, 남해 : 해안선이 복잡하고 섬이 많음, 직선 기선으로부터 12해리 • 대한 해협 : 일본과 가까워 직선 기선으로부터 3해리
영공	영토와 영해의 수직 상공

> ◉ **직선 기선**
> 가장 바깥쪽에 위치한 섬을 직선으로 연결한 선

> ◉ **연안국**
> 해당 바다에 가장 인접해 있는 국가

(4) **배타적 경제 수역(EEZ)**
   ① **의미** : 영해를 설정한 기준선으로부터 200해리까지의 바다 중 영해를 제외한 바다
   ② **특징** : 연안국이 바다에 대한 경제적 권리를 주장할 수 있음(정치적 권리 제외). ➔ 인공 섬 설치, 해양 자원, 자원 탐사·개발 등에 대한 보장 등

③ 우리나라의 배타적 경제 수역 : 영해 기선으로부터 200해리 적용 시 중국 및 일본과 많은 해역에서 경계가 겹쳐 어업 협정을 체결(한 · 일 중간 수역, 한 · 중 잠정 조치 구역)

2. 다양한 가치를 지닌 독도

(1) 위치 : 우리나라 영토 중 가장 동쪽에 위치함. 동경 132°, 북위 37° 부근, 경상북도 울릉군 울릉읍 독도리

(2) 독도의 자연환경

① 지형 : 해저 2,000m에서 여러 차례 솟은 용암이 오랫동안 굳어져 형성된 화산섬으로 동도와 서도 등 89개의 부속 도서로 구성

② 기후 : 난류의 영향을 받아 해양성 기후가 나타나 연중 온화하며 연 강수가 고르다.

③ 독도의 가치

영역적 가치	• 우리나라에서 가장 동쪽에 위치하여 배타적 경제 수역 설정 관련 중요한 기점 • 동북아시아의 군사적 요충지
경제적 가치	• 풍부한 수산 자원 : 난류와 한류가 만나는 조경 수역으로 어족이 풍부 • 메탄 하이드레이트 : 메탄이 주성분인 천연가스가 고체화된 것으로 탄소 배출량이 적어 청정 에너지로 주목받고 있음. • 해양 심층수 : 수심 200m 이하에 청정수가 풍부
생태적 가치	• 해저 화산의 형성과 진화 과정을 볼 수 있는 세계적 지질 유산 • 식물종이 다양하고, 철새들의 중간 서식지로 섬 전체가 천연기념물 제336호로 지정

④ 독도 사랑을 실천하기 위한 노력

㉠ 독도의 중요성 인식 : 독도는 지리적, 역사적, 국제법상 명백한 우리나라 고유의 영토이므로, 독도를 지키기 위한 적극적 방안을 모색해 나가야 함.

㉡ 독도를 지키기 위해 노력한 사람들 : 울릉도와 독도가 조선 땅임을 일본으로부터 확인받은 안용복, 독도 경비 임무를 수행하고 있는 독도 경비대 등

> ❯ **요충지**
> 위치가 군사적으로 아주 중요한 곳

2 우리나라 여러 지역의 경쟁력

1. 우리나라 여러 지역이 지닌 고유한 가치와 경쟁력

(1) 세계화 시대의 지역 경쟁력
① 교통과 통신의 발달 : 물자와 사람들의 지역 간 교류 증가로 국가의 영향력이 줄어들고 지역 간 경쟁이 치열해지고 있다.
② 지역 경쟁력 : 지역의 가치를 높이기 위해 각 지역은 경쟁력 있는 특성을 발굴하여 지역 경쟁력을 높이고자 한다.

(2) 지역의 가치를 높이기 위한 노력
① 전통 문화유산 활용 ⑩ 안동, 전주
② 긍정적인 지역 이미지 창출 ⑩ 부산 국제 영화제
③ 환경 친화적인 지역 개발로 생태 도시 이미지 구축 ⑩ 순천 등
④ 관광 산업 개발 ⑩ 제주도

2. 지역화 전략

(1) 지역화 : 각 지역이 세계의 정치, 경제, 사회의 주체가 되는 현상

(2) 지역화 전략의 의미 : 세계화의 요구에 부흥하기 위해 경제적 · 문화적 관점에서 다른 지역과 차별화할 수 있는 계획을 마련하는 것

3. 다양한 지역화 전략

(1) 지역 브랜드
① 의미 : 지역 그 자체 또는 지역의 상품과 서비스 등을 소비자에게 특별한 브랜드로 인식시키는 것
② 특징 : 각 지역은 그 지역만의 매력적인 가치가 담긴 브랜드를 만들어 지역 경쟁력을 높이기 위해 노력한다.
③ 사례 : 평창 'HAPPY 700', 미국 뉴욕의 'I♥NY' 등

(2) 장소 마케팅
① 의미 : 특정 장소의 자연환경, 역사적 · 문화적 특성을 부각하여 장소를 매력적인 상품으로 만들어 이를 판매하려는 활동
② 특징 : 지역의 상징성을 이용한 축제를 통해 독특한 지역의 정체성과 이미지 창출
③ 사례 : 함평 나비 축제, 양구 배꼽 축제

❯ 생태 도시
인간과 자연이 조화를 이룬 도시로, 환경 오염 물질의 배출을 최소로 한다.

(3) 지리적 표시제

① 의미 : 상품의 품질, 명성, 특성 등이 특정 지역에서 비롯한 경우 그 지역의 생산품임을 증명하고 표시하는 제도

② 특징 : 다른 곳에서 임의로 상표권을 이용하지 못하도록 법적 권리 부여, 소비자의 알권리 충족, 지역 홍보 및 지역 이미지 개선, 지역 경제 발전에 이바지

③ 사례 : 보성 녹차, 이천 쌀, 횡성 한우

3 국토 통일과 통일 한국의 미래

1. 우리나라 위치의 중요성

(1) 우리나라의 위치 특성 : 유라시아 대륙과 태평양을 연결하는 반도국, 동아시아의 중심지로 인적 · 물적 · 문화적 교류에 유리

(2) 통일 이후 우리나라 위치의 중요성

① 북쪽으로 중국, 러시아를 통해 유럽까지 진출 가능, 삼면인 바다를 통해 대서양으로 나갈 수 있다.

② 유라시아 대륙과 태평양을 연결하는 중계 무역의 핵심지 및 세계적인 핵심 국가로 성장할 수 있다.

(3) 통일의 필요성

① 남한의 자본과 기술 + 북한의 지하자원과 노동력 결합을 통한 경제 발전 등

② 민족의 동질성 회복, 막대한 국방비 지출 감소, 국토의 균형 발전 가능, 세계 평화에 이바지한다.

2. 통일 이후 생활 모습의 변화

(1) 도로 및 철도를 이용한 여행 : 육로를 통한 유럽 및 아시아 등으로 여행 가능

(2) 다양한 직업 등장 : 비무장 지대 생태 해설사, 문화 해설사, 북한 여행 전문가, 자원 탐사관 등

(3) 경제 투자 활성화 : 북한 자원에 대한 개인 및 기업 투자 활성화, 교통, 통신, 항만, 물류 등 기간 산업 투자 확대

(4) 관광 산업 확대 : 북한의 역사 및 문화 자원을 이용한 관광 수요 증가 및 산업 발전

> **❯ 기간 산업**
> 한 나라 산업의 기초가 되는 산업. 주로 중요 생산재를 생산하는 산업을 말하며, 전력 · 철강 · 가스 · 석유 산업 등이 있다.

11 적중예상문제

정답 및 해설 29p

1 우리나라의 영토, 영해, 영공

01 다음에서 공통으로 설명하는 것은?

> • 외국의 어선은 연안국의 허락 없이 이 지역에서 어업 활동을 할 수 없다.
> • 외국의 비행기는 이 지역의 상공을 연안국의 허락 없이 자유롭게 통행할 수 있다.

① 영공
② 영토
③ 영해
④ 배타적 경제 수역

02 다음 내용에 해당하는 개념은?

> 국가의 주권이 미치는 해역으로, 국제 해양법상 기선으로부터 12해리의 선까지 이르는 수역으로 한다.

① 영역
② 영토
③ 영해
④ 영공

03 다음 (가), (나), (다)에 들어갈 알맞은 말은?

> 동해, 제주도, 울릉도, 독도는 해안선이 단조로워 최저 조위선으로 한 [(가)] 기선 12해리를 적용한다. 황·남해는 섬이 많고 해안선이 복잡하여 [(나)] 기선 12해리를 사용하며, 대한 해협은 일본과 가까워 [(다)] 기선으로부터 3해리를 기준으로 한다.

	(가)	(나)	(다)
①	통상	직선	통상
②	직선	직선	통상
③	통상	직선	직선
④	직선	통상	직선

04 영해에 대한 설명으로 옳지 <u>않은</u> 것은?

① 동해는 통상 기선으로 12해리가 영해이다.
② 황해·남해는 직선 기선으로 12해리가 영해이다.
③ 대한 해협은 일본과 가까워 직선 기선으로 3해리가 영해이다.
④ 황해에서 이루어지는 간척 사업으로 영토와 영해 면적이 늘어나고 있다.

05 배타적 경제 수역에 대한 설명으로 옳지 <u>않은</u> 것은?

① 영해 끝에서 188해리에 해당한다.
② 다른 나라의 어선은 통과하지 못한다.
③ 연안국은 경제적 권리를 주장할 수 있다.
④ 연안국은 어업 활동, 자원 탐사 · 개발을
  할 수 있다.

06 다음에서 설명하는 섬은?

• 천연기념물 제336호로 지정된 곳
• 우리나라에서 해가 가장 먼저 뜨는 지역
• 동도 · 서도 두 개의 큰 섬과 여러 개의 작
  은 섬들로 구성

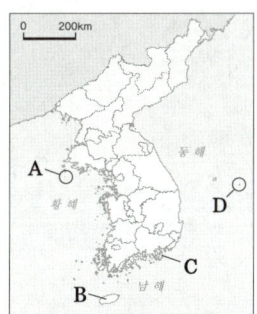

① A   ② B
③ C   ④ D

07 다음 내용에 해당하는 곳은?

우리나라에서 해가 가장 먼저 뜨는 곳으로,
수산자원과 메탄 하이드레이트와 같은 지하
자원이 풍부함.

① 독도   ② 포항
③ 원산   ④ 나진

---

2 **우리나라 여러 지역의 경쟁력**

08 다음 설명에 해당하는 지역화 전략은 무엇인가?

상품의 품질, 명성, 특성 등이 특정 지역에서
비롯한 경우 생산품임을 증명하고 표시하는
제도이다.

① 생태 도시   ② 지역 브랜드
③ 장소 마케팅   ④ 지리적 표시제

09 지역화 전략 중 〈보기〉에 해당하는 것은 무엇인
가?

┤ 보기 ├
• 평창 'HAPPY 700'
• 미국 뉴욕의 'I♥NY'

① 생태 도시   ② 지역 브랜드
③ 장소 마케팅   ④ 지리적 표시제

10 통일의 필요성으로 옳지 <u>않은</u> 것은?

① 민족의 정체성 회복
② 국토의 효율적인 활용
③ 전쟁의 위험 탈피, 국가 경쟁력 강화
④ 민족 자긍심 강화를 통한 배타적 민족주의 실시

11 통일 이후 생활 모습으로 옳지 <u>않은</u> 것은?

① 다양한 직업이 등장한다.
② 남한의 지하자원에 대한 투자가 활발해진다.
③ 육로를 통한 유럽 및 아시아 등으로 여행이 가능하다.
④ 북한의 문화 자원을 이용하여 관광 산업이 발달한다.

12 더불어 사는 세계

- 지구상에서 발생하는 여러 가지 문제와 갈등 사례를 알 수 있다.
- 세계 지역 간 불평등을 완화하기 위한 노력을 이해할 수 있다.

1 지구상의 지리적 문제

1. 지구상에 나타나는 여러 가지 문제

(1) 지리적 문제
① 발생 원인 : 국가 간 불균등한 발전에 따른 경제적 격차 심화, 서로 다른 민족과 종교의 대립, 가뭄, 홍수, 태풍 등의 자연재해, 기후 변화 및 환경 파괴 등
② 유형 : 기아, 생물 다양성 감소, 영역 분쟁, 난민 등

(2) 다양한 지리적 문제
① 기아
㉠ 의미 : 인간이 생존하는 데 필요한 물과 영양소를 충분히 섭취하지 못한 상태
㉡ 원인 : 가뭄, 홍수, 태풍 등의 자연재해 발생, 원활하지 못한 식량 분배 및 공급
㉢ 사례 : 아프리카, 일부 아시아 국가 등 식량이 부족하지만 인구 증가율이 높아 더욱 악화되고 있음.
② 생물 다양성 감소
㉠ 의미 : 자연계에 존재하는 생물과 그들이 서식하는 환경의 다양성이 감소하는 것
㉡ 원인 : 기후 변화, 환경 오염, 개발에 따른 동·식물의 서식지 파괴 등
㉢ 영향 : 생물종 감소로 생물 자원의 개체 수가 감소하며 먹이 사슬이 붕괴되어 생태계가 파괴됨.

2. 영역을 둘러싼 갈등

(1) 영역 갈등

① 의미 : 영토 또는 영해의 주권을 두고 벌어지는 국가 간의 분쟁

② 원인 : 역사적인 배경, 모호한 국경선 설정, 민족과 종교의 차이, 자원을 둘러싼 경제적 이권 다툼 등 다양한 원인이 결합하여 나타난다.

(2) 영토와 영해를 둘러싼 갈등

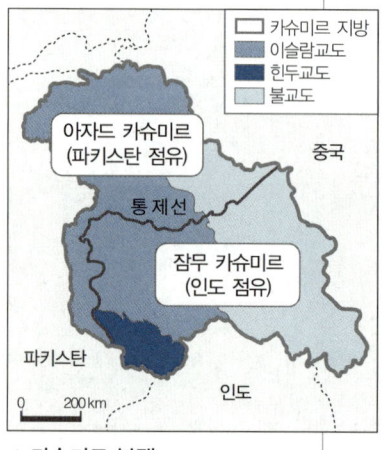

▲ 카슈미르 분쟁

카슈미르	원인	이슬람교도가 많은 카슈미르 지역이 힌두교를 믿는 인도에 포함됨.
	관련국	인도(힌두교), 파키스탄(이슬람교)
팔레스타인	원인	1948년 팔레스타인 지역에 이스라엘이 건국되면서 팔레스타인 거주 지역을 무력으로 정복하고 주변 아랍 국가들과 지속적 갈등
	관련국	이스라엘(유대교), 팔레스타인(이슬람교)
센카쿠 열도	원인	1895년 청·일 전쟁에서 승리한 일본이 자국 영토에 편입하고 지배하여 중국이 이를 불법 점령이라고 주장, 석유와 수산자원, 교통로 확보를 위한 영유권 주장
	관련국	일본, 중국, 대만
아프리카	원인	유럽 열강으로부터 독립할 때 열강이 정한 국경선과 부족의 경계선에 차이 발생
	관련국	아프리카 여러 국가
난사 군도	원인	자원 매장지 확보, 인도양과 태평양을 잇는 교통과 군사상의 요충지 선점을 위한 분쟁
	관련국	중국, 대만, 베트남, 필리핀, 브루나이, 말레이시아 등

▲ 센카쿠 열도 분쟁

2 저개발 지역의 발전을 위한 노력

1. 지역별 발전 수준의 차이를 아는 방법

(1) 지역별로 발전 수준이 다른 이유

① 이유 : 기후와 지형 등 자연환경과 천연자원, 기술, 자본, 토지, 인구 및 학력 수준의 차이 등 경제 환경에 영향을 주는 요소가 지역마다 다르기 때문

② 양상 : 발전 수준의 격차는 국가 간 무역과 협력을 통해 좁힐 수 있으나, 최근 세계화의 확산으로 심화되는 경향을 보인다.

(2) 발전 수준의 지역 차
① 선진국과 개발 도상국의 지역 차

선진국	• 18세기 후반 산업 혁명을 통해 일찍부터 산업화를 이룸. • 서부 유럽, 앵글로아메리카 등이 해당됨. • 1인당 국내 총생산(GDP)이 많고 소득 수준이 높음.
개발 도상국	• 20세기 이후부터 현재까지 산업화가 진행되고 있음. • 동남아시아, 라틴 아메리카, 아프리카 등이 해당됨. • 1인당 국내 총생산과 소득 수준이 매우 낮음.

② 인간 개발 지수 : 매년 1인당 국민 소득(GNI), 평균 수명과 학력 수준 등을 기준으로 국가별 국민의 삶의 질을 평가한 지표
  ㉠ 측정 주체 : 국제 연합 개발 계획(UNDP)에서 매년 실시
  ㉡ 측정 시 고려 사항 : 경제적 성장뿐만 아니라 삶의 환경과 수준도 고려함.
  ㉢ 활용 : 선진국과 개발 도상국 간 발전 격차를 줄이고 개발 도상국의 빈곤 문제를 해결하는 데 활용됨.

2. 저개발 지역의 빈곤 해결을 위한 노력

(1) 빈곤 문제
① 의미 : 인간으로서 기본적인 욕구를 해소할 수 없을 정도의 물질적인 부족함이 지속되는 상태
② 빈곤 문제의 발생 : 산업화 이후 기술 발달과 생산성 향상에도 불구하고 빈곤 문제는 여전히 발생

(2) 저개발 지역의 빈곤 문제 해결을 위한 노력
① 자급자족을 통한 발전
  ㉠ 의미 : 발전 속도는 느리지만 경제 발전의 혜택이 균등하게 이루어질 수 있도록 노력하는 방식
  ㉡ 방법 : 식량 생산 증대, 위생 및 보건 환경 개선을 통한 질병 문제 해결, 적정 기술 도입을 통해 빈곤 문제 해결, 주민의 경제적 자립 지원 등
② 국제 무역을 통한 발전
  ㉠ 의미 : 국가가 집중 육성한 산업에서 생산된 제품을 판매함으로써 벌어들인 이익을 국내 다른 산업에 투자하는 방식
  ㉡ 방법 : 사회 기반 시설과 산업에 대한 투자를 늘려 경제 성장을 꾀함. 국외의 자본과 기술 투자를 유치함으로써 국내 산업 향상을 도모함.

❯ 국내 총생산(GDP)
일정 기간 동안 한 나라 안에서 새롭게 생산된 최종 생산물의 가치를 시장 가격으로 환산하여 합산한 것

❯ 1인당 국민 소득(GNI)
국민 소득을 총 인구 수로 나눈 값

❯ 적정 기술
저개발국의 가난한 사람들이 일상 생활에서 겪는 어려움을 쉽게 대처할 수 있도록 지역의 사정 및 문제 해결에 적절하게 사용될 수 있는 기술이다.

3 지역 간 불평등 완화를 위한 노력

1. 지역 간 불평등 완화를 위한 국제 사회의 노력

(1) 국제 기구의 노력

① 국제 연합(UN) : 국제적 차원의 평화와 국가 간 협력을 꾀하기 위해 가장 활발하게 활동

② 국제 연합 산하 전문 기구

기구	활동
국제 연합 평화 유지군(PKO)	분쟁 지역에 파견되어 질서 유지, 주민의 안전을 지킴.
국제 연합 난민 기구(UNHCR)	난민 보호 및 난민 문제 해결을 위해 노력
세계 식량 계획(WFP)	기아와 빈곤으로 고통받는 지역의 식량 지원 활동
국제 연합 아동 기금(UNICEF)	아동 구호와 아동 복지 향상을 위해 노력
세계 보건 기구(WHO)	세계의 질병 및 보건 위생 문제 해결을 위한 활동

③ 개발 원조 위원회(DAC)의 공적 개발 원조(ODA) : 선진국에서 개발 도상국의 경제 발전과 복지 증진 등을 목적으로 개발 도상국이나 국제 기구에 도움을 주는 것

(2) 국제 비정부 기구의 노력

① 국제 비정부 기구(NGO) : 민간 단체가 중심이 되어 만들어진 조직, 인도주의적 구호 활동

② 국제 비정부 기구의 활동

단체	활동
그린피스	지구의 환경을 보존하고 평화를 증진하기 위한 활동
국경 없는 의사회	인종, 종교, 성, 정치적 성향과 관계없이 분쟁 지역에 의료 서비스 지원
세이브 더 칠드런	아동 긴급 구호 사업 지원

(3) 공정 무역

① 의미 : 개발 도상국에서 생산하는 제품에 정당한 가격을 지급하여 생산자가 경제적으로 자립할 수 있도록 해주는 무역 방식

② 주요 상품 : 커피, 차, 카카오, 바나나, 의류, 수공예품 등

▶ 원조
경제적으로 부강한 나라가 약소국이나 개발 도상국에 자금이나 기술 따위를 제공하여 경제적으로 도와줌.

▶ 개발 원조 위원회(DAC)
세계의 경제 발전과 무역 촉진을 위해 활동하는 경제 협력 개발기구(OECD)의 하부 기관으로, 개발 도상국의 개발 원조 문제를 다룬다.

③ 한계점 : 선진국 소비자의 선심과 경제적 여력에 의존할 수밖에 없다.

2. 세계 시민으로서의 자세와 역할

(1) 세계 시민의 필요성
① 지구적 차원의 협력 필요 : 오늘날 삶의 공간은 전 지구적 확대, 국가 간 그리고 지역 간 상호 의존성이 확대되고 있어 세계 시민이 더욱 필요하게 되었다.
② 지구촌의 지리적 문제 해결 노력 : 환경 오염, 분쟁, 빈곤 등의 문제는 전 지구적 차원의 협력과 공동 대응이 필요하다.

(2) 세계 시민의 의미와 자세
① 세계 시민의 의미 : 지구촌 문제를 함께 해결하기 위해 동참하고 노력하는 사람
② 세계 시민의 자세 : 지구촌을 하나의 공동체로 인식, 빈곤과 기아 문제를 해결하기 위한 봉사 활동이나 기부 등에 동참, 일회용품 사용을 자제하고, 생태 환경을 보호하려는 의식을 가진다.

12 적중예상문제

정답 및 해설 30p

01 지구상의 지리적 문제에 대한 설명으로 옳지 않은 것은?

① 세계화로 지역 간 분쟁은 점차 줄어들고 있다.

② 식량 부족으로 인해 기아 문제가 발생하고 있다.

③ 국가 간 불균등한 발전에 따른 경제적 격차가 심화되고 있다.

④ 환경 오염, 자연재해로 인해 세계 여러 지역에서 피해가 나타난다.

02 기아 문제에 대한 설명으로 옳지 않은 것은?

① 아프리카와 일부 아시아 지역에서 나타난다.

② 인간이 생존하는데 필요한 영양소가 충분하지 못한 상태이다.

③ 식량이 부족하지만 인구가 증가하고 있는 지역에서 주로 나타난다.

④ 식량의 분배 문제가 아닌 가뭄, 홍수, 태풍 등의 자연재해로 인해 발생하는 문제이다.

03 다음에서 설명하는 분쟁 지역은?

> 1895년 청·일 전쟁에서 승리한 일본이 자국의 영토에 편입하여 현재 중국과 영토 분쟁이 있는 지역이다.

① 카슈미르　　　② 난사 군도

③ 시사 군도　　　④ 센카쿠 열도

04 다음은 카슈미르 분쟁지역이다. 이에 대한 설명으로 옳은 것은?

① 이슬람교와 힌두교와의 갈등이 일어난다.

② 지하자원을 둘러싼 파키스탄과 인도와의 분쟁이다.

③ 카슈미르 북부는 파키스탄어, 남부는 인도어를 사용하여 언어 갈등이 일어난다.

④ 북부 파키스탄령에서 댐을 건설하여 하류 인도령의 물 부족 현상으로 인한 분쟁 지역이다.

05 팔레스타인 지역에서 이슬람교를 믿는 팔레스타인과 분쟁 중인 국가와 종교를 바르게 연결한 것은 무엇인가?

	국가	종교
①	중국	불교
②	인도	힌두교
③	파키스탄	유대교
④	이스라엘	유대교

07 다음에서 설명하고 있는 용어로 가장 적절한 것은?

> 국제 연합 개발 계획(UNDP)에서 매년 각국의 1인당 국민 소득(GNI), 평균 수명과 학력 수준 등을 기준으로 국가별 국민의 삶의 질을 평가한 지표이다.

① 국민 총생산   ② 성 불평등 지수
③ 인간 개발 지수   ④ 1인당 국민 총생산

---

2 **저개발 지역의 발전을 위한 노력**

06 지역별로 발전 수준이 다른 이유로 적절하지 <u>않</u>은 것은?

① 기술   ② 민족
③ 자본   ④ 천연자원

08 다음과 같은 문제를 해결하기 위한 국가의 노력으로 옳지 <u>않은</u> 것은?

> 인간으로서 기본적인 욕구를 해소할 수 없을 정도로 물질적인 부족함이 장기간 지속되는 상태

① 주민의 경제적 자립을 지원한다.
② 위생 및 보건 환경을 개선한다.
③ 식량 생산보다 산업에 투자를 늘린다.
④ 사회 기반 시설과 산업에 투사를 늘린다.

09 다음에서 설명하는 기술은 무엇인가?

> 저개발국의 가난한 사람들이 일상생활에서 겪는 어려움을 쉽게 대처할 수 있도록 지역의 사정 및 문제 해결에 적절하게 사용될 수 있는 기술이다.

① 적정 기술
② 첨단 기술
③ 산업 기술
④ 정보화 기술

11 국제 기구의 명칭과 역할을 <u>잘못</u> 연결한 것은?

① 국제 연합 평화 유지군 – 전쟁이나 분쟁 해결
② 국제 연합 아동 기금 – 아동 구호와 아동 복지
③ 개발 원조 위원회 – 개발 도상국, 국제 기구에 도움
④ 국제 연합 환경 계획 – 난민 보호 및 난민 문제 해결

---

3 **지역 간 불평등 완화를 위한 노력**

10 지역 간 불평등 완화를 위한 국제 사회의 노력에 대한 설명으로 옳지 <u>않은</u> 것은?

① 국제 연합(UN)은 국제 평화와 국가 간 협력을 위해 활동한다.
② 세계 식량 계획(WFP)은 경제적 불평등을 해결하기 위한 공적 무역을 담당한다.
③ 국제 연합 아동 기금(UNICEF)은 아동 구호와 아동 복지 향상을 위한 노력을 한다.
④ 세계 보건 기구(WHO)는 세계의 질병 및 보건 위생 문제 해결을 위한 활동을 한다.

12 다음에서 설명하고 있는 국제 기구는 무엇인가?

> 인종, 종교를 초월하여 아동 긴급 구호 사업을 지원한다.

① 그린피스
② 해비타트
③ 국경 없는 의사회
④ 세이브 더 칠드런

13 공정 무역에 대한 설명으로 옳지 <u>않은</u> 것은?

① 생산자에게 정당한 노동의 대가를 지불한다.

② 경제적으로 불리한 생산자에게 기회를 제공한다.

③ 지역 간 경제적 불평등을 해결하기 위한 방안이다.

④ 중간 유통 과정을 늘려 소비자에게 상품을 공급한다.

14 세계 여러 지역의 지리적 문제에 관심을 가져야 하는 이유로 옳지 <u>않은</u> 것은?

① 세계는 서로 긴밀하게 연결되어 있기 때문이다.

② 한 나라의 힘으로 해결할 수 없는 문제가 있기 때문이다.

③ 다른 나라의 분쟁은 당사국끼리 해결하도록 지켜봐야 하기 때문이다.

④ 환경 문제는 한 국가의 문제가 아니라 전 세계적인 문제이기 때문이다.

EBS 교육방송교재
중졸 검정고시 **사회**

제2편

역사

EBS 교육방송교재

중졸 검정고시 사회

PART

01

선사 문화와
고대 국가의 형성

✪ 이 단원에서는 인류의 출현에서부터 삼국 시대까지 만주와 한반도 지역의 선사 문화, 고조선과 삼국의 성장 과정과 통치 체제의 특성, 그리고 삼국 문화의 성격과 대외 교류의 양상을 다룬다. 먼저 만주와 한반도 지역의 선사 문화 및 청동기 문화의 특성과 고조선의 사회 성격을 살펴보고, 철기 문화를 바탕으로 하여 성립된 여러 나라의 생활상을 파악한다. 이어 삼국이 성립하여 발전하는 과정을 살펴본다. 마지막으로 고분 문화와 불교문화를 중심으로 삼국 문화의 성격을 비교하고 이를 대외 교류와의 관계 속에서 이해한다.

01

선사 문화와 고조선

• 만주와 한반도에서 나타났던 선사 문화와 고조선에 대해 살펴본다.

1 만주와 한반도 지역의 선사 문화

1. 만주와 한반도의 구석기 시대

(1) 구석기 시대 도구
① 돌을 깨뜨려 만든 뗀석기 사용
② 주먹도끼, 밀개, 찍개, 긁개, 슴베찌르개

(2) 구석기 시대 생활
① 식량을 찾아 무리를 지어 자주 이동 생활을 함.
② 동굴이나 바위 그늘, 강가에 지은 막집에서 생활

> **뗀석기**
> 구석기 시대에 사용한, 돌을 깨뜨려서 만든 도구이다. 가공 대상인 돌에 타격을 가하거나 다른 물체에 부딪혀서 떼어 내는 방법으로 만들었다.

> **막집**
> 구석기 시대에 나뭇가지와 가죽 등을 이용해 만든 집을 가리킨다.

C/l/i/c/k 우리나라의 구석기 유적지와 유물

▲ 전곡리 출토 주먹도끼

▲ 밀개

▲ 긁개

▲ 슴베찌르개

> **간석기**
> 돌의 전면 또는 필요한 부분을 갈아 만든 석기로 신석기 시대와 청동기 시대에 사용되었다.

2. 만주와 한반도의 신석기 시대

(1) 신석기 시대의 시작
① 작은 짐승과 물고기를 잡기 위해 돌을 갈아서 정교한 간석기 제작

② 사냥이나 고기잡이, 채집 생활을 하다가 농사를 짓고 가축 사육

③ 농경 시작 : 점차 한곳에 정착하여 마을 형성, 주로 바닷가나 강가에 지은 움집에서 생활

④ 토기를 만들어 음식을 조리하거나 식량 저장

⑤ 씨족 사회 형성

(2) 신석기 문화 발생

① 신석기 유적 : 주로 큰 강 주변이나 해안 지역에 분포

② 빗살무늬 토기, 조개껍데기 가면, 다양한 간석기 발견

③ 원시 신앙 : 애니미즘, 토테미즘, 샤머니즘

▲ 신석기 시대의 움집(서울 암사동 유적)

❯ 신석기 시대의 원시 신앙

애니미즘	자연 현상이나 자연물에 정령이 있다고 보는 신앙이다.
토테미즘	특정한 동식물을 자기 부족의 기원이라고 여기고 숭배하는 신앙이다. 단군 신화의 곰과 호랑이, 박혁거세의 말, 석탈해의 까치 등이 해당한다.
샤머니즘	영혼이나 하늘을 인간과 연결해 주는 존재인 무당(샤먼)과 그 주술을 믿는 신앙으로 고조선의 단군, 삼한의 천군과 같은 제사장과 연관된다.

C/l/i/c/k 우리나라의 신석기 유적지와 다양한 유물

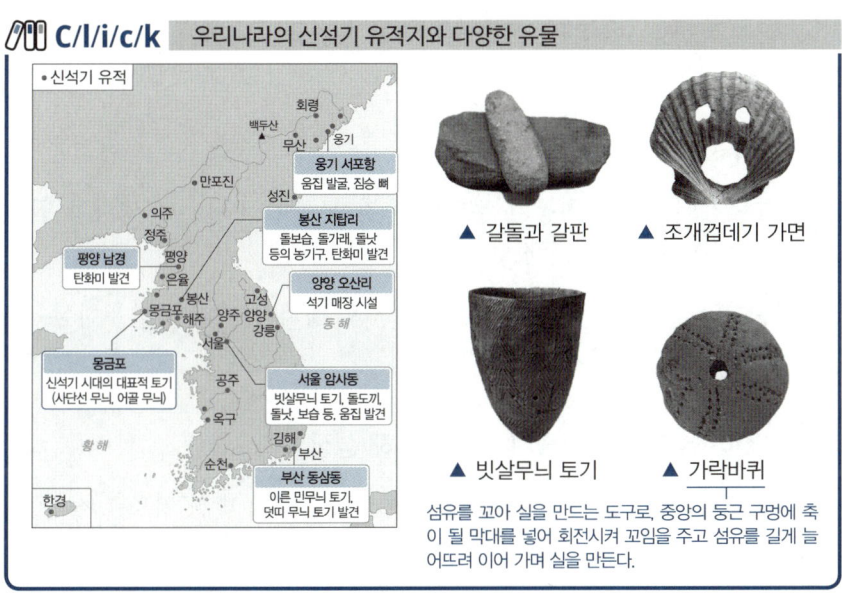

- 신석기 유적
- 회령
- 백두산
- 무산
- 웅기
- 만포진
- 성진
- 의주
- 정주
- **평양 남경** 탄화미 발견
- 평양
- 은율
- 봉산
- 고성
- **봉산 지탑리** 돌보습, 돌가래, 돌낫 등의 농기구, 탄화미 발견
- **웅기 서포항** 움집 발굴, 짐승 뼈
- **양양 오산리** 석기 매장 시설
- 몽금포
- 해주
- 양주 양양
- 강릉
- 동해
- 서울
- **몽금포** 신석기 시대의 대표적 토기 (사단선 무늬, 어골 무늬)
- **서울 암사동** 빗살무늬 토기 돌도끼 돌낫, 보습 등, 움집 발견
- 공주
- 옥구
- 김해
- 부산
- 순천
- **부산 동삼동** 이른 민무늬 토기, 덧띠 무늬 토기 발견
- 황해
- 한경

▲ 갈돌과 갈판

▲ 조개껍데기 가면

▲ 빗살무늬 토기

▲ 가락바퀴
섬유를 꼬아 실을 만드는 도구로, 중앙의 둥근 구멍에 축이 될 막대를 넣어 회전시켜 꼬임을 주고 섬유를 길게 늘어뜨려 이어 가며 실을 만든다.

2 청동기 문화를 바탕으로 성립한 고조선

1. 만주와 한반도에 청동기 문화 보급

(1) 청동기 문화의 보급

① 청동은 원료를 구하기 힘들고 만들기도 어려우며 단단하지 못하여 주로 지배 계급의 무기나 장신구, 제사용 도구로 사용

② 농기구나 생활 도구는 여전히 단단한 돌이나 나무로 제작

(2) 청동기 문화 발생

① 농경 본격화 : 일부 지역에서는 벼농사 시작

▲ **반달 돌칼** 곡식의 이삭을 자르는 데 사용한 농기구이다.

▲ 미송리식 토기

▲ 탁자식(북방식) 고인돌

▲ 비파형 동검

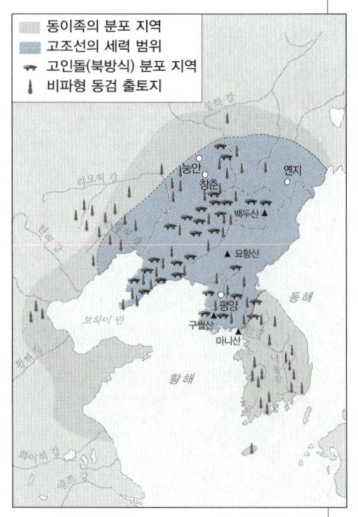

▲ 고조선의 세력 범위

② 반달 돌칼로 곡식 수확, 미송리식 토기를 만들어 곡식을 저장하거나 조리

2. 사회가 변화하고 군장이 등장

(1) 청동기 시대 사회의 변화 : 사유 재산이 발생하고 빈부 격차가 커지면서 계급 사회 성립 ➜ 경제력과 통솔력을 갖춘 군장(족장)이 등장

(2) 군장의 등장

  ① 제정일치 사회 : 군장은 점차 권력을 키워 나갔고, 하늘에 제사를 지내는 등의 종교 의식까지 맡아 자신의 권위를 더욱 높임.

  ② 고인돌 : 거대한 무덤인 고인돌을 만들고, 청동검·청동 거울 등을 함께 묻음.

3. 청동기 문화를 바탕으로 고조선 성립

(1) 고조선의 등장 : 청동기 문화와 농경 문화를 바탕으로 역사상 최초의 국가인 고조선 등장

(2) 단군왕검 : 제사장을 뜻하는 '단군'과 정치적 지배자를 뜻하는 '왕검'을 합친 호칭 ➜ 제정일치 사회

4. 고조선이 철기 문화와 중계 무역을 통해 성장

(1) 기원전 4세기 후반에는 중국의 연과 대등하게 맞설 정도로 성장

(2) 위만 조선

  ① 중국의 진나라와 한나라 교체기에 위만이 자신의 무리를 이끌고 고조선에 망명 ➜ 점차 세력을 키워 고조선의 왕위를 차지

  ② 철기 문화를 본격적으로 수용

  ③ 중국의 한과 한반도의 남부 진나라 사이에서 중계 무역을 하며 많은 이익을 얻음.

5. 한의 공격으로 고조선 멸망

한 무제의 고조선 공격으로 수도 왕검성이 함락되어 멸망(기원전 108)

6. 고조선 사회의 모습

8조법 : 8조법 중 3개 조항만이 전해지는데, 이를 통해 고조선 사회의
모습을 알 수 있음.

C/l/i/c/k　고조선의 8조법

- 사람을 죽인 자는 즉시 죽인다. ➡ 인간의 생명 존중, 노동력 중시, 보복주의
- 남에게 상처를 입힌 자는 곡식으로 갚는다. ➡ 노동력 중시, 농경 사회
- 도둑질을 한 자는 노비로 삼는다. 용서받고자 하는 자는 한 사람마다 50만 전을
  내야 한다. ➡ 형벌과 노비의 발생, 화폐의 사용, 사유 재산 보호, 계급 차별이 엄격

선사 문화와 고조선　　한번에 정리하기

❶ **구석기 시대** : 뗀석기, 수렵·채집을 위해 이동 생활 ➡ 동굴, 막집에서 생활
❷ **신석기 시대** : 간석기, 농사 시작하여 정착 생활 ➡ 움집에서 생활, 빗살무늬
토기
❸ **청동기 시대** : 제정일치 사회, 계급 사회 ➡ 지배 계급의 무덤인 고인돌
❹ **고조선** : 8조법, 한나라 무제의 공격으로 멸망

여러 나라의 성장

• 만주와 한반도에 나타났던 여러 초기 국가에 대해 살펴본다.

▲ 여러 나라의 위치

▶ 순장
한 집단의 지배층 계급에 속하는 사람이 죽었을 때 신하, 종 등을 함께 묻었다.

▶ 제천 행사
하늘을 숭배하고 풍년을 빌며 지내는 제사이다.

▶ 서옥제
혼인한 뒤 신랑이 신부의 집에서 일정 기간 거주하는 결혼 풍습으로 데릴사위제이다.

▶ 민며느리제
장래에 혼인할 것을 약속하면, 여자가 어렸을 때 남자 집에 가서 성장한 후에 남자가 예물을 치르고 혼인을 한다.

▶ 가족 공동 무덤(골장제)
가족이 죽으면 시체를 가매장하였다가 나중에 그 뼈를 추려서 가족 공동의 무덤인 동굴이나 항아리에 안치하였다.

1 만주와 한반도 북부에서 일어난 여러 나라

1. 철기 문화를 바탕으로 여러 나라 성립

(1) 농경의 발달 : 철제 농기구를 이용하여 땅을 깊게 갈아 농작물을 더욱 쉽게 재배할 수 있음. → 농업 생산량이 급격히 늘어남.

(2) 전쟁의 확산 : 철제 무기를 이용하여 전투력을 키운 부족은 다른 부족을 정복하여 세력을 확대함.

2. 여러 나라의 성장

(1) 부여
  ① 정치 : 연맹 왕국을 이루며 왕 아래에 마가, 우가, 저가, 구가 등이 사출도를 지배함.
  ② 풍습 : 순장, 도둑질한 자는 12배로 배상(1책 12법), 영고(12월 제천 행사)

(2) 고구려의 형성과 발전
  ① 정치 : 5부족 연맹, 제가 회의 실시
  ② 풍습 : 서옥제, 동맹(10월 제천 행사)

(3) 옥저
  ① 정치 : 군장(읍군, 삼로)이 부족 지배
  ② 풍습 : 민며느리제, 가족 공동 무덤

(4) 동예
  ① 정치 : 군장(읍군, 삼로)이 부족 지배
  ② 풍습 : 족외혼, 책화, 무천(10월 제천 행사), 특산물(단궁, 과하마, 반어피)

(5) 삼한
① 정치 : 군장(신지, 읍차)이 부족을 지배하며, 천군(제사장)은 소
도(신성 지역)를 다스림. → 제정 분리
② 풍습 : 계절제(5월, 10월 제천 행사)

여러 나라의 성장 ⟪한번에 정리하기⟫

구분	정치	경제	풍습	제천 행사
부여	왕, 가들이 사출도 지배	농경, 목축	순장, 1책 12법	영고 (12월)
고구려	왕	정복 전쟁	서옥제	동맹 (10월)
옥저	군장 (읍군, 삼로)	소금, 해산물	민며느리제, 가족 공동 무덤	
동예	군장 (읍군, 삼로)	단궁, 과하마, 반어피	책화, 족외혼	무천 (10월)
삼한	제정 분리 군장(신지, 읍차), 천군(제사장)	벼농사 중심, 철 생산	소도 (천군이 다스림)	계절제 (5, 10월)

> **◆ 책화**
> 동예는 부족 지역 간의 경계를 중시하여 만약 경계를 침범하여 수렵, 어로, 경작 행위를 하다가 적발되면 소나 말, 노비로 변상하였다.

> **◆ 과하마, 반어피**
> 과하마는 말을 타고도 과일나무 아래를 지날 수 있을 정도로 작은 말을 가리킨다.
> 반어피는 바다표범 가죽을 가리킨다.

> **◆ 소도(蘇塗)**
> 정치적 지배자의 권력이 미치지 않는 신성 지역으로, 죄인이 이곳으로 도망해 숨더라도 함부로 잡아갈 수 없었다.

03 삼국의 성립과 발전

• 삼국의 성립과 발전 과정에 대해 살펴본다.

1 고구려

1. 고구려의 건국과 성장

(1) 고구려의 성립 : 주몽이 부여에서 자신의 무리를 이끌고 내려와 압록강 중류의 졸본 지역에 자리 잡음. ➡ 토착 세력과 연합하여 5부를 이루고, 고구려를 세움.

(2) 국내성으로 수도 이전 : 졸본에서 국내성으로 수도 이전

(3) 고구려 발전 과정
① 태조왕 : 옥저 정복, 요동 지방으로 진출 ➡ 중앙 집권 국가 기틀 마련
② 고국천왕 : 수도와 지방을 각각 5부로 편성, 진대법 시행
③ 미천왕 : 낙랑군을 멸망시키며 세력 확대
④ 고국원왕 : 백제군 침략으로 전사
⑤ 소수림왕 : 중국 전진에서 불교 수용, 태학 설립하여 인재 양성, 율령 반포하여 통치 조직 정비 ➡ 중앙 집권 체제 강화

> ❱ 진대법
> 봄에 곡식을 빌려주고 가을에 돌려받는 빈민 구제 제도이다.

2. 영토 확장

(1) 광개토 대왕의 영토 확장
① 백제 공격 : 한강 이북 지역 차지
② 신라를 침입한 왜 격퇴, 금관가야 공격 ➡ 신라에 대한 영향력 확대
③ 거란과 후연 격파, 만주와 요동 지역 대부분 차지
④ '영락' 연호 사용

(2) 장수왕의 남진 정책(전성기 왕)
① 평양 천도(427) : 남진 정책 추진 ➡ 신라와 백제가 나·제 동맹 체결
② 영토 확장 : 백제의 수도 한성 점령 ➡ 한반도 중부 지역까지 영토 확장(충주 고구려비 건립)

> ❱ 연호
> 임금의 자리에 올라 다스린 연도의 순서를 나타낸 이름이다.

③ 영향 : 백제는 한성에서 웅진으로 수도 천도, 고구려가 동북아시아의 강대국으로 성장, 고구려 사람들이 고구려를 천하의 중심이라고 생각함.

2 백제

1. 백제의 건국과 성장

(1) 백제의 성립 : 주몽의 아들로 알려진 온조가 자신의 무리를 이끌고 한강 유역에 백제를 세움.

(2) 고이왕 : 마한의 목지국 병합(한반도 중부 지역 차지), 법률 제정, 16등급의 관리 제도 마련 ➜ 중앙 집권 국가의 기틀 마련

2. 근초고왕의 영토 확장과 해상 진출(전성기 왕)

(1) 영토 확장 : 마한 점령 ➜ 북쪽으로 고구려 공격(고국원왕 전사)

(2) 해상 진출 : 중국의 요서·산둥, 일본의 규슈 지방 진출

3. 웅진 천도와 백제의 재건

(1) 웅진 천도 : 장수왕의 남진 정책 ➜ 한성 함락(개로왕 피살) ➜ 백제의 웅진(공주) 천도

(2) 중흥을 위한 노력
무령왕 : 중국 남조 양과 교류, 22담로를 설치하여 왕족 파견(지방 통제 및 왕권 강화 노력)

4. 성왕의 사비 천도와 체제 정비

(1) 사비 천도 : 넓은 평야가 있고 강을 끼고 있어 교통에 유리한 사비(부여)로 천도

(2) 통치 제도 정비 : 부여 계승 의식을 내세우며 나라 이름을 남부여로 변경, 중앙에 22부의 실무 관청 설치

(3) 문화 교류 : 중국 남조와 교류, 불교 장려, 왜에 불교 전파

(4) 한강 유역 일시 회복 : 신라와 연합하여 한강 유역 회복 ➜ 신라 진흥왕이 나·제 동맹을 깨고 한강 유역 차지 ➜ 성왕이 신라 공격 ➜ 성왕은 관산성 전투에서 전사

❷ 백제 수도 변천
한성(위례성) → 웅진 → 사비

▲ 백제의 수도(도읍지) 변천

3 신라

1. 신라의 발전

(1) 초기의 정치 형태 : 박씨, 석씨, 김씨가 돌아가며 '이사금' 자리 차지
→ 왕권이 약함.

(2) 내물왕 : 김씨의 왕위 독점, '마립간'(대군장) 칭호 사용, 고구려의 광개토 대왕 도움으로 왜군 격퇴(호우명 그릇을 통해 알 수 있음) → 고구려의 정치적 간섭을 받음, 고구려를 통해 중국의 선진 문물 수용

(3) 지증왕 : '신라'를 공식 국호로 정함, '왕' 칭호 사용, 지방 통치 제도 정비, 우경 장려, 우산국(울릉도) 정벌

(4) 법흥왕 : 법률 반포, 관리 등급을 17등급으로 정함, 병부와 상대등 설치, 불교 공인, 김해의 금관가야 병합, '건원'이라는 연호를 사용하며 자주성을 드러냄. → 낙동강까지 영토 확대

2. 진흥왕의 영토 확장과 한강 유역 점령

① 한강 유역 장악 → 황해를 통해 중국과 직접 교역
② 고령의 대가야를 포함한 가야 연맹 정복
③ 북쪽으로 함흥평야까지 진출 → 고구려 일부 영토 확보
④ 대내 정책 : 화랑도를 국가 조직으로 재편하여 인재 양성, 황룡사를 건립하여 국력 과시
⑤ 영토 확장 기념비 : 단양 적성비, 4개의 진흥왕 순수비

C/l/i/c/k 삼국 전성기

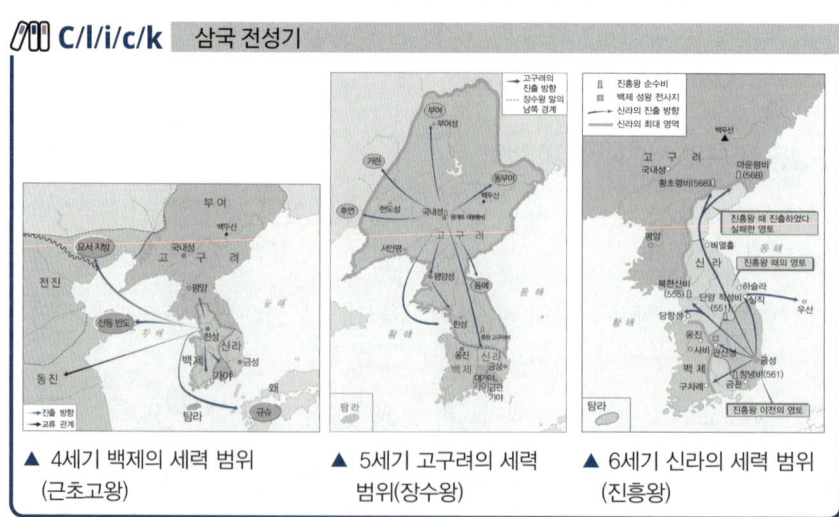

▲ 4세기 백제의 세력 범위 (근초고왕)　　▲ 5세기 고구려의 세력 범위(장수왕)　　▲ 6세기 신라의 세력 범위 (진흥왕)

◆ 신라 왕호의 변천

왕호	시기	의미
거서간	1대 혁거세	귀인
차차웅	2대 남해	제사장
이사금	3대 유리	연장자
마립간	17대 내물	최고 우두머리
왕	22대 지증	중국식 칭호

4 가야 연맹의 발전과 해체

1. 가야의 성립과 금관가야의 발전

(1) 성립 : 낙동강 하류에 위치한 변한 지역의 작은 나라들이 연합 ➜ 가야 연맹 형성

(2) 금관가야(김해 지역)
  ① 전기 가야 연맹 주도 : 풍부한 철 생산지에 위치하여 우수한 철기 제작, 철제 농기구로 인한 높은 농업 생산력을 기반으로 성장
  ② 쇠퇴 : 고구려가 신라에 침입한 왜를 물리치는 과정에서 큰 타격을 받음.

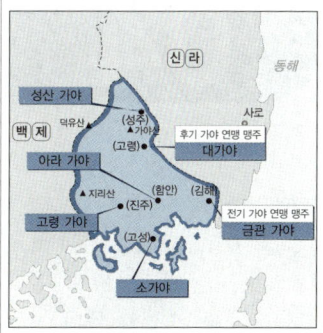

▲ 가야 연맹

2. 대가야의 발전과 가야 연맹의 멸망

(1) 대가야(고령 지역)
  ① 후기 가야 연맹 주도 : 금관가야 쇠퇴 후 가야 연맹의 주도권 장악
  ② 발전 : 삼국이 경쟁하는 틈을 타 소백산맥 서쪽으로 세력 확장

(2) 가야 연맹의 멸망
  ① 요인 : 각 소국이 독자적인 권력을 유지하여 지배력을 하나로 모으지 못함.
  ② 멸망 : 금관가야는 신라 법흥왕에 의해 병합 ➜ 대가야는 신라의 진흥왕의 침략을 받아 멸망

▲ 철제 판갑옷과 철제 투구

📝 삼국의 성립과 발전   한번에 정리하기

❶ 고구려
  • 소수림왕 : 불교 수용, 태학 설립, 율령 반포
  • 광개토 대왕 : '영락' 연호 사용, 한강 이북, 만주와 요동 지역 차지
  • 장수왕 : 평양 천도, 광개토 대왕릉비, 한성 점령 후 충주 고구려비, 전성기 왕
❷ 백제
  • 근초고왕 : 중국의 요서 · 산둥, 일본의 규슈 진출, 전성기 왕
  • 성왕 : 사비 천도, 중앙에 22부 실무 관청 설치, 관산성 전투에서 전사
❸ 신라
  • 내물왕 : 김씨의 왕위 독점, '마립간' 칭호 사용
  • 법흥왕 : '건원' 연호 사용, 법률 반포, 불교 공인
  • 진흥왕 : 화랑도 조직, 단양 적성비 외 4개의 진흥왕 순수비 건립
❹ 가야
  • 전기 금관가야(김해) ➜ 후기 대가야(고령)

04

삼국의 문화와 대외 교류

• 삼국의 문화와 삼국을 둘러싼 주변국과의 교류에 대해 살펴본다.

▲ 백제의 익산 미륵사지 석탑

▲ 백제의 부여 정림사지 5층 석탑

▲ 신라의 경주 분황사 석탑

1 삼국의 종교와 학문

1. 삼국의 불교 수용과 발달

(1) 영토를 확장하고 왕권을 강화하는 과정에서 불교 수용 ➡ 지방 세력 포용, 백성의 사상 통합

(2) 불교 공인 : 고구려 – 소수림왕, 백제 – 침류왕, 신라 – 법흥왕

(3) 불교 예술의 발달

탑	• 초기에는 목탑 제작 ➡ 후기에는 석탑 • 백제 : 익산 미륵사지 석탑, 부여 정림사지 5층 석탑 • 신라 : 황룡사 9층 목탑, 경주 분황사 석탑
불상	• 고구려 : 금동 연가 7년명 여래 입상 • 백제 : 서산 용현리 마애 여래 삼존상 • 신라 : 경주 배동 석조 여래 삼존 입상

2. 도교의 수용

(1) 귀족 사회에 전파 : 산천 숭배 신앙, 신선 사상 등 유행

(2) 유물 : 고구려 고분 벽화의 사신도, 백제의 산수무늬 벽돌, 백제 금동 대향로

C/l/i/c/k 고대의 도교 관련 유물

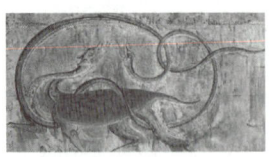

▲ 사신도(현무)

▲ 산수무늬 벽돌

▲ 백제 금동 대향로

3. 유학의 수용과 역사책 편찬

(1) 유학의 전래 : 한자의 보급과 함께 시작 ➡ 교육 기관의 설립

고구려	• 태학 : 수도에 세워 유교 경전과 역사를 교육 • 경당 : 지방에 세워 학문과 무술을 교육
백제	오경박사를 임명하여 유교 경전의 교육을 맡김.
신라	임신서기석의 기록을 통해 유교 경전 공부 사실 확인

(2) 역사서 편찬 : 삼국이 중앙 집권 체제를 강화하면서 역사서 편찬 ➡ 고구려 영양왕 때 『신집』, 백제 근초고왕 때 『서기』, 신라 진흥왕 때 『국사』 편찬 ➡ 현재 전하지 않음.

▲ 금동 연가 7년명 여래 입상 (고구려)

2 삼국의 고분과 고분 벽화

1. 삼국의 다양한 고분 축조

고구려	• 초기에는 돌을 쌓아 만드는 돌무지무덤 제작(고구려의 장군총) ➡ 굴식 돌방무덤으로 발전 • 돌방에 고분 벽화 제작 ➡ 사신도
백제	초기 고구려와 유사한 돌무지무덤(서울 석촌동 돌무지무덤) ➡ 벽돌무덤(무령왕릉, 중국 남조의 영향), 굴식 돌방무덤
신라	돌무지덧널무덤(경주 천마총)

▲ 고구려의 장군총

2. 삼국의 고분에서 껴묻거리와 벽화 발견

(1) 껴묻거리와 고분 벽화 : 사람이 죽더라도 그 영혼이 다른 세상에서 살아간다고 생각하여 무덤 안에 껴묻거리를 넣고, 돌방에 벽화를 그림.

(2) 껴묻거리와 고분벽화의 의의 : 껴묻거리와 고분 벽화를 통해 당시 사람들의 생활 모습과 생각을 파악할 수 있음.

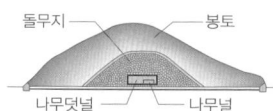
▲ **돌무지덧널무덤** 신라에서 주로 만든 무덤으로 지상이나 지하에 시신과 껴묻거리를 넣은 나무덧널을 설치하고 그 위에 냇돌을 쌓은 다음에 흙으로 덮었다. 도굴이 어려워 많은 껴묻거리가 그대로 남아 있다.

▲ 백제의 무령왕릉(내부)

3 여러 나라와 교류한 삼국과 가야

1. 중국과 서역의 문화가 삼국과 가야에 미친 영향

(1) 삼국과 중국의 문화 교류

고구려	• 주로 지리적으로 가까운 북중국의 나라들과 교류 • 왕산악이 중국 악기를 개조하여 거문고를 제작 • 고분 벽화에 중국 신화에 등장하는 신이나 동물 등장
백제	중국 동진과 남조의 유물이 많이 발견
신라	지리적 한계로 고구려와 백제를 통해 중국 문화 수용 ➡ 한강 유역을 차지한 이후 당항성을 중심으로 중국과 직접적 교류

(2) 삼국과 서역의 문화 교류

고구려	고분 벽화에 서역 계통의 인물 등장, 서역의 궁전 벽화에 고구려 사신으로 추정되는 인물 발견
신라	신라 고분에서 유리그릇, 상감 유리구슬, 금제 장식 보검, 뿔 모양의 잔 등 발견

2. 삼국과 가야가 일본 문화 발전에 미친 영향

고구려	• 혜자 : 쇼토쿠 태자의 스승 • 담징 : 종이와 먹의 제조 방법 전파 • 다카마쓰 고분 벽화가 고구려 수산리 고분 벽화와 비슷하여 고구려의 영향을 받아 제작된 것으로 추측됨.
백제	아직기와 왕인이 한문과 논어, 천자문 전파
신라	배 만드는 기술과 둑 쌓는 기술 전파
가야	철로 만든 갑옷 전파, 토기 제작 기술 전파 ➡ 일본의 토기인 스에키 토기에 영향

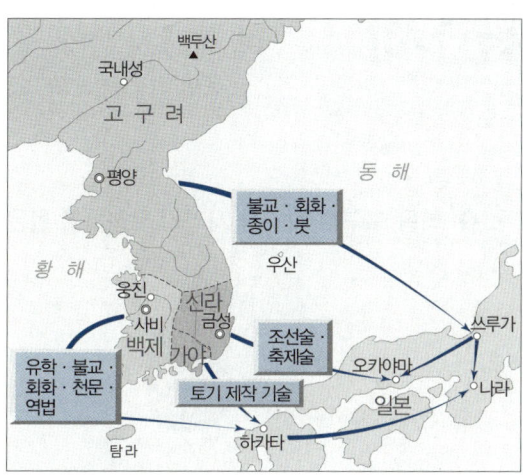

▲ 삼국 문화의 일본 전파

✏️ 삼국의 문화와 대외 교류   한번에 정리하기

구분	고구려	백제	신라
불교	금동 연가 7년명 여래 입상	익산 미륵사지 석탑, 부여 정림사지 5층 석탑	황룡사 9층 목탑, 경주 분황사 석탑
도교	사신도	산수무늬 벽돌, 백제 금동 대향로	
유교	태학, 경당	오경박사	임신서기석
일본과 문화 교류	혜자, 담징	왕인, 아직기	배, 둑 만드는 기술 전파

적중예상문제

정답 및 해설 32p

01 선사 시대와 역사 시대를 구분하는 기준은 무엇인가?

① 유물　　　　② 유적
③ 문자　　　　④ 계급

02 다음 중 구석기 시대에 사용된 유물은?

①
주먹도끼

②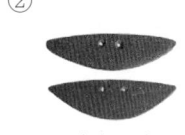
반달 돌칼

③
비파형 동검

④
빗살무늬 토기

03 구석기 시대에 대한 설명으로 옳지 <u>않은</u> 것은?

① 무리를 지어 다니며 이동 생활을 하였다.
② 간석기를 이용한 사냥 활동이 이루어졌다.
③ 사냥, 어로, 채집 생활을 하였다.
④ 지금으로부터 약 70만 년 전에 시작되었다.

04 다음 도구를 사용한 시기의 특징으로 옳은 것은?

① 계급이 출현하였다.
② 농경 생활이 시작되었다.
③ 채집, 수렵 생활을 하였다.
④ 대체로 강가나 해안에 거주하였다.

05 다음 유물들을 처음 제작한 시기는?

가락바퀴

빗살무늬 토기

① 구석기 시대　　② 신석기 시대
③ 청동기 시대　　④ 철기 시대

06 다음 유물을 사용한 신석기 시대의 생활 모습은?

① 농경 시작
② 한자 사용
③ 거푸집 이용
④ 금속 화폐 제조

빗살무늬 토기

07 다음 유물이 만들어진 시대의 특징은?

비파형 동검

① 계급 발생
② 농경 시작
③ 불교 수용
④ 도자기 제작

08 다음은 청동기 시대에 사용한 도구이다. 이 유물의 용도는?

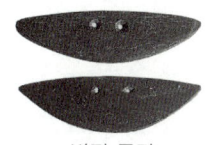

반달 돌칼

① 전쟁할 때 사용한 무기이다.
② 사냥할 때 사용한 도구이다.
③ 물고기를 잡을 때 사용하였다.
④ 벼 이삭을 자를 때 사용하였다.

09 다음 내용에 해당하는 나라는?

> • 청동기를 배경으로 한 우리나라 최초의 국가
> • '널리 인간을 이롭게 한다'는 건국 이념
> • 나라를 다스리기 위한 8조의 법

① 동예
② 부여
③ 고구려
④ 고조선

10 다음 유적과 관련된 시대의 가장 두드러진 생활상의 변화는?

① 철제 무기를 이용한 정복 전쟁이 활발하게 벌어졌다.
② 조, 피 등을 재배하는 농경 생활을 시작하였다.
③ 신분의 상하가 나타나는 계급 사회가 성립되었다.
④ 농사를 짓기 위하여 정착 생활을 하기 시작하였다.

11 고조선의 세력 범위가 다음 빗금 친 부분과 같았음을 짐작하게 해 주는 대표적인 유물은?

① 독무덤, 민무늬 토기
② 탁자형 고인돌, 비파형 동검
③ 비파형 동검, 독무덤
④ 세형 동검, 빗살무늬 토기

제 2 장

12 고조선의 다음과 같은 법 조항과 관련 <u>없는</u> 내용을 고르면?

> • 사람을 죽인 자는 즉시 죽인다.
> • 남을 다치게 한 자는 곡물로 갚는다.
> • 도둑질한 자는 잡아다 종으로 삼는다. 용서를 받으려면 많은 돈을 내야 한다.

① 생명과 재산 중시 ② 계급 사회
③ 농업 중심 사회 ④ 제정일치 사회

13 다음은 고조선의 건국 이야기이다. 이에 대한 설명으로 옳지 <u>않은</u> 것은?

> 환인의 아들 환웅이 널리 인간을 이롭게 할 목적으로 바람·비·구름을 각각 주관하는 부하들을 거느리고 태백산에 내려와 신시를 열고 곡식·생명·형벌 등 인간에게 필요한 360여 가지를 주관하며 사람들을 다스렸다. 그러던 중에 곰이 찾아와 사람이 되기를 원하므로 환웅은 곰을 여자로 변하게 하고 그와 혼인하여 아들을 낳았다. 단군왕검은 아사달에 도읍을 정하고 나라를 세워 조선이라 하였다.

① 고조선은 농경 사회를 배경으로 성립된 국가이다.
② 고조선은 제사와 정치가 분리된 사회였다.
③ 특정 동물을 숭배하는 토테미즘의 신앙 요소가 반영되어 있다.
④ 홍익인간의 건국 이념을 가지고 있었다.

14 고조선 멸망 후 성장한 여러 나라의 정치 조직을 설명한 내용 중 옳지 <u>않은</u> 것은?

① 부여는 왕 밑에 마가, 우가, 저가, 구가의 집단이 있었다.
② 소도는 하늘에 제사를 지내는 구역으로 일반인의 출입이 자유로운 공개 구역이었다.
③ 삼한의 소국에는 신지, 읍차 등으로 불리는 군장들이 다스렸다.
④ 옥저와 동예는 왕의 칭호를 사용하는 지배자가 없었다.

15 다음과 같은 특징이 있었던 나라는?

> • 마가, 우가, 저가, 구가 등의 관리가 있었다.
> • 사냥철이 시작되는 12월에 영고라는 제천 행사가 열렸다.

① 부여 ② 고구려
③ 옥저 ④ 동예

16 다음의 설명과 관련된 부여의 풍습은?

> 사후의 세계를 믿어, 지배 계급이 죽었을 때 부인, 신하, 노비 등을 함께 묻는 장례법이 존재하였다.

① 순장 ② 책화
③ 민며느리제 ④ 족외혼

17 다음 글이 설명하는 것으로 옳은 것은?

> 혼인을 정한 신랑이 신부의 집 뒤꼍에 마련된 집에서 살다가 자식을 낳아 장성하면 아내를 데리고 자기 집으로 돌아가는 풍습

① 책화
② 민며느리제
③ 서옥제
④ 족외혼

18 다음의 내용을 통해 알 수 있는 사실은?

> • 영고   • 동맹
> • 무천   • 5월제, 10월제

① 농업의 발달
② 왕권의 강화
③ 철기 문화의 보급
④ 엄격한 법률 제도

19 다음 자료를 통해 알 수 있는 삼한 사회의 모습을 가장 바르게 설명한 사람은 누구인가?

> 삼한에서는 신지, 읍차라고 불리는 군장이 정치를 맡았으며 천군이라 불리는 제사장은 소도에서 제천 행사 등 종교 의식을 주관하였다.

① 재진 – 매년 10월에 동맹이라는 제천 행사가 열렸어.
② 범종 – 가족이 죽으면 시체를 가매장하였다가 나중에 그 뼈를 추려서 가족 공동 무덤에 안치하였어.
③ 황렬 – 제사와 정치가 분리된 제정 분리 사회였어.
④ 건영 – 어린 며느리를 맞이하는 풍습인 민며느리제가 있었어.

20 다음과 같은 풍속이 있었던 나라는?

> • 읍락끼리는 서로 침범하지 않았다. 만약 이를 어기면 소나 말로 변상해 주어야 했다.
> • 같은 씨족끼리는 혼인하지 않았다.

① 고구려
② 옥저
③ 동예
④ 삼한

21 다음 가상 대화와 관계 깊은 백제의 왕은?

마한 전 지역이 우리 땅이 되었대요. 고구려까지 공격하여 황해도 일부를 차지하였다는군요.

그뿐만 아니라, 중국의 요서 · 산동, 일본의 규슈 지방까지 진출하였대요.

① 성왕
② 고이왕
③ 의자왕
④ 근초고왕

22 다음 설명에 해당하는 고구려의 제도는?

> • 재상 을파소의 건의로 실시되었다.
> • 봄에 곡식을 빌려준 후 가을에 추수하여 갚게 한 제도이다.

① 골품제
② 과거제
③ 영정법
④ 진대법

23 다음 왕들의 공통된 업적은?

> • 태조왕   • 고이왕   • 내물왕

① 중국으로부터 불교를 받아들였다.
② 한강 유역을 차지하였다.
③ 중앙 집권 국가의 기틀을 마련하였다.
④ 율령을 반포하여 국가 조직을 정비하였다.

24 다음 중 고구려 소수림왕의 업적을 고르면?

① 부족적 전통을 가진 5부족을 동·서·남·북·중의 5부로 바꾸었다.
② 율령을 반포하고, 불교를 받아들여 왕실의 권위를 높이고자 하였다.
③ 남으로는 대동강 유역을 확보하고 요동 지역으로 세력을 점차 확대하였다.
④ 계루부 고씨가 왕위를 독점적으로 세습할 수 있을 정도로 왕권이 강화되었다.

25 삼국의 형세가 지도와 같았던 시기의 고구려 왕은?

① 고이왕   ② 내물왕
③ 장수왕   ④ 진흥왕

26 다음 지도를 보고 가야 연맹의 주도권이 (A) 지역에서 (B) 지역으로 변화되게 된 원인으로 바르게 지적한 것은?

① (A) 지역의 철광 자원이 고갈되었다.
② 고구려 광개토 대왕의 군대가 진출하였다.
③ 백제를 공격하기 위해 수도를 천도하였다.
④ 낙동강 하류 유역의 잦은 홍수로 살기가 어려웠다.

27 광개토 대왕의 업적과 거리가 먼 것은?

① 신라에 군사를 보내 왜군을 격퇴하였다.
② 우리나라 왕으로는 처음으로 '개국'이라는 연호를 사용하였다.
③ 백제를 압박하여 한강 상류 지방을 차지하였다.
④ 후연을 격파하여 요동 지방을 포함한 만주 대부분의 땅을 차지하였다.

28 백제 건국을 주도한 세력이 고구려 계통의 유민이었음을 뒷받침해 주는 것은?

① 무령왕릉
② 서울 석촌동의 돌무지무덤
③ 장군총과 쌍영총
④ 판갑옷과 투구

29 (가)에 해당하는 문화재는?

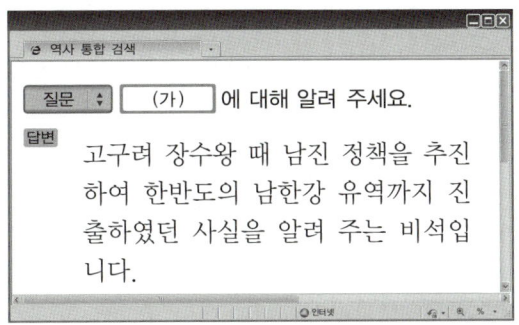

① 척화비   ② 탕평비

③ 충주 고구려비   ④ 백두산 정계비

30 백제가 다음 지도의 화살표 지역으로 진출할 당시의 왕의 업적으로 옳지 <u>않은</u> 것은?

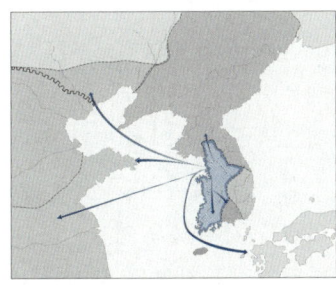

① 신라에 쳐들어온 왜군을 격퇴하였다.

② 남으로는 마한 전 지역을 확보하였다.

③ 왕위의 부자 상속이 이루어졌다.

④ 중국의 요서·산둥 지방과 일본의 규슈 지방에 진출하였다.

31 백제의 성왕과 관계있는 사실은?

① 국호를 남부여로 고쳤다.

② 담로에 왕족을 파견하였다.

③ 웅진성으로 천도하였다.

④ 신라 왕실과 혼인 관계를 맺었다.

32 다음과 같은 업적을 남겨 중앙 집권 국가로의 기틀을 마련한 백제의 왕은?

- 율령의 반포
- 관리의 복색과 관제 마련
- 마한의 중심 세력인 목지국 병합

① 고이왕   ② 근초고왕

③ 태조왕   ④ 내물왕

33 백제 성왕이 실시한 정책을 〈보기〉에서 고른 것은?

┤보기├

ㄱ. 사비 천도

ㄴ. 화랑도 개편

ㄷ. 청해진 설치

ㄹ. 국호를 '남부여'로 바꿈.

① ㄱ, ㄴ   ② ㄱ, ㄹ

③ ㄴ, ㄷ   ④ ㄷ, ㄹ

34 다음 내용과 관련 있는 지역은?

- 한반도의 중심지로 백제의 최초 도읍지
- 장수왕의 남진 정책으로 고구려가 일시적 차지
- 진흥왕 때 신라가 차지한 후 북한산 순수비 건립

① 금강 유역   ② 한강 유역

③ 낙동강 유역   ④ 대동강 유역

35 다음과 같이 신라의 지배자 칭호가 변화한 것에서 알 수 있는 사실은?

> 거서간 – 차차웅 – 이사금 – 마립간 – 왕

① 왕권의 강화
② 계급의 발생
③ 불교의 공인
④ 지방 세력의 성장

36 골품제에 대한 설명으로 옳지 <u>않은</u> 것은?

① 신라의 엄격한 신분 제도이다.
② 진골은 중요한 관직을 독점하였다.
③ 골품에 따라 정치·사회 활동이 결정되었다.
④ 4두품은 정치보다 주로 학문과 종교 쪽에서 많은 활동을 하였다.

37 신라 지증왕의 나라 발전을 위한 노력으로 바르게 설명한 것은?

① 나라의 면모가 날로 새로워진다 하여 국호를 '사로국'으로 정하였다.
② 금관가야를 정복하고 정치 제도를 정비하였다.
③ 율령을 반포하고 공복을 제정하여 관리들의 위계질서를 확립하였다.
④ 왕호를 마립간에서 중국식 칭호인 '왕'으로 바꾸어 왕권을 강화하였다.

38 신라의 영토가 지도와 같을 당시 있었던 일은?

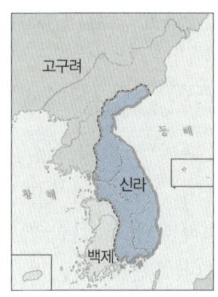

① 불교 공인   ② 화랑도 개편
③ 우산국 정벌   ④ 삼국 통일 완성

39 한강 유역의 중요성을 설명한 각 학생의 의견 중에서 옳지 <u>않은</u> 것은?

① 경진 – 일찍이 농경 문화가 발달한 곳이야.
② 제윤 – 고조선 이래 역사적으로 발전된 지역으로 고구려의 수도가 있었던 곳이지.
③ 수정 – 중국과의 교류에 적합한 지리적인 이점을 가지고 있어.
④ 희지 – 이 지역을 차지한 나라가 삼국 간의 세력 다툼에서 주도권을 차지하였어.

40 가야 연맹에 대한 설명으로 옳지 <u>않은</u> 것은?

① 질 좋은 철이 많이 생산되었다.
② 금관가야, 대가야 등이 가야 연맹을 주도하였다.
③ 가야 문화는 뒤에 고구려 문화와 발해 문화에 큰 영향을 주었다.
④ 중앙 집권 국가로 성장하지 못하였고, 통일 왕국도 이루지 못하였다.

41 다음 문화유산을 통해 알 수 있는 것은?

 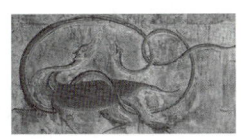 

산수무늬 벽돌 　　　 사신도 　　　 백제 금동
대향로

① 왕권의 강화
② 도교의 전래
③ 미륵 사상의 전파
④ 일본으로부터의 문화 수용

42 삼국의 문화에 대한 설명으로 옳지 <u>않은</u> 것은?

① 삼국 중에서 일본에 문화를 전파하는 데
가장 큰 역할을 한 나라는 신라이다.
② 신라는 배 만드는 기술인 조선술을 일본에
전해 주었다.
③ 고구려 벽화는 일본의 다카마쓰 고분 벽화
에 영향을 주었다.
④ 삼국의 문화는 일본에 전해져서 아스카 문
화 형성에 영향을 주었다.

43 다음에서 설명하는 역사서는?

- 고구려 영양왕 때 편찬한 역사서
- 이문진이 『유기』를 요약하여 편찬

① 삼국유사　　　　② 서기
③ 신집 5권　　　　④ 삼국사기

제2편

EBS 교육방송교재

중졸 검정고시 **사회**

PART

02

남북국 시대의 전개

✪ 이 단원에서는 고구려가 수와 당의 침략을 물리치는 과정과 신라의 삼국 통일 과정, 통일 신라·발해의 발전, 후삼국까지를 다룬다. 신라의 삼국 통일이 갖는 의미를 알아보고, 고구려를 계승한 발해의 건국으로 남북국의 형세로 역사를 이어 갔음을 살펴본다. 통일 신라와 발해가 통치 제도를 정비하는 과정과 정치적 변화의 흐름에 관해 이해한다. 삼국의 문화를 계승한 통일 신라, 발해의 문화를 불교문화와 문화 교류를 중심으로 파악한다.

01

신라의 삼국 통일과 발해의 건국

• 신라의 삼국 통일 과정과 발해의 건국에 대해 살펴본다.

1 수·당의 침략을 막아 낸 고구려

1. 6세기 후반의 동아시아 정세

(1) 신라의 한강 유역 차지 : 고구려와 백제의 신라 공격 ➜ 신라의 외교적 고립

(2) 고구려·백제·돌궐·왜의 남북 진영과 신라·수(당)의 동서 진영의 대립

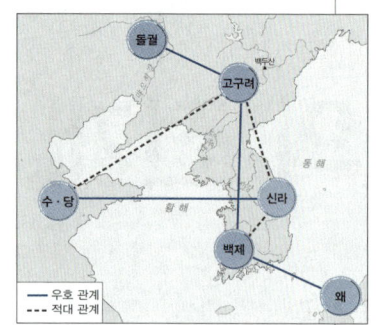

▲ 남북 세력과 동서 세력

2. 고구려와 수의 전쟁

(1) 배경 : 수 문제가 고구려에 복속을 요구 ➜ 고구려가 요서 지방 공격

(2) 전개 과정

① 수 문제의 침략 : 전염병 등으로 아무런 성과를 거두지 못하고 되돌아감.

② 살수 대첩 : 수 양제의 명령에 우중문이 30만 명의 별동대를 이끌고 평양성 공격 ➜ 을지문덕이 이끈 고구려군이 살수(청천강)에서 수의 군대를 크게 물리침.

③ 결과 : 고구려와의 전쟁으로 국력 소모 ➜ 각지에서 반란이 일어나 멸망

3. 당의 침략을 막아 낸 고구려

(1) 연개소문의 집권

① 고구려와 당의 관계 : 당 건국 초기 고구려와 친선 유지 ➜ 당 태종 즉위 후 당이 고구려 압박 ➜ 당의 침략에 대비하여 천리장성 축조

② 연개소문의 정권 장악 : 정변을 일으켜 보장왕을 세우고 대막리지가 됨.

(2) 당 태종의 고구려 침략

① 당 태종이 연개소문의 정변을 구실로 고구려 침입 ➜ 요동성, 백

암성 등 함락 ➡ 당이 안시성 공격, 고구려가 당의 군대 격퇴(안시성 싸움, 645)

② 결과적으로 고구려가 중국 세력으로부터 한반도 남쪽의 국가들을 보호하는 데 기여

2 신라의 삼국 통일

1. 당과 동맹을 맺은 신라

(1) 신라의 나·당 동맹 제안
  ① 배경 : 백제 의자왕의 공격으로 신라가 대야성을 비롯한 40여 개의 성을 상실함.
  ② 김춘추의 고구려 구원 요청 실패 ➡ 김춘추가 당 태종에 동맹 제안 ➡ 나·당 동맹 체결

(2) 나·당 동맹의 약속
  신라는 당으로부터 군사적인 도움을 받는 대가로 대동강 이북의 고구려 영토를 양보하기로 함.

2. 백제와 고구려의 멸망

(1) 백제의 멸망
  ① 배경 : 나·당 연합군이 지배층의 분열로 정치가 혼란해진 백제를 공격함.
  ② 황산벌 전투 : 백제의 계백이 이끄는 결사대가 황산벌에서 김유신이 이끄는 신라군에 맞서 싸웠으나 패배 ➡ 나·당 연합군이 사비성을 함락함으로써 백제 멸망

(2) 고구려 멸망
  ① 배경 : 백제를 멸망시킨 신라와 당은 곧바로 고구려 공격 ➡ 연개소문이 죽은 후 지배층 내부에서 권력 다툼이 일어남.
  ② 1년여의 전쟁 끝에 평양성이 함락되면서 고구려 멸망

3. 백제와 고구려의 부흥 운동

백제 부흥 운동	흑치상지(임존성), 복신과 도침(주류성) ➡ 내분으로 실패, 왜의 지원군도 백강 전투에서 패배
고구려 부흥 운동	고연무, 검모잠, 안승 ➡ 내분으로 실패

❯ **안시성 전투**
645년(보장왕 4) 고구려가 중국 당 태종의 침공을 맞아 안시성에서 벌인 공방전이다. 양만춘과 군민이 한마음으로 힘을 합쳐 당군의 장기간에 걸친 거듭된 공격을 물리쳤다.

❯ **백강 전투**
백제 부흥 운동이 전개되는 가운데 백제와 오랫동안 친선 관계를 유지하였던 왜가 백제 부흥군을 돕고자 수군을 파견하였다. 백제와 왜의 연합군이 663년 백강 어귀에서 나·당 연합군과 치열한 전투를 벌였으나 크게 패하였다.

4. 나·당 전쟁과 삼국 통일

(1) 나·당 전쟁

① 당의 한반도 지배 야욕 : 백제와 고구려가 멸망한 후, 백제의 옛 땅에 웅진 도독부, 고구려 옛 땅에 안동 도호부, 신라 금성에 계림 도독부를 설치함. ➡ 이에 신라가 고구려 부흥 운동 세력과 연계하여 당군을 한반도에서 몰아내기 위한 전쟁을 시작

② 신라의 대응 : 신라군이 매소성과 기벌포에서 당에 승리

③ 신라의 삼국 통일 : 대동강 이남에서 당의 세력을 몰아내고 삼국 통일 완성

(2) 삼국 통일의 의의와 한계

의의	우리 민족의 최초의 통일, 민족 문화의 토대 마련
한계	통일 과정에서 외세인 당의 도움을 받음, 대동강 이남에 한정된 통일

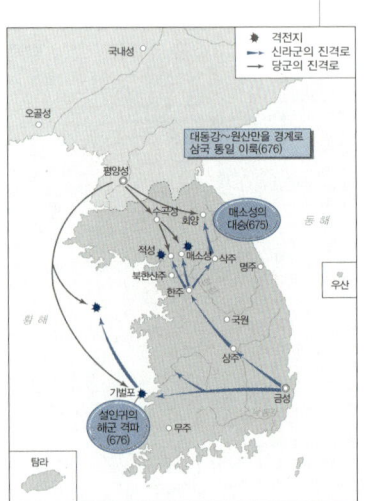

▲ 나·당 전쟁

❷ 발해를 우리 민족사에 포함시킬 수 있는 근거
• 고구려 부흥 운동 과정에서 발해 건국
• 지배층의 핵심이 고구려인
• 일본에 보낸 외교 문서
• 고구려 문화 양식 계승(온돌 장치, 연꽃무늬 기와 등)

3 고구려를 계승한 발해

1. 발해의 건국

(1) 건국 : 고구려 출신 대조영이 고구려 유민과 말갈족을 이끌고 동쪽으로 이동 ➡ 지린성 동모산에서 건국(698)

(2) 남북국 시대 : 남쪽의 신라와 함께 남북국의 형세를 이룸.

2. 고구려를 계승한 발해

(1) 고구려인과 말갈인으로 구성 ➡ 고구려인이 중추가 되어 세운 나라

(2) 발해의 왕은 대외적으로 고려(고구려) 국왕을 칭하며 발해가 고구려를 계승한 국가임을 내세움.

▲ 발해의 영토(최대 영토)

> 📝 **신라의 삼국 통일**　　　　　　　　　**한번에 정리하기**
>
> ❶ 수·당의 고구려 침략
> • 수의 침략 : 을지문덕이 수의 군대를 물리침 ➡ 살수 대첩
> • 당의 침략 : 연개소문의 정변 ➡ 당 태종의 침략 ➡ 안시성 싸움
> ❷ 신라의 삼국 통일
> 나·당 동맹 ➡ 백제와 황산벌 전투 ➡ 고구려와 평양성 전투 ➡ 당나라와 매소성, 기벌포 전투 ➡ 신라의 삼국 통일

02 남북국의 발전과 변화

• 남북국(통일 신라와 발해)의 발전 과정에 대해 살펴본다.

1 통일 신라

1. 강력한 왕권 확립

(1) 무열왕(김춘추) : 김유신의 도움을 받아 진골 출신 최초로 왕위에 오름.

(2) 문무왕 : 고구려를 멸망시키고 나·당 전쟁에서 승리 ➡ 삼국 통일 완성

(3) 신문왕 : 김흠돌의 난 진압을 계기로 진골 귀족 숙청, 녹읍 폐지, 관료전 지급, 국학 설치, 6두품이 왕의 정치적 조언자로 성장

2. 통치 체제 정비

(1) 중앙 정치 : 집사부를 중심으로 그 장관인 시중의 권한 강화 ➡ 귀족 회의 기구인 화백 회의와 상대등의 권한은 약화

(2) 지방 행정 구역 : 9주 5소경
① 9주 : 전국을 9주로 나눔, 주 밑에 군·현을 두어 지방관 파견
② 5소경 : 수도 금성이 동남쪽에 치우쳐 있는 지리적 단점을 보완하고, 지방 세력을 견제하고자 함.

(3) 군사 제도
① 중앙군 : 9서당(고구려·백제 유민, 말갈인 포함)
② 지방군 : 10정(9주에 각각 1개 정 설치, 국경 지역인 한주에 2개 정 배치)

2 해동성국을 이룬 발해

1. 발해의 발전

(1) 무왕 : 돌궐 및 일본과 친선 관계를 맺어 당과 신라 견제, 장문휴를 앞세워 당의 산둥 지방 공격

> **녹읍**
> 관직의 복무 대가로 받은 농경지의 세금과, 해당 지역 주민들의 노동력을 사용할 수 있는 권리이다.

> **관료전**
> 녹읍과 달리 농경지로부터 조세만 취할 수 있는 권리이다.

> **시중**
> 집사부의 장관으로 일종의 '총리' 역할을 담당하였다.

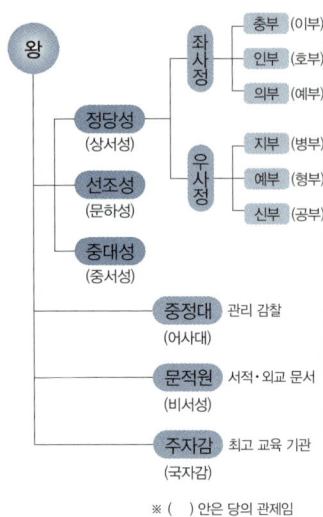

왕
├─ 정당성 (상서성)
│   ├─ 좌사정 ── 충부 (이부)
│   │   인부 (호부)
│   │   의부 (예부)
│   └─ 우사정 ── 지부 (병부)
│   예부 (형부)
│   신부 (공부)
├─ 선조성 (문하성)
├─ 중대성 (중서성)
├─ 중정대 (어사대) 관리 감찰
├─ 문적원 (비서성) 서적·외교 문서
└─ 주자감 (국자감) 최고 교육 기관

※ ( ) 안은 당의 관제임

▲ 발해의 중앙 정치 기구

● 김헌창의 난
822년(헌덕왕 14)에 신라 웅천주 (공주) 도독 김헌창이 일으킨 반란으로, 신라 하대에 계속된 왕위 계승 전쟁 중 하나이다. 김헌창은 무열왕의 후손인 김주원의 아들로 애장왕 때에는 중앙에서 시중을 지냈으나, 김언승이 애장왕을 죽이고 헌덕왕이 된 이후 중앙 정계에서 밀려나 웅천주 도독이 되었다. 이에 아버지 김주원이 왕위에 오르지 못한 것을 이유로 들어 반란을 일으켰다.

(2) 문왕 : 당과 친선 관계 ➡ 당의 선진 문물 수용, 상경성으로 천도, 신라와 교통로(신라도)를 개설하여 교류

(3) 선왕 : 옛 고구려 영토 대부분 회복 ➡ 해동성국이라 불림, 발해의 전성기

(4) 멸망 : 거란의 공격으로 멸망 ➡ 발해 유민 상당수가 고려로 망명

2. 통치 체제 정비

(1) 중앙 정치 : 당의 3성 6부제를 모방하였으나 운영 방식과 명칭에서 독자성 유지

(2) 지방 행정 : 5경 15부 62주, 말단 촌락은 말갈 촌주가 관리

(3) 군사 조직 : 중앙에 10위를 두었으며, 지방군은 지방관이 지휘

3 신라의 동요와 후삼국의 성립

1. 신라 말, 정치·사회의 동요

(1) 진골 귀족의 왕의 다툼
① 중앙 : 어린 나이에 즉위한 혜공왕이 진골 귀족들의 반란으로 죽임을 당하고 왕위 쟁탈전으로 정치적 혼란
② 지방 : 김헌창의 난, 장보고의 난 등 발생

(2) 새로운 세력의 등장
① 호족 : 중앙 정부의 통치력이 약해지자 지방 토착 세력인 호족이 성장 ➡ 자신의 근거지에 성을 쌓고 스스로 성주 또는 장군이라 칭함. ➡ 지방의 군사·행정 장악
② 6두품 세력 : 골품제의 모순을 비판하면서 사회 개혁 요구 ➡ 진골 귀족들의 반대에 부딪혀 받아들여지지 않음. ➡ 일부 6두품 세력이 호족과 손잡고 새로운 사회 건설을 추구

(3) 선종과 풍수지리설의 유행
① 선종 : 수행을 통한 진리 발견을 강조 ➡ 백성들의 호응, 호족의 지원으로 전국에 선종 사찰 건립
② 풍수지리설 : 선종 승려인 도선이 널리 보급 ➡ 수도인 금성 중심의 생각에서 벗어나 지방의 중요성을 깨닫는 계기 ➡ 선종과 함께 호족의 사상적 기반이 됨.

2. 농민 봉기와 후삼국 성립

(1) 농민 봉기

    ① 원인 : 진성 여왕과 진골 귀족의 사치와 향락 심화, 과도한 농민 수탈과 자연재해 발생

    ② 전개 : 원종과 애노의 난을 시작으로 농민 봉기가 전국으로 퍼져 감.

    ③ 결과 : 일부 농민 봉기를 이용하여 견훤, 양길 등 세력 확대

(2) 후삼국 성립

    ① 후백제 : 서남 해안의 군인 세력을 바탕으로 성장한 견훤이 완산주(전주)에 건국 ➜ 지금의 전라도와 충청도, 경상도 일부를 지배

    ② 후고구려 : 신라의 왕족 출신인 궁예는 양길의 부하로 있다 송악(개성)에서 고구려 부흥을 내세우며 후고구려 건국 ➜ 이후 수도를 철원으로 옮기고 나라 이름을 태봉으로 변경

    ③ 후삼국 시대 : 견훤과 궁예의 독립으로 신라는 다시 삼국으로 분열

✎ **남북국의 발전과 변화** 　　　　　　　　　한번에 정리하기

❶ 통일 신라

신문왕 : 녹읍 폐지, 국학 설치, 김흠돌의 난 진압으로 왕권 강화

❷ 발해

고구려 출신 장군 대조영이 건국 ➜ 선왕 시기 해동성국이라 불림 ➜ 거란의 공격으로 멸망

---

03 남북국의 문화와 대외 관계

• 남북국의 문화와 양국을 둘러싼 대외 관계를 살펴본다.

1 통일 신라와 발해의 문화

1. 통일 신라의 다양한 문화

(1) 통일 신라의 불교 사상

▲ 원효

원효	• 일심 사상 : 모든 것이 오직 한마음에서 비롯됨. • 화쟁 사상 : 불교 종파 간의 대립을 해소하고 조화를 위해 노력 • 불교의 대중화 : '나무아미타불'만 외우면 극락정토에 갈 수 있다고 가르침.
의상	화엄 사상을 주장하여 통일 직후 신라 사회를 통합하는 데 기여
혜초	인도에 다녀온 후 『왕오천축국전』 저술
선종 유행	신라 말 당에서 선종 유입 ➡ 지방 여러 곳에 선종 사찰이 세워짐.

(2) 불교 예술의 발달

▲ 의상

① 불국사 : 불교에서 추구하는 이상 세계를 표현
② 석굴암 : 인공 석굴 사원, 중앙의 본존상을 중심으로 벽면에 새긴 여러 조각이 조화를 이룸.
③ 탑 : 3층으로 쌓은 석탑이 유행 ➡ 경주 불국사 3층 석탑(석가탑), 다보탑 ➡ 신라 말기 선종의 영향으로 승려들의 사리를 넣은 승탑 유행
④ 범종 : 성덕 대왕 신종, 상원사 동종(현재 남아 있는 가장 오래된 범종)

C/l/i/c/k 통일 신라의 불교문화

▲ 불국사 3층 석탑

▲ 다보탑

▲ 석굴암 본존불상

▲ 성덕 대왕 신종

(3) 통일 신라의 유학과 문학

① 왕권을 강화하고 나라를 안정시키기 위해 유학 교육 강화

② 국학 : 신문왕이 국학을 설치하여 유교 교육 실시

③ 독서삼품과 : 원성왕 때 실시, 유교 경전에 대한 이해가 뛰어난 자를 관리로 선발

④ 대표적 유학자 : 주로 6두품 출신으로 유학에 대한 이해가 뛰어난 학자들 배출

강수	당에 보내는 외교 문서 작성 ➜ 삼국 통일에 기여
설총	한자의 음과 뜻을 취하여 우리말을 표기하는 이두 정리
최치원	당의 빈공과에 합격, 뛰어난 문장으로 이름을 떨침.
김대문	『화랑세기』 저술

❷ 독서삼품과
유교 경전의 이해 수준을 시험하여 관리를 등용하는 제도. 원성왕 때 실시되었으나 진골 귀족의 반대로 제대로 시행되지 못하였다 (788).

2. 발해의 다양한 문화

(1) 유학과 불교문화의 발달

① 유학 발달 : 유학을 통치 이념으로 반영, 국립 교육 기관으로 주자감 설립 ➜ 발해의 유학자가 당의 빈공과에 다수 합격

② 불교 발달 : 이불병좌상, 영광탑, 발해 석등

(2) 융합적인 발해 문화 : 고구려 문화를 기반으로 당의 문화와 말갈 문화 흡수

① 고구려 문화를 이어받은 온돌 시설, 기와, 불상 등이 발견됨.

② 상경성 : 당의 장안성을 모방하여 건설한 계획도시

③ 고분

❷ 빈공과(賓貢科)
당에서 외국인을 상대로 실시한 과거 제도이다. 당시 당은 다른 나라 사람에게도 관직을 개방할 정도로 국제적인 성격을 띠었다. 신라인들이 많이 응시했으며 석차를 둘러싸고 발해와 갈등이 벌어지기도 했다.

정혜 공주 묘	고구려 고분 양식 계승(모줄임천장 구조)
정효 공주 묘	당과 고구려의 영향을 받음

/川 C/l/i/c/k 발해의 문화

▲ 발해의 이불병좌상　▲ 발해 돌사자상　▲ 발해 석등　▲ 발해의 영광탑

▲ 발해의 기와

▲ 정효 공주 묘 고분 벽화

2 통일 신라와 발해의 대외 관계

1. 교류를 통해 문화가 더욱 발전한 통일 신라

(1) 당과의 교류
① 승려와 유학생 등이 당의 문화 수용
② 신라방 : 산둥반도 일대에 신라인 거주지

(2) 국제 무역항
① 수도 금성 인근의 울산항이 번성
② 울산항을 통해 아라비아 상인이 왕래하면서 이슬람 세계에 신라의 이름이 알려짐.

(3) 장보고의 활동 : 완도에 청해진을 설치하고 해적 소탕, 당과 신라와 일본을 잇는 해상 무역 장악

▲ 완도의 청해진

2. 주변 국가와 활발히 교류한 발해

(1) 당과의 교류
① 문왕 때부터 당과 우호 관계를 유지하면서 당의 제도와 문물을 수용하여 체제 정비
② 산둥반도에 발해관(발해인 숙소) 설치

(2) 신라, 일본과의 교류
① 신라 : 초기에는 대립 관계였으나, 신라도를 통해 꾸준히 교류 확대
② 일본 : 초기에는 당과 신라를 견제하기 위한 목적이었으나, 일본도를 통해 경제적 · 문화적 교류 확대

🖊 남북국의 문화와 대외 관계

❶ 통일 신라 문화
- 원효 : 일심 사상, 화쟁 사상, 불교의 대중화
- 불교 건축물 : 불국사, 석굴암, 불국사 3층 석탑

❷ 발해 문화
- 고구려의 문화 계승 ➔ 온돌, 기와, 불상 등이 발견됨.
- 불교 발달 : 이불병좌상, 영광탑

적중예상문제

정답 및 해설 37p

01 다음 내용과 관련 있는 역사적인 사건은?

> • 수 양제의 113만 대군이 고구려에 침입함.
> • 을지문덕의 유도 작전으로 대승을 거둠.

① 행주 대첩　　　　② 귀주 대첩
③ 살수 대첩　　　　④ 한산도 대첩

02 다음과 같은 시와 관련 있는 전쟁에 대한 설명으로 옳은 것은?

> 신묘한 계책은 천문을 꿰뚫어 볼 만하고
> 오묘한 전술은 땅의 이치를 모조리 알도다.
> 전쟁에 이겨서 공이 이미 높아졌으니
> 만족을 알거든 그만 돌아가시구려.

① 고구려는 당 태종의 침입을 안시성에서 격
　퇴하였다.
② 연개소문의 정변을 구실로 당군이 고구려
　를 침입하였다.
③ 신라군은 당의 수군을 금강 하류 기벌포에
　서 격파하였다.
④ 을지문덕은 우중문이 이끄는 수나라 군대
　를 살수에서 전멸시켰다.

03 다음 인물들에 대한 설명으로 옳은 것은?

> • 복신　　　　　• 도침
> • 흑치상지　　　• 풍

① 백제의 부흥 운동을 주도하였다.
② 고구려의 부흥 운동을 주도하였다.
③ 신라의 불교 발전에 힘쓴 승려들이다.
④ 삼국 통일에 이바지한 신라의 화랑들이다.

04 다음 〈보기〉에서 나·당 전쟁과 관련 깊은 사건을 모두 고르면?

> ┤ 보기 ├
> ㄱ. 관산성 전투　　　ㄴ. 기벌포 전투
> ㄷ. 매소성 전투　　　ㄹ. 황산벌 전투

① ㄱ, ㄴ　　　　② ㄴ, ㄷ
③ ㄷ, ㄹ　　　　④ ㄱ, ㄴ, ㄷ

05 신라가 이룬 삼국 통일의 의의 또는 한계로 볼 수 없는 것은?

① 우리 민족이 이룬 최초의 통일이었다.
② 신라인의 자주적인 성격을 보여 주었다.
③ 새로운 민족 문화를 이루는 계기가 되었다.
④ 한반도와 만주를 영토로 삼은 완전한 통일
　이었다.

06 교사의 질문에 대한 학생의 답으로 가장 적절한 것은?

신문왕이 이러한 정책을 실시한 목적은 무엇일까요?

〈신문왕의 정책〉
• 국학 설립
• 관료전 지급
• 9주 5소경 정비

① 불교를 공인하고자 하였어요.
② 신분 제도를 폐지하고자 하였어요.
③ 붕당의 폐단을 없애고자 하였어요.
④ 강력한 왕권을 확립하고자 하였어요.

07 통일 신라의 왕권 강화 정책이 <u>아닌</u> 것은?

① 집사부 설치
② 화백 회의 기능 강화
③ 9주 5소경 설치
④ 관료전 지급

08 통일 신라의 토지 제도에 관한 설명이다. 빈칸에 순서대로 알맞게 나열한 것은?

신문왕 때에는 [㉠]을 폐지하고 [㉡]을 지급하였다. 그리고 농민에게는 [㉢]을 주어 경작하게 하였다. 그러나 후에 귀족의 반발로 [㉠]이 부활하였다.

① ㉠ – 관료전, ㉡ – 녹읍, ㉢ – 정전
② ㉠ – 정전, ㉡ – 관료전, ㉢ – 녹읍
③ ㉠ – 녹읍, ㉡ – 정전, ㉢ – 관료전
④ ㉠ – 녹읍, ㉡ – 관료전, ㉢ – 정전

09 다음 대화의 내용에 해당하는 책은?

통일 신라 때 혜초가 인도에 다녀와서 쓴 기행문 알아?

응! 당시 인도와 중앙아시아의 실상이 잘 기록되어 있다던데.

① 동의보감
② 조선왕조실록
③ 삼국사기
④ 왕오천축국전

10 다음 유물들이 만들어진 나라는?

불국사 다보탑

석굴암 본존불상

성덕 대왕 신종

① 발해
② 백제
③ 고구려
④ 통일 신라

11 문화유산 ㉠과 ㉡이 제작된 시대는?

창식이네는 여름 방학을 맞이하여 가족 여행을 다녀왔다. 가장 기억에 남았던 것은 불교의 이상 세계를 표현한 ㉠ 불국사와 비천상 무늬가 아름다운 ㉡ 성덕 대왕 신종이었다.

① 백제
② 통일 신라
③ 발해
④ 고려

12 〈보기〉의 내용이 설명하는 승려는?

> ┤ 보기 ├
> • 당에서 화엄 사상을 공부하고 왔다.
> • 신라에 화엄종을 개창하였다.
> • 화엄 사상은 전제 왕권을 옹호하였다.
> • 화엄종은 신라 중대에 가장 융성했던 불교 종파였다.

① 의상　　　　② 원측
③ 원효　　　　④ 혜초

13 다음 설명에 해당하는 나라는?

> 대조영이 고구려 유민과 말갈족을 이끌고 동모산 근처에서 건국하였으며, 9세기 선왕 때에 '해동성국'이라는 호칭을 듣게 되었다.

① 동예　　　　② 발해
③ 마한　　　　④ 부여

14 발해의 발전 과정 및 대외 관계에 대한 설명으로 옳은 것은?

① 9세기 전반 선왕 때에는 전성기를 이루어 당으로부터 해동성국이라고 불리기도 하였다.
② 문왕 때에는 산둥 지방을 공격하기도 하였다.
③ 건국 초기에는 당과 우호적인 관계를 유지하였다.
④ 9세기 후반 국력이 약화되어 돌궐족에 의해 멸망하였다.

15 다음 중 발해를 우리 민족사에 포함시켜야 한다는 근거로 가장 거리가 먼 것은?

① 발해는 독자적인 연호를 쓸 정도로 왕권이 강하였다.
② 발해 왕이 일본에 보낸 국서에 스스로를 고려 국왕으로 칭하고 있다.
③ 발해의 지배층의 핵심은 고구려인이었다.
④ 발해의 건국은 고구려 장수와 고구려 유민이 주도하였다.

16 (가) 나라 사람들의 생활 모습을 알 수 있는 문화유산으로 옳은 것은?

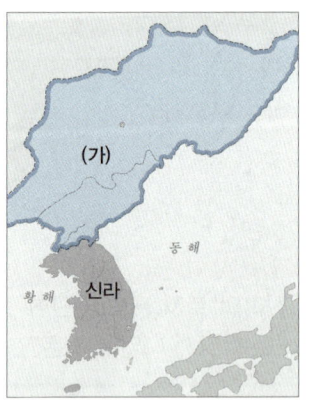

①
천마총 천마도

②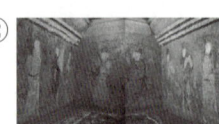
정효 공주 묘

③
반구대 암각화

④
무령왕릉

17 (가)에 해당하는 것은?

> 9세기 초, 장보고는 완도에 ___(가)___ 을/를 설치하여 해적을 물리치고, 해상 무역을 주도하였다.

① 광성보
② 덕진진
③ 청해진
④ 초지진

18 신라 말의 상황에 대한 설명으로 <u>잘못된</u> 것은?

① 혜공왕 때부터 왕위 다툼이 시작되었다.
② 신라 사회가 혼란에 빠지자 진골 세력과 호족 세력이 사회 변화를 앞장서서 이끌었다.
③ 9세기 말에는 견디다 못한 농민들이 전국 곳곳에서 봉기하였다.
④ 신라 말의 사회 혼란은 9세기 말 진성 여왕 때 와서 더욱 심해졌다.

19 〈보기〉의 내용이 설명하는 인물은?

┤ 보기 ├

• 6두품 출신으로 당에 유학을 가서 문장가로 이름을 떨쳤다.
• 『계원필경』이라는 문집을 남겼다.
• 골품제의 모순을 지적하였다.

① 의상
② 심내문
③ 최치원
④ 설총

20 신라 말에 마음속의 불성을 깨닫는 것이 중요하다고 하면서 정신 수양을 통한 해탈을 강조하는 종교는 무엇인가?

① 선종
② 교종
③ 조계종
④ 화엄종

21 통일 신라 말기, 신라 왕족 출신으로서 강원도와 경기도 일대에 큰 세력을 형성한 후 후고구려를 세웠던 인물은?

① 왕건
② 궁예
③ 견훤
④ 양길

22 다음에서 설명하는 정치 세력을 무엇이라 하는가?

• 지방을 직접 다스리면서 관리를 두어 세금을 거두었다.
• 촌락 주위에 성을 쌓고 자신의 군대를 거느리면서 스스로 성주나 장군으로 일컬었다.

① 진골 귀족
② 호족
③ 6두품
④ 선종 승려

EBS 교육방송교재

중졸 검정고시 사회

PART

03

고려의 성립과 변천

✪ 이 단원에서는 고려의 성립과 발전을 동아시아 국제 질서와 연관하여 다룬다. 거란(요), 여진(금), 몽골(원) 등 북방 민족의 성장과 고려의 정치 변화를 관련지어 이해하는 한편, 대몽 항쟁 이후 사회·문화의 변화 모습을 파악한다. 아울러 지배 세력의 성격 변화를 중심으로 고려 사회의 변화와 사회상을 살펴본다.

01

고려의 건국과 정치 변화

• 고려의 건국 과정 시기별 정치 변화에 대해 살펴본다.

1 고려의 건국과 후삼국 통일

1. 후삼국을 통일한 고려

(1) 고려의 건국
① 궁예가 자신을 '미륵불'이라고 부르며 주변 신하와 백성을 의심하여 민심을 잃음. ➜ 신하들이 궁예를 몰아내고 왕건을 왕으로 추대
② 왕건이 국호를 '고려'로 바꾸고 도읍을 철원에서 송악으로 옮김.

(2) 후삼국을 통일한 고려
① 고려와 후백제의 대립 ➜ 후백제의 견훤이 고려에 귀순 ➜ 신라 경순왕이 고려에 항복 ➜ 고려의 후백제 격파 ➜ 후삼국 통일
② 의의 : 민족의 재통합, 지방 호족 세력의 성장으로 정치 참여 확대

2. 태조의 정책

(1) 호족 세력 포섭
① 유력한 호족과 혼인 관계를 맺음.
② 왕씨 성, 토지, 관직 등 하사

(2) 호족 견제 정책
① 기인 제도 : 지방 호족의 자제를 수도에 머물게 하여 출신 지역의 일에 대해 자문하게 한 제도로, 호족 세력을 통제하는 데 활용함.
② 사심관 제도 : 중앙의 고위 관직에 진출한 지방 세력을 출신 지역의 사심관으로 임명하여 치안을 담당하도록 한 제도

(3) 민생 안정 정책과 북진 정책
① 민생 안정 정책 : 세금 감면, 흑창 설치
② 북진 정책 : 고구려 계승 의식, 서경(평양) 중시 ➜ 청천강에서 영흥 지방까지 영토 확장

❯ 미륵불
대승 불교의 대표적 보살 가운데 하나로, 석가모니불에 이어 중생을 구제할 미래의 부처를 가리킨다.

❯ 호족
중앙의 귀족과 대비되는 용어로서 지방 세력을 말한다.

❯ 흑창
가난한 백성을 구제하기 위해 흑창이라는 기관을 설치하여 곡식을 빌려주었다.

2 통치 체제의 정비

1. 왕권의 강화와 체제 정비

(1) 광종의 정책
  ① 배경 : 호족 세력 견제와 왕권 강화 추진을 위해 실시
  ② 노비안검법 : 호족이 불법으로 차지한 노비를 양인으로 해방
  ③ 과거제 실시 : 유교적 지식과 능력을 지닌 인재 선발

(2) 성종의 체제 정비
  ① 최승로의 시무 28조를 받아들여 유교를 통치 이념으로 채택
  ② 중앙 관제 마련(2성 6부), 12목 설치, 지방관 파견

2. 중앙 정치 제도의 정비

(1) 2성 6부
  ① 특징 : 당의 3성 6부제를 고려의 실정에 맞게 고친 2성 6부로 운영
  ② 중서문하성 : 중앙 최고 관청, 국가 정책 논의·결정
  ③ 상서성 : 실제 업무를 나누어 담당하는 6부를 두고 정책을 집행

(2) 기타 주요 관청
  ① 중추원 : 군사 기밀을 다루고 왕의 명령을 전달하는 기구로 왕권
    을 뒷받침
  ② 어사대 : 관리의 잘못된 행위를 조사(감찰 기관)
  ③ 삼사 : 곡식과 화폐의 출납 및 회계를 담당
  ④ 도병마사와 식목도감 : 고려의 독자적인 기구, 중서문하성과 중추
    원의 고위 관료가 국가의 중요한 정책을 의논·결정

도병마사	주로 국방 문제를 논의
식목도감	새로운 법이나 제도를 제정

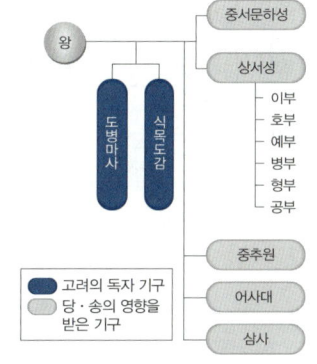

▲ 고려의 중앙 정치 제도

3. 지방 행정 제도와 군사 제도

(1) 지방 행정 제도
  ① 성종 때 12목 설치, 지방관 파견 ➜ 이후 전국을 5도, 양계 그리
    고 경기도로 나누어 다스림.

5도	• 일반 행정 구역이며 안찰사 파견 • 도 아래에 주·군·현 설치하고 지방관인 수령 파견, 지방관이 파견되지 않은 속현은 향리가 파견된 군·현과 연결하여 행정 처리
양계	국경 지역에 설치, 병마사 파견

▲ 고려의 지방 행정 제도

(2) 특수 행정 구역 : 향·부곡·소
　① 이곳 주민들은 농사를 짓거나 국가가 필요로 하는 물품을 만들어 조달
　② 다른 지역의 사람보다 더 많은 세금을 부담하고 거주지 이동에 제한을 받는 등 차별을 받음.

4. 교육 제도와 관리 선발 제도

(1) 교육 제도 : 개경에 국자감(최고 교육 기관), 지방에 향교 설치

(2) 관리 선발 제도 : 과거제와 음서

과거제	문과(제술과, 명경과), 잡과(기술관), 승과(승려 대상)
음서	왕족과 공신의 후손, 5품 이상 고위 관리 자손을 시험 없이 관리로 등용

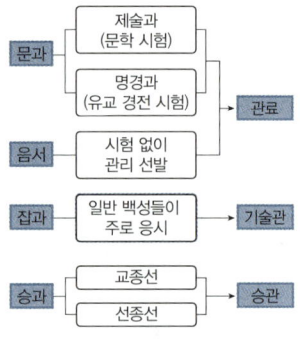

▲ 고려의 과거제

3 문벌 사회의 동요와 무신 정권 성립

1. 흔들리는 문벌 사회와 이자겸의 난

(1) 문벌 귀족 : 대대로 높은 관직과 권력 독점, 왕실이나 다른 문벌 집안과의 혼인 관계를 맺으며 권력 유지함.

(2) 이자겸의 난
　① 전개 : 인종이 이자겸 제거 시도 ➜ 이자겸의 난 ➜ 인종이 척준경을 이용하여 이자겸 제거, 이후 척준경 제거
　② 결과 : 국왕의 권위 하락, 문벌 귀족 사회가 흔들림.

2. 서경 천도 운동과 묘청의 난

(1) 묘청의 서경 천도 운동
　① 배경 : 이자겸의 난 이후 왕실의 권위 추락 ➜ 인종의 왕권 회복 노력
　② 전개 : 묘청을 중심으로 한 서경 세력이 풍수지리설을 근거로 서경 천도 주장 ➜ 김부식을 비롯한 개경 세력의 반대로 서경 천도 좌절

(2) 묘청의 난
　① 배경 : 개경 세력의 반대로 서경 천도 좌절 ➜ 묘청 세력이 서경에서 반란

② 결과 : 김부식이 이끄는 정부군에 의해 진압

3. 무신 정변과 최씨 정권

(1) 배경 : 의종의 향락과 무신에 대한 차별 심화

(2) 전개 : 무신들이 의종이 보현원에 행차하여 잔치하는 틈을 타 정변을 일으켜 정권을 장악함. ➡ 무신 정권 최고 권력자가 자주 바뀌었으나 최충헌이 권력을 잡은 후 혼란한 상황이 수습됨.

(3) 최씨 정권의 성립
① 최충헌 이후 4대 60여 년간 지속
② 통치 기구 : 교정도감(최고 권력 기구), 정방(인사 행정)
③ 군사 기구 : 도방, 삼별초

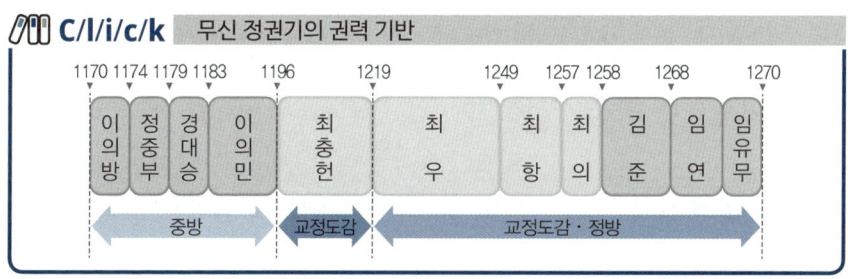

C/l/i/c/k 무신 정권기의 권력 기반

1170	1174	1179	1183	1196	1219	1249	1257	1258	1268	1270
이의방	정중부	경대승	이의민	최충헌	최우	최항	최의	김준	임연	임유무

중방 / 교정도감 / 교정도감·정방

4. 차별에 저항하여 봉기한 농민과 천민

(1) 배경
① 무신들의 권력 다툼으로 정치 혼란, 지배층의 과도한 수탈
② 천민 출신 집권자의 등장으로 신분 상승에 대한 기대감 고조

(2) 농민과 천민의 봉기
① 망이·망소이의 난 : 공주 명학소에서 일반 군·현보다 무거운 세금 부담에 반발하여 일어남.
② 만적의 난 : 최충헌의 사노비였던 만적이 노비들을 모아 봉기를 시도하였으나 실행 전에 발각되어 실패함.

✏️ **고려의 건국과 정치 변화**   한번에 **정리하기**

❶ 태조 : 고려 건국, 호족 포섭·견제 정책, 민생 안정 정책, 북진 정책
❷ 광종 : 노비안검법, 과거제 실시
❸ 정치 제도 : 중앙 ➡ 2성 6부, 지방 ➡ 5도 양계
❹ 교육 제도와 관리 선발 제도 : 국자감, 과거제와 음서
❺ 문벌 귀족인 이자겸의 난 실패 ➡ 왕권 강화를 위해 묘청이 서경 천도 운동
❻ 고려 세력 변천 과정 : 문벌 귀족 ➡ 무신 정권 ➡ 권문세족

❯ 삼별초
최우가 경찰[방범] 및 전투 임무수행을 위해 만든 특수 부대이다. 야별초에서 비롯되었는데, 야별초가 확대되어 좌별초·우별초로 나뉘어졌고, 여기에 신의군이 합해져 삼별초가 되었다. 별초란 '용사들로 조직된 선발군'이라는 뜻이다. 무신 정권의 전위로서 다분히 사병적인 요소도 있었다. 항몽전에서는 그 선두에서 유격 전술로 몽골병을 괴롭혔으며, 무신 정권이 무너지고 고려 정부가 개경으로 환도한 후에도 몽골과 개경정부에 대항하여 끝까지 항쟁하였다.

❯ 만적의 봉기
최충헌의 노비 만적 등 6명이 북산으로 나무하러 가서 노비들을 모아 놓고 "우리나라에서는 무신의 난 이래 고관대작이 천민에서 많이 나왔다. 왕후장상(王候將相)의 씨가 따로 있는가! 시기만 잘 만나면 될 수 있는 것이다. 우리만 어찌 뼈빠지게 일하겠는가! …… 최충헌과 주인들을 죽이고 노비 문서를 불태워 이 땅의 천민을 없애면 우리도 왕후장상이 될 수 있다."라고 말하였다.
– 『고려사』 –

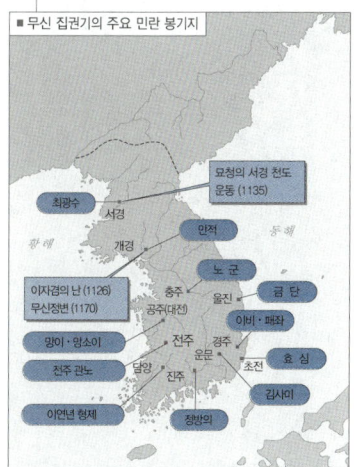

▲ 무신 집권기 하층민의 봉기

02

고려의 대외 관계

• 고려의 대외 관계에 대해 살펴본다.

1 국제 관계의 변화와 고려의 대응

1. 동아시아 국제 관계의 변화

(1) 송 건국 : 10세기 중국의 5대10국의 혼란한 상황이 끝나고 송에 의해 통일

(2) 거란의 성장 : 만주 일대에서 거란이 성장하여 고려와 국경을 접함.

(3) 고려의 대응 : 송과 친선 관계를 맺었으나 발해를 멸망시킨 거란과는 적대적

2. 거란의 침입과 격퇴

(1) 거란의 1차 침입
  ① 송에 대한 공격을 준비하던 거란은 배후의 위협을 없애려고 고려를 먼저 침입
  ② 서희의 외교 담판 : 고려는 송과의 관계를 끊고 거란과의 교류를 약속하고 강동 6주를 획득함.

(2) 거란의 2차, 3차 침입
  ① 2차 침입 : 거란이 강조의 정변 구실로 침략 ➜ 양규의 활약으로 거란군 격퇴
  ② 3차 침입 : 거란의 대규모 침입 ➜ 강감찬이 귀주에서 거란군을 거의 전멸시킴(귀주 대첩).

(3) 결과 : 고려와 송, 거란 사이에 세력 균형을 이룸.

3. 여진의 공격

(1) 여진의 세력 확장
  ① 12세기 무렵 여진이 부족을 통합하면서 세력 확장
  ② 고려는 여진과 자주 충돌하게 되었고, 기병 중심인 여진족에 여러 차례 패함.

(2) 고려의 여진 정벌
　① 윤관이 별무반을 지휘하여 여진을 격퇴
　② 동북 9성을 축조 ➡ 여진의 요청과 방어의 어려움으로 여진에게
　　반환

(3) 금의 사대 요구 수용
　① 여진이 더욱 강성해져서 금을 건국하고 거란(요)을 멸망시킴.
　② 금이 고려에 군신 관계를 요구함. ➡ 이자겸 등 고려 집권자들은
　　자신들의 권력을 유지하기 위해 금의 요구를 받아들임.

> **❯ 별무반**
> 고려군이 여진의 기병에게 번번이 패하자, 이에 대처하기 위해 윤관의 건의로 편성한 특수군이다 (1104). 기병인 신기군, 보병인 신보군, 승려군인 항마군으로 편성되었다.

2 고려의 대외 교류

1. 여러 나라와의 교류

(1) 송과의 교류

고려	경제적·문화적인 실리 추구 ➡ 송의 선진 문물 수입
송	정치적·군사적 목적 ➡ 거란, 여진 등 주변 민족 견제

▲ 동북 9성

(2) 거란, 여진과의 교류
　① 수출 : 식량, 농기구, 문방구 등
　② 수입 : 모피와 말 등의 북방 민족의 특산물

2. 국제 무역항 '벽란도'의 번성

(1) 예성강 입구의 벽란도가 국제 무역항으로 번성, 벽란도를 통해
　고려가 서방 세계에 알려졌고 '코리아'라는 이름도 세상에 널
　리 퍼짐.

(2) 아라비아 상인들도 교역 : 수도 개경과 가까운 벽란도에는 송
　상인들뿐만 아니라 아라비아 상인들까지 찾아와 교역함.

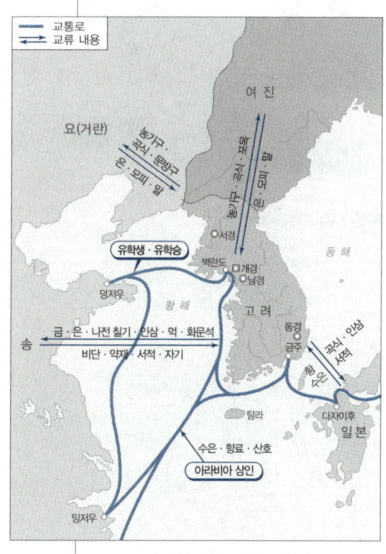
▲ 고려 전기의 대외 무역

> 📝 **고려의 대외 관계**　　　　　　　　　　한번에 정리하기
> ❶ 거란 : 1차 침입 ➡ 서희의 외교 담판, 3차 침입 ➡ 강감찬의 귀주 대첩
> ❷ 여진 : 윤관의 별무반이 여진을 격퇴하고 동북 9성 축조
> ❸ 금 : 이자겸 등의 집권자들이 금의 사대 요구를 받아들임.
> ❹ 벽란도 : 예성강 입구 벽란도에서 '코리아' 이름이 세계에 알려짐.

03 몽골의 간섭과 고려의 개혁

● 몽골의 침략과 간섭, 그에 대한 고려의 개혁 정치에 대해 살펴본다.

1 몽골의 간섭과 고려 사회의 변화

1. 몽골과 외교 관계를 맺은 고려

▲ 몽골의 침략과 항쟁

◉ 김윤후
용인 처인성에서 몽골군을 격파한 승장이다. 1232년(고종 19)에 몽골병이 침입했을 때 김윤후가 몽골군을 지휘하는 적장 살리타를 화살로 쏘아 죽였다.

(1) 몽골의 등장
① 13세기 초 칭기즈 칸이 몽골족을 통합하면서 막강한 세력으로 등장
② 거란이 몽골족에 쫓겨 고려 영토로 들어오자 고려가 몽골과 연합하여 거란을 물리침. → 외교 관계 맺음.

(2) 몽골과의 관계 악화
① 몽골이 고려에 무리한 공물을 요구함.
② 고려에 왔던 몽골 사신 저고여가 본국으로 돌아가는 도중에 피살됨.

2. 몽골의 고려 침략

(1) 몽골의 침략 : 사신 피살 사건을 구실로 고려를 침략
① 처인성 전투 : 승려 김윤후와 처인 부곡민이 적장 살리타이 사살
② 충주성 전투 : 도망간 관리들을 대신해 노비와 천민들이 저항

(2) 고려의 대응과 문화재 소실
① 개경에서 강화도로 수도 천도, 몽골군을 종교의 힘으로 물리치기 위해 팔만대장경 제작
② 대구 부인사에 보관된 대장경과 황룡사 9층 목탑 소실

3. 몽골과 강화를 맺은 고려

(1) 몽골과의 강화 : 최씨 정권이 무너지고 원종과 문신 중심으로 몽골과 강화를 맺어 수도를 다시 개경으로 옮김.

(2) 삼별초의 항쟁
① 개경 환도 반대, 강화도 → 진도 → 제주도로 옮겨 가며 항쟁
② 고려와 몽골 연합군에 의해 진압

4. 원의 내정 간섭과 교류

(1) 원의 내정 간섭
① 영토 상실 : 쌍성총관부(철령 이북 지역), 동녕부(서경), 탐라총관부(제주) 설치
② 정동행성 : 일본 원정 목적으로 설치하였으나 원정 실패 이후 고려의 내정 간섭 기구로 존속

(2) 원과의 교류 : 고려와 원의 교류가 활발해지면서 고려에서 몽골의 변발, 복장, 몽골어 등 몽골풍이 유행 ➡ 원에서는 고려의 그릇, 음식, 복장 등 고려양이 유행

5. 권문세족이 새로운 지배층으로 성장

(1) 권문세족 : 고려 후기 원 간섭기 지배 세력

(2) 권문세족 특징 : 친원 세력, 토지 수탈, 대농장 경영, 많은 노비 소유

2 공민왕의 개혁과 새로운 세력의 등장

1. 반원 자주 개혁에 나선 공민왕

(1) 공민왕의 개혁 정치
① 반원 정책 : 친원 세력 제거, 정동행성 폐지, 쌍성총관부 공격 (철령 이북의 땅 회복), 몽골풍 금지
② 전민변정도감 설치 : 승려 신돈을 등용하여 전민변정도감을 설치 ➡ 권문세족이 빼앗은 토지를 원래 주인에게 돌려주었으며, 불법적으로 노비가 된 사람들을 양인으로 해방

(2) 공민왕의 개혁 정치 결과 : 권문세족의 반발과 공민왕의 죽음으로 실패

2. 홍건적과 왜구의 침입과 신흥 무인 세력의 성장

(1) 홍건적의 침입 : 한족의 농민 반란군인 홍건적 중 일부가 원이 약해진 틈을 타 고려에 침입

(2) 왜구의 침입 : 일본의 대규모 해적인 왜구가 해안 지역뿐만 아니라 내륙 지역과 개경 근처까지 침입하여 큰 피해를 줌.

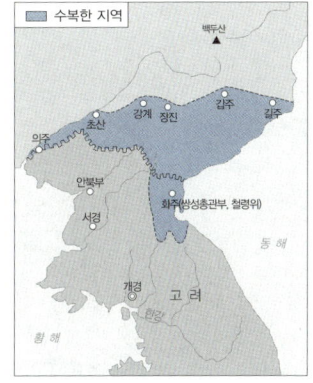
▲ 공민왕의 영토 수복

● 전민변정도감
고려 후기 권세가에게 점탈된 토지나 농민을 바로잡기 위하여 설치된 임시 개혁 기관이다. 여러 왕대에 걸쳐 여러 차례 설치되었는데, 공민왕 15년인 1366년에 설치된 것이 대표적이다.

● 신돈
고려 말에 공민왕의 신임을 얻어, 백성을 위한 민생 개혁 정치를 펼친 승려 출신의 인물로, 권문세족의 반격으로 희생되었다. 전민변정도감의 판사(우두머리)직을 맡았다.

● 홍건적
중국 원 말기 허베이성 일대에서 백련교가 중심이 되어 일어난 한족 반란군이다. 난을 일으킨 홍건적들이 일시적으로 화북과 화중지역 일대를 장악하기도 하였으나 원군에 쫓겨 만주로 진출하였고, 고려를 두 차례에 걸쳐 침략하기도 하였다.

(3) 신흥 무인 세력의 성장 : 홍건적과 왜구의 침입을 막는 과정에서 활약한 최영, 이성계 등의 신흥 무인 세력들이 백성들의 신망을 얻으며 새로운 정치 세력으로 성장

3. 개혁 세력인 신진 사대부의 성장

성리학을 공부하고 과거를 통해 관직에 진출 ➜ 공민왕의 개혁 과정에서 성장하여 정치 세력 형성, 권문세족의 비리 비판

4. 위화도 회군과 고려의 멸망

(1) 위화도 회군

배경	명의 쌍성총관부 영토 요구(철령 이북의 땅)에 반발한 고려가 요동 정벌 추진
전개	이성계가 요동 정벌에 반대하였지만 우왕의 명령으로 이성계 출정 ➜ 이성계가 압록강의 위화도에서 회군하여 개경 장악
결과	이성계가 우왕과 최영을 몰아내고 정치, 군사 실권 장악

(2) 고려의 멸망 : 이성계와 급진파 신진 사대부가 개혁 추진 ➜ 정몽주 등 반대파 제거 ➜ 조선 건국

몽골의 간섭과 고려의 개혁   한번에 정리하기

❶ 몽골 침략에 대한 저항
  • 처인성 천투, 충주성 전투에서 김윤후의 활약으로 몽골군을 물리침.
  • 강화도 → 진도 → 제주도로 옮겨 가며 삼별초의 항쟁, 팔만대장경 제작
❷ 공민왕의 개혁 정치 : 친원 세력 제거, 정동행성 폐지, 몽골풍 금지, 신돈을 등용하여 전민변정도감 설치
❸ 권문세족 : 원 간섭기의 지배 세력
❹ 신진 사대부 : 성리학을 공부하고 과거를 통해 관직에 진출

04 고려의 생활과 문화

• 고려 시대 사람들의 일상생활과 문화에 대해 살펴본다.

1 고려 시대의 생활 모습(가족 제도)

(1) 고려 시대의 혼인 형태
　① 한 명의 남성이 한 명의 처를 두는 일부일처제를 원칙으로 함.
　② 혼인 후 신랑이 신부의 집으로 가서 머무는 경우가 대부분

(2) 가족 질서 속 여성의 지위
　① 여성의 이혼 요구와 재혼 가능
　② 호적에 남녀 차별 없이 태어난 순서대로 기재함.
　③ 가족의 재산을 상속할 때 아들과 딸을 구별하지 않고 균등하게
　　분배

▲ 대각국사 의천

2 종교와 사상의 변화

(1) 고려의 불교 중시
　① 태조가 후대의 왕들에게 훈요 10조를 남겨 불교 장려
　② 광종 때는 과거 시험에 승과를 두고 연등회와 팔관회 등 불교
　　행사 진행

(2) 불교의 개혁 운동
　① 의천 : 천태종을 창시하고 교종의 입장에서 선종 통합
　② 지눌 : 무신 집권기에 불교계의 폐단을 비판하며 개혁을 시도
　　➡ 수선사 결사 운동, 선종을 중심으로 교종을 통합하고자 노력함.

(3) 불교의 폐단을 비판한 성리학
　① 신진 사대부들에 의해 개혁 사상으로 활용
　② 성리학을 개혁 사상으로 삼은 신진 사대부들이 권문세족과 불교계
　　가 낳은 사회·경제적 폐단을 비판하면서 사회를 개혁하고자 함.
　③ 성리학이 조선 건국의 사상적인 기반이 됨.

▲ 보조국사 지눌

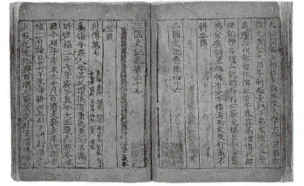

▲ 삼국사기(1145) 김부식이 인종의 명에 따라 젊은 관원들과 삼국(고구려·백제·신라)의 역사를 기전체로 편찬하였다.

▲ 삼국유사(1281) 충렬왕 때 보각국사 일연이 고구려·백제·신라 3국의 유사(遺事)를 모아서 지은 '야사(野史)'이다.

▲ 직지(심체요절)

3 고려 시대의 문화

1. 역사서 편찬

고려 전기	『삼국사기』 : 김부식이 편찬, 현존하는 가장 오래된 역사서, 유교의 합리주의 사관, 신라 계승 의식 반영
무신 집권기	『동명왕편』 : 이규보가 편찬, 고구려를 건국한 주몽을 영웅으로 묘사하면서 고구려의 계승 의식을 강조
원 간섭기	• 『삼국유사』 : 승려 일연이 편찬, 삼국의 역사와 설화, 우리의 고유문화와 불교에 관한 다양한 이야기를 담음. • 『제왕운기』 : 이승휴가 편찬, 단군 조선을 우리 역사상 최초의 국가로 기록

2. 인쇄술의 발달

(1) 팔만대장경 : 해인사에 있는 팔만대장경은 부처의 힘으로 몽골 침략을 물리치기 위해 제작함.

(2) 금속 활자 발명 : 고려 후기에 세계 최초로 금속 활자를 발명함.
　① 『상정고금예문』 : 최초의 활자 인쇄본이지만 현재 전해지지 않음.
　② 『직지심체요절(직지)』 : 청주 흥덕사에서 간행한 현존하는 가장 오래된 금속 활자본

3. 고려청자의 변화

(1) 고려청자 : 푸른 비색의 청자 ➡ 12세기 상감 청자

(2) 14세기 이후 : 몽골과의 전쟁, 왜구의 약탈 등으로 고려청자 쇠퇴

C/l/i/c/k 고려의 석탑과 불상

▲ 평창 월정사 8각 9층 석탑

▲ 개성 경천사지 10층 석탑

▲ 논산 관촉사 석조 미륵보살 입상

▲ 하남 하사창동 철조 석가여래 좌상

/∭ C/l/i/c/k 고려의 순청자와 상감 청자

▲ 청자 투각 칠보무늬 향로(순청자)
중국이 본고장인 청자는 푸른빛을 내는 자기이다. 고려 시대 사람들도 청자를 만들었는데, 중국에서 비색이라 감탄할 만큼 예술성이 뛰어났다.

▲ 청자 상감 운학무늬 매병(상감 청자)
12세기에 들어 사치품에 대한 수요가 늘어나면서, 고려의 장인들은 상감 청자를 발명하였는데, 상감 기법으로 청자에 아름다운 무늬를 자유자재로 표현하였다.

📝 고려의 생활과 문화 　　　　　　　　　　한번에 정리하기

❶ 불교
 • 의천 : 교종 입장에서 선종 통합
 • 지눌 : 수선사 결사 운동, 선종 중심으로 교종 통합
❷ 역사서 편찬 : 김부식의 『삼국사기』, 이규보의 『동명왕편』, 일연의 『삼국유사』
❸ 인쇄술의 발달 : 팔만대장경, 가장 오래된 금속 활자본인 『직지심체요절(직지)』
❹ 고려청자

01 고려 태조 왕건의 정책으로 옳은 것은?

① 경복궁 중건
② 노비안검법 실시
③ 사심관 제도 실시
④ 전민변정도감 설치

02 다음 〈보기〉에서 고려의 후삼국 통일 과정을 순서대로 바르게 나열한 것은?

┤ 보기 ├
ㄱ. 고려의 건국   ㄴ. 신라의 멸망
ㄷ. 후삼국의 통일   ㄹ. 후백제의 건국

① ㄱ - ㄴ - ㄷ - ㄹ
② ㄴ - ㄷ - ㄹ - ㄱ
③ ㄷ - ㄹ - ㄱ - ㄴ
④ ㄹ - ㄱ - ㄴ - ㄷ

03 고려 태조가 다음과 같은 정책을 실시한 까닭은?

• 왕씨 성 하사   • 혼인 정책
• 관직 및 토지 하사

① 북진 정책   ② 숭불 정책
③ 민족 통합 정책   ④ 지방 세력 포섭 정책

04 다음 중 고려 광종이 실시한 정책은?

① 집현전 설치   ② 과거제 실시
③ 후삼국 통일   ④ 천리장성 축조

05 다음 글을 통해 알 수 있는 고려 건국의 역사적 의의로 알맞은 것은?

발해가 거란에 멸망당했을 때 고구려계 유민을 비롯한 많은 사람들이 고려로 망명해 왔는데, 고려 태조는 발해의 고구려계 유민들을 우대하며 수용하였다.

① 고려의 통일로 고대 사회가 성립되었다.
② 만주 지역 상실이라는 한계를 가진 통일이다.
③ 지역적으로 대동강 이남에 국한된 불완전한 통일이다.
④ 우리 민족을 완전히 통합하여 민족의 재통일을 이루었다.

06 다음 설명에 해당하는 고려의 왕은?

• 과거제를 처음으로 실시하여 인재를 선발하였다.
• 노비안검법을 실시하여 불법적으로 노비가 된 사람을 양인으로 해방시켰다.

① 태조   ② 광종
③ 성종   ④ 공민왕

07 고려의 중앙 정치 기구 중 다음과 같은 역할을 담당하는 것은?

• 왕명 전달   • 군사 기밀

① 삼사   ② 어사대
③ 중추원   ④ 도병마사

08 고려의 교육과 과거 제도에 대한 설명으로 옳지 <u>않은</u> 것은?

① 잡과를 통해서 기술관을 뽑았다.

② 무예 시험을 보는 무과를 통해 무관을 뽑았다.

③ 개경에 세워진 최고 교육 기관은 국자감이었다.

④ 고위 관료의 자제를 시험 없이 관리로 뽑는 제도가 있었다.

09 연표의 (가) 시기에 있었던 사실로 옳지 <u>않은</u> 것은?

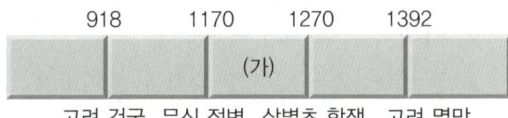

① 만적의 난

② 망이 · 망소이의 난

③ 팔만대장경판 제작

④ 윤관의 동북 9성 개척

10 고려 시대의 대외 관계를 설명한 것으로 옳은 것은?

① 아라비아 상인들과의 무역도 활발히 이루어졌다.

② 당시 국제 무역 항구로 크게 번성한 것은 울산항이다.

③ 고려는 거란에 사신과 학자들을 파견하여 발달된 문물을 받아들이려고 노력하였다.

④ 고려는 거란과 여진을 견제하려는 군사적 목적으로 송과 친밀한 관계를 유지하였다.

11 다음 〈보기〉의 사건을 일어난 순서대로 바르게 나열한 것은?

┤ 보기 ├

ㄱ. 귀주 대첩   ㄴ. 동북 9성 축조

ㄷ. 강동 6주 획득   ㄹ. 강조의 정변

① ㄱ - ㄴ - ㄹ - ㄷ

② ㄱ - ㄹ - ㄷ - ㄴ

③ ㄴ - ㄷ - ㄱ - ㄹ

④ ㄷ - ㄹ - ㄱ - ㄴ

12 다음 내용과 관련 있는 인물을 고르면?

• 여진 정벌
• 동북 9성 설치

① 서희   ② 윤관

③ 양규   ④ 강감찬

13 다음 주장을 한 인물이 일으킨 사건은?

• 금(金)나라를 정벌하자!
• 고려를 황제국으로 칭하고, 서경으로 수도를 옮기자!

① 묘청의 난   ② 이자겸의 난

③ 만적의 난   ④ 홍경래의 난

14 다음과 같은 특징의 고려 시대의 지배층은?

• 정치 및 경제적 특권 독점
• 왕실의 외척 세력 형성
• 경원 이씨, 해주 최씨, 경주 김씨 등

① 무신   ② 신진 사대부

③ 지방 호족   ④ 문벌 귀족

15 이자겸의 난과 묘청의 서경 천도 운동에서 알 수 있는 고려 사회의 모습은?

① 과거제 실시
② 호족의 등장
③ 6두품의 성장
④ 문벌 귀족 사회의 동요

16 최씨 무신 정권의 정치적·군사적 기반에 해당하는 것이 아닌 것은?

① 광군   ② 도방
③ 교정도감   ④ 삼별초

17 다음 자료를 통해 알 수 있는 무신 정권기의 사건은?

> "왕후장상이 어찌 처음부터 씨가 따로 있으랴. …(중략)… 최충헌과 주인들을 죽이고 노비 문서를 불태워 이 땅의 천민을 없애면 우리도 왕후장상이 될 수 있다."라고 말하였다.
> － 『고려사』 －

① 만적의 난   ② 조위총의 난
③ 이자겸의 난   ④ 홍경래의 난

18 고려 공민왕이 실시한 정책을 〈보기〉에서 고른 것은?

┌─ 보기 ├─
ㄱ. 경복궁 중건   ㄴ. 훈민정음 창제
ㄷ. 친원 세력 숙청   ㄹ. 몽골 풍속 금지
└────────

① ㄱ, ㄴ   ② ㄱ, ㄹ
③ ㄴ, ㄷ   ④ ㄷ, ㄹ

19 다음 내용에 해당하는 정치 세력은?

> • 성리학을 수용하고 과거를 통해 중앙 관직에 진출
> • 권문세족 비리를 비판하고 고려 사회의 개혁을 추진

① 문벌 귀족   ② 지방 호족
③ 신진 사대부   ④ 신흥 무인 세력

20 공민왕의 개혁 정치에 대한 설명으로 옳지 않은 것은?

① 반원 자주 개혁을 반대한 친원파를 숙청하였다.
② 고려에서 유행하던 몽골식 생활 풍습을 금지하였다.
③ 쌍성총관부를 공격하여 철령 이북의 땅을 되찾았다.
④ 왕권의 확립을 위해 정동행성의 기능을 강화하였다.

21 삼별초의 항쟁에 대한 설명으로 바르지 못한 것은?

① 개경 환도에 반대하며 항전하였다.
② 고려인의 자주 정신을 보여 주었다.
③ 강화도 → 진도 → 제주도로 이동하며 싸웠다.
④ 무신 정권을 상대로 거세게 저항하였다.

22 권문세족에 대한 설명으로 옳지 <u>않은</u> 것은?

① 백성들의 토지를 수탈하여 대농장을 경영하였다.

② 원의 세력을 빌려 권력을 행사하였다.

③ 공민왕의 개혁 정치에 적극 동참하였다.

④ 원 간섭기에 새로운 지배 세력으로 등장하였다.

23 다음 글의 (가)에 들어갈 알맞은 인물은?

> 공민왕은 ☐ (가) ☐ 을/를 등용하여 불법적인 농장을 없애고 토지를 원래의 주인에게 되찾아 주었으며, 농장의 노비들을 양인으로 해방시켰다.

① 안향   ② 박위

③ 신돈   ④ 최영

24 다음 밑줄 친 '이 사건'과 관련 있는 사건은?

> 이 사건은 이성계와 신진 사대부들이 최영 등 반대파를 몰아내고 정치적 실권을 장악하는 계기가 되었다.

① 과전법 실시   ② 위화도 회군

③ 화약 무기 개발   ④ 전민변정도감 설치

25 다음 설명에 해당하는 것은?

> 고려 시대에 몽골이 침략하자, 부처의 힘으로 국난을 극복하고자 하는 염원에서 제작되었다. 현재 국보 제32호로 지정되어 있으며 해인사에 보관 중이다.

① 칠지도   ② 비파형 동검

③ 호우명 그릇   ④ 팔만대장경판

26 다음 설명에 해당하는 역사서는?

> 고려 후기의 승려 일연이 불교사를 중심으로 지방의 기록과 민간 설화까지 포함하여 저술한 것이다. 단군을 우리 민족의 시조로 기록함으로써 통합된 민족 의식을 표출하였다.

① 삼국사기   ② 제왕운기

③ 삼국유사   ④ 동명왕편

27 다음에서 설명하는 문화유산으로 옳은 것은?

- 유네스코 지정 세계 기록 유산
- 흥덕사(충청북도 청주)에서 간행
- 현재 프랑스 국립 도서관에서 보관
- 현존하는 세계에서 가장 오래된 금속 활자본

①
직지심체요절

②
조선왕조실록

③
삼강행실도

④
무구정광대다라니경

EBS 교육방송교재

중졸 검정고시 **사회**

PART

04

조선의 성립과 발전

✿ 이 단원에서는 조선의 성립 이후 양 난까지 문물 제도 정비를 통한 정치와 문화의 발전 과정을 다룬다. 이 시기에 조선 정치의 기틀이 형성되고 사림의 등장으로 성리학적 사회 질서가 자리 잡았음을 이해한다. 유교 문화의 보급과 더불어 문화와 과학이 발달하였음을 파악한다. 왜란과 호란의 발발 배경과 전개 과정, 영향을 동아시아 국제 질서와 연관 지어 파악한다.

01

통치 체제와 대외 관계

• 조선의 통치 체제와 대외 관계에 대해 살펴본다.

1 조선의 건국

1. 조선의 건국 과정

(1) 고려 말 신흥 무인 세력인 이성계와 신진 사대부인 정도전이 고려 사회를 개혁하고자 함.

(2) 위화도 회군 : 이성계는 위화도 회군을 통해 정치적·군사적 실권 장악

(3) 과전법 실시 : 권문세족의 토지 몰수, 신진 사대부의 경제적 기반 마련

(4) 조선 건국 : 정몽주 등 새 왕조 수립에 반대하는 세력 제거 후 이성계 즉위 ➡ 도읍을 한양으로 천도함.

▲ 호패 16세 이상의 남자들이 지녔던 신분증이다.

2. 국가 기틀 마련

> **의정부 서사제와 6조 직계제**
> • 의정부 서사제 : 6조에서 올라오는 모든 일을 영의정, 좌의정, 우의정이 중심이 되는 의정부에서 논의한 다음, 합의된 사항을 국왕에게 올려 결재를 받는 형식이다.
> • 6조 직계제 : 6조에서 의정부를 거치지 않고 곧바로 사안을 국왕에게 올려 재가를 받아 시행하는 제도이다.

태종	• 왕자의 난으로 왕위 차지, 왕권 강화 • 6조 직계제 실시, 귀족들의 사병 혁파, 호패법 실시, 신문고 설치
세종	• 왕권과 신권의 조화, 민본 사상을 바탕으로 한 유교 정치 • 의정부 서사제, 집현전 설치, 영토 확장(4군 6진 개척)
세조	• 단종을 몰아내고 왕위 차지 • 의정부 기능 축소, 집현전 폐지, 『경국대전』 편찬 시작
성종	• 유교 중심 국가 통치 질서 확립 • 홍문관 설치, 『경국대전』 완성

2 통치 체제의 정비와 대외 관계

1. 조선의 통치 제도

(1) 중앙 정치 제도

의정부	최고 통치 기구 ➜ 3정승이 합의하여 국정 총괄
6조	의정부 아래 주요 행정 실무 담당
3사	사간원 : 왕이 바른 정치를 하도록 일깨워 주는 역할
	사헌부 : 관리들의 비리 감찰
	홍문관 : 왕의 정치 자문
의금부	왕 직속 사법 기구, 국가의 큰 죄인을 다스림.
승정원	왕의 비서 기관
한성부	수도의 행정과 치안 담당
성균관	유학 교육 기관
춘추관	역사서 편찬

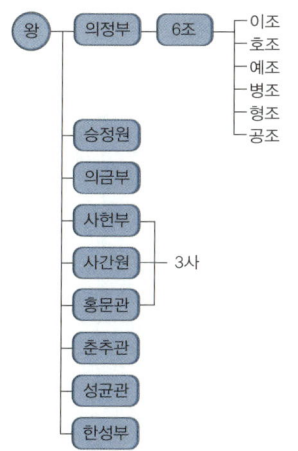

▲ 조선의 중앙 정치 기구

(2) 지방 행정 제도와 군사 제도

① 지방 행정 구역 : 전국을 8도로 나누고 그 아래 부·목·군·현을 둠. ➜ 수령을 파견하여 중앙 집권을 강화

② 관찰사 : 각 도에 파견하여 수령을 지휘·감독

③ 수령 : 모든 군현에 파견, 지방의 행정·사법·군사 업무 총괄

④ 향리 : 수령의 실무 보좌

⑤ 유향소 : 지방 양반들의 자치 조직, 지방 양반들의 의견 수렴, 수령의 자문, 수령과 향리의 비리 고발

⑥ 군사 조직

중앙군	5위, 궁궐 수비와 한양 방어 담당
지방군	병마절도사와 수군절도사 파견

⑦ 봉수 제도 : 국경 지대의 위급 사항을 중앙에 전달

2. 교육 제도와 관리 등용 제도

(1) 교육 기관

① 서당 : 기초적인 유교 지식 교육

② 중등 교육 기관 : 중앙에서는 4부 학당, 지방에서는 향교가 교육을 맡음.

③ 성균관 : 최고 교육 기관으로 소과 합격자 및 양반 자제들이 입학

(2) 관리 등용 제도

과거	문과, 무과, 잡과를 시행
음서	고려에 비해 범위 축소, 음서로서는 고위 관리로 승진이 어려움.
천거	관리 추천으로 관리 선발

3. 조선 전기, 사대교린의 대외 관계

(1) 명과의 관계

① 건국 초기 태조가 요동 정벌을 추진 ➡ 명과 대립

② 태조 이후 명과 친선 관계를 맺어 사대 관계 확립

③ 사대 외교의 이점 : 경제적·문화적 이익을 추구하는 실리적 사대 외교 ➡ 명으로부터 선진 문물 수용, 왕권 안정

(2) 여진, 일본과의 교린 정책(회유책과 강경책 병행)

① 여진

회유책	• 국경 지역에 무역소 설치 • 귀순 장려
강경책	세종 때 4군 6진 개척 ➡ 오늘날과 같은 국경선 확정

② 일본

회유책	3포(부산포, 염포, 제포)를 개항하여 제한적인 무역을 허용
강경책	세종 때 이종무를 보내 대마도(쓰시마섬) 정벌

> **사대 외교**
> 중국과 같은 큰 나라를 받들어 섬긴다는 뜻이다.

▲ 4군 6진

📝 **통치 체제와 대외 관계**　　　　　　　한번에 정리하기

❶ 조선 건국 과정 : 명의 철령 이북 땅을 요구 ➡ 요동 정벌 ➡ 압록강의 위화도에서 회군 ➡ 과전법 실시 ➡ 반대파 제거 ➡ 조선 건국

❷ 세종 : 의정부 서사제, 집현전 설치, 훈민정음 창제

❸ 지방 행정 제도
• 수령 : 지방의 행정·사법·군사 업무 총괄
• 유향소 : 지방 양반들이 수령의 자문, 수령과 향리의 비리 고발

02 사림 세력과 정치 변화

• 새롭게 성장한 조선의 사림 세력과 그에 따른 정치 변화에 대해 살펴본다.

1 사림의 등장과 사화

1. 사림을 통해 왕권을 안정시킨 성종

(1) 훈구파 : 세조가 왕위에 오르는 데 도움을 준 세력

(2) 성종의 사림 등용
   ① 훈구파를 견제하기 위해 성종이 사림 세력을 대거 등용
   ② 사림 : 조선의 건국에 협력하지 않고 지방에서 학문과 교육에 힘쓴 유학자들
   ③ 사림은 주로 언론 기관인 3사에 배치되어 훈구파의 권력 독점과 비리 비판

2. '사화'의 발생
사화 : 사림이 큰 피해를 입은 사건으로 네 차례 발생

무오사화	연산군과 훈구 세력이 사초에 실린 김종직의 '조의제문'을 문제 삼아 사림 제거
갑자사화	연산군 친어머니의 폐위와 관련된 사람을 제거하는 과정에서 사림이 피해를 입음.
기묘사화	조광조의 개혁 정치에 훈구 세력의 반발 ➜ 중종이 조광조를 처형하고 많은 사림을 몰아냄.
을사사화	명종 때 외척 세력 간의 권력 다툼으로 사림이 피해를 입음.

2 사림의 성장과 붕당의 형성

1. 서원과 향약 중심으로 세력을 키운 사림

(1) 서원의 설립
   ① 서원 : 덕망 있는 유학자들의 제사를 지내고, 양반 자제들을 교육하는 곳

② 의의 : 향촌의 성리학 보급과 지방 문화의 성장에 이바지

(2) 향약의 보급

① 향약 : 향촌의 공동체 조직에 유교 윤리를 더하여 만든 향촌 자치 규약

② 사림이 향약을 만들어 시행함. ➜ 향약을 바탕으로 사림이 향촌에서 주도권을 잡음.

2. 사림의 집권과 붕당의 형성

(1) 사림의 집권

① 서원과 향약을 바탕으로 세력 강화

② 선조 때 정치 주도권을 잡음.

(2) 붕당 형성

① 사림이 이조 전랑의 임명 문제를 놓고 동인과 서인으로 나뉨.

② 동인과 서인은 비판과 견제를 통해 상대방의 학문적 차이를 인정하면서 붕당 정치를 전개해 나감.

> ❗ **이조 전랑**
> 3사의 관리를 추천하는 권한뿐만 아니라 자신의 후임자를 추천할 수 있는 자리이다.

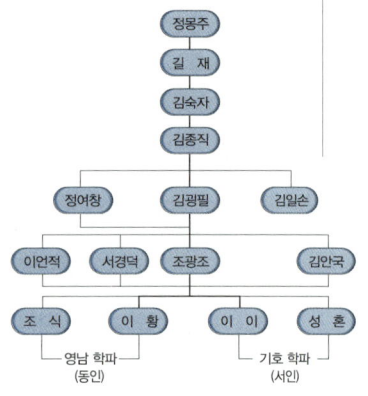

▲ 사림의 계보

📝 **사림 세력과 정치 변화**　　　　　　　　한번에 정리하기

❶ **사림** : 조선 건국에 반대하여 지방에서 학문과 교육에 힘쓴 유학자들
❷ **사화** : 사림이 큰 피해를 입은 사건
❸ **서원** : 유학자들의 제사와 양반 자제들의 교육을 담당함.
❹ **향약** : 향촌의 자치 규약
❺ **붕당** : 사림들이 서로 무리를 지어 이루어진 당파

03 문화의 발달과 사회 변화

• 조선 전기 문화와 사회 변화에 대해 살펴본다.

1 훈민정음과 유교 윤리의 보급

1. '훈민정음' 창제

① 세종이 우리말을 소리 나는 대로 적을 수 있는 문자를 만듦.
② '훈민정음'이라는 이름으로 반포

2. 유교 윤리 관련 도서 보급

① 유학 교육의 기본서인 『소학』을 보급하여 향촌 사회에 대한 지배력을 강화
② 가정에서 지켜야 할 각종 의례를 정리한 『주자가례』를 보급하고, 사당을 만들어 성리학적 사회 질서를 유지하고자 함.
③ 이황 : 『성학십도』, 『주자서절요』
④ 이이 : 『동호문답』, 『성학집요』

2 조선 전기 문화의 발달

1. 과학 기술의 발달

(1) 천문학과 역법의 발달
① 천문학 : 천문학이 국왕의 권위를 높이고, 농사에 필요한 정보를 주는 학문으로 중시함.
② 역법서 : 천체의 주기적 운행을 시간 단위로 정하는 방법에 대해 정리한 서적

(2) 태조와 세종 대의 과학 기술
① 태조 대 : 전해지던 천문도를 바탕으로 「천상열차분야지도」 제작
② 세종 대

혼천의	천체 운행을 측정하는 기구
칠정산	한양을 기준으로 하는 역법책
시계	앙부일구(해시계), 자격루(물시계)
측우기	농업을 중시하여 강수량을 측정

2. 다양한 책들 편찬과 예술의 발달

(1) 다양한 분야의 책들 편찬

　① 고려의 역사를 정리한 『고려사』, 『고려사절요』를 비롯하여 국왕
　　의 통치 기록을 모은 『조선왕조실록』 편찬

　② 지도 : 세계 지도인 「혼일강리역대국도지도」, 전국 지도인 「팔
　　도도」 제작

(2) 양반 중심의 예술 발달

　① 조선 전기에 고려 시대의 화려한 청자 대신 분청사기, 백자가
　　유행함.

　② 조선 전기의 회화

몽유도원도	안견이 현실 세계와 이상 세계가 공존하는 꿈의 낙원을 표현함.
고사관수도	강희안이 자연 속에서 선비의 여유로운 모습을 표현함.

C/l/i/c/k　몽유도원도의 세계

▲ **몽유도원도(안견)**　세종의 셋째 아들인 안평 대군이 자신이 꾼 꿈을 화가인 안견에게 설
명하여 그리게 한 그림이다. 현실 세계, 무릉도원 입구, 무릉도원의 세 부분으로 구성되어
있다.

(3) 16세기에 이르러 매화, 난초, 국화, 대나무를 그린 사군자가 유행함.

문화의 발달과 사회 변화　　　　　　한번에 정리하기

❶ 유교 도서 : 이황의 『성학십도』, 이이의 『성학집요』
❷ 역사서 : 조선 태조에서 철종까지 기록한 『조선왕조실록』
❸ 세종 대 : 혼천의, 칠정산, 앙부일구, 자격루, 측우기
❹ 조선 전기 회화 : 몽유도원도, 고사관수도

❯ **『조선왕조실록』**
조선 태조에서 철종까지 472년간
의 역사적 사실을 각 왕별로 기록
한 책이다.

▲ **고사관수도**　'고결한 선비가
물을 바라본다'는 뜻이다.

04 왜란·호란의 발발과 영향

• 임진왜란, 병자호란의 전개 과정과 양 난이 조선 사회에 미친 영향을 살펴본다.

1 7년간 조선을 뒤흔든 임진왜란

1. 임진왜란의 발생 배경

① 일본에서 도요토미 히데요시가 전국 시대를 통일함.

② 내부의 불만 세력의 관심을 밖으로 돌리고 대륙을 침략하고자 전쟁 준비

③ 일본이 명을 정벌하러 가는 길을 빌려 달라고 하였으나 조선이 거절 ➜ 일본이 이를 구실로 조선을 침략

2. 의병과 수군의 활약

(1) 의병의 활약 : 유생, 농민, 승려들이 익숙한 지리를 이용하여 활약함.

(2) 수군의 활약

① 이순신이 이끄는 수군의 승리로 조선은 전라도의 곡창 지대를 지킴.

② 서·남해안을 통해 전쟁 물자를 옮기려던 일본군의 작전을 좌절시킴.

(3) 왜란의 극복

① 명나라군과 조선군이 평양성 탈환

② 김시민(진주성)과 권율(행주산성)의 승리 ➜ 일본이 휴전을 제의하여 명과 강화 교섭을 벌임.

(4) 정유재란과 종전

① 3년간의 휴전 회담이 일본의 무리한 요구로 결렬되자 다시 조선 침략

② 이순신이 이끄는 수군이 철수하는 일본군을 노량에서 물리치면서 전쟁이 끝남(노량해전).

> **왜란**
> 조선에 대한 일본의 침략 행위를 의미한다.

(5) 왜란의 영향

조선	• 토지 황폐화, 재정 및 인구 감소 • 신분 질서 혼란, 문화재 약탈 및 소실
일본	• 조선에서 약탈한 문화재와 서적을 통해 문화 발전의 계기 마련 • 도쿠가와 이에야스가 에도 막부 수립
중국	명의 국력이 약해진 틈을 타 만주에서 여진족이 세력 확장

2 호란과 북벌론

1. 명과 후금 사이에서 중립 외교를 추진한 광해군

(1) 광해군의 중립 외교
① 만주에서 누르하치가 여진족을 통합하여 후금을 건국 ➡ 후금이 명을 공격하자 명이 조선에 원군 요청
② 중립 외교 : 광해군은 명에 군대를 파견하였지만, 강홍립에게 상황에 따라 대처하도록 하여 후금과의 전쟁을 피함.

(2) 인조반정
① 배경 : 광해군의 중립 외교와 이복동생인 영창 대군을 죽이고 인목 대비를 폐위시켜 비난을 받음.
② 결과 : 서인이 광해군을 몰아내고 인조를 왕으로 추대함.

2. 두 차례의 호란

(1) 정묘호란
① 배경 : 친명 배금 정책 ➡ 인조는 명에 대한 의리를 내세워 후금을 배척하는 외교 정책을 추진함.
② 전개 : 후금이 조선 침략 ➡ 조선이 관군과 의병으로 후금에 대항하자 후금은 조선과 형제의 관계를 맺고 물러남.

(2) 병자호란
① 배경 : 후금이 나라 이름을 청으로 바꾸고 조선에 군신 관계 요구 ➡ 조선이 거절하자 청 태종이 직접 군사를 이끌고 조선 침입
② 전개 : 인조가 남한산성으로 들어가 항전 ➡ 결국 인조는 청에 항복(삼전도의 굴욕)

> ❷ 호란
> 압록강을 건너온 후금(청)을 의미한다.

▲ 삼전도의 굴욕 인조는 삼전도 (현재 서울 송파)에서 청 태종에게 세 번 절하고 아홉 번 머리를 조아리는 '삼궤구고두례'의 항복 의식을 행하였다(1637).

3. 북벌 정책을 추진한 효종

(1) 북벌론 대두 : 효종은 청을 정벌하여 치욕을 씻어야 한다고 주장하며 북벌을 추진함.

(2) 효종의 죽음으로 북벌 정책은 중단

왜란 · 호란의 발발과 영향　　　　　　　　　　　한번에 정리하기

❶ 임진왜란 : 일본 도요토미 히데요시의 조선 침략 ➜ 조선군과 명나라군의 평양성 탈환 ➜ 3년간 휴전 회담 ➜ 정유재란 ➜ 이순신의 수군이 노량에서 일본군 물리치며 전쟁 종결
❷ 광해군의 중립 외교를 서인 중심으로 비판 ➜ 광해군을 몰아내고 인조를 왕으로 추대함(인조반정).
❸ 정묘호란 : 인조의 친명 배금 정책을 구실로 후금의 침략
❹ 병자호란 : 후금이 청으로 이름을 바꾸고 조선 침략 ➜ 인조의 남한산성의 항전 ➜ 삼전도의 굴욕

---

01 조선 세종의 업적으로 옳은 것을 〈보기〉에서 고르면?

┤ 보기 ├
ㄱ. 집현전 설치　　ㄴ. 대동법 실시
ㄷ. 수원 화성 건설　ㄹ. 훈민정음 창제

① ㄱ, ㄴ　　　　　② ㄱ, ㄹ
③ ㄴ, ㄷ　　　　　④ ㄷ, ㄹ

02 다음과 같은 특징을 지닌 조선의 도읍지는?

• 한반도의 중앙에 위치
• 한강이 흘러 조세 운반에 편리
• 주변이 산에 둘러싸여 외적 방어에 유리

① 경주　　　　　　② 평양
③ 개성　　　　　　④ 한양

03 다음과 관련 있는 조선의 왕은?

• 1·2차 왕자의 난 이후 집권
• 국왕 중심의 통치 체제 마련
• 호패법 실시, 사병 철폐

① 태조　　　　　　② 태종
③ 세종　　　　　　④ 세조

04 다음과 같은 활동을 전개했던 왕은?

• 인사와 군사 문제만 국왕이 처리하고, 나머지는 의정부에서 처리
• 여진족을 몰아내고 4군과 6진 설치

① 태종　　　　　　② 세종
③ 문종　　　　　　④ 세조

05 다음에서 설명하는 시기는?

• 조선의 정치 구조와 유교적 통치 체제가 확립되었다.
• 홍문관이 설치되고, 경연이 부활되는 등 문물 제도가 정비되었으며, 『경국대전』을 완성하였다.

① 세조 집권기　　　② 예종 집권기
③ 성종 집권기　　　④ 중종 집권기

06 다음은 조선과 어느 나라의 외교 관계를 설명한 것인가?

• 초기에는 요동 정벌을 추진하며 대립하였다.
• 차츰 사신을 파견하고, 조공을 바치는 사대 외교를 추진하여 경제적·문화적 실리를 추구하게 되었다.

① 명　　　　　　　② 일본
③ 거란　　　　　　④ 여진

07 다음에서 설명하는 조선 시대 중앙 정치 기구는?

- 영의정, 좌의정, 우의정의 3정승으로 구성
- 정책을 심의, 결정하면서 국정 총괄

① 6조　　　　② 3사
③ 승정원　　　④ 의정부

08 다음과 같은 역할을 하였던 조선 시대 관리는?

- 중앙 집권을 강화하기 위하여 파견
- 부·목·군·현의 행정·사법·군사 업무 담당

① 수령　　　　② 판서
③ 대제학　　　④ 관찰사

09 다음에서 설명하는 지방 양반들의 자치 기구는?

- 향회를 통해 여론 수렴, 백성 교화
- 수령 보좌 및 감시

① 6방　　　　② 서원
③ 향약　　　　④ 유향소

10 조선 시대의 과거 제도에 대한 설명으로 옳지 않은 것은?

① 원칙적으로 3년에 한 번 시행되었다.
② 양인 이상이면 누구나 응시할 수 있었다.
③ 현직 관리의 자제들만 응시할 수 있도록 규정되었다.
④ 과거에는 문과, 무과, 잡과의 분야가 있었다.

11 조선시대에 세금으로 거둔 곡식을 수로와 해로를 통해 한성으로 운반하는 제도는?

① 조운 제도　　② 역원 제도
③ 봉수 제도　　④ 천거 제도

12 조선 시대의 최고 교육 기관은?

① 경당　　　　② 태학
③ 성균관　　　④ 주자감

13 다음 설명에 해당하는 역사서는?

　태조부터 철종까지 25대 472년 동안의 역사를 연월일 순서에 따라 기록한 책이다. 방대한 분량과 서술의 객관성을 인정받아 1997년 유네스코 기록 유산으로 지정되었다.

① 고려사　　　② 삼국사기
③ 삼국유사　　④ 조선왕조실록

14 다음과 같은 목적으로 편찬된 조선 시대 서적이 아닌 것은?

　조선은 건국 초 왕조의 정통성을 세우고 한 왕대의 역사를 후대에 남기기 위해 편찬하였다.

① 고려사　　　② 동국통감
③ 고려사절요　④ 국조오례의

15 다음 설명과 관계 깊은 분야끼리 바르게 짝지어진 것은?

> 하늘의 이치가 인간의 생활에 그대로 반영된다는 성리학적 인식을 가진 유학자들이 관심을 가지면서 천체를 관측하기 위해 만든 기구이다.

① 인지의, 화차
② 혼천의, 간의
③ 측우기, 자격루
④ 천상열차분야지도, 혼일강리역대국도지도

16 다음에서 설명하는 정치 세력은?

> • 향촌에서 서원과 향약을 통해 세력을 확대함.
> • 선조 때 동인과 서인으로 나뉘어 붕당 정치를 시작함.

① 사림   ② 무신
③ 진골   ④ 6두품

17 다음과 같은 특징을 가진 사건을 무엇이라 하는가?

> • 성종 사후 사림 세력에 대한 훈구 세력의 반격
> • 김종직이 쓴 '조의제문'을 구실로 하여 시작됨.
> • 이후 사림 세력이 권력을 장악

① 반정   ② 붕당
③ 사화   ④ 환국

18 다음에서 설명하는 것은?

> • 사림이 향촌에 세운 사립 교육 기관
> • 조선 중종 때 주세붕이 처음 세움.
> • 선현에 대한 제사를 지내고, 지방 양반 자제들을 교육함.

① 유향소   ② 서원
③ 향교   ④ 향약

19 다음과 관계 깊은 인물은?

> • 향약의 보급에 앞장섬.
> • 현량과를 실시하여 지방의 인재를 등용하려 함.
> • 중종 반정 공신들의 공적 삭제를 주장하여 사화 발생

① 조식   ② 김종직
③ 조광조   ④ 유자광

20 학생들의 수행평가 과제의 주제로 가장 적절한 것은?

> 이번 수행평가 과제는 '임진왜란 당시 우리 민족의 항쟁에 대해 조사하기'입니다.

① 만주에서 일본군을 무찌르는 김좌진
② 한산도에서 왜군을 격퇴하는 이순신
③ 안시성에서 적과 싸우는 성주와 백성들
④ 살수에서 우중문 부대를 물리치는 을지문덕

21 다음에서 설명하는 광해군의 외교 정책은?

> 명이 쇠퇴하고 후금이 성장하던 시기에, 명과 후금 사이에서 신중한 외교 정책을 펼쳤다. 이를 통해 전쟁은 피하고 실리를 추구하고자 하였다.

① 남진 정책　　　　② 사대 외교
③ 중립 외교　　　　④ 친명배금 정책

22 임진왜란 때 활약했던 인물과 활동이 바르게 연결된 것은?

① 김시민 – 행주산성을 지켜냈다.
② 곽재우 – 진주 대첩을 승리로 이끌었다.
③ 사명대사 – 승병들을 모아 일본에 저항하였다.
④ 이순신 – 홍의 장군이라 불리며 의병들을 이끌었다.

23 다음의 설명과 관계 깊은 것은?

> • 일본의 쇼군이 바뀔 때마다 요청하였다.
> • 조선의 문화를 일본에 전파하여 일본의 문화 발전에 기여하였다.

① 조선의 문화재 일본 전시
② 조선에서 일본인 유학생 교육
③ 조선에서 일본에 통신사 파견
④ 조선에 일본인을 위한 무역소 설치

24 다음과 같은 활동을 전개한 왕은?

> • 왜란 이후 부서진 성곽과 무기 수리, 군사 훈련 실시
> • 『동의보감』 편찬, 대동법 실시를 통해 민생 안정
> • 명과 후금 사이에 중립 외교를 추진함.

① 선조　　　　　　② 광해군
③ 인조　　　　　　④ 효종

25 다음과 같은 배경으로 발생한 사건은?

> • 명을 공격하려는 청이 조선에 군사, 물자를 요구하였다.
> • 조선이 청의 요구를 끝까지 거부하였다.

① 나선 정벌　　　　② 병자호란
③ 임진왜란　　　　④ 정유재란

26 다음에서 설명하는 것은?

> • 청에 대한 반감과 적대심에서 시작하였다.
> • 명에 대한 의리를 지키려는 서인 세력이 주축이 되었다.
> • 이완을 군사적 책임자로 임명하여 성곽과 무기를 정비하였다.

① 나선 정벌　　　　② 북벌 운동
③ 북학 운동　　　　④ 인조반정

EBS 교육방송교재

중졸 검정고시 **사회**

PART

05

조선 사회의 변동

✪ 이 단원에서는 양 난 이후 정치 체제의 변화, 지방민의 항거, 사회 변화, 문화 변동을 다룬다. 먼저 지배층과 정치 운영 변화, 정치 개혁 과정에서 세도 정치로 전개되는 과정을 살펴본다. 그 과정에서 일어난 농민 봉기의 양상과 특징을 파악하고, 양 난 이후 경제적인 변동 과정에서 사회와 문화의 변화가 나타났음을 이해한다.

01 조선 후기의 정치 변동

● 조선 후기에 발생한 다양한 정치 변동에 대해 살펴본다.

1 조세 제도의 변화와 붕당 정치

1. 조세 제도의 변화

(1) 영정법 : 조세 제도를 개편하여 토지세는 풍흉과 관계없이 토지 1결당 쌀 4두씩 거두는 영정법 시행(인조)

(2) 대동법 : 집집마다 특산물을 거두는 공납 대신 토지 면적을 기준으로 쌀, 옷감, 동전을 내는 대동법 시행(광해군 때 처음 시행) ➡ 정부가 공인이라는 상인을 통해 필요한 물품 구입

2. 견제와 비판을 통한 붕당 정치의 전개

(1) 붕당 정치의 전개
① 붕당 정치 : 붕당 간의 상호 비판과 견제를 통한 정치
② 붕당의 형성 : 선조 시기, 동인과 서인으로 분당
③ 광해군 시기 : 북인이 정권 주도
④ 인조 시기 : 서인의 정변으로 집권, 서인이 남인과 연합하여 정치 주도, 상대 붕당의 존재 인정

(2) 붕당 정치의 변질
① 예송 : 왕실의 의례인 상복 입는 기간을 둘러싸고 서인과 남인 대립
② 환국 : 왕이 의도적으로 집권 붕당을 급격하게 교체
③ 붕당 정치의 변질 : 극심한 대립 속에서 서로의 존재를 부정

2 탕평책으로 개혁을 추구한 영조와 정조

1. 영조가 탕평책을 통해 개혁 추진

(1) 탕평책의 추진
① 배경 : 붕당 간의 대립 완화 및 왕권 강화 목적
② 노론과 소론의 온건파를 중심으로 인재 등용 ➡ 붕당 간 대립 약화, 왕권 강화

[좌측 도표]

선조 / 광해군 / 인조 / 효종 / 현종 / 숙종

동인 — 북인, 남인
서인

남인 → 예송 → 환국 → 노론, 소론

▲ 붕당 정치의 전개

(2) 개혁 정치

　① 정치 개혁 : 붕당의 근거지인 서원 정리, 이조 전랑의 인사권 약화

　② 민생 안정 : 균역법 실시, 가혹한 형벌 금지, 신문고 제도 부활

　③ 편찬 사업 : 『속대전』 편찬

2. 정조가 탕평책을 계승하여 개혁 추진

(1) 탕평책의 추진 : 노론과 소론뿐만 아니라 남인 세력도 등용

(2) 개혁 정치

　① 정치 개혁 : 규장각 설치, 장용영 설치, 초계문신제, 서얼 차별 완화, 수원 화성 축조(정치의 중심지로 만들고자 함)

　② 경제 개혁 : 신해통공 ➡ 금난전권을 없애 자유로운 상업 활동 보장

　③ 민생 안정 : 서얼 등용, 노비의 처지 개선 노력

　④ 편찬 산업 : 『대전통편』・『탁지지』 등 편찬

　⑤ 한계 : 붕당 간의 대립이 일시적으로 억제되었을 뿐 붕당의 폐단이 근본적으로 해결되지 못함. ➡ 정조 사후 세도 정치 전개

3 정권을 장악한 세도 가문

1. 세도 정치의 전개

(1) 세도 정치 : 정조 사후 순조, 헌종, 철종의 3대 60여 년 동안 왕실과 혼인 관계를 맺은 일부 가문이 권력을 장악하는 세도 정치 전개

(2) 세도 가문 : 비변사와 주요 관직 독점

2. 세도 정치의 폐단

(1) 왕권의 약화 ➡ 정치 기강의 문란

(2) 과거제의 문란 심화, 관직 매매 성행, 부패한 관리의 백성 수탈

📝 조선 후기의 정치 변동　　　　　　　　　　한번에 정리하기

❶ **대동법** : 특산물 대신 토지 면적 기준으로 쌀, 동전을 대신 납부
❷ **탕평책** : 붕당 간의 대립 완화를 위한 정책
❸ **영조** : 탕평책 ➡ 서원 정리, 이조 전랑 권한 약화, 균역법, 가혹한 형벌 금지
❹ **정조** : 규장각 설치, 장용영 설치, 초계문신제, 화성 축조, 신해통공, 서얼 등용
❺ **세도 정치** : 60여 년 동안 일부 외척 가문이 권력을 장악

◗ **균역법**
민생 안정과 국가 재정 확보를 위해 군포를 2필에서 1필로 줄여 주는 제도이다.

◗ **규장각**
정책 자문 기구로 개혁 정치를 뒷받침할 젊고 유능한 관리 육성을 목적으로 만들어졌다.

◗ **장용영**
왕의 친위 부대이다.

◗ **초계문신제**
신진 관리 중 젊고 유능한 관리를 선발하여 규장각에 소속시켜 학문을 연마하게 한 제도이다.

◗ **서얼**
양반의 첩에서 난 자식을 말한다.

제 2 편

02 사회 변화와 농민 봉기

• 조선 후기의 다양한 사회 변화와 농민의 봉기에 대해 살펴본다.

1 경제 변화와 신분제의 동요

1. 상품 화폐 경제의 발달

(1) 농업 발달
① 조선 후기 모내기법이 전국적으로 확산 ➜ 농업 생산력 증대
② 상품 작물 재배 ➜ 농민이 부농과 빈농으로 분화

(2) 상업의 발달
① 대동법 시행으로 등장한 공인과 정조의 신해통공 정책으로 자유로운 상업 활동이 가능해지자 상업이 활성화됨.
② 상공업이 발달하면서 화폐 수요가 증가하여 상평통보가 전국으로 유통

2. 양반 중심의 신분제 동요

(1) 양반 중심의 신분 질서 붕괴 : 상품 화폐 경제가 발달함에 따라 양반 중심의 신분 질서가 무너져 감.

(2) 신분제의 동요
① 양반 : 권력을 장악한 소수 양반과 경제적으로 몰락한 양반으로 분화
② 부를 축적한 상민들이 합법적으로 공명첩을 구입하거나 족보 위조 등을 통해 신분 상승 ➜ 상민의 수 감소

2 삼정의 폐단에 맞서 일어난 농민 봉기

1. 삼정의 문란으로 고통받는 농민들

(1) 심해진 부정부패 : 세도 정치 시기 관리들의 부정부패가 심해짐.

벼슬받는 사람의 이름을 적는 곳

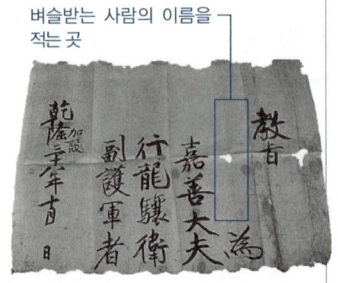

▲ **공명첩** 나라의 재정을 보충하기 위하여 부유층으로부터 돈이나 곡식을 받고 팔았던 명예직 관리 임명장이다.

(2) 삼정의 문란

전정	여러 가지 명목으로 세금을 덧붙여 정해진 양 이상의 세금 징수
군정	죽은 사람이나 어린아이에게 군포 징수, 힘없는 농민은 도망간 사람의 몫까지 군정을 부담해야 했음.
환곡(환정)	필요하지 않은 사람에게 그 피해가 가장 심하였음.

2. 예언 사상과 동학의 확산

(1) 예언 사상 유행 : 삼정의 문란, 자연재해 등으로 사회가 불안해지자 백성들 사이에 예언 사상이 유행

(2) 천주교의 세력 확대 : 서양 학문의 하나로 들어온 서학이 평등사상과 내세 신앙을 바탕으로 세력 확대

(3) 동학의 성립과 확산
① 몰락 양반인 최제우가 천주교에 대응하여 동학을 창시
② 사람이 곧 하늘이라는 인내천 사상을 바탕으로 기존 신분 질서를 부정하며 사회 개혁을 추구

3. 홍경래의 난

(1) 배경 : 세도 정치에서의 농민 수탈과 평안도(서북 지역)에 대한 차별 대우

(2) 전개 : 몰락 양반 홍경래의 주도로 평안도 지역에서 봉기 ➡ 농민 및 중소 상인, 광산 노동자까지 가세

(3) 결과 : 정주성 싸움에서 관군에 패하여 진압

4. 임술 농민 봉기가 전국적으로 확산

(1) 진주 농민 봉기 : 경상 우병사 백낙신의 농민 수탈 ➡ 몰락 양반 유계춘을 중심으로 봉기 ➡ 농민 봉기의 전국적 확산

(2) 임술 농민 봉기
① 진주에서 봉기 소식이 전해지면서 전국 곳곳에서 고을 단위로 봉기가 일어남.
② 정부는 삼정의 문란과 관리의 백성 수탈 문제 해결을 위해 삼정이정청 설치와 암행어사 파견 ➡ 성과를 거두지 못함.

❯ **인내천(人乃天) 사상**
동학의 3대 교주 손병희가 주장한 천도교의 근본이 되는 중요한 말로, '사람이 곧 하늘이다'라는 뜻의 인간 존중 사상을 담고 있다. 인간성 속에 영원한 존귀성이 있음과 사람의 마음속에 하늘과 같은 보편성이 있음을 강조한 것이다.

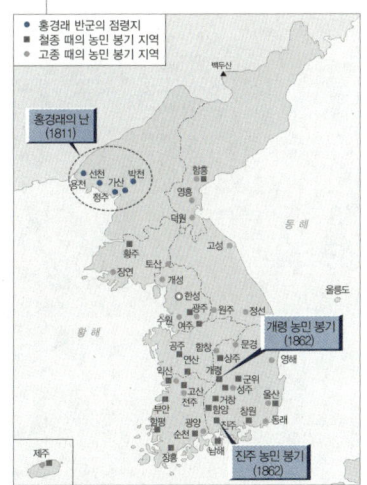

▲ 19세기의 농민 봉기

구분	홍경래의 난(1811)	진주 농민 봉기(1862)
원인	• 세도 정치와 탐관오리의 착취 • 평안도민에 대한 부당한 차별 대우	경상 우병사 백낙신의 수탈
주도	몰락 양반 홍경래 주도 : 가난한 농민, 광부, 품팔이까지 가담	몰락 양반 유계춘 중심
전개	청천강 이북의 여러 고을 점령	진주성 점령 ➜ 탐관오리 내쫓음.
결과	정주성 싸움에서 패하여 진압됨.	결국 관군에 의해 진압됨.
의의	• 탐관오리의 착취와 평안도 지방 차별에 반대한 농민 항쟁 • 정부에 타격을 주고 이후 농민 봉기에 커다란 영향을 끼침.	• 농민 봉기가 전국으로 확산되는 출발점이 됨. • 정부에서 삼정이정청 설치, 암행어사 파견(효과 없음)

> ✎ **사회 변화와 농민 봉기**   한번에 정리하기

❶ 삼정의 문란 : 전정, 군정, 환곡
❷ 동학 : 몰락 양반 최제우가 인내천 사상을 바탕으로 동학을 창시
❸ 홍경래의 난 : 세도 정치의 수탈과 평안도민에 대한 차별 대우로 발생한 농민 봉기

◉ **삼정이정청**
철종 때 임술 농민 봉기를 수습하기 위하여 진주로 파견된 안핵사 박규수의 건의로 삼정 문제를 해결하기 위해 임시로 설치한 기구이다(1862). 삼정이정청에서 양전 실시, 군포제의 개선, 환곡 폐지 등이 제시되었으나 제대로 논의해 보지 못하고 유야무야되다가 결국 폐지되었다.

03 학문과 예술의 새로운 경향

• 조선 후기에 나타난 학문과 예술의 새로운 경향에 대해 살펴본다.

1 통신사 · 연행사를 통한 학문과 예술의 교류

1. 일본에 통신사를 파견

(1) 임진왜란 이후 조선과 일본의 외교 관계는 단절

(2) 에도 막부가 선진 문물을 수용하고자 조선과의 국교 회복을 요청

(3) 조선은 일본에 여러 차례 통신사 파견 ➜ 성리학, 그림, 글씨 등 조선의 선진 문물을 전달함.

2. 청에 연행사를 파견

(1) 청의 수도인 베이징에 매년 연행사를 파견하여 중국 중심의 조공 · 책봉 체제를 유지

(2) 연행사의 활동으로 서양 문물을 접하게 되고 청의 문물을 수용하자는 주장이 나타남.

2 다양한 학문의 발전

1. 과학 기술의 발달

(1) 의학 : 허준이 『동의보감』 편찬

(2) 천문학 : 홍대용이 지구 자선설을 논리적으로 설명

(3) 시헌력 : 김육이 아담 샬이 제작한 시헌력(서양식 역법)을 조선에 도입

(4) 곤여만국전도 : 세계 지도가 조선에 들어와 당시 조선 지식인의 세계관을 크게 확대

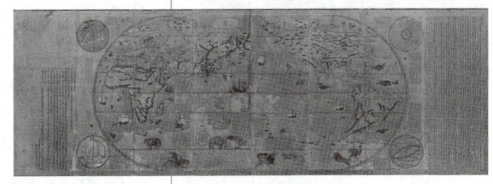

▲ 곤여만국전도

2. 실학의 발달

(1) 배경 : 두 차례의 전란 이후 현실 문제를 해결하기 위해 실증적·실용적 방법으로 학문을 연구하는 실학 등장

(2) 농업 중심의 개혁론

이익	생계에 필요한 최소한의 토지를 지정하여 매매 금지 주장
정약용	마을 공동의 토지 소유 및 공동 경작, 분배 주장

(3) 상공업 중심의 개혁론

박지원	수레, 선박, 화폐의 사용 강조, 『열하일기』 저술
박제가	소비를 통한 생산 증대 주장, 『북학의』 저술

3. 국학의 발달

국사	● 『동사강목』 : 안정복이 저술, 고조선부터 고려에 이르는 역사를 체계적으로 정리 ● 『발해고』 : 유득공이 저술, 발해사를 우리 역사의 일부로 인식
지리	● 『택리지』 : 이중환이 저술, 각 지방의 자연환경과 인물·풍속·물산 등 소개 ● 「동국지도」 : 정상기가 제작, 최초로 백리척 사용 ● 「대동여지도」 : 김정호가 제작, 산맥·하천·포구·도로망 등을 정밀하게 표시

3 예술의 새로운 경향

1. 한글 소설과 사설시조

(1) 한글 소설
  ① 농업과 상공업 발달에 따른 서민 경제력의 성장으로 문화의 폭이 서민에까지 확대
  ② 「홍길동전」, 「춘향전」 등

(2) 사설시조 : 형식에 얽매이지 않고 솔직하고 소박한 감정 표현

2. 공연 예술의 유행

(1) 판소리 : 소리꾼이 북장단에 맞추어 한 편의 이야기를 노래와 말로 풀어 감. ➜ 판소리는 모두 열두 마당으로 구성되어 있지만 현재는

▲ 판소리 한 명의 소리꾼과 한 명의 고수(북치는 사람)가 음악적 이야기를 엮어 가며 연행하는 장르이다.

춘향가, 심청가, 흥부가, 적벽가, 수궁가의 다섯 마당만 전해짐.

(2) **탈춤** : 양반과 사회를 비판하는 내용이 많음.

▲ 안동 하회 탈춤

3. 그림

(1) 진경산수화

① 조선 후기에 우리의 산천을 직접 눈으로 보고 그리는 진경산수화가 등장

② 정선의 〈금강전도〉, 〈인왕제색도〉가 대표적

▲ 인왕제색도(정선)

(2) 풍속화의 유행

① 조선 후기에 이르러 당시 사람들의 삶의 모습을 생생하게 담은 풍속화가 유행

② **김홍도** : 서민의 일상생활을 익살스럽게 표현

③ **신윤복** : 양반의 풍류와 부녀자들의 생활 모습 표현

▲ 서당(김홍도)

▲ 단오풍정(신윤복)

(3) **민화** : 민중의 소박한 정서를 표현한 무명 화가들의 그림

▲ 민화(까치와 호랑이)

4. 글씨와 공예

(1) **글씨** : 우리의 정서를 담은 글씨체 등장 ➜ 김정희가 독창적인 추사체 확립

(2) **공예** : 백자가 민간에서 널리 사용

📝 **학문과 예술의 새로운 경향**　　　　　　　한번에 정리하기

❶ **통신사** : 임진왜란 이후 일본의 요청으로 일본에 조선 문물 전달
❷ **연행사** : 조선 시대에 청나라에 파견된 사신
❸ **실학** : 현실 문제를 해결하기 위해 실증적으로 연구하는 학문
❹ **새로운 예술** : 한글 소설, 판소리, 탈춤, 진경산수화, 풍속화

적중예상문제

정답 및 해설 47p

01 조선 시대의 비변사에 대한 설명으로 옳지 <u>않은</u> 것은?

① 양 난 이후 최고 정치 기구가 되었다.
② 임진왜란을 거치며 기능이 확대되었다.
③ 비변사의 기능이 확대되면서 왕권이 강화되었다.
④ 원래 국방 문제를 담당하던 임시 회의 기구였다.

02 다음 내용에서 설명하는 것은?

- 포수·사수·살수로 편제된 군대
- 급료를 받는 직업 군인으로 구성

① 금위영　　　　② 어영청
③ 총융청　　　　④ 훈련도감

03 예송 논쟁에 대한 설명으로 옳은 것은?

① 북인과 서인이 대립하였던 논쟁
② 상복 입는 기간을 둘러싸고 일어난 논쟁
③ 청과 전쟁을 계속할 것인지와 관련된 논쟁
④ 상대 당의 존재를 인정하지 않으려 한 논쟁

04 다음과 같은 정책을 실시한 왕은?

- 탕평비 건립
- 균역법 실시
- 신문고 부활
- 『속대전』 편찬

① 선조　　　　② 정조
③ 인조　　　　④ 영조

05 다음과 같은 정책들을 실시한 조선의 왕은?

- 탕평책 실시
- 규장각 설치
- 장용영 설치
- 수원 화성 건설

① 광종　　　　② 정조
③ 장수왕　　　　④ 진흥왕

06 정조의 개혁 정치에 대한 설명으로 옳지 <u>않은</u> 것은?

① 수원에 화성을 건설하였다.
② 왕권 강화를 위해 장용영을 설치하였다.
③ 붕당의 근거지인 서원을 대폭 정리하였다.
④ 규장각을 설치하여 자신의 지지 세력을 키웠다.

07 다음에서 설명하는 조선 후기의 정치 형태는?

> 순조, 헌종, 철종의 3대 60여 년간 지속되었으며, 왕실과 혼인 관계를 맺은 소수의 가문이 권력을 독점하였다.

① 세도 정치 　　② 무신 정치
③ 붕당 정치 　　④ 탕평 정치

08 (가)에 해당하는 것은?

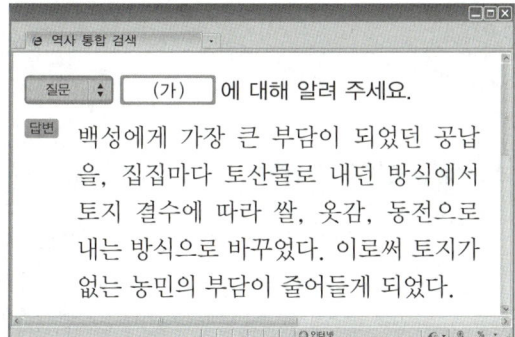

> 질문 ▼ │ (가) │ 에 대해 알려 주세요.
>
> 답변 백성에게 가장 큰 부담이 되었던 공납을, 집집마다 토산물로 내던 방식에서 토지 결수에 따라 쌀, 옷감, 동전으로 내는 방식으로 바꾸었다. 이로써 토지가 없는 농민의 부담이 줄어들게 되었다.

① 공음전 　　② 과전법
③ 관료전 　　④ 대동법

09 다음에서 설명하는 것은?

> • 양인 1인당 군포 2필 징수로 농민에게 큰 부담
> • 영조 때 군포를 1필로 줄여 줌으로써 농민 생활 향상

① 공납 　　② 환곡
③ 균역법 　　④ 영정법

10 지도의 표시된 지역에서 일어난 농민 봉기에 대한 설명으로 옳지 <u>않은</u> 것은?

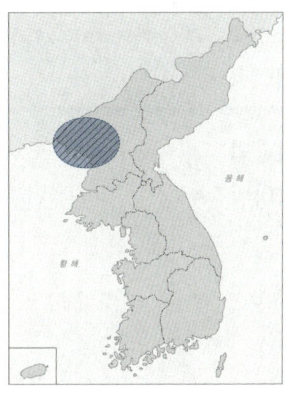

① 몰락 양반과 농민 등이 일으킨 봉기이다.
② 이후 농민 봉기 발생에 큰 영향을 주었다.
③ 원인은 백낙신의 수탈 때문이었다.
④ 탐관오리의 착취와 지방 차별에 반대한 농민 항쟁이다.

11 다음 글에서 설명하는 조세 제도는?

> 풍흉에 관계없이 토지 1결당 쌀 4두로 고정하여 전세를 부과하였다.

① 환곡 　　② 대동법
③ 균역법 　　④ 영정법

12 진주 농민 봉기에 대한 설명으로 옳지 <u>않은</u> 것은?

① 철종 때 일어난 농민 봉기였다.
② 농민들이 몰락 양반 출신 유계춘을 중심으로 봉기하였다.
③ 정부가 평안도 지역을 차별 대우하자 이에 대한 불만으로 일어났다.
④ 삼정 문란으로 인한 농민 생활의 어려움 때문에 일어났나.

13 다음에서 설명하고 있는 농법은?

> 벼와 보리의 이모작을 가능하게 하여 단위 면적당 생산량을 증가시켜 소득을 증대시켰다.

① 직파법   ② 모내기법
③ 시비법   ④ 견종법

14 다음 학자들의 공통점으로 옳은 것은?

> • 유형원   • 이익   • 정약용

① 상공업을 중시해야 한다고 주장하였다.
② 청의 발달된 문물을 받아들일 것을 주장하였다.
③ 농업을 중시하고 토지 제도 개혁을 주장하였다.
④ 수레나 배와 같은 교통 수단의 발전을 강조하였다.

15 다음 실학자들의 공통된 주장은?

> • 유수원   • 홍대용
> • 박지원   • 박제가

① 농촌 문제 해결
② 토지 제도 개혁
③ 우리나라 역사 연구
④ 청의 선진 문물 도입 주장

16 (가)에 해당하는 것은?

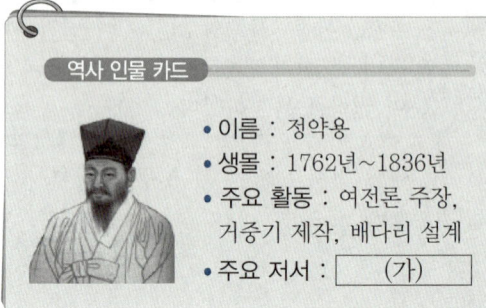

역사 인물 카드
• 이름 : 정약용
• 생몰 : 1762년~1836년
• 주요 활동 : 여전론 주장, 거중기 제작, 배다리 설계
• 주요 저서 : (가)

① 농사직설   ② 동의보감
③ 목민심서   ④ 삼국사기

17 밑줄 친 '이 사람'이 저술한 책은?

> 이 사람은 북학파의 대표적인 학자로서 청의 선진 문물을 적극 수용할 것을 주장하였다. 또한 수레와 선박, 화폐를 이용한 상공업을 진흥해야 한다고 하였다.

① 열하일기   ② 농사직설
③ 동의보감   ④ 삼국사기

18 다음 내용과 관계 깊은 실학자는?

> • 『목민심서』, 『경세유표』 등을 저술함.
> • 화성을 쌓는 데 이용된 거중기를 제작함.

① 이익   ② 박지원
③ 정약용   ④ 유형원

19 국학 연구자들과 그들의 저서가 바르게 연결된 것은?

① 김정호 – 택리지 ② 이제마 – 동의보감
③ 이중환 – 발해고 ④ 이종휘 – 동사

20 조선 후기 과학 기술의 발달에 대한 설명으로 옳지 <u>않은</u> 것은?

① 홍대용과 김석문은 서양 과학의 영향을 받아 지전설을 주장하였다.
② 정약용은 『기기도설』을 참고하여 거중기를 만들었다.
③ 허준은 『동의보감』을 저술하여 의학 발전에 큰 공헌을 하였다.
④ 정약용은 홍역에 관한 서적을 정리한 『침구경험방』을 저술하였다.

21 다음 대화의 내용에 해당하는 종교는?

최제우가 창시한 종교는 인내천을 내세워 농민의 지지를 받았지.

응. 접주였던 전봉준은 농민 운동을 이끌었어.

① 도교 ② 동학
③ 원불교 ④ 대종교

22 다음 내용에 해당하는 화풍은?

인왕제색도

조선 후기에는 우리의 자연을 사실적으로 그린 화풍이 유행하였다. 이 화풍을 개척한 이는 정선으로, 대표적인 작품에는 '인왕제색도'와 '금강전도'가 있다.

① 민화 ② 불화
③ 사신도 ④ 진경산수화

23 다음에서 설명하는 서민 문화는?

조선 후기 양반 사회를 비판하거나 서민들의 소망을 담은 작품이 유행하였다. 대표적인 것으로 「홍길동전」, 「춘향전」 등이 있다.

① 민화 ② 탈춤
③ 사설시조 ④ 한글 소설

24 다음 내용에 해당하는 조선 후기의 화가는?

씨름

백성들의 모습을 소탈하고 익살스런 필치로 묘사하였으며 대표적인 작품으로 서당도, 씨름도 등이 있다.

① 강희안 ② 정선
③ 김홍도 ④ 신윤복

25 밑줄 친 ㉠에 해당하는 문화유산으로 옳은 것은?

> 조선 후기에 농업 생산량이 늘어나고 상업이 발달하면서 경제적으로 여유 있는 서민들이 생겨났다. 서민들이 문화와 예술에 차츰 관심을 갖기 시작하면서 이들의 생각과 감정이 솔직하게 표현된 ㉠ 새로운 문화가 나타났다.

①
상감 청자

②
순백자

③
민화

④
초충도

PART
06

근·현대 사회의 전개

✪ 이 단원에서는 개항을 전후한 시기부터 현재까지의 한국 사회를 주요 주제별로 파악한다. 이를 위해 국민 국가 수립 운동, 일제 강점기 민족 운동, 대한민국 정부 수립을 다룬다. 자본주의의 흐름 속에서 개항 이후의 경제적 변화의 특징을 살펴본다. 8·15 광복 이후 독재에 맞선 민주화 운동의 흐름 속에서 민주주의 확대 과정을 이해한다. 또한 남과 북의 분단 및 분단 구조의 심화 과정과 평화 통일을 위한 우리의 노력에 대해 이해한다.

01 국민 국가의 수립

• 근대에 전개된 다양한 국민 국가 수립 노력에 대해 살펴본다.

1 근대 국가 수립 운동의 전개

1. 개항 이후 개화파의 입헌 정치

(1) 흥선 대원군 집권
  ① 고종이 즉위하자 흥선 대원군이 권력을 잡음.
  ② 세도 정치로 문란하였던 정치 질서를 바로잡고 외세의 침략을 막기 위해 노력

(2) 강화도 조약
  ① 배경 : 운요호 사건으로 일본과 강화도 조약을 체결함.
  ② 의의 : 최초의 근대적 불평등 조약

> **C/l/i/c/k 강화도 조약(조・일 수호 조규) [일부]**
>
> 제1관 조선은 자주국이며 일본과 똑같은 권리를 갖는다.
> → 청의 종주권을 부정하여 일본의 침략을 용이하게 함.
>
> 제5관 경기, 충청, 전라, 경상, 함경 5도 연해 가운데 통상에 편리한 항구 2개를 개항한다.
> → 부산 이외에 원산, 제물포(인천) 추가 개항 → 정치적・군사적 침략 의도
>
> 불평등 조약 ┌ 제7관 조선국 연해의 도서와 암초를 조사하지 않아 매우 위험하다. 일본국 항해자가 자유로이 해안을 측량하도록 한다. → 침략 의도(해안 측량권 인정)
> └ 제10관 일본국 인민이 조선국 항구에서 죄를 지었거나 조선국 인민에게 관계되는 사건은 모두 일본국 관원이 심판한다. → 치외 법권 인정

(3) 갑신정변
  ① 배경 : 정부의 소극적인 개화 정책을 비판하며 급진 개혁파가 일본의 지원을 받아 갑신정변을 일으킴.
  ② 청의 개입으로 정변은 3일 만에 실패

◆ 운요호 사건
일본의 운요호가 1875년 조선 해안을 연구한다는 핑계를 대고 강화도에 의도적으로 불법 정박하였다. 이에 조선 수군이 공격하자 운요호는 응사하였고 영종진(영종도)에 상륙하여 피해를 입히고 퇴각하였다. 이후 일본은 이를 빌미로 조약 체결을 강요하였다.

◆ 정변
비합법적인 수단으로 생긴 정치적 변화이다.

▲ 갑신정변의 주역들

C/l/i/c/k 갑신정변 개혁 정강 14개조 [일부]

1. 홍선 대원군을 빨리 귀국시키고 종래 청에 대해 행하던 조공의 허례를 폐지한다.
   → 청에 대한 사대 관계 폐지

2. 문벌을 폐지하고 인민 평등권을 제정하여 능력에 따라 관리를 임명한다.
   → 양반 신분 제도・문벌 제도 폐지, 능력에 따른 관리 등용

3. 지조법을 개혁하여 관리의 부정을 막고 백성을 보호하며 재정을 넉넉히 한다.
   → 조세 제도 개혁

5. 탐관오리 중에서 그 죄가 심한 자는 처벌한다.

8. 급히 순사를 두어 도둑을 방지한다. → 근대적 경찰 제도 시행

12. 모든 재정은 호조에서 관할한다. → 재정 일원화

13. 대신과 참찬은 의정부에 모여 정령을 의결하고 반포한다. → 내각 중심의 입헌 군주제

2. 농민들의 개혁 요구가 반영된 동학 농민 운동

(1) 배경 : 고부 군수 조병갑의 수탈로 농민 봉기를 일으킴.

(2) 전주 화약

① 전주성을 점령한 농민군이 탐관오리 처벌, 신분제 폐지, 조세 제도 개혁과 같은 '폐정 개혁' 시행을 조건으로 정부와 전주 화약을 맺음.

② 농민 자치 기구인 집강소를 설치하여 개혁을 추진

(3) 동학 농민군의 2차 봉기

① 조선의 내정을 간섭하고 청・일 전쟁을 일으킨 일본군을 몰아내기 위해 다시 봉기

② 우금치 전투에서 패배하고 전봉준을 비롯한 지도자들 체포

3. 갑오개혁을 통해 이루어진 평등 사회

(1) 갑오개혁

① 왕권이 제한되고 내각이 만들어져 새로운 정치 체제가 운영

② 과거제와 신분제가 폐지되어 법적으로 평등한 사회가 이루어짐.

(2) 갑오개혁의 성격 : 일본의 내정 간섭하에 추진되었지만 갑신정변과 동학 농민 운동에서 제기된 개혁 요구를 반영한 근대적 개혁

▲ 동학 농민 운동

❯ 집강소

전주 화약 체결 이후 동학 농민군이 전라도 각 지역에 설치한 민정 기관이다. 한 사람의 집강과 그 아래 서기, 성찰, 집사 등의 임원을 두었다.

4. 독립 협회, 자유 민권과 자주 국권을 주장

(1) 을미사변과 아관 파천
- ① 을미사변 : 청·일 전쟁에서 승리한 일본이 러시아를 견제하고 조선에서의 영향력을 강화하기 위해 명성 황후를 시해하는 을미사변을 일으킴.
- ② 아관 파천 : 신변의 위협을 느낀 고종이 러시아 공사관으로 처소를 옮김.

(2) 독립 협회의 설립
- ① 아관 파천 이후 열강의 이권 침탈이 심해지자 서재필과 정부의 개혁 관료들이 독립 협회를 만듦.
- ② 민중 집회인 만민 공동회를 열어 열강의 이권 침탈을 비판
- ③ 관리들까지 참여한 관민 공동회에서 '헌의 6조' 결의

5. 대한 제국의 수립과 독립 협회의 해산

(1) 대한 제국의 수립
- ① 고종이 아관 파천 이후 1년 만에 경운궁으로 돌아옴.
- ② 고종은 황제로 즉위하며 대한 제국의 수립을 선포

(2) 독립 협회의 해산 : 독립 협회가 황제권을 약화한다고 여긴 고종이 독립 협회를 강제로 해산함.

6. 일제의 국권 침탈과 국권 수호 운동

(1) 을사늑약
- ① 배경 : 러·일 전쟁에서 승리한 일본이 강제로 조약을 체결함.
- ② 내용 : 일본은 대한 제국의 외교권을 박탈하고 통감부를 설치

(2) 국권 수호 운동
- ① 의병 운동

을미의병	유생들이 을미사변과 단발령에 대한 반발로 항일 운동 전개
을사의병	을사늑약 체결에 대한 항거

- ② 신민회 : 국권 회복과 공화정 체제의 근대 국가 수립을 목표로 조직한 비밀 결사 단체
- ③ 국채 보상 운동 : 일제에 의해 강요된 국채 1,300만 원을 국민들의 모금으로 갚자는 국권 회복 운동

❯ 독립 협회의 헌의 6조
제2조 외국과 맺은 이권에 관한 계약과 조약은 해당 부처의 대신과 중추원 의장이 함께 서명하여 시행할 것
제3조 재정은 탁지부에서 전담하고, 예산과 결산을 국민에게 공포할 것
제5조 칙임관(최고위 관료층)을 임명할 때는 의정부에 자문하여 과반수를 얻은 자를 임명할 것

2 대한민국 임시 정부의 수립과 민족 운동의 전개

1. 한국인의 독립 의지를 널리 알린 3·1 운동

(1) 3·1 운동의 발생 배경
① 일본의 강압적 통치 ➡ 헌병 경찰로부터 일상생활을 통제받음.
② 고종의 암살설, 윌슨의 민족 자결주의, 도쿄 유학생들의 독립 선언

(2) 3·1 운동의 의의
① 일제의 통치 방식이 헌병 경찰제에서 보통 경찰제로 변화
② 인도의 비폭력 운동, 중국의 5·4 운동에 영향을 미침.

2. 대한민국 임시 정부의 수립

(1) 대한민국 임시 정부
① 3·1 운동을 계기로 임시 정부가 조직
② 세계 여러 나라와 외교 활동을 펼치기 쉬운 중국 상하이에 대한
민국 임시 정부를 수립

(2) 대한민국 임시 정부 활동 : 대통령 중심제 채택, 독립 공채 발행, 상
하이를 거점으로 외교 활동 전개

3. 국내 민족 운동의 전개

(1) 실력 양성 운동 : 민족 자본 육성, 대학 설립 운동

(2) 6·10 만세 운동 : 순종 장례 행렬이 지나는 곳마다 학생과 시민들
이 합세하여 만세 시위를 벌임.

(3) 광주 학생 항일 운동
① 광주에서 나주로 가는 통학 열차 안에서 한국인 학생과 일본인
학생의 충돌로 발생 ➡ 한국 학생만 처벌 ➡ 전국적인 규모의 항
일 투쟁 확산
② 의의 : 3·1 운동 이후의 최대의 항일 민족 운동

(4) 물산 장려 운동 : 평양에서 조만식을 중심으로 국산품을 사용하여
우리 민족 경제의 자립을 이루자는 운동

> **● 민족 자결주의**
> 각 민족은 정치적 운명을 스스로
> 결정할 권리가 있으며 다른 민족의
> 간섭을 받을 수 없다는 주장이다.

▲ 일제의 헌병 경찰

▲ 3·1 운동 대한 독립 만세 시
위 모습

▲ 국내외의 임시 정부

▲ 대한민국 임시 정부 수립 초기
의 모습

3 대한민국 정부 수립

1. 8 · 15 광복 이후의 정부 수립

(1) 8 · 15 광복 : 우리 민족의 끊임없는 독립운동과 일본이 연합군에 항복하며 1945년 8월 15일 광복을 맞이함.

(2) 분단
① 광복 이후 미국과 소련이 북위 38도선을 경계로 남북에 각각 군대를 주둔시킴.
② 미국이 한반도 문제를 국제 연합(UN)에 상정 ➜ 유엔 소총회에서 선거가 가능한 지역에서만 선거를 시행하여 정부를 세우기로 함.

2. 대한민국 정부 수립으로 민주 공화국이 완성되다

(1) 5 · 10 총선거 : 남한에서 유엔 한국 임시 위원단의 감시 아래 총선거 실시

(2) 5 · 10 총선거를 통해 구성된 국회가 7월 17일에 제헌 헌법 공포

(3) 헌법에 따라 국회에서 대통령으로 선출된 이승만이 8월 15일에 대한민국 정부 수립을 선포

📝 국민 국가의 수립   한번에 정리하기

❶ 강화도 조약 : 운요호 사건을 빌미로 체결된 최초의 근대적 불평등 조약
❷ 갑신정변 : 급진 개혁파가 정부의 소극적 개화 정책에 반대하며 일으킨 정치적 변화
❸ 동학 농민 운동 : 고부 군수 조병갑의 수탈로 전봉준 중심으로 일어난 농민 봉기
❹ 갑오개혁 : 근대적인 국가로 변화하기 위한 정치, 사회, 경제의 개혁
❺ 독립 협회 : 만민 공동회, 관민 공동회
❻ 을사늑약 : 일본이 대한 제국의 외교권을 박탈하고 통감부를 설치
❼ 신민회 : 비밀 결사 단체, 대성 학교, 오산 학교, 태극 서관, 자기 회사 설립
❽ 3 · 1 운동
  • 배경 : 일본의 강압적 통치, 윌슨의 민족 자결주의
  • 영향 : 보통 경찰제, 인도의 비폭력 운동, 중국의 5 · 4 운동, 대한민국 임시 정부 수립
❾ 광주 학생 항일 운동 : 한국인 학생과 일본인 학생 충돌 → 3 · 1 운동 이후의 최대의 항일 민족 운동

02 자본주의와 사회 변화

• 자본주의의 도입과 그에 따른 우리 사회의 변화에 대해 살펴본다.

1 개항과 외세의 경제 침탈

1. 개항 이후 외국 상인의 조선 진출

(1) 불평등 조약 : 일본과 강화도 조약을 체결하여 문호를 개방 ➜ 미국, 영국, 독일, 러시아, 프랑스 등과 수교하여 문호를 확대

(2) 불평등 조약 영향 : 외세의 경제 침탈, 외국 상인의 활동으로 국내 상인의 활동 위축, 아관 파천 이후 다양한 이권이 열강에게 넘어감.

2. 경제적 구국 운동의 전개

방곡령	곡물의 유출을 막기 위해 일부 지방에서 시행
상권 수호 운동	시전 상인들을 중심으로 철시 투쟁 전개
이권 수호 운동	• 독립 협회가 러시아 절영도 조차 요구 저지 • 보안회가 일본의 황무지 개간권 반대 운동 전개
국채 보상 운동	일본의 차관 강요로 생긴 대한 제국의 빚을 국민의 힘으로 갚기 위해 추진

3. 식민지 시기의 경제 수탈

(1) 1910년대
① 토지 조사 사업 실시 : 식민 통치에 필요한 경제 기반 마련 목적
② 회사령 공포 : 한국인의 기업 설립 억제

(2) 1920년대
① 산미 증식 계획 실시 : 일본의 식량 부족 문제 해결을 위해 추진 ➜ 한국의 식량 사정 악화
② 회사령 폐지 : 회사 설립을 신고제로 변경

(3) 1930년대
① 병참 기지화 정책 : 군수 산업 육성
② 국가 총동원법 제정 : 전쟁을 위한 인적·물적 자원의 수탈

▲ 토지 조사 사업

▲ 일본으로의 미곡 유출(군산항)

2 한국 경제의 성장과 사회 변화

1. 국가 주도의 경제 성장

(1) 1950년대까지의 한국 경제

    ① 광복 직후 산업 기반 취약 ➜ 6 · 25 전쟁으로 대부분의 산업 시설 파괴

    ② 정부는 미국의 원조를 받아 식량난을 해결하고 경제를 재건하기 위해 힘씀.

(2) 경제 개발 계획의 추진

1960년대	• 경제 개발 5개년 계획 추진으로 경공업 중심의 수출 주도형 경제 기반 마련 • 경부 고속 국도 개통
1970년대	• 철강, 화학, 조선 등 중화학 공업 육성 • '한강의 기적'이라는 고도성장 • 석유 파동으로 1970년대 말에 경제 위기
1980년대	중공업에서 반도체, 전자, 자동차 등 기술 집약적 산업 육성

2. 급속한 경제 성장 과정에서 다양한 사회 문제 발생

도시 문제	주택 부족, 환경 오염, 빈곤과 실업 등 발생
농촌 문제	도시와 농촌의 소득 격차 증가
노동 문제	• 경제 성장 과정에서 노동자들의 희생 ➜ 저임금, 열악한 근무 환경 • 전태일 분신 사건을 계기로 노동 운동 활성화 • 최근 비정규직 노동자, 외국인 노동자 문제 발생

3. 외환 위기 극복과 한국 경제의 현재

1990년대	• 경제 협력 개발 기구(OECD) 가입 • 외환 위기 ➜ 국제 통화 기금(IMF)으로부터 경제적 지원을 받음, 시민들도 금 모으기 운동에 동참하며 경제 회복에 힘을 보탬.
2000년대	반도체, 휴대 전화 등 첨단 산업의 발달

> ● **석유 파동**
> 1970년대 두 차례(1973~1974년 1차 파동, 1978~1980년 2차 파동)에 걸친 국제 유가의 폭등 상황을 말한다. 석유를 비롯해 원자재에 대한 해외 의존도가 높은 한국 경제는 당시 큰 어려움을 겪었다.

> ● **전태일 사건**
> 1970년 동대문 평화 시장에서 재단사로 일하던 노동자 전태일이 「근로기준법」 준수 등을 요구하며 분신하였다. 이후 많은 사람들이 노동 문제에 관심을 갖게 되면서 노동 운동이 본격화되었다.

▲ 금 모으기 운동(1998)

4. 대중문화의 확산

(1) 대중문화의 발전 : 경제 성장과 민주화의 전진으로 생활 수준이 향상, 의무 교육 제도로 교육의 기회가 확대

(2) '한류' 열풍 : 한국의 대중문화는 '한류'라는 이름으로 전 세계적인 인기를 얻음. ➜ 한국에 대한 긍정적인 인식을 심어 줄 뿐만 아니라 한국 상품의 수출 증가에도 큰 도움을 줌.

✏️ **자본주의와 사회 변화**   한번에 정리하기

❶ **국채 보상 운동** : '국채 1,300만 원을 국민들의 모금으로 갚자'는 국권 회복 운동

❷ **식민지 시기 경제 수탈** : 1910년대 토지 조사 사업, 회사령 공포 ➜ 1920년대 산미 증식 계획, 회사령 폐지 ➜ 1930년대 병참 기지화 정책, 국가 총동원법 제정

03 민주주의의 발전

• 우리 사회의 민주주의 발전 과정에 대해 살펴본다.

1 헌법에 구현된 민주주의

1. 제헌 국회

➡ 제헌 국회
헌법을 제정한 국회이다.

(1) 제헌 국회 구성 : 남한만의 총선거 실시(1948. 5. 10.)로 대한민국 제헌 국회 구성

(2) 제헌 국회의 활동
① 제헌 국회를 통해 민주 공화국 수립
② 「반민족 행위 처벌법」 제정 ➡ 반민족 행위 특별 조사 위원회 구성
③ 「농지 개혁법」 제정으로 농지 개혁 실시

➡ 발췌
필요하거나 중요한 부분을 뽑아내는 것이다.

2 독재에 대항한 4·19 혁명과 5·18 민주화 운동

1. 장기 집권을 위한 헌법 개정

➡ 사사오입 개헌
헌법 개정을 통과시키기 위해 필요한 최소한의 인원수가 미달했지만 불법 통과시킨 사건이다.

(1) 발췌 개헌
① 이승만의 지지 세력이 다수 의석을 차지하지 못함.
② 이승만이 국회를 통한 간접 선거로는 대통령에 당선될 수 없다고 판단하여 대통령 직선제로 개헌 추진

(2) 사사오입 개헌 : 재집권에 성공한 이승만이 초대 대통령에게 중임 제한을 적용하지 않는다는 사사오입 개헌을 단행

▲ 사사오입 개헌

2. 부정과 불의에 대항한 4·19 혁명

➡ 중임
대통령 임무를 거듭하여 맡는 것을 의미한다.

(1) 3·15 부정 선거
① 이승만 정부와 자유당이 1960년 정·부통령 선거에서 각종 부정을 저지름.
② 학생과 시민들이 부정 선거와 이승만 정부의 독재에 항의하며 시위를 벌임.

(2) 4 · 19 혁명
① 이승만 정부가 시위대를 무력으로 진압하여 사상자 발생 ➡ 전국
적으로 시위 확산 ➡ 학생과 시민의 저항이 거세지자 이승만은
대통령직에서 물러남.
② 의의 : 시민의 힘으로 독재 정권을 무너뜨린 민주화 운동 ➡ 대한
민국 민주주의 발전에 소중한 밑거름이 됨.

▲ 4 · 19 혁명(1)

3. 군사 정권에 대항한 유신 체제 반대 운동

(1) 5 · 16 군사 정변
① 박정희를 중심으로 한 일부 군인들이 장면 내각 때 나타난 사회
혼란을 구실로 정변을 일으켜 권력을 장악
② 대통령 중심제로 헌법을 다시 개정 ➡ 박정희가 선거에 출마하
여 대통령에 당선

▲ 4 · 19 혁명(2)

(2) 3선 개헌과 유신 헌법
① 박정희 정부가 장기 집권을 위해 대통령의 3회 연임을 허용하는
개헌을 단행
② 유신 헌법 : 1972년에 유신 헌법을 선포하여 대통령을 통일 주
체 국민 회의에서 간선제 방식으로 선출하도록 만듦. ➡ 대통령
에게 국회 해산권, 긴급 조치(권) 등 강력한 권한을 부여

(3) 부 · 마 민주 항쟁과 10 · 26 사태
① 유신 헌법에 반발한 시민들이 유신 철폐와 민주주의 회복을 외
치며 민주화 운동을 전개
② 10 · 26 사태 : 정부가 비상계엄을 선포하며 부 · 마 민주 항쟁을
진압 ➡ 박정희가 측근의 총격으로 사망 ➡ 유신 체제가 사실상
무너짐.

> ❯ **부 · 마 민주 항쟁**
> 부산과 마산에서 일어난 박정희
> 유신 체제를 반대한 민주화 운동
> 이다.

4. 신군부 세력에 맞선 5 · 18 민주화 운동

(1) 신군부의 계엄령 확대
① 유신 체제가 무너진 후 전두환을 중심으로 신군부 세력이 권력
을 장악
② 서울을 중심으로 시위 발생 ➡ 신군부의 계엄령 선호 ➡ 광주의 대
학생과 시민들이 신군부의 계엄 확대에 반대하며 시위를 벌임.

(2) 5 · 18 민주화 운동
① 광주에 투입된 계엄군이 시민들에게 총을 발포 ➡ 광주 시민들

이 자체적으로 시민군을 조직하여 저항 ➡ 계엄군이 시민군을 무력으로 진압

② 의의 : 1980년대 민주화 운동의 토대가 됨.

3 민주 사회로의 발돋움, 6월 민주 항쟁

1. 직선제를 요구하며 일어난 6월 민주 항쟁

(1) 전두환 정부
① 5·18 민주화 운동을 진압한 후 대통령에 선출된 전두환이 7년 단임의 대통령 간선제로 헌법을 개정
② 전두환 정부는 언론을 통제하고 민주화 운동을 억압, 야간 통행 금지 해제와 프로 스포츠 육성 등의 유화 정책도 시행 ➡ 국민의 반발을 누그러뜨리려고 함.

(2) 6월 민주 항쟁의 발생
① 대통령 직선제 요구 : 1987년 대통령을 새로 선출할 시기가 다가 오자 직선제 개헌에 대한 국민의 요구가 높아짐. ➡ 대학생 박종 철이 경찰의 고문으로 사망하는 사건이 일어남.
② 학생과 시민들은 사건의 진상 규명과 직선제로의 개헌을 요구하 며 대규모 시위를 전개함.

(3) 6·29 민주화 선언
① 전두환 정부는 노태우를 통해 대통령 직선제 요구를 수용한다고 발표
② 임기 5년 단임의 대통령 직선제 개헌 헌법 통과

(4) 6월 민주 항쟁의 의미 : 학생과 시민이 함께 평화적 시위를 통해 군 사 독재를 끝낸 민주화 운동

❍ 직선제
국민들이 직접 선거를 통하여 선 출하는 제도이다.

❍ 대통령 간선제
일반 선거인이 중간 선거인을 대 표로 뽑아 대신 선거하도록 하는 제도이다.

▲ 6월 민주 항쟁(1)

▲ 6월 민주 항쟁(2)

2. 직선제 개헌 이후의 정부

노태우 정부	• 서울 올림픽 개최 • 북방 외교 추진(소련, 중국)
김영삼 정부	• 금융 실명제 실시 • 지방 자치제 전면 실시 • '역사 바로 세우기' 추진 • 경제 협력 개발 기구(OECD) 가입 • 외환 위기로 국제 통화 기금(IMF)의 구제 금융 지원을 받음.
김대중 정부	• 외환 위기 극복 • 최초의 남북 정상 회담 개최
노무현 정부	• 권위주의 청산 시도 • 남북 정상 회담 개최
이명박 정부	• 실용주의 표방 • 선진 20개국 정상 회의 개최
박근혜 정부	• 최초의 여성 대통령 탄생 • 임기 중 파면
문재인 정부	• 지역 발전 • 남북 평화 등 표방

▲ 88 서울 올림픽

▲ 금융 실명제 전격 단행(1993)

▲ 역사 바로 세우기 운동

📝 민주주의의 발전   한번에 정리하기

❶ 이승만 정부의 3 · 15 부정 선거 ➡ 독재 정권을 무너뜨린 4 · 19 혁명
❷ 박정희 정부 : 5 · 16 군사 정변, 유신 헌법
❸ 5 · 18 민주화 운동 : 전두환의 신군부 계엄 확대에 반대한 시위 ➡ 민주화의 토대가 됨.
❹ 6월 민주 항쟁 : 대통령 간선제를 반대하며 대통령 직선제 요구
❺ 김대중 정부 : 외환 위기 극복, 최초의 남북 정상 회담

04 평화 통일을 위한 노력

• 6 · 25 전쟁과 우리 정부의 평화 통일을 위한 노력에 대해 살펴본다.

1 분단과 6 · 25 전쟁

1. 6 · 25 전쟁의 발발

(1) 북한의 남침
① 배경 : 미국이 한반도를 미국의 태평양 방위선에서 제외하는 애치슨 선언을 발표, 북한은 중국과 소련의 지원으로 군사력 강화
② 전쟁 준비를 마친 북한이 1950년 6월 25일에 전면적으로 남침을 시작

(2) 전쟁의 전개
① 북한이 빠른 속도로 서울을 점령하고 낙동강까지 진출
② 국군과 유엔군이 인천 상륙 작전으로 전세를 역전
③ 평양을 거쳐 압록강까지 진격하지만 중공군의 참전으로 서울을 다시 빼앗김(1 · 4 후퇴).
④ 서울 재탈환 이후 38도선 부근에서 치열한 공방전을 이어감.

2. 정전 협정과 6 · 25 전쟁의 피해

(1) 정전 협정 : 이승만 정부는 정전에 반대하였지만, 유엔군과 북한군, 중국군 대표의 합의로 정전 협정이 이루어짐.

(2) 6 · 25 전쟁의 피해
① 남북의 수백만 명의 사람들이 희생되었으며, 산업 시설 대부분이 파괴
② 민족 간 적대감과 불신으로 분단이 고착화됨.

2 남북 관계의 개선과 통일을 위한 노력

1. 통일을 위한 남북 대화의 시도

(1) 7·4 남북 공동 성명 : 박정희 정부는 북한과 분단 이후 최초로 통일과 관련된 합의를 이끌어낸 7·4 남북 공동 성명을 발표

(2) 남북 기본 합의서 : 노태우 정부는 남북 기본 합의서를 채택하며 협력의 길을 모색

2. 평화 통일을 위한 남북 정상 회담의 개최

(1) 6·15 남북 공동 선언과 10·4 남북 공동 선언
  ① 2000년 김대중 정부 최초의 남북 정상 회담을 개최 ➡ 6·15 남북 공동 선언을 발표
  ② 2007년 노무현 정부 남북 정상 회담 개최 ➡ 10·4 남북 공동 선언을 발표

(2) 평화 통일을 위한 정부와 사회의 노력
  ① 우리 정부의 노력 : 평화적 절차를 거쳐 군사적 긴장을 완화하고, 통일 정책을 추진하기 위한 방안을 모색
  ② 우리 사회의 노력 : 민주적 절차를 거쳐 남북 간의 교류와 협력 및 통일에 대한 다양한 입장을 조율, 통일 교육 등을 통해 한반도에 평화가 정착하도록 노력

> ✏️ **평화 통일을 위한 노력**   한번에 정리하기
> ❶ 6·25 전쟁 : 북한의 남침 ➡ 인천 상륙 작전 ➡ 정전 협정
> ❷ 박정희 정부 : 7·4 남북 공동 성명
> ❸ 김대중 정부 : 6·15 남북 공동 선언

01 (가)에 해당하는 내용은?

〈 강화도 조약 체결과 개항 〉
• 배경 : 운요호 사건
• 내용 : 부산 외 2개 항구 개항, 치외법권, 해안 측량권 허용
• 성격 :   (가)

① 서양 세력과 처음으로 맺은 조약이다.
② 최초의 근대적 조약이자 불평등 조약이다.
③ 청 상인의 내륙 시장 진출을 허용한 조약이다.
④ 청·일 양국군의 동시 파병을 규정한 조약이다.

02 다음 사진과 관련된 설명으로 옳지 <u>않은</u> 것은?

당백전

① 목적 : 경복궁 중건을 위한 비용 마련
② 부작용 : 물가 상승
③ 시기 : 흥선 대원군 집권기
④ 과정 : 개화파들의 차관 도입 압력

03 다음 내용에 해당하는 사건은?

• 신식 군대인 별기군과의 차별에 구식 군인들이 불만을 가짐.
• 구식 군인들이 일본 공사관을 습격함.
• 조선과 일본이 제물포 조약을 체결함.

① 갑신정변   ② 을미사변
③ 병인양요   ④ 임오군란

04 다음 사진 속 척화비의 내용으로 옳은 것은?

① 서원을 모두 허물라. 백성에게 해가 되는 것이 있으면 공자라도 용서하지 않겠다.
② 환곡을 폐지하라. 앞으로는 곡식을 대여하고 빈민을 구제하는 일을 민간에 맡겨라.
③ 서양인의 침략에 맞서기 위해 문호를 개방하고 그들의 우수한 기술을 적극 받아들이자.
④ 서양 오랑캐가 침범하는데 싸우지 않으면 화친하는 것이요, 화친을 주장함은 나라를 파는 것이다.

05 19세기 후반 서양 열강들이 다음과 같은 사건을 일으킨 공통적인 목적은?

> • 병인양요
> • 신미양요
> • 오페르트 도굴 사건

① 강화도 점령
② 조선과의 통상 수교
③ 천주교의 전파
④ 조선의 문명 개화

06 신미양요의 배경으로 가장 적절한 것은?

① 척화비 건립
② 운요호 사건
③ 제너럴 셔먼호 사건
④ 오페르트의 도굴

07 (가)에 들어갈 지역은?

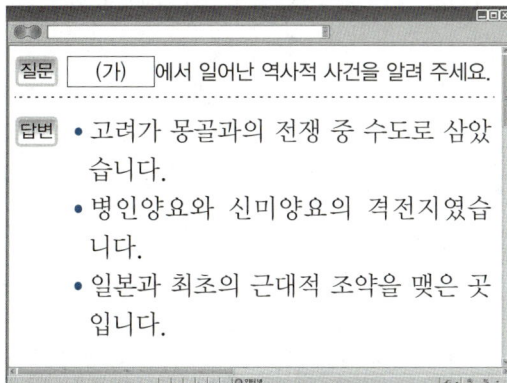

> 질문 [(가)]에서 일어난 역사적 사건을 알려 주세요.
>
> 답변 • 고려가 몽골과의 전쟁 중 수도로 삼았습니다.
> • 병인양요와 신미양요의 격전지였습니다.
> • 일본과 최초의 근대적 조약을 맺은 곳입니다.

① 진도
② 강화도
③ 거문도
④ 제주도

08 (가)에 해당하는 사건은?

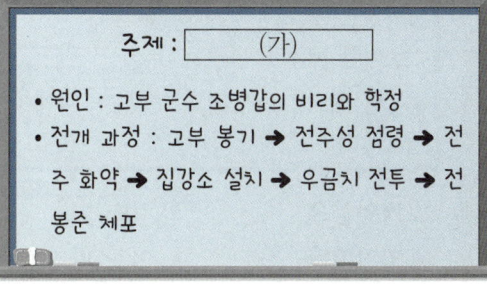

> 주제 : [(가)]
> • 원인 : 고부 군수 조병갑의 비리와 학정
> • 전개 과정 : 고부 봉기 ➡ 전주성 점령 ➡ 전주 화약 ➡ 집강소 설치 ➡ 우금치 전투 ➡ 전봉준 체포

① 병인양요
② 신미양요
③ 국채 보상 운동
④ 동학 농민 운동

09 다음 설명에 해당하는 단체는?

> 서재필을 비롯한 개혁 인사들이 조직하였으며, 우리나라 최초의 근대적 민중 집회인 만민 공동회를 열었다.

① 신민회
② 의열단
③ 황국 협회
④ 독립 협회

10 다음에서 설명하는 근대적 개혁은?

> • 과거제 폐지
> • 신분제 폐지
> • 과부의 재가 허용

① 갑오개혁
② 임오군란
③ 을사조약
④ 시무 28조

11 다음 내용에 해당하는 역사적 사건은?

> • 김옥균, 박영효 등 개화파 주도
> • 우정국 개국 축하연을 이용
> • 문벌 폐지, 조세 제도 개혁 등 14개조 정강 발표

① 병인양요   ② 갑신정변
③ 임진왜란   ④ 아관 파천

12 밑줄 친 ㉠에 해당하는 사건은?

> 삼국 간섭을 계기로 조선이 러시아를 끌어들였다. 그러자 일본은 조선에서 약화된 영향력을 만회하기 위해 ㉠ 명성 황후를 시해하였다.

① 을미사변   ② 갑오개혁
③ 임오군란   ④ 간도 협약

13 다음에 해당하는 인물은?

> ◈ 이 달의 역사 인물 ◈
> • 급진 개화파의 대표적 인물이다.
> • 우정총국 개국 축하연을 기회로 정변을 일으켰다.

① 김옥균   ② 어윤중
③ 전봉준   ④ 최익현

14 을미개혁의 내용이 <u>아닌</u> 것은?

① 단발령을 실시한다.
② 태양력을 사용한다.
③ 종두법을 시행한다.
④ 신분제를 폐지한다.

15 독립 협회의 활동 내용이 <u>아닌</u> 것은?

① 독립신문 간행
② 독립문 건립
③ 고종의 환궁 요구
④ 의병 활동의 주도

16 다음과 같은 내용이 포함된 조약은?

> • 대한 제국 외교권 박탈
> • 통감부 설치

① 을사조약   ② 한·일 신협약
③ 한·일 의정서   ④ 제1차 한·일 협약

17 다음 〈보기〉의 조약들을 시간 순서대로 바르게 연결한 것은?

> ┤보기├
> ㄱ. 을사조약   ㄴ. 강화도 조약
> ㄷ. 한·일 신협약   ㄹ. 한·일 병합 조약

① ㄱ - ㄴ - ㄷ - ㄹ   ② ㄱ - ㄷ - ㄴ - ㄹ
③ ㄴ - ㄱ - ㄷ - ㄹ   ④ ㄴ - ㄷ - ㄱ - ㄹ

18 다음 〈보기〉에서 항일 의병 운동이 일어나게 된 이유를 고르면?

| 보기 |
ㄱ. 을미사변   ㄴ. 단발령
ㄷ. 아관 파천   ㄹ. 청·일 전쟁

① ㄱ, ㄴ   ② ㄷ, ㄹ
③ ㄴ, ㄷ   ④ ㄱ, ㄹ

19 다음 인물들이 공통적으로 활동한 역사적 사건은 무엇인가?

• 이상설   • 이준   • 이위종

① 갑신정변
② 을미의병
③ 독립 협회
④ 헤이그 특사 파견

20 우리나라 침략에 앞장섰던 이토 히로부미를 만주 하얼빈에서 사살하는 의거 활동을 전개한 인물은?

① 윤봉길   ② 이재명
③ 안중근   ④ 전명운

21 간도에 대한 설명으로 옳지 <u>않은</u> 것은?

① 고구려와 발해의 역사 무대였다.
② 조선은 청과 간도 협약을 체결하였다.
③ 숙종 시기에 백두산 정계비가 세워졌다.
④ 19세기 후반부터 조선인들이 많이 이주하였다.

22 일본이 독도를 일방적으로 그들의 영토로 편입시킨 때는 언제인가?

① 숙종 때   ② 청·일 전쟁 때
③ 을사조약 때   ④ 러·일 전쟁 중

23 다음의 내용이 나타내고 있는 경제적 측면의 민족 운동은 무엇인가?

• 서상돈의 제안으로 대구에서 시작되었다.
• 국민들은 금연, 금주로 모은 돈과 반지, 비녀 등을 성금으로 냈다.
• 대한매일신보 등이 앞장서서 그 취지를 알렸다.

① 산미 증식 계획   ② 국채 보상 운동
③ 물산 장려 운동   ④ 동학 농민 운동

24 신민회에 관한 설명으로 옳지 <u>않은</u> 것은?

① 만주에 독립군 기지를 건설하였다.
② 고종을 복위시키는 것을 목표로 하였다.
③ 대성 학교, 오산 학교 등을 설립하여 인재를 양성하였다.
④ 안창호, 양기탁 등이 중심이 되어 비밀리에 조직하였다.

25 함경도 덕원 지방에 세워진 것으로 우리나라 근대 교육의 출발점이 된 학교는?

① 원산 학사   ② 육영 공원
③ 배재 학당   ④ 이화 학당

26 다음과 관계있는 근대 신문은?

> • 우리나라 최초의 신문이다.
> • 관보의 형식을 가지고 있으며, 순 한문체를
>   사용하였다.

① 대한매일신보　　② 제국신문
③ 황성신문　　　　④ 한성순보

27 다음 내용에 해당하는 근대적인 신문은?

> 영국인이 발행인으로 참여하고 있어서 일
> 제 통감부의 극심한 통제 속에서도 민족 운
> 동에 관한 기사를 많이 실어 민족의 여론을
> 고취하는 데 공헌하였다.

① 황성신문　　　　② 제국신문
③ 독립신문　　　　④ 대한매일신보

28 일제의 식민 통치 방식이 문화 통치로 바뀌게 된
계기는?

① 3 · 1 운동　　　② 105인 사건
③ 고종의 퇴위　　④ 임시 정부 수립

29 일제의 무단 통치 시기에 우리나라 안에서의 경
제 수탈 정책은?

① 병참 기지화
② 산미 증식 계획 실시
③ 토지 조사 사업 실시
④ 인적 · 물적 자원 수탈

30 일제의 토지 조사 사업에 대한 설명으로 옳지
않은 것은?

① 토지 소유 관계를 근대적으로 정리한다는
　명분을 내세워 추진되었다.
② 조선 후기 이래 관습적으로 지속된 농민의
　경작권, 개간권을 인정하였다.
③ 신고 절차가 복잡해 많은 농민들이 제대로
　신고하지 못하는 경우가 많았다.
④ 많은 공유지나 국유지는 주인 없는 토지로
　분류되어 총독부의 소유가 되었다.

31 다음에서 설명하는 것은?

> 1910년에 조선 총독부가 공포한 법령이
> 다. 조선에서의 회사 설립과 지점 설치 등은
> 조선 총독의 허가를 받아야 하며, 설립된 회
> 사가 공공의 질서와 선량한 풍속에 반하는
> 행위를 했을 때에는 해산과 지점 폐쇄를 명
> 령할 수 있도록 규정하였다.

① 전매제　　　　② 징병제
③ 회사령　　　　④ 토지 조사 사업

32 1920년대 일제가 산미 증식 계획을 실시한 이유는?

① 조선의 식량 사정을 개선하기 위해
② 전쟁에서 쓸 식량을 확보하기 위해
③ 자국의 식량 문제를 해결하기 위해
④ 조선인을 무자비하게 탄압하기 위해

33 다음 〈보기〉에서 일제가 실시한 경제 약탈 방식을 시대순으로 바르게 나열한 것은?

┤ 보기 ├
ㄱ. 토지 조사 사업
ㄴ. 병참 기지화 정책
ㄷ. 산미 증식 계획

① ㄱ - ㄴ - ㄷ   ② ㄱ - ㄷ - ㄴ
③ ㄴ - ㄱ - ㄷ   ④ ㄴ - ㄷ - ㄱ

34 일제가 실시한 민족 말살 정책에 대한 설명으로 옳지 않은 것은?

① 창씨개명을 하도록 하였다.
② 황국 신민 서사 암송을 강요하였다.
③ 우리 역사 교육을 금지하였다.
④ 동아일보와 조선일보가 창간되었다.

35 이른바 문화 통치를 내걸던 시기에 일제가 시행한 정책은?

① 일본식 성명 강요
② 토지 조사 사업 실시
③ 헌병 경찰제 실시
④ 한글 신문 간행 허용

36 다음 사실과 관계있는 일제의 식민지 지배 방식은?

- 일선 동조론
- 내선 일체
- 황국 신민화
- 일본식 성과 이름 사용

① 민족 말살 정책
② 무단 통치
③ 문화 통치
④ 민족 분열 통치

37 다음 〈보기〉에서 일제의 식민지 지배 체제의 변화 과정을 순서대로 나열한 것은?

┤ 보기 ├
ㄱ. 민족 말살 통치
ㄴ. 문화 통치
ㄷ. 헌병 경찰 통치

① ㄱ - ㄷ - ㄴ   ② ㄴ - ㄱ - ㄷ
③ ㄷ - ㄱ - ㄴ   ④ ㄷ - ㄴ - ㄱ

38 3 · 1 운동의 영향으로 옳은 것은?

① 신분제가 폐지되었다.
② 강화도 조약이 체결되었다.
③ 위정척사 운동이 전개되었다.
④ 일제가 식민 통치 방식을 문화 통치로 바꾸었다.

39 다음 설명에 해당하는 사건은?

> • 배경 : 2·8 독립 선언, 민족 자결주의
> • 주요 사건 : 유관순의 순국, 화성 제암리 학살 등
> • 영향 : 대한민국 임시 정부 수립, 중국의 5·4 운동 등

① 3·1 운동   ② 동학 농민 운동
③ 위정척사 운동   ④ 항일 의병 운동

40 다음 중 3·1 운동의 배경으로 옳지 <u>않은</u> 것은?

① 중국의 5·4 운동
② 윌슨의 민족 자결주의 제창
③ 고종 황제 서거와 일제의 독살 음모론 대두
④ 도쿄 유학생들의 독립 선언서와 결의문 발표

41 3·1 운동이 가지는 역사적 의의와 영향에 대한 설명으로 옳지 <u>않은</u> 것은?

① 아시아 각지의 민족 운동에 영향을 주었다.
② 일제는 헌병 경찰을 앞세운 무단 통치를 더욱 강화하였다.
③ 독립운동의 조직화를 위해 대한민국 임시 정부가 수립되었다.
④ 국권 침탈 이후 거족적으로 전개된 최대 규모의 독립운동이었다.

42 다음에서 설명하는 제도는?

> 대한민국 임시 정부가 국내 각 지역의 독립운동을 지도하고, 독립운동 자금을 마련하기 위해 조직한 비밀 행정 조직이다.

① 연통제   ② 국무원
③ 주석제   ④ 구미 위원부

43 대한민국 임시 정부가 수립된 곳은?

① 상하이   ② 간도
③ 하얼빈   ④ 연해주

44 대한민국 임시 정부에 관한 설명으로 옳지 <u>않은</u> 것은?

① 연통제를 통해 국내와 연락하였다.
② 3·1 운동의 영향을 받아 수립되었다.
③ 신흥 무관 학교를 세워 무장 투쟁을 주도하였다.
④ 독립신문을 간행하여 독립운동의 방향을 제시하였다.

45 다음 설명에 해당하는 단체는?

> 대한민국 임시 정부 활동에 활기를 불어넣을 목적으로 조직된 단체이다. 대표적인 활동으로 이봉창의 일왕 폭살 기도, 윤봉길의 상하이 홍커우 공원 의거 등이 있다.

① 독립 협회   ② 조선어 학회
③ 한인 애국단   ④ 조선 물산 장려회

46 다음의 활동을 한 인물은?

> • 한인 애국단을 조직하였다.
> • 대한민국 임시 정부의 대표적인 인물이었다.
> • 1948년에 남한만의 단독 선거에 반대하여 남북 협상을 추진하였다.

① 김구 ② 박은식
③ 윤봉길 ④ 주시경

47 다음 내용에 해당하는 인물은?

> • 김구가 조직한 한인 애국단 소속
> • 상하이 훙커우 공원에서 일본군에 폭탄 투척

① 김옥균 ② 서재필
③ 윤봉길 ④ 전명운

48 다음 설명에 해당하는 단체는?

> • 1940년 대한민국 임시 정부가 창설한 부대
> • 일제가 태평양 전쟁을 일으키자 연합군과 공동 작전 수행

① 신민회 ② 보안회
③ 별기군 ④ 한국광복군

49 자료와 관련 있는 역사적 사실은?

① 국채 보상 운동
② 문맹 퇴치 운동
③ 물산 장려 운동
④ 민족 유일당 운동

50 한인 애국단에 대한 설명으로 옳지 <u>않은</u> 것은?

① 김구가 조직한 단체이다.
② 박열은 일본 국왕 부자를 살해하려다 실패하였다.
③ 이봉창은 도쿄에서 일본 국왕 마차에 폭탄을 던졌다.
④ 중국 정부가 임시 정부와 협력하는 계기를 마련하였다.

51 다음 자료에 해당하는 민족 운동은?

>  민족 산업의 보호와 육성을 위해 토산품 애용, 근검 절약, 금주·단연 등을 주장하였다.

① 형평 운동
② 문맹 퇴치 운동
③ 국채 보상 운동
④ 물산 장려 운동

52 다음에서 설명하는 것은?

> 사회적 편견과 차별을 받아오던 백정들이 평등한 대우를 요구하는 운동을 전개하였다.

① 노동 쟁의 ② 소작 쟁의
③ 형평 운동 ④ 6·10 민세 운동

53 광주 학생 항일 운동에 대한 설명으로 옳지 <u>않은</u> 것은?

① 1926년 고종 황제의 장례식을 계기로 시작되었다.

② 3·1 운동 이후 최대 규모의 반일 학생 투쟁이었다.

③ 학생 시위로 시작하여 일반 국민들까지 가담하였다.

④ 일제의 식민 통치를 정면으로 부정한 항일 운동이었다.

54 다음 설명에 해당하는 운동은?

> 일본에 진 빚 1,300만 원을 갚고 국권을 지키기 위해 1907년 농민, 상인, 부녀자 등 다양한 계층이 참여하여 금주, 금연으로 돈을 모으고 비녀와 반지 등을 성금으로 냈다.

① 형평 운동

② 국채 보상 운동

③ 6·10 만세 운동

④ 광주 학생 항일 운동

55 다음에서 설명하고 있는 운동을 지원하여 전국적인 독립운동으로 확대되도록 역할을 한 단체는?

> 1929년 11월 3일 전남 광주에서 한·일 학생 사이에 일어난 충돌을 계기로, 평소 일제의 민족 차별에 대한 분노와 반일 감정이 폭발하여 대규모 항일 시위가 일어났다.

① 신간회   ② 물산 장려회

③ 자작회   ④ 신민회

56 다음 ㉠, ㉡에 들어갈 말을 바르게 짝지은 것은?

> 일본군은 독립군의 활동을 막기 위해 몇 개의 독립군 부대가 주둔하고 있던 봉오동을 습격해 왔다. 이에 ┌─㉠─┐가 이끄는 └─㉡─┘은 이를 미리 알고 대비하고 있다가 일본군을 맞아 큰 승리를 거두었다. 이것이 독립군 전투 사상 최초의 승리이다.

㉠	㉡
① 홍범도	서로 군정서군
② 김좌진	북로 군정서군
③ 이범석	서로 군정서군
④ 홍범도	대한 독립군

57 다음 인물들이 공통적으로 노력한 분야는?

> • 박은식   • 신채호
> • 정인보   • 문일평

① 국어 연구와 한글 보급

② 언론 활동을 통한 민중 계몽

③ 역사 연구를 통한 민족 의식 고취

④ 종교 활동을 통한 항일 의식 고취

58 다음과 같은 활동을 한 단체는?

> • 한글 맞춤법 통일안과 표준어를 제정하였다.
> • 한글 보급을 위해 교재를 제작하였다.

① 신간회   ② 조선어 학회

③ 조선 형평사   ④ 조선 물산 장려회

59 다음과 같은 활동을 한 민족 운동 단체는?

> • 일제의 한국사 왜곡에 맞서 우리 민족사의 주체적 발전을 강조
> • 이병도, 손진태 중심의 학보 발간

① 신간회　　　　② 민립 대학 기성회
③ 조선어 학회　　④ 진단 학회

60 (가)에 들어갈 내용은?

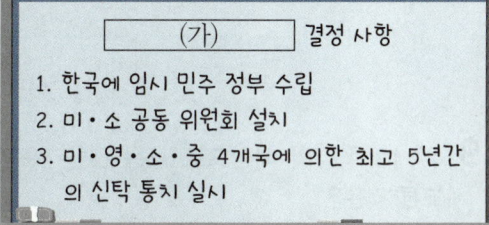

① 카이로 회담
② 포츠담 회담
③ 모스크바 3국 외상 회의
④ 7·4 남북 공동 성명

61 다음 사실과 관련 있는 역사적 사건은?

> • 인천 상륙 작전
> • 유엔군의 한국 파병

① 6·25 전쟁
② 태평양 전쟁
③ 제주도 4·3 사건
④ 광주 학생 항일 운동

62 카이로 회담과 포츠담 선언의 공통점은?

① 한국의 독립을 약속했다.
② 일본이 발표한 것들이다.
③ 우리 민족이 대표로 참여했다.
④ 북위 38도선을 기준으로 한반도를 분할하기로 했다.

63 모스크바 3국 외상 회의에서 결정된 내용 중 우리 민족과 관계된 것을 〈보기〉에서 모두 고르면?

> ┤ 보기 ├
> ㄱ. 최대 5년간의 신탁 통치
> ㄴ. 미·소 공동 위원회의 구성
> ㄷ. 좌우 합작 위원회의 구성
> ㄹ. 한국을 미국의 태평양 방어선에서 제외

① ㄱ, ㄴ　　　　② ㄴ, ㄷ
③ ㄷ, ㄹ　　　　④ ㄱ, ㄷ

64 다음에서 설명하는 인물은?

> • 대한민국 임시 정부를 이끌었다.
> • 김규식과 함께 남북 협상을 주도했다.

① 김구　　　　　② 여운형
③ 이승만　　　　④ 안중근

65 5·10 총선거의 의의로 옳은 것은?

① 최초의 민주적 선거였다.

② 한반도 전체에서 실시되었다.

③ 국제 사회의 도움 없이 우리 민족의 역량만으로 진행했다.

④ 이 선거의 결과로 이승만이 초대 대통령으로 선출되었다.

66 6·25 전쟁의 배경으로 옳지 <u>않은</u> 것은?

① 북한의 남침 의도

② 미국의 애치슨 선언

③ 남한의 대규모 선제 공격

④ 38도선 부근에서 남북한 간의 빈번한 소규모 무력 충돌

67 다음 〈보기〉의 사건을 시간 순서대로 바르게 나열한 것은?

┤ 보기 ├
ㄱ. 1·4 후퇴
ㄴ. 중국군의 개입
ㄷ. 인천 상륙 작전
ㄹ. 북한의 기습 남침

① ㄱ-ㄹ-ㄴ-ㄷ

② ㄴ-ㄷ-ㄹ-ㄱ

③ ㄹ-ㄴ-ㄱ-ㄷ

④ ㄹ-ㄷ-ㄴ-ㄱ

68 다음 내용에 해당하는 사건은?

> 1960년 이승만 정부가 3·15 부정 선거를 저지르자 학생과 시민들이 이에 저항하여 대규모 시위를 일으켰고, 그 결과 이승만 정부가 붕괴되었다.

① 4·19 혁명

② 6·25 전쟁

③ 6월 민주 항쟁

④ 5·18 민주화 운동

69 4·19 혁명의 배경으로 옳은 것을 〈보기〉에서 고른 것은?

┤ 보기 ├
ㄱ. 3·15 부정 선거
ㄴ. 유신 체제의 성립
ㄷ. 5·16 군사 정변
ㄹ. 이승만의 장기 집권

① ㄱ, ㄴ   ② ㄱ, ㄹ

③ ㄴ, ㄷ   ④ ㄷ, ㄹ

70 유신 헌법에 대한 설명으로 옳지 <u>않은</u> 것은?

① 대통령에게 긴급 조치권이 부여되었다.

② 민주주의의 원칙이 충실히 구현되었다.

③ 사실상 박정희의 영구 집권을 목표로 했다.

④ 통일 주체 국민 회의가 대통령 선거를 담당했다.

71 다음 설명이 배경이 되어 나타난 역사적 사실은?

> 10·26 사태(1979) 이후 시민들의 민주화 요구가 높아졌다. 그러자 신군부는 비상 계엄을 전국으로 확대하였고 광주에는 계엄군을 투입하였다.

① 4·19 혁명
② 새마을 운동
③ 5·18 민주화 운동
④ 부·마 민주 항쟁

72 다음과 같은 성과를 거둔 정부는?

> • IMF 구제 금융 상환
> • 남북 정상 회담 개최

① 노태우 정부 ② 김영삼 정부
③ 김대중 정부 ④ 노무현 정부

73 다음에서 설명하는 것은?

> 1962년부터 추진된 것으로 정부 차원에서 국가의 경제 발전 계획을 5년 단위로 설계한 것이다.

① 경제 성장
② 금융 실명제
③ 새마을 운동
④ 경제 개발 5개년 계획

74 다음 〈보기〉의 사실들을 시간 순서대로 나열한 것은?

> ┤ 보기 ├
> ㄱ. 7·4 남북 공동 성명
> ㄴ. 6·15 남북 공동 선언
> ㄷ. 남북한 유엔 동시 가입
> ㄹ. 제2차 남북 정상 회담

① ㄱ－ㄷ－ㄴ－ㄹ   ② ㄱ－ㄹ－ㄷ－ㄴ
③ ㄴ－ㄹ－ㄱ－ㄷ   ④ ㄴ－ㄷ－ㄱ－ㄹ

75 다음 글의 빈칸에 들어갈 알맞은 말은?

> 2000년 6월 남북 정상이 만나 우리 민족의 통일 문제를 자주적으로 해결하기로 합의하는 (　　　)을/를 발표하였다.

① 남북 기본 합의서
② 6·15 남북 공동 선언
③ 남북한 상호 불가침 선언
④ 6·23 평화 통일 외교 정책 선언

EBS 교육방송교재

중졸 검정고시 **사회**

제3편

2025년 기출문제

01 다음에서 설명하는 것은?

> 지리 정보를 수집하여 컴퓨터에 입력, 저장한 후 이를 사용자의 필요에 따라 가공, 분석하여 사용하는 종합적인 정보 시스템

① 랜드 마크
② 원격 탐사
③ 플랜테이션
④ 지리 정보 시스템(GIS)

02 다음 ㉠에 공통으로 들어갈 용어로 옳은 것은?

> • (㉠)은/는 석노를 기준으로 하여 북쪽은 북위 0˚~90˚, 남쪽은 남위 0˚~90˚로 나타낸다.
> • 지구는 둥글기 때문에 태양으로부터 지표면에 도달하는 일사량은 (㉠)에 따라 차이가 난다.

① 경도
② 위도
③ 날짜 변경선
④ 본초 자오선

03 다음에서 설명하는 농업 방식은?

> 열대 우림 기후에서는 숲을 태워 만든 밭에서 카사바, 얌 등을 재배하고, 땅이 척박해지면 새로운 농경지를 만들기 위해 다른 장소로 이동합니다.

① 낙농업
② 수목 농업
③ 오아시스 농업
④ 이동식 화전 농업

04 다음에서 설명하고 있는 기후는?

> • 바다에서 불어오는 편서풍의 영향으로 연중 강수량이 고르고 기온의 연교차가 작다.
> • 주로 곡물 재배와 가축 사육이 함께 이루어지는 혼합 농업이 발달한다.

① 사막 기후
② 스텝 기후
③ 툰드라 기후
④ 서안 해양성 기후

05 다음 ㉠에 들어갈 용어로 옳은 것은?

> 2025년 ○월 □일
> 오늘은 오스트레일리아의 그레이트 오션 로드에 갔다. 그곳엔 주로 파도의 (㉠) 작용을 받아 형성된 해안 절벽과 기둥 모양의 바위가 있었다.

① 습곡
② 침식
③ 퇴적
④ 화산

06 다음에서 설명하는 현상은?

> • 도심의 주거 기능 약화로 나타나는 현상
> • 낮에는 업무나 쇼핑을 위해 이동해 온 사람들이 많지만, 밤에는 도심 바깥쪽의 주거 지역으로 빠져나가는 현상

① 스콜
② 기후 변화
③ 성비 불균형
④ 인구 공동화

07 다음에서 설명하는 것은?

> • 다국적 기업이 여러 기능에 따라 서로 다른 지역에 입지하여 업무를 분담함.
> • 본사는 주로 자국의 대도시에 위치하고, 생산 공장은 대체로 노동비가 저렴한 국가에 위치함.

① 공정 무역
② 공간적 분업
③ 장소 마케팅
④ 국제 비정부 기구

08 다음 ㉠에 공통으로 들어갈 용어로 옳은 것은?

> • (㉠)은/는 영해를 설정한 기선에서부터 200해리에 이르는 수역 중 영해를 제외한 바다이다.
> • (㉠)에서는 해양 자원을 탐사하고 개발할 수 있다.

① 영공
② 영토
③ 중심 업무 지구
④ 배타적 경제 수역(EEZ)

09 다음 ㉠에 들어갈 용어로 옳은 것은?

소속감에 따른 사회 집단의 분류

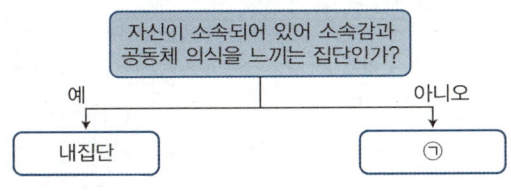

① 외집단
② 우리 집단
③ 1차 집단
④ 2차 집단

10 다음에서 설명하는 문화의 속성은?

> 문화는 선천적으로 타고나는 것이 아니라 자신이 속한 사회에서 성장하면서 후천적으로 배우는 것입니다.

① 변동성
② 전체성
③ 학습성
④ 획일성

11 다음 ㉠에 해당하는 민주주의의 원리는?

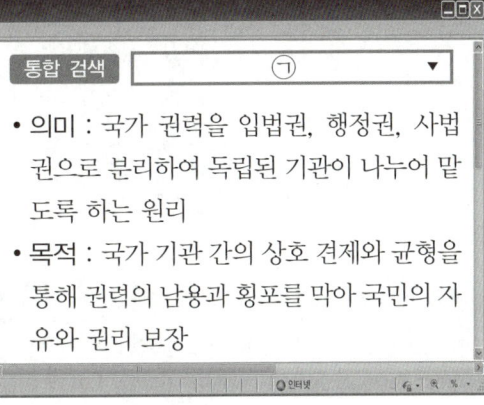

> • 의미 : 국가 권력을 입법권, 행정권, 사법권으로 분리하여 독립된 기관이 나누어 맡도록 하는 원리
> • 목적 : 국가 기관 간의 상호 견제와 균형을 통해 권력의 남용과 횡포를 막아 국민의 자유와 권리 보장

① 입헌주의의 원리
② 국민 자치의 원리
③ 국민 주권의 원리
④ 권력 분립의 원리

12 다음에서 설명하는 기본권은?

> • 국민이 국가 기관의 형성과 국가의 정치적 의사 형성 과정에 참여할 수 있는 권리이다.
> • 선거권, 국민 투표권, 공무 담임권 등을 예로 들 수 있다.

① 교육권
② 사회권
③ 참정권
④ 환경권

13 다음에서 설명하는 민주 선거의 원칙은?

> • 어느 후보나 정당에 투표하였는지 다른 사람이 알지 못하도록 한다.
> • 유권자가 다른 사람으로부터 압력을 받지 않고 본인의 의사에 따라 자유롭게 투표할 수 있도록 하기 위한 것이다.

① 공개 선거　　　② 보통 선거
③ 비밀 선거　　　④ 직접 선거

14 다음 ㉠에 들어갈 용어는?

> 국회의 가장 대표적인 역할은 입법 활동이다. 따라서 국회는 (㉠)을/를 제정하고 개정할 수 있는 권한과 헌법 개정을 제안하고 의결할 수 있는 권한을 갖는다.

① 도덕　　　② 법률
③ 조례　　　④ 행정

15 다음 ㉠, ㉡에 들어갈 내용으로 옳은 것은?

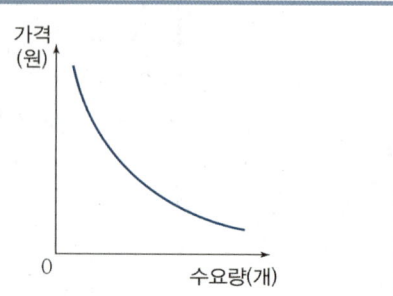

> 이 그래프는 빵의 가격과 수요량 간의 관계를 나타낸 것이다. 가격이 상승하면 수요량이 (㉠)하고, 가격이 하락하면 수요량이 (㉡)하는 수요 법칙을 알 수 있다.

	㉠	㉡
①	감소	감소
②	감소	증가
③	증가	감소
④	증가	증가

16 다음 상황에 대한 설명으로 옳은 것을 〈보기〉에서 고른 것은? (단, 원화 기준으로 판단함.)

> 이전에는 1달러를 1,300원에 살 수 있었다면 이제는 환율의 변화로 1달러를 1,500원에 살 수 있다.

┤ 보기 ├

ㄱ. 환율 상승　　　ㄴ. 환율 하락
ㄷ. 원화 가치 상승　ㄹ. 원화 가치 하락

① ㄱ, ㄷ　　　② ㄱ, ㄹ
③ ㄴ, ㄷ　　　④ ㄴ, ㄹ

17 다음에서 설명하는 나라는?

> • 우리나라 역사상 최초의 국가이다.
> • '남을 다치게 한 사람은 곡식으로 갚는다.'는 내용이 담긴 8조법을 만들었다.

① 발해　　　　　② 고구려
③ 고조선　　　　④ 대한 제국

18 다음 설명에 해당하는 왕은?

> • 화랑도를 국가적인 조직으로 정비함.
> • 영토 확장을 기념하여 정복한 지역에 순수비를 세움.

① 세종　　　　　② 공민왕
③ 진흥왕　　　　④ 광개토 대왕

19 다음에서 설명하는 국가유산을 제작한 나라는?

> • 명칭 : 석굴암 본존불
> • 소재지 : 경상북도 경주시
> • 특징 : 완벽한 비례로 안정감과 균형미를 자랑함.

① 고려　　　　　② 부여
③ 조선　　　　　④ 통일 신라

20 다음 ㉠에 들어갈 내용으로 옳은 것은?

> 이성계는 　㉠　 을 계기로 권력을 장악하였습니다. 그 후 나라의 이름을 조선으로 정하고 수도를 한양으로 옮겼습니다.

① 병자호란　　　② 임진왜란
③ 살수 대첩　　　④ 위화도 회군

21 다음 설명에 해당하는 사건은?

> • 1920년 평양에서 시작되었다.
> • 민족 산업 발전을 통한 경제적 자립을 목표로 하였다.
> • 국산품 애용, '내 살림 내 것으로', '조선 사람 조선 것' 등을 주장하였다.

① 6 · 10 만세 운동
② 동학 농민 운동
③ 물산 장려 운동
④ 서경 천도 운동

22 다음 ㉠에 해당하는 사건은?

> 1894년에 군국기무처가 추진한 (　㉠　)으로 과거제와 신분제가 폐지되었다.

① 갑오개혁　　　② 무신 정변
③ 아관 파천　　　④ 이자겸의 난

23 다음 ㉠에 해당하는 것은?

> 중종반정을 주도한 훈구 세력이 정국을 주도하자, 중종은 훈구 세력을 견제하고자 조광조를 비롯한 (㉠)을/를 등용하였다.

① 사림　　　　② 호족
③ 6두품　　　④ 개화파

25 다음 ㉠에 해당하는 사건은?

> (㉠)은 1919년에 일어난 독립 운동으로 중국 상하이에 대한민국 임시 정부가 수립되는 계기가 되었다.

① 3·1 운동
② 새마을 운동
③ 국채 보상 운동
④ 금 모으기 운동

24 다음 ㉠에 들어갈 업적으로 옳은 것은?

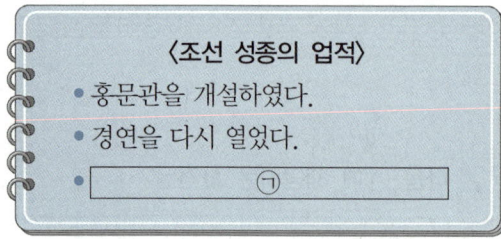

〈조선 성종의 업적〉
• 홍문관을 개설하였다.
• 경연을 다시 열었다.
• ㉠

① 훈요 10조를 남겼다.
② 척화비를 건립하였다.
③ 탕평책을 실시하였다.
④ 『경국대전』을 완성하였다.

01 다음 설명에 해당하는 기후는?

- 짧은 여름 동안에만 기온이 0℃ 이상으로 올라간다.
- 농업이 거의 불가능하여 주민들은 순록을 유목하거나 물고기, 바다표범 등을 사냥하며 생활한다.

① 스텝 기후
② 툰드라 기후
③ 지중해성 기후
④ 서안 해양성 기후

02 다음 중 석회동굴 내부에서 발달할 수 <u>없는</u> 것은?

① 석순
② 석주
③ 오름
④ 종유석

03 다음 설명에 해당하는 문화 지역은?

- 우리나라와 중국, 일본을 중심으로 한다.
- 유교, 불교, 한자, 젓가락 문화 등이 공통으로 나타난다.

① 건조 문화 지역
② 유럽 문화 지역
③ 동아시아 문화 지역
④ 아프리카 문화 지역

04 다음의 행동 요령과 관련된 자연재해는?

- 내 집 앞, 내 점포 앞 도로의 눈은 내가 치웁니다.
- 제설 도구나 미끄럼 방지 장치를 차량에 준비합니다.
- 붕괴가 우려되는 가옥이나 건축물은 사전 점검 및 보강하여 피해를 예방합니다.

① 가뭄
② 지진
③ 태풍
④ 폭설

05 다음 설명에 해당하는 자원은?

- 고온 다습한 아시아 계절풍 지대의 넓은 평야 지대에서 주로 재배한다.
- 대체로 생산지에서 소비되므로 국제 이동량이 적은 편이다.
- 이 자원으로 만든 대표 음식으로는 베트남의 국수, 인도네시아의 나시고렝이 있다.

① 쌀
② 커피
③ 옥수수
④ 카카오

06 다음에서 설명하는 것은?

> 산업화와 도시화로 촌락의 인구가 도시로 이동하는 현상

① 랜드마크
② 이촌 향도
③ 인구 밀도
④ 다국적 기업

07 다음에서 설명하는 것은?

> 도시의 무질서한 팽창을 막고 녹지 공간을 확보하기 위해 일부 대도시 주변에 설정한 지역이다.

① 부도심
② 위성 도시
③ 중심 업무 지구(CBD)
④ 개발 제한 구역(greenbelt)

08 다음 중 ㉠, ㉡에 들어갈 내용으로 옳은 것은?

> • (㉠) : 영토 주변의 바다로, 그 범위는 일반적으로 기선으로부터 12해리까지이다.
> • (㉡) : 기선으로부터 200해리까지의 수역 중 (㉠)을/를 제외한 바다이다.

	㉠	㉡
①	영공	영해
②	영공	배타적 경제 수역
③	영해	배타적 경제 수역
④	배타적 경제 수역	영해

09 다음에서 설명하는 국가 기관은?

> • 선거의 공정한 관리와 정당에 관한 사무 처리를 위하여 설치되었다.
> • 선거 운동과 투표 및 개표를 관리하고 유권자의 투표 참여를 독려한다.

① 대법원
② 특허 법원
③ 국가 인권 위원회
④ 선거 관리 위원회

10 다음 중 ㉠에 들어갈 내용으로 옳은 것은?

> 주권이란 국가의 의사를 결정하는 최고 권력입니다. (㉠)(이)란 이와 같은 주권이 국민에게 있다는 것을 의미합니다. 따라서 국민은 국가의 주인으로서 권리를 행사할 수 있으며, 모든 국가 권력의 행사는 국민의 동의를 바탕으로 합니다.

① 희소성
② 심급 제도
③ 국민 주권의 원리
④ 권력 분립의 원리

11 다음에서 설명하는 것은?

> • 대통령, 국무총리, 국무 위원으로 구성되는 행정부의 최고 심의 기관이다.
> • 행정부의 권한에 속하는 중요한 정책을 심의한다.

① 국회
② 국무 회의
③ 노동조합
④ 헌법 재판소

12 다음에서 설명하는 법은?

> • 공적인 생활 영역을 다루는 법이자 우리나라의 최고 법이다.
> • 국민의 권리와 의무, 국가의 통치 조직과 운영 원리 등을 규정한다.

① 민법   ② 상법
③ 헌법   ④ 노동법

13 표에서 알 수 있는 초콜릿의 균형 가격에 따른 균형 거래량은?

〈 초콜릿의 가격에 따른 수요량과 공급량 〉

가격(원)	2,000	4,000	6,000	8,000
수요량 (만 개)	22	20	18	16
공급량 (만 개)	14	16	18	20

① 14만 개   ② 16만 개
③ 18만 개   ④ 20만 개

14 다음 중 ㉠에 들어갈 용어는?

> (㉠)은/는 시장에서 거래되는 여러 상품의 가격을 종합한 평균적인 가격 수준을 의미합니다. (㉠)이/가 지속적으로 상승하는 현상을 인플레이션이라고 합니다.

① 물가   ② 분업
③ 신용   ④ 실업

15 다음 설명에 해당하는 집단으로 가장 적절한 것은?

> • 인간의 사회화에 영향을 미치는 집단이다.
> • 비슷한 나이의 친구 집단으로, 소속감과 심리적 안정감을 추구한다.
> • 놀이를 통해 공동체 생활에 필요한 규칙과 질서를 배운다.

① 정당   ② 회사
③ 이익 집단   ④ 또래 집단

16 다음에서 설명하는 것은?

> 한 사회의 구성원들이 주어진 환경에 적응하면서 만들어 온 공통의 생활 양식으로 의식주, 예술, 종교 등이 포함된다.

① 문화   ② 본능
③ 인종   ④ 유전

17 다음 유물을 처음으로 제작한 시대는?

> ◈ 한국사 유물 카드 ◈
> • 명칭 : 주먹도끼
> • 특징 : 사냥, 나무 손질 등 다양한 용도로 사용됨.

① 철기 시대   ② 구석기 시대
③ 신석기 시대   ④ 청동기 시대

18 다음 설명에 해당하는 백제의 왕은?

> • 수도를 사비로 옮겼다.
> • 국호를 남부여로 바꾸었다.
> • 관산성 전투에서 전사하였다.

① 성왕   ② 광종
③ 세조   ④ 광개토 대왕

19 다음 중 ㉠에 들어갈 나라는?

> 대조영은 고구려 유민과 말갈족을 이끌고, 동모산을 도읍으로 정하고 (㉠)을/를 세웠다. 이 나라는 일본에 보낸 외교 문서에 '고려 국왕'이라 표현하며 고구려 계승 의식을 분명히 나타내었다.

① 가야   ② 발해
③ 신라   ④ 대한 제국

20 다음 중 ㉠에 들어갈 고려의 왕으로 옳은 것은?

> 〈   ㉠   의 개혁 정치〉
> – 친원 세력 제거
> – 쌍성총관부 공격
> – 전민변정도감 설치

① 영조   ② 공민왕
③ 의자왕   ④ 선덕여왕

21 다음에서 설명하는 사건은?

> • 원인 : 조선이 청의 군신 관계 요구를 받아들이지 않음.
> • 전개 : 청이 조선을 침략하자 인조는 남한산성에서 항전함.
> • 결과 : 인조는 삼전도에서 청과 굴욕적인 화의를 맺음.

① 병자호란   ② 귀주 대첩
③ 살수 대첩   ④ 삼국 통일

22 다음 중 ㉠에 들어갈 내용으로 옳은 것은?

> 정조의 뒤를 이어 어린 나이의 순조가 왕위에 오르자 안동 김씨 등 특정 가문이 권력을 잡고 국정을 장악하는 (㉠)이/가 본격적으로 전개되었다.

① 골품제   ② 세도 정치
③ 유신 헌법   ④ 화백 회의

23 조선 세종의 정책으로 옳은 것을 〈보기〉에서 고른 것은?

> | 보기 |
> ㄱ. 4군 6진 개척   ㄴ. 갑오개혁 실시
> ㄷ. 을사늑약 체결   ㄹ. 훈민정음 창제

① ㄱ, ㄴ   ② ㄱ, ㄹ
③ ㄴ, ㄷ   ④ ㄷ, ㄹ

24 다음 중 ㉠에 들어갈 일제 식민 정책으로 옳은 것은?

> 1910년부터 1918년까지 일제는 근대적 토지 소유권 확립을 명분으로 (㉠)을 실시하였고, 빼앗은 국유지와 공유지는 일본인에게 싼 값으로 넘겼다.

① 탕평책
② 호패법
③ 노비안검법
④ 토지 조사 사업

25 다음 설명에 해당하는 사건은?

> 1987년 학생과 시민들은 대학생 박종철이 고문으로 인해 사망하자, 이에 대한 진상 규명과 대통령 직선제 개헌을 요구하며 대규모 시위를 전개하였다.

① 새마을 운동
② 위화도 회군
③ 6월 민주 항쟁
④ 국채 보상 운동

memo

EBS 교육방송교재

검스타트
검정고시
중졸 **사회**

2026
최신판

정답 및 해설

사회 정답 및 해설

제1편 사회

PART 01 사회 1

01 내가 사는 세계

적중예상문제 p.9~13

01	③	02	③	03	②	04	②	05	①
06	②	07	②	08	④	09	④	10	①
11	②	12	③	13	③	14	④	15	①
16	④	17	③	18	④	19	③	20	②

01 정답 ③
지도는 지표면의 여러 가지 지리적 현상을 공간에 일정한 비율로 줄여서 표현한다.
③ 실제 거리를 지도상에 줄여서 나타낸 비율을 말한다.

> **오답피하기**
> ① 지도에서 방향을 나타내는 것, 방위 표시가 없을 때는 지도의 위쪽을 북쪽으로 본다.
> ② 지표면의 여러 가지 현상을 지도에 간단히 표현하는 일종의 약속이다.
> ④ 땅의 형태를 말한다.

02 정답 ③
주제도는 특별한 목적에 따라 기후, 인구, 교통 등 필요한 내용만 상세하게 나타낸 지도로 기후도, 지형도, 통계 지도가 있다.
③ 지역의 자연환경과 인문 환경을 종합적으로 나타낸 지도인 세계전도, 우리나라 전도 등은 일반도이다.

03 정답 ②
유선도는 사람이나 물자의 이동을 표현하는 데 적합하다.

> **오답피하기**
> ① 점묘도는 사람이나 동물 등의 분포를 나타내는 데 적합하다.
> ③ 동일한 치수를 연결한 주제도를 등치선도라 한다. 등치선도는 단풍 시작일, 벚꽃 개화일 등을 나타내는데 적합하다.
> ④ 단계 구분도는 지역별 차이를 음영(색) 차이로 표현하는 주제도이다.

04 정답 ②
방위 표시가 없을 때 지도의 아래쪽은 남쪽을 나타내며, 지도의 위쪽은 북쪽을 나타낸다.

05 정답 ①
축척은 실제 거리를 지도상에 줄여 나타낸 비율로 이를 통해 지도상의 거리가 실제 거리로 어느 정도인지 알 수 있다.
① 지형의 높낮이는 등고선을 보고 확인할 수 있다.

06 정답 ②
동그랗게 모이는 등고선의 개수가 더 많은 곳이 더 높은 산봉우리이다. 따라서 B산이 A산보다 높다.

> **오답피하기**
> ① 계곡선의 간격이 100m인 것으로 보아 지도의 축척은 1 : 50,000이다.
> ③ 방위 표시가 없을 때는 지도의 위쪽이 북쪽이다.
> ④ C지역은 논으로 이용된다.

07 정답 ②

제시문에서 설명하는 것은 위선에 해당한다.

> **오답**피하기
> ① 경선은 세로선으로, 본초 자오선(0°, 그리니치 천문대)을 기준으로 하여 동서로 각각 180°로 나눈 선으로 표시된다.
> ③ 날짜 변경선은 동경과 서경 180°가 만나는 지점을 말한다.

08 정답 ④

위도 0°인 적도를 기준으로 남반구와 북반구로 구분하며, 경도 0°인 본초 자오선을 기준으로 동반구와 서반구로 구분한다.

09 정답 ④

내가 사는 위치를 표현할 때는 좁은 지역의 위치 표현을 사용하는데, 주소나 도로명 주소를 주로 이용한다.

10 정답 ①

수리적 위치는 위도와 경도로 위치를 표현하는 방식으로 위치를 정확하게 나타낼 수 있다.

> **오답**피하기
> ② 지리적 위치는 대륙, 해양을 이용하여 위치를 나타내는 방법이며, 주변 국가와의 관계를 이용한 위치 표현은 관계적 위치이다.
> ④ 랜드마크는 좁은 지역을 나타낼 때 사용한다.

11 정답 ②

우리나라의 수리적 위치는 북위 33°~43°의 중위도에 위치하고 있어 사계절이 뚜렷한 냉·온대 기후가 나타나며, 동경 124°~132°에 위치한다.

> **오답**피하기
> ㄴ. 지리적 위치에 대한 설명이다.
> ㄷ. 월드컵 경기장이라는 랜드마크를 기준으로 한 위치 설명이다.

12 정답 ③

그 지역을 대표하거나 다른 지역과 구별되는 지형, 건물, 조형물 등을 기준으로 방향과 거리를 표현하는 것을 랜드마크라고 한다.

13 정답 ③

③ 위도에 따라 기온이 달라지며 경도에 따라 시간이 달라진다. 우리나라의 표준 경도는 135°E로 영국 표준 경도 0°보다 9시간 빠르다.

> **오답**피하기
> ①·②·④는 위도에 따른 영향으로 볼 수 있다.

14 정답 ④

지구가 둥글기 때문에 지역에 따라 일사량의 차이가 발생한다. 적도 부근에서 극지방으로 갈수록 일사량이 줄어들어 연평균 기온이 낮아진다.

> **오답**피하기
> ① 경도에 따라 시간 차이가 발생한다.
> ② 위도에 따라 일사량 차이가 발생한다.
> ③ 저위도 지역은 햇볕이 수직으로 닿아 기온이 높다.

15 정답 ①

위도에 따른 계절 차이가 나타나는 원인은 지구의 축이 23.5° 기울어진 채 공전하기 때문이다.

16 정답 ④

남반구와 북반구는 계절이 반대이기 때문에 농작물의 수확 시기가 달라 무역이 활발하게 이루어지며, 북반구가 겨울일 때 남반구로 여행가는 관광객 수가 증가한다.
④ 북반구가 12월 겨울일 때 남반구는 여름이다.

17 정답 ③

지구는 360°로 24시간에 한 번 회전을 한다. 즉, 경도 15°마다 한 시간 차이가 발생하며, 우리나라는 영국의 본초 자오선보다 동쪽에 위치하여 9시간이 빠르다.

18 정답 ④

날짜 변경선은 태평양 한가운데를 지나며, 한 나라 내에서 날짜가 달라 발생하는 불편함을 없애기 위해 육지나 섬을 피해 구불구불하게 설정한다.

19 정답 ③

입지 선정, 도시 계획, 시설물 관리, 환경 관리 등 다양한 분야에서 활용한다.

20 정답 ②

인간이 접근하기 어려운 지역의 정보를 수집하기 위해서는 인공위성이나 항공기 등을 이용하여 자료를 수집하는 원격 탐사가 가장 적절한 방법이다.

| 02 | 우리와 다른 기후, 다른 생활 |

적중예상문제 p.20~23

01	④	02	③	03	④	04	③	05	③
06	②	07	④	08	①	09	④	10	②
11	①	12	④	13	③	14	②	15	①
16	②	17	②	18	①				

01 정답 ④

위도에 따른 일사량 차이로 인해 저위도에서 고위도로 갈수록 기온이 떨어지고, 저위도로 갈수록 기온이 높아진다.

02 정답 ③

(가)는 한대 기후의 특징이다. 한대 기후는 툰드라 기후와 빙설 기후로 구분하며, 무수목 기후에 해당한다.
(나)는 고산 기후에 대한 설명이다. 고도가 높은 지역에 나타나며 연중 봄과 같은 기후로 상춘 기후라고도 한다.

03 정답 ④

인간 거주에 유리한 기후는 온대 기후, 냉대 기후, 고산 기후이며, 지형은 산지나 내륙보다 평야, 하천, 해안이 인간 생활에 유리하다.
④ 강수량 500mm 미만은 건조 지역으로 인간 거주에 불리하다.

04 정답 ③

온화한 기후, 풍부한 강수량, 하천이 흐르는 평야 지역은 인간이 거주하기에 유리하다. 적도 지역의 해발 고도가 높은 지역은 인간 거주에 유리하지만, 고위도의 해발 고도가 높은 지역은 겨울에 기온이 급격하게 떨어지며 산소 부족 현상으로 인간 거주에 불리하다.

05 정답 ③

열대 기후는 적도 부근에 위치하여 가장 추운 달의 평균 기온이 18℃ 이상이며, 일 년 내내 강수량이 많은 것이 특징이다.

06 정답 ②

이 지역은 인구가 밀집된 동남아시아 지역이며 적도 부근에 위치하여 열대 기후가 나타난다. 계절풍의 영향을 받아 짧은 건기를 제외하고 강수량이 많으며, 이를 이용하여 인구 부양력이 높은 벼농사를 일 년에 두 번 이상 하고 있다.

07 정답 ④

벼는 고온 다습한 기후에서 주로 재배되며 동남아시아는 일 년에 두세 번씩 벼농사가 이루어진다. 쌀은 다른 곡물에 비해 단위 면적당 수확량이 많고 영양이 풍부하여 인구 부양력이 높고 재배 과정에서 많은 노동력이 필요하다.

08 정답 ①

제시문은 벼농사에 관한 설명이다. 계절풍의 영향을 받는 동남아시아에서 주로 쌀을 생산하며 생산지에서 주식으로 대부분을 소비하여 국제적 이동은 적은 편이다.

09 정답 ④

서안 해양성 기후는 서부 유럽 및 북부 유럽, 북아메리카의 북서 해안, 칠레 남부 해안, 뉴질랜드에서 나타난다. 연중 바다에서 불어오는 편서풍과 난류인 북대서양 해류의 영향으로 기온의 연교차가 작고 계절별 강수량이 고른 것이 특징이다.

10 정답 ②

편서풍은 중위도 서쪽에서 동쪽으로 부는 바람이다. 편서풍의 영향으로 1년 내내 비가 고르게 내리며, 난류의 영향을 받아 겨울이 온화하다.

11 정답 ①

서부 및 북부 유럽 지역은 과거 빙하의 영향으로 토양이 비옥하지 못하지만, 기후가 온난하고 강수량이 적당해서 밀과 목초 재배에 알맞아 혼합 농업이 발달할 수 있었다. 최근 대도시 근처나 교통이 편리한 북해 연안 도시의 인구 증가로 상업적 농업인 낙농업과 원예 농업이 발달하고 있다.

12 정답 ④

지중해성 기후는 유럽과 북아프리카의 지중해 연안, 미국 캘리포니아 일대, 오스트레일리아 남서부 해안 등에서 나타나며, 여름에는 아열대 고압대의 영향으로 고온 건조하며, 겨울에는 편서풍의 영향으로 온화하고 습윤하다.

13 정답 ③

여름에는 아열대 고압대의 영향으로 고온 건조하여 수목 농업이 이루어지며, 겨울에는 편서풍의 영향으로 온난 습윤하여 밀농사가 행해진다.

14 정답 ②

(가)의 기후대는 남·북위 20°~30° 일대로 건조 기후이다. 건조 기후는 연 강수량 500mm 미만 지역으로 강수량보다 증발량이 많고 사막 기후와 스텝 기후로 구분한다.

15 정답 ①

건조 기후 지역은 연 강수량 500mm 미만이며, 강수량보다 증발량이 더 많은 지역이다.

16 정답 ②

스텝 기후 지역은 연 강수량 250~500mm, 사막 주변에 형성되는 기후 지역이다.

17 정답 ②

제시된 자료는 툰드라 기후 지역이다. 툰드라 기후 지역은 한대 기후 중 여름 동안 영상의 기온이 나타나 이끼 등의 식물이 자랄 수 있는 기후이다. 연중 얼음으로 덮여있는 지역은 빙설 기후에 해당한다.

18 정답 ①

툰드라 기후 지역은 짧은 여름이 존재하며 백야 현상이 나타난다. 여름에 영구 동토층 위의 지표 부근은 눈과 얼음이 녹아 풀이나 이끼류가 자라며 농업은 불가능하다.

01 정답 ③

〈보기〉의 산맥들은 고기 습곡 산지에 해당한다.
고기 습곡 산지는 고생대에 조산 운동을 받은 이후 오
랜 침식을 받아 연속성이 약하고 해발 고도가 낮은 편
이다.

02 정답 ①

산지 지역은 농업 활동이 불리하여 농경이 가능한 일부
지역에서 임업과 밭농사를 주로 한다.

03 정답 ④

히말라야산맥은 신기 습곡 산지이며 대륙판과 대륙판
의 충돌로 해발 고도가 높다. 셰르파 중 최근 산악 안
내자나 짐꾼 등 관광 산업에 종사하는 비중이 증가하고
있다.

04 정답 ④

곶은 육지가 바다로 돌출된 부분으로 파랑 에너지가 집
중하고 파랑에 의한 침식 작용이 활발하다.
곶에는 해안 절벽(해식애), 해안 동굴, 시스택 등이 형
성된다.

05 정답 ①

갯벌은 밀물과 썰물의 조류에 의한 퇴적 작용으로 형성
된 지형이다. 갯벌은 오염된 수질 정화 능력이 뛰어나
며 각종 동식물의 서식지로 중요한 가치를 지닌다.

06 정답 ③

제시문의 자연 경관은 빙하에 의한 침식 작용으로 주로
고위도에 위치한 국가에서 볼 수 있다. 노르웨이는 빙하
침식의 영향으로 U자곡과 피오르 해안을 볼 수 있다.

07 정답 ④

카르스트 지형은 석회암이 물의 용식 작용으로 형성된
지형으로 탑 모양의 석회암 봉우리인 탑 카르스트, 석
회 동굴, 돌리네 등이 형성된다.

08 정답 ①

제시된 그림은 석회 동굴이다. 석회 동굴은 산호초 또
는 조개껍데기가 바다 밑바닥에 퇴적되어 만들어진 암
석인 석회암이 지하수에 의해 용식되어 만들어진 지형
이다. 용암 동굴은 용암의 표면이 먼저 식어 굳어지고
속에 있는 마그마는 계속 흘러가 형성된 동굴이다.

09 정답 ④

제시문은 제주특별자치도에 대한 설명이다. 제주도는
화산섬으로 독특한 자연 환경과 인문 환경으로 우리나
라의 중요 관광지 중 하나이다.

10 정답 ④

제시된 내용은 주상 절리에 대한 설명이다. 주상 절리
는 화산 지형에서 형성되며 우리나라 제주도에서 볼 수
있다.

01 정답 ④

문화는 보편성과 특수성을 가지고 있기 때문에 서로 다
른 문화 지역에서도 유사한 문화가 나타날 수 있다.

02 정답 ①

(가)는 유럽 문화 지역이다. 유럽 문화 지역은 종교는

크리스트교가 강세이며, 백인 비율이 높다. 또한 산업 혁명의 발생지인 영국이 유럽 문화 지역에 해당한다. (나)는 라틴 아메리카 문화 지역이다. 에스파냐와 포르투갈의 식민지 지배로 인해 다양한 혼혈족이 나타나고 에스파냐어, 포르투갈어를 사용한다.

03 정답 ③
건조 문화 지역의 주민들은 이슬람교의 비율이 가장 높다. 이슬람교의 경전인 코란에 따라 생활하고 돼지고기, 술 등을 금기시하며 할랄 식품을 먹는다.

04 정답 ③
동아시아는 유교, 불교, 한자, 젓가락 등의 문화가 공통으로 나타난다.

05 정답 ②
이슬람교는 유일신 알라를 섬기며 경전은 쿠란이다. 이슬람의 5대 의무로 하루에 다섯 번 메카를 향해 예배 드리며, 신앙 고백, 희사(자선 활동), 라마단 기간의 단식, 성지 순례가 있다.

06 정답 ②
문화는 자연환경과 인문 환경에 따라 다양한 문화가 형성된다.

07 정답 ②
건조 기후 지역에서는 햇볕을 차단하기 위해 벽이 두껍고 창문이 작은 흙집이 발달하였으며 지붕은 평평하다. 또한 유목 생활을 위해 이동이 편리한 이동식 천막(게르)을 이용한다.
② 지붕의 경사가 급한 것은 강수량이 많은 열대 기후 지역의 가옥 구조 특징이다.

08 정답 ①
서로 다른 구성원과의 직접적인 교류를 통해 새로운 문화 요소가 전파되는 것을 직접 전파라고 한다. 종교의 전파가 대표적인 예이다.

09 정답 ④
제시된 사례는 자극 전파이다. 자극 전파는 다른 사회의 문화 요소에서 아이디어를 얻어 새로운 문화 요소가 발명되는 현상이다.

10 정답 ①
제시문은 문화 융합에 대한 설명으로 문화적 갈등을 줄이고, 문화의 다양성에 기여한다.

> **오답피하기**
> 문화 공존은 A 문화와 B 문화가 함께 존재하는 것을 말하며, 문화 동화는 A 문화와 B 문화가 만나 A 문화로 변해가는 현상을 말한다.

11 정답 ②
문화 공존에 대한 설명으로 싱가포르와 미국, 라틴 아메리카의 다양한 문화가 문화 공존의 대표적인 사례이다.

12 정답 ③
자문화 중심주의를 바탕으로 문화를 이해하면 자신의 문화 우월성을 강조하며 문화 갈등이 나타날 수 있다. 다양한 문화를 이해하고 인정하는 문화 상대주의가 문화 갈등을 해결하기 위하여 필요한 자세이다.

13 정답 ①
카슈미르 지역은 힌두교와 이슬람교 간의 갈등이며, 팔레스타인 지역은 유대교와 이슬람교, 수단 북부는 이슬람교와 남부의 크리스트교·토착 신앙과의 갈등이 나타난다. 북아일랜드는 개신교와 가톨릭의 갈등이 나타나는 종교 갈등 지역이다.

14 정답 ④
벨기에는 네덜란드어를 쓰는 벨기에 북부와 프랑스어를 쓰는 남부와의 갈등이 나타나며, 캐나다 퀘벡 주는 프랑스인들의 퀘벡 주 정착으로 인한 영어와 프랑스어 사용을 둘러싼 갈등이 나타난다.

15 정답 ③

문화 갈등을 극복하기 위해서는 상대방의 문화를 자연 환경이나 인문 환경을 고려해 이해하는 문화 상대주의 태도가 필요하다.

05   지구 곳곳에서 일어나는 자연재해

적중예상문제

p.39~40

01	02	03	04	05
①	④	④	③	①
06	07	08	09	
④	②	③	④	

01 정답 ①

지진은 지각판이 움직이면서 땅이 갈라지고 흔들리는 현상으로 지각판과 지각판이 만나는 조산대 및 해저의 해령 부근에서 활발하게 일어나며, 각종 시설의 붕괴나 파손, 화재 · 지진 해일 · 산사태 등을 동반한다.

02 정답 ④

지진 해일은 해저에서 발생한 지진에 의해 바닷물이 일시적으로 멀리까지 빠져 나갔다가 높은 파도와 함께 해안으로 밀려오면서 해안 지역에 큰 피해를 입히는 현상이다.

03 정답 ④

④는 홍수에 대한 대책에 해당한다.

04 정답 ③

화산재를 농업에 이용하며, 지열을 이용한 전력 생산, 화산 지형을 이용한 관광 산업 등은 화산 활동의 긍정적인 영향이다.

05 정답 ①

지진과 화산 활동은 주로 조산대 부근, 지각판의 경계에서 잘 나타난다. 환태평양 조산대는 불의 고리라고 불리며 지진과 화산 활동이 활발한 지역이다.

06 정답 ④

열대성 저기압의 영향을 받는 지역에 주로 발생한다고 했기 때문에 홍수에 해당한다.

07 정답 ②

열대성 저기압인 태풍은 가뭄 해소, 여름철 더위 해소, 적조 현상 완화, 지구의 온도 균형 유지와 같은 긍정적인 영향을 주기도 한다.

08 정답 ③

가뭄은 오랫동안 비가 내리지 않아 물이 부족하고 땅이 메마르는 현상으로 피해 범위가 넓으며 장기간 지속된다. 대표적인 지역은 사하라 사막 이남 지역인 사헬 지대이다.

09 정답 ④

태풍이 열대성 저기압이다. 태풍은 강력한 바람과 많은 비를 동반하여 막대한 재산 · 인명 피해를 발생시키지만 가뭄 해소, 여름철 더위 해소, 적조 현상 완화, 지구의 온도 균형 유지와 같은 긍정적인 영향도 있다.

06   자원을 둘러싼 경쟁과 갈등

적중예상문제

p.48~52

01	02	03	04	05
②	①	②	④	①
06	07	08	09	10
③	③	②	④	③
11	12	13	14	15
④	③	③	④	①
16	17	18	19	20
④	①	②	③	④

01 정답 ②

좁은 의미의 자원은 광물 자원과 삼림 자원이 해당하며, 문화 자원과 인적 자원은 넓은 의미의 자원이다.

02 정답 ①

좁은 의미의 자원은 천연 자원이며 천연 자원에 인적

자원, 문화 자원을 합하면 넓은 의미의 자원이다.
천연 자원은 재생 가능한 자원과 재생 불가능한 자원으로 나누어 볼 수 있다.

03 정답 ②
(가) 편재성 : 자원의 생산지와 소비지가 불일치하여 자원의 이동이 발생하는 특징이 있다.
(나) 유한성 : 가채 연수가 한정되어 있어 자원 고갈에 대비하여 신・재생 에너지 연구 및 개발이 필요하다.
(다) 가변성 : 문화・기술의 차이로 가치가 달라지는 특성을 지닌다.

04 정답 ④
자원은 유한하기 때문에 가채 연수가 한정되어 있다. 따라서 자원 고갈에 대비하여 신・재생 에너지 연구 및 개발이 필요하다.

05 정답 ①
A는 쌀, B는 밀의 생산과 이동을 표현한 지도이다.
A는 고온 다습한 기후에서 잘 자라며, 생산지와 소비지가 대체로 일치하여 국제 이동량이 상대적으로 적다.
B는 기후의 제약이 적어 재배 범위가 A보다 더 넓으며, 남반구에서의 수출량 또한 B가 더 많다.

06 정답 ③
제시문에서 설명하는 작물은 옥수수이다. 세계 3대 작물로는 쌀, 밀, 옥수수이며, 미국은 옥수수의 최대 생산국이자 수출국이다. 목축업의 발달로 사료용으로, 바이오 에탄올의 원료로 수요가 증가하고 있다.

07 정답 ③
③ 밀은 세계 3대 식량 자원 중 하나이며 기온이 낮거나 건조한 지역에서도 자란다.

오답피하기
밀은 국제적 이동이 활발하며 신대륙에서 구대륙으로, 계절 차이를 이용하여 남반구에서 북반구로 이동한다.

08 정답 ②
A는 석유이며, B는 석탄이다.
● 석유는 서남아시아에 세계 석유의 약 60% 이상이 매장되어 있으며 석탄보다 높은 편재성을 보이고 있다.
● 석탄은 석유에 비해 골고루 분포되어 있으며 화력 발전이나 제철 공업의 원료로 사용되고 있다.

09 정답 ④
제시문은 천연가스에 대한 설명이다. 천연가스는 도시가스로 공급되어 가정의 난방 에너지로 사용하며 최근 사용량이 급증하고 있다.

10 정답 ③
③ 에너지 효율이 높으며 청정 연료인 것은 천연가스이다.

오답피하기
석유는 신생대 3기 배사 구조에 주로 매장되어 있다. 서남아시아 지역에 60% 이상이 매장되어 있고 편재성이 커 국제적 이동이 활발하게 이루어진다.

11 정답 ④
천연가스에 대한 설명이다.
신생대 제3기층에 석유와 함께 매장되어 있는 경우가 많다. 주요 생산국은 이란, 미국, 러시아 등이며 주요 수입국은 일본, 한국, 독일 등이다.

12 정답 ③
A는 석유, B는 석탄, C는 천연가스이다.

오답피하기
① 석탄, ② 석유이다. ④ 석유는 석탄에 비해 일부 지역에 편중되어 국제 이동량이 많다.

13 정답 ③
화석 연료의 과도한 사용으로 지구 온난화가 일어난다. 지구 온난화로 인한 기후 변화가 나타나 자연재해가 나타나며, 지하자원의 부족은 지구 온난화와 관련이 없다.

14 정답 ③

자원 민족주의에 대한 설명으로 대표적인 사례가 석유 수출국 기구(OPEC)이다.

15 정답 ①

사례는 물 소비량 증가와 기후 변화에 따른 물 자원 확보 문제 발생, 하천 상류에 댐 건설 시 하류 국가의 용수 부족 등을 둘러싼 물 분쟁 지역이다.

16 정답 ④

카스피 해에 대량의 석유와 천연가스가 매장되어 있는 것으로 밝혀지면서 주변 국가들 간에 입장이 대립하고 있다. 카스피 해가 호수로 인정되면 이곳은 주변 국가들이 똑같은 크기로 나누어 관리하면서 자원을 균등하게 이용할 수 있다. 이와 달리 바다로 인정되면 배타적 경제 수역 내의 자원을 독점적으로 관리할 수 있다.

17 정답 ①

중국과 일본이 가스전 확보를 위해 분쟁을 벌이고 있는 센카쿠 열도(중국명 댜오위다오) 지역은 동중국해에 위치해 있으며, 두 국가 모두 강력하게 자국의 영유권을 주장하고 있다.

18 정답 ②

(가) 지열, (나) 풍력, (다) 태양광, (라) 수력에 대한 설명이다.

19 정답 ③

지도와 설명은 조력에 관한 것이다. 조력은 서해안의 큰 조차를 이용하여 에너지를 생산하는 것으로 시화호 조력 발전소가 가장 많은 전력을 생산한다.

20 정답 ④

풍력발전은 바람을 이용하여 발전기의 날개를 회전시켜 전기를 생산하는 것이다. 따라서 바람의 운동 에너지를 전기 에너지로 전환한 것이다. 우리나라의 제주도, 대관령 등과 같은 해안·산지 지역에는 바람이 강하게 불어 풍력발전소가 건설되어 있다.

---

07 개인과 사회생활

적중예상문제

p.56~59

01	③	02	③	03	①	04	③	05	②
06	④	07	②	08	③	09	③	10	③
11	①	12	③	13	①	14	②	15	④
16	①	17	③	18	②				

01 정답 ③

자신이 속한 사회의 지식, 규범, 가치 등의 행동 양식을 학습하고, 자신의 자아 정체성을 형성해 가는 과정을 사회화라고 한다. 인간은 동물적 존재로 태어나지만 다른 사람과 더불어 사는 삶을 통해 사회적 존재로 성장한다.

02 정답 ③

개인이 사회의 구성원으로서 생활할 수 있도록 배우는 과정을 사회화라고 한다.

03 정답 ①

제시문은 재사회화에 해당하는 개념이다. 사회의 변화에 적응하기 위해 새로운 지식, 생활 양식, 기술, 규범 등을 다시 배우는 과정으로 사회 변화의 속도가 빠른 현대 사회에 필요성이 증가하고 있다.

04 정답 ③

사회화의 결과로 나타나는 인간의 행동은 사회마다 다르게 나타나고 평생에 걸쳐 진행된다.

05 정답 ②

현대 사회는 빠르게 변화하여 사회에 적응하기 위한 사회화가 필요하다. 이것을 재사회화라고 한다.

06 정답 ④

사회화 기관은 1차적 사회화 기관과 2차적 사회화 기관으로 구분되며, 2차적 사회화 기관은 학교, 직장, 대중 매체 등이 해당된다. 대중 매체는 TV, 인터넷, 신문 등 많은 사람들에게 대량의 정보를 전달하는 사회화 기관 이다.

07 정답 ②
1차적 사회화 기관은 자연적으로 형성되어 비형식적·인격적인 인간 관계를 이루는 가정, 또래 집단이 있다. 2차적 사회화 기관은 특정 목적을 가지고 인위적으로 형성되며 공식적인 인간 관계가 이루어지는데, 학교, 직장, 대중 매체 등이 해당한다.

08 정답 ③
제시문은 1차적 사회화에 대한 설명이다.

> **오답피하기**
> ① 예기 사회화는 미래에 속하게 될 집단에서 요구되는 행동 양식을 미리 학습하는 과정이다.
> ② 재사회화는 사회 변화에 적응하기 위해 새롭게 등장한 정보나 가치 등을 습득하는 과정이다.
> ④ 2차적 사회화는 아동기 이후부터 의도적인 교육이나 일상의 경험을 통해 평생 이루어지는 사회화이다.

09 정답 ③
청소년기에 형성된 자아 정체성은 성인이 된 후의 삶에도 큰 영향을 미친다.

10 정답 ③
청소년기의 다양한 표현
- **과도기** : 어린이에서 성인으로 넘어가는 중간적 단계
- **심리적 이유기** : 정서적으로 독립을 추구하지만 부모에게 의존할 수밖에 없는 시기
- **질풍노도의 시기** : 충동적이고 감정의 흐름이 안정적이지 못한 시기
- **이유 없는 반항기** : 기성 세대에 대한 거부감 및 전통적인 가치에 대한 불만
- **주변인의 시기** : 성인과 아동 어느 쪽에도 속하지 못하고 주변을 맴도는 시기

11 정답 ①
역할이란 사회적 지위에 따라 기대되는 행동 양식이다. 두 가지 이상의 역할이 서로 충돌할 때 역할 갈등이 발생하며, 이를 해결하기 위해서는 역할의 우선순위를 정하여 중요한 것부터 수행하는 합리적 선택을 해야 한다.

12 정답 ③
- 귀속 지위는 태어나면서 자연적으로 주어지는 지위로 전통 사회에서 중시된다. **예** 여자, 남자, 장남, 막내 등
- 성취 지위는 개인의 노력이나 능력으로 얻게 되는 지위로서 현대 사회에서 중시된다. **예** 학생, 선생님, 아버지, 어머니, 남편 등

13 정답 ①
귀속 지위는 전통 사회에서 중시되었으며, 현대 사회는 귀속 지위보다 성취 지위를 중요시 여긴다.

14 정답 ②

> **오답피하기**
> ①, ③, ④는 지속적인 상호 작용과 소속감이 부족하여 사회 집단이 아니다.

15 정답 ④
결합 의지에 따라 공동 사회, 이익 사회로 구분한다. 공동 사회는 자신의 의지와 상관없이 선천적·자연 발생적으로 형성된다(**예** 가족, 친족 등). 이익 사회는 필요에 의해 후천적·의도적으로 형성된 집단이다(**예** 회사, 학교 등).

16 정답 ①
접촉 방식에 따라 1차 집단과 2차 집단으로 구분한다. 1차 집단은 구성원 간에 친밀감을 바탕으로 전인격적인 인간 관계가 이루어지는 집단으로 가족, 친구 등이 있다. 2차 집단은 특정 목적을 달성하기 위해 인위적으로 만들어진 집단으로 형식적 접촉, 공식적인 절차와 규칙에 의해 운영되는 회사, 학교, 정당, 이익 집단 등이 있다.

17 정답 ③

소속 집단과 준거 집단이 일치하면 만족감을 느끼지만 일치하지 않을 경우 갈등과 일탈이 일어난다.

18 정답 ②

차별은 인종 차별, 성 차별 등이 있다. 차별의 해결 방안으로 차이를 인정하고 다른 사람을 존중하며, 소수자에 대한 차별 금지 제도 등이 필요하다.

08 문화의 이해

적중예상문제
p.64~67

01	③	02	①	03	①	04	②	05	④
06	①	07	①	08	②	09	①	10	②
11	②	12	②	13	③	14	④	15	④
16	②	17	③	18	①	19	①		

01 정답 ③

제시된 내용은 문화 생활에 해당한다. 문화 생활은 좁은 의미의 문화로 예술적이며, 교양이 있고, 세련된 것을 의미한다.

02 정답 ①

문화는 후천적 학습을 통해 많은 사람들이 사용해야 문화라고 할 수 있다. 즉, 선천적인 것, 개인의 습관, 생물적 본능은 문화라 볼 수 없다.

03 정답 ①

문화의 구성 요소에는 물질 문화, 제도 문화, 관념 문화가 있다. 물질 문화는 인간의 욕구를 충족시키고 인간이 살아가는 데 필요한 도구나 기술이다.

04 정답 ②

문화의 특성에는 보편성과 특수성이 있다. 보편성은 시대와 장소를 초월하여 어느 사회에서나 공통적으로 나타나는 문화이며, 다양한 자연환경과 역사적 상황에 따라 문화의 특수성이 나타난다.

05 정답 ④

문화는 보편성과 특수성을 지닌다.

> **오답피하기**
> 공유성, 학습성, 전체성, 변동성, 축적성은 문화의 속성에 해당한다.

06 정답 ①

인도와 한국의 식생활의 문화가 다른 것은 자연환경의 영향이다. 이 사례는 문화의 상대성을 잘 보여 준다.

07 정답 ①

공유성에 대한 설명이다. 많은 사람들이 가지는 생활 양식으로 검은색 양복에 검정 넥타이를 하고 있으면 장례식장에 간다는 것을 알 수 있듯이 공유성을 바탕으로 구성원의 행동을 예측할 수 있다.

08 정답 ②

축적성은 상징 체계, 즉 언어·문자를 통하여 문화가 계승 발전할 수 있는 원동력이며, 동물과 인간의 가장 큰 차이이기도 하다.

09 정답 ①

문화 사대주의는 다른 문화를 우수한 것으로 보고 자신의 문화는 부정적으로 바라보는 태도이다. 선진 문물을 수용하여 자신의 문화를 발전시키기도 하지만 문화의 고유성과 주체성을 상실할 수 있다.

10 정답 ②

(가)와 (나)는 문화를 평가하는 절대적 기준이 있어 문화 절대주의라고 부른다. (가)는 자문화 중심주의로 집단의 결속력 강화와 전통문화의 유지에 긍정적 영향을 주며, (나)는 문화 사대주의로 선진 문화를 수용하여 받아들인다는 장점이 있다.

11 정답 ②

문화 사대주의는 자기 문화를 업신여기면서 상대방의 문화만을 우수한 것으로 생각하는 태도이다. 선진 문화를 잘 받아들이지만 자문화의 상실을 가져올 수 있다.

12 정답 ②

영희는 각 문화는 고유한 가치를 지니므로 평가할 수 없다는 태도를 지니고 있다. 문화 상대주의에 해당하며 다른 나라와 교류가 활발한 세계화 시대에 가장 적합한 문화 이해 태도라고 볼 수 있다.

13 정답 ③

세계화에서 자문화 중심주의 태도는 국제적 고립이 나타날 수 있으며, 문화 사대주의는 자신들의 고유한 문화가 상실될 수 있다. 세계화에서 필요한 태도는 문화 상대주의가 가장 적절하지만 극단적 문화 상대주의는 피해야 한다.

14 정답 ④

비교론적 관점은 서로 다른 문화 간의 유사성과 차이점을 객관적으로 비교하여 자신의 문화를 좀 더 객관적으로 이해하기 위한 관점이다.

15 정답 ④

상업성 추구로 인한 대중문화의 질적 저하는 대중문화의 부정적 측면이다.

16 정답 ②

(가)는 뉴 미디어의 특징이다. 뉴 미디어는 양방향 전달 방식을 사용하며, 정보 생산자와 소비자의 경계가 모호한 프로슈머적 성격을 가진다.

17 정답 ③

뉴 미디어에 대한 설명이다. 뉴 미디어의 종류에는 인터넷, SNS, 블로그 등이 있다. 신문, 라디오, 텔레비전은 전통 매체로 일방향적인 정보 전달과 정보 생산자와 소비지의 경계가 명확하다.

18 정답 ①

대중문화를 비판적으로 평가하여 선별적으로 받아들이는 적극적인 태도가 필요하다.

19 정답 ①

현대 사회에서는 인터넷이나 휴대 전화 등의 활용이 점점 많아지면서, 정보를 전달하고 공유하는 방식이 일방향적인 방식에서 쌍방향적인 방식으로 변화하는 특징이 나타나고 있다.

09 정치 생활과 민주주의

적중예상문제 p.73~76

01	②	02	③	03	④	04	③	05	④
06	③	07	④	08	②	09	①	10	②
11	③	12	③	13	①	14	④	15	③
16	③	17	④						

01 정답 ②

좁은 의미의 정치는 국회의원의 입법 활동이나 대통령의 권력 행사처럼 국가 권력과 관련한 행위만을 말한다.

02 정답 ③

정치란 사회 구성원들의 권리 보장 수준이 향상되면서 개개인에게 행복을 가져다주는 기능을 한다.
③ 특권층의 권력 독점은 정치의 기능이 아닌 부정적 측면으로 볼 수 있다.

03 정답 ④

시민으로부터 주어진 국가의 정당한 권위는 존중할 필요가 있지만, 국가의 권위에 대한 무조건적인 존중은 문제가 된다.

04 정답 ③

모든 시민이 정치에 참여한다는 것은 직접 민주 정치를 나타낸다. 민주주의란 고대 그리스어 'demos(민중)'와 'kratos(지배)'의 합성어로 '민중에 의한 지배'를 뜻한다.

05 정답 ④

고대 아테네는 영토가 좁고 인구가 적어 직접 민주 정치를 실시하였다. 외국인, 여성은 정치에 참여할 수 없는 제한적 민주 정치이며, 독재를 방지하는 도편 추방제를 실시하였다.

06 정답 ③

근대 민주 정치의 특징은 제한적 간접 민주 정치이다. 시민 혁명을 통해 일부 자본가(부르주아)의 정치 참여가 가능해졌지만 여성, 농민은 참정권을 얻지 못하였다.

07 정답 ④

대의 제도의 한계를 보완하기 위해 국민 투표, 국민 소환, 국민 발안과 같은 직접 민주 정치 요소를 도입한다.

08 정답 ②

인간의 존엄성에 대한 설명이다.

09 정답 ①

인간의 존엄성은 자유와 평등이 보장되어야 한다. 부당하게 구속되거나 간섭받지 않고 자신이 원하는 대로 판단하여 행동하는 것을 자유라고 하며, 모든 사람이 차별 없이 동등하게 대우받는 것을 평등이라고 한다.

10 정답 ②

최소한의 인간다운 삶의 보장은 사회법에 해당하며 적극적 자유에 해당한다. 소극적 자유는 국가로부터 부당한 압박이나 구속을 당하지 않고 자신이 원하는 대로 할 수 있는 것을 말한다.

11 정답 ③

전제 정치란 지배자가 국가의 모든 권력을 장악하여 아무런 제한이나 구속 없이 마음대로 그 권력을 운용하는 정치 체제이다.

12 정답 ③

입헌주의 원리는 국가 권력의 남용을 방지하여 국민의 자유와 권리를 보장하기 위한 목적에 있다.

13 정답 ①

국민 주권의 원리는 국가 권력의 성립과 행사는 오직 국민의 지지와 동의가 있을 때 정당화된다는 것이다.

14 정답 ④

권력 분립은 국가 권력을 입법, 행정, 사법으로 분리하여 독립된 기관이 나누어 맡도록 한다는 것으로 상호 견제와 균형을 통해 권력의 집중과 남용을 방지하고 국민의 자유와 권리 보장의 목적에 있다.

15 정답 ③

의회 의원이 행정부의 장관 겸직이 불가능한 것은 대통령제의 설명이며, 의원 내각제는 의회의 다수당이 행정부를 구성하여 의원이 장관을 겸직할 수 있다.

16 정답 ③

제시된 그림은 대통령제 정부 형태를 나타낸 것이다. 대통령제에서는 국민이 선거를 통해 대통령과 의원을 각각 선출하고, 대통령이 행정부를 구성한다. 의원 내각제를 처음 실시한 나라는 영국이고, 대통령제를 처음 실시한 나라는 미국이다.

17 정답 ④

국회는 대통령과 국무총리 등에 대한 탄핵 소추권이 있으며, 대통령은 국회의 법률안을 거부할 수 있는 법률안 거부권이 있다.

10 정치 과정의 시민 참여

01	④	02	①	03	③	04	②	05	③
06	④	07	①	08	③	09	②	10	④
11	①	12	④	13	④	14	③	15	②

01 정답 ④
그림은 정치 과정을 나타낸 것이다. 환류는 기존의 정책을 수정하거나 새로운 요구를 반영하는 단계이다.

02 정답 ①
공식적 정치 참여 주체로서 국회, 정부, 법원이 있다.

> **오답피하기**
> 정당, 언론, 이익 집단은 비공식적 정치 주체에 해당한다.

03 정답 ③
시민 단체는 공익 실현을 위해 시민들이 자발적으로 만든 단체로 정부의 정책 결정 및 집행 과정 감시·비판, 정책 대안 제시, 시민의 정치 참여 유도 및 여론 형성, 사회 문제 해결책 제시 등의 활동을 한다.

04 정답 ②
정당은 정치적 견해를 같이하는 사람들이 정권 획득을 목적으로 만든 집단이다. 국민의 다양한 요구를 집약하고, 여론을 형성·조직화하여 정부에 전달하며 선거에 후보자 추천, 정치와 관련된 지식을 국민에게 제공, 정부와 의회의 매개체 역할을 한다.

05 정답 ③
이익 집단은 이해 관계를 같이하는 사람들이 자신의 이익을 실현할 목적으로 만든 단체이다. 지나치게 자기 집단만의 이익을 추구할 경우 공익을 저해하고 정책 결정에 혼란을 초래할 수 있다.

06 정답 ④
시민 단체는 공익 실현을 위해 시민들이 자발적으로 만든 단체이다.

07 정답 ①
선거는 대의 정치하에서 주권 행사의 가장 기본적인 방법으로 대표자 선출, 대표자에게 정당성 부여, 대표자 통제, 여론의 반영, 주권 의식 향상, 정책 평가 등의 기능을 가진다.

08 정답 ③
제시문은 민주 선거의 4원칙 중 직접 선거에 해당한다.

09 정답 ②
평등 선거는 모든 유권자가 행사하는 투표권의 개수와 가치가 동등해야 한다는 제도이다.

10 정답 ④
제시문은 게리맨더링을 방지하기 위한 선거구 법정주의에 해당한다. 특정인이 정치적 목적으로 선거구를 유리하게 정하는 것을 방지하기 위한 방안이다.

11 정답 ①
제시문은 선거 공영제에 대한 설명이다. 선거 공영제는 후보자 간 선거 운동의 기회 균등 보장, 선거 운동의 과열을 방지하여 선거가 민주적인 절차에 따라 공정하게 이루어지도록 하기 위한 제도이다.

12 정답 ④
제시문은 선거 관리 위원회에 대한 설명이다. 선거 관리 위원회는 선거와 국민 투표를 공정하게 관리하는 독립된 국가 기관이다.

13 정답 ④
지방 자치 제도는 주민 자치의 원리로 주민의 자발적인 참여를 통해 자신이 사는 지역에서 민주주의를 실현할 수 있게 업무를 처리한다.

14 정답 ③

지방 자치 제도는 지역 주민이 그 지역의 문제를 스스로 해결해 나가는 제도로 지역 주민의 복리 증진을 목적으로 하며, '풀뿌리 민주주의' 또는 '민주주의의 학교'라고 한다.

15 정답 ②

지방 자치 제도는 중앙 정부에 대한 권력을 통제하고 각 지역 특수성을 반영하여 지역 문제를 해결하고 발전을 이루는 제도이다.

11 일상생활과 법

적중예상문제 p.87~89

01	①	02	③	03	①	04	③	05	④
06	②	07	④	08	④	09	①	10	②
11	①								

01 정답 ①

법은 국가 권력에 의해 제정되고 강제되는 규범으로 행위의 결과를 규율 대상으로 하며 강제성을 가지고 있다.

02 정답 ③

법은 행위의 결과가, 도덕은 행위의 동기가 규율 대상이다.

03 정답 ①

제시문은 헌법에 대한 설명이다. 헌법은 국가의 기본 원칙이 담겨 있는 국가 최고의 법이다.

04 정답 ③

제시문은 사회법에 대한 설명이다. 사회법은 사법의 영역인 개인 간의 관계에 국가가 개입하도록 하는 법으로 사회적 약자의 권리를 보호하는 법이다. 오늘날과 같은 복지 국가에서 중요성이 강조된다.

05 정답 ④

(가) 사법은 민법, 상법이 대표적이다. (나)는 공법으로 헌법, 형법, 행정법, 소송법 등이 해당한다. (다)는 사회법으로 노동법, 경제법, 사회 보장법 등이 있다.

06 정답 ②

민사 재판은 개인과 개인 사이의 권리와 의무에 대한 분쟁을 해결하기 위한 재판이며, 형사 재판은 범죄의 유무를 판단하고, 형벌의 종류와 형량을 정하는 재판이다. 행정 재판은 행정 기관이 국민의 권리를 침해하였는지 판단하여 행정 기관의 잘못을 고쳐달라고 요구하는 재판이다.

07 정답 ④

제시문은 국민 참여 재판 제도에 대한 설명이다. 국민 참여 재판 제도는 형사 재판에서만 적용되며 피고인의 요구가 있을 때 진행된다.

08 정답 ④

형사 재판은 원고, 피고가 아닌 검사의 구형과 피고인의 변론, 판사의 판결로 이루어진다. 원고와 피고는 민사 재판의 특징이다.

09 정답 ①

각 제도들의 목적은 공정한 재판을 위한 제도이다.

10 정답 ②

제시문은 심급 제도에 대한 설명이다. 상소는 재판의 당사자가 하급 법원의 판결에 불복하여 상급 법원에 다시 재판을 청구하는 것으로 항소, 상고가 있다. 항소는 2심 청구, 상고는 3심을 청구하는 것이다.

11 정답 ①

제시문은 심급 제도에 대한 설명으로, 공정한 재판을 위하여 하나의 사건에 대하여 여러 번 재판을 받을 수 있는 제도이다.

12 사회 변동과 사회 문제

적중예상문제

p.93~95

01	③	02	②	03	④	04	①	05	②
06	④	07	④	08	②	09	④	10	③
11	③								

01 정답 ③
사회 변동은 다발적으로 많은 분야에서 일어나고 있으며, 그 영향 범위 또한 넓어지고 있다.

02 정답 ②
최근 우리나라는 3차 산업 비중이 크며, 정보 통신 산업이 발달하였다.

03 정답 ④
산업화 사회는 산업 혁명을 배경으로 발달하였으며 전체 산업에서 2차 산업(공업)이 차지하는 비율이 높다. 생산력 증가로 인한 물질적 풍요를 이루었지만 인간 소외 현상과 환경 오염 등의 사회 문제가 등장하였다.

04 정답 ①
산업화 시대에 노동과 자본이 부의 원천이며, 정보화 시대는 지식과 정보가 부의 원천이다.

05 정답 ②
한국 사회는 저출산·고령화로 태어나는 아이의 수는 줄고, 노인 인구는 늘어나고 있다. 이로 인하여 경제 성장이 둔화되며 노인 부양 부담이 증가하고 있다.

06 정답 ④
저출산으로 인하여 유소년 인구의 비중이 감소하며, 노년층 인구 비중이 증가하고 있다.

07 정답 ④
저출산에 대한 대응으로 출산과 육아를 사회가 함께 책임져야 한다는 인식을 공유하며, 출산 장려 정책 확대, 출산과 육아로 인한 차별을 금지해야 한다.

08 정답 ②
전체 인구에서 노인 인구가 차지하는 비율이 높아지는 사회를 고령화 사회라고 한다. 고령화 사회는 노인의 영향력이 더욱 커지며 노인을 위한 많은 정책들이 시행될 것이다.

09 정답 ④
국제적 교류가 활발해지면서 여러 문화가 공존하는 다문화 사회로 변화하였다. 다문화 사회의 바람직한 자세는 문화적 차이를 존중하며, 다양한 문화 이해를 위한 교육이 필요하다.

10 정답 ③
다문화 사회의 부정적 측면으로 문화 간의 갈등 발생, 일자리 차지를 위한 경쟁으로 갈등이 발생한다.

11 정답 ③
다문화 사회에서는 서로 다른 문화를 이해하고 공존하는 자세가 필요하다. 하나의 문화로 편입하는 태도는 다문화 사회에 적합하지 못한 태도이며 문화 획일화를 초래한다.

01　인권과 헌법

적중예상문제

p.102~105

01	③	02	③	03	③	04	②	05	④
06	①	07	③	08	①	09	③	10	②
11	③	12	④	13	④	14	③		

01 정답 ③
인권은 국가에서 법으로 보장하기 이전에 인간에게 자연적으로 주어진 권리로 천부인권이라고도 한다.

02 정답 ③
청구권은 국가에 대해 일정한 행위를 청구할 수 있는 권리로 다른 기본권을 보장하기 위한 수단적 권리이다.

03 정답 ③
청구권에 대한 내용으로 청원권, 재판 청구권, 국가 배상 청구권 등이 있다.

04 정답 ②
평등권은 성별, 종교, 사회적 신분 등에 의해 불합리한 차별을 받지 않을 권리를 말하며, 다른 기본권 보장의 전제 조건이다.

05 정답 ④
(가)는 자유권으로 신체의 자유, 정신적 자유, 경제적 자유 등이 있다. (나)는 참정권으로 선거권, 공무 담임권, 국민 투표권 등이 있다. (다)는 청구권으로 청원권, 재판 청구권, 국가 배상 청구권 등이 있다.

06 정답 ①
국민의 기본권은 필요한 경우 법률로써 제한할 수 있다. 하지만 기본권의 본질적인 내용은 침해할 수 없다.

07 정답 ③
기본권의 본질적인 내용은 침해할 수 없고, 인간의 존엄성이나 행복 추구권 등은 제한이 불가능하다.

08 정답 ①
국가 인권 위원회는 입법·사법·행정 어디에도 속하지 않고 독립되어 인권 보호를 담당하는 국가 기관으로 인권 침해와 차별 행위를 직접 조사하고, 구제 조치를 하며, 관련 기관에 개선을 권고한다.

09 정답 ③
기본권을 침해받았을 때에 개인적인 힘으로 해결이 어려운 경우 법원이나 수사 기관의 도움을 받는 것이 자신의 기본권을 구제받는 올바른 방법이다.

10 정답 ②
헌법 소원 심판은 공권력의 행사 또는 불행사로 인하여 헌법상 보장된 기본권을 침해받은 당사자가 법률에 의하여 디는 권리를 구제받을 수 없을 때 헌법 재판소에 청구하는 헌법에 의한 최후적인 권리 구제 절차이다.

11 정답 ③
근로 시간이 4시간이면 30분 이상, 8시간이면 1시간 이상 주어야 한다.

12 정답 ④
제시된 설명은 단체 교섭권에 해당한다. 단체 교섭권은 헌법에서 보장하고 있는 노동자의 권리이며 사용자는 정당한 사유 없이 단체 교섭 요청을 거부하는 경우 법적 처벌을 받을 수 있다.

13 정답 ④
부당 노동 행위는 근로자의 단결권, 단체 교섭권, 단체 행동권, 즉 노동 3권 행사에 대한 사용자의 방해 행위를 말한다.

14 정답 ③

부당 해고, 부당 노동 행위에 따른 노동 3권의 침해는 노동 위원회에 구제 요청이 가능하다. 노동 위원회의 결정에 불복할 경우에는 법원에 소송을 제기할 수 있다.

02	헌법과 국가 기관

적중예상문제 p.111~113

01	②	02	①	03	③	04	③	05	②
06	③	07	④	08	②	09	③	10	①
11	②	12	②	13	③	14	②	15	④
16	④								

01 정답 ②

국회는 국민이 선거를 통해 직접 선출한 대표들로 구성된 기관이다. 국회는 국민이 뽑은 대표들이 국민의 다양한 의견을 반영하여 의사 결정을 하며, 법률을 제정하거나 개정 또는 폐기한다.

02 정답 ①

국민의 대표 기관인 국회는 국민의 의사 대변, 법률의 제정 및 개정, 행정부와 사법부를 감시·비판하는 기능이 있다.

> **오답피하기**
> ㄷ. 사법부의 역할, ㄹ. 행정부의 역할이다.

03 정답 ③

지역구 국회의원은 지역 선거구별로 후보자에 대해 국민의 직접 투표를 통해 선출하고, 비례 대표 국회의원은 정당이 얻은 득표 수에 비례하여 선출된다.

04 정답 ③

특별 위원회는 특별한 안건을 처리하기 위하여 일시적으로 구성되는 위원회이다. 상임 위원회는 전문적인 지식을 가진 의원들이 각 분야를 전담하기 위해 항상 활동하는 위원회를 말한다.

05 정답 ②

제시문은 탄핵 소추권에 대한 설명이다.

> **오답피하기**
> ① 국정 감사권은 국가 정책의 집행을 살피기 위해 정기 국회 기간에 국정 전반에 대하여 실시하는 것을 말한다.
> ③ 국정 조사권은 행정부의 감시와 통제를 위해 필요한 경우에 특정 사안에 대하여 조사를 진행하는 것을 말한다.
> ④ 고위 공직자 임명 동의권은 대통령이 고위 공직자를 임명할 때 국회가 인사 청문회를 실시하고 동의권을 행사하는 것을 말한다.

06 정답 ③

제시문은 행정부에 대한 설명이다. 국가에서 행정부의 적극적인 역할이 더욱 증대되고 있으며 행정부는 대통령, 국무총리, 국무 회의, 감사원으로 구성되어 있다.

07 정답 ④

감사원은 대통령에 소속된 행정부의 최고 감사 기관으로 공무원의 직무를 감찰하고 국가의 세입, 세출의 결산을 검사하는 업무를 담당한다.

08 정답 ②

제시된 설명은 국무 회의에 해당한다. 국무 회의는 정부 일반 정책, 법률 제정·개정안, 예산안 등 정부의 중요한 정책을 심의하는 행정부의 최고 심의 기관이다.

09 정답 ③

공무원의 직무를 감찰하고 국가의 세입, 세출의 결산을 담당한다.

> **오답피하기**
> ① 국회에 대한 설명이다.
> ② 감사원은 대통령에 소속된 행정부 최고 감사 기관이다.
> ④ 국회의 특별 위원회에 대한 설명이다.

10 정답 ①

행정부 수반으로서의 대통령 권한은 행정부의 지휘·감독, 국무 회의 의장, 국군 통수권, 공무원 임명 및 해임권, 법률안 거부권, 대통령령 제정 등이 있다.

11 정답 ②

공정한 재판을 보장하기 위해서 사법권의 독립이 필요한 것이다.

12 정답 ②

제시문은 사법부에 대한 설명이다. 사법부는 법을 해석하고 판단하여 구체적인 사건에 적용한다. 공정한 재판을 보장하기 위해서 사법권의 독립이 필요하다.

13 정답 ③

제시문에 해당하는 국가 기관은 사법부이다. 사법부의 대법원은 국가 최고의 법원이며, 대법원장과 대법관으로 구성되어 있다.

14 정답 ②

고등 법원은 2심 사건을 담당하며, 3심 재판은 대법원에서 이루어진다. 대법원의 판결은 최종적인 효력을 가진다.

15 정답 ④

헌법 재판소의 권한에는 위헌 법률 심판, 헌법 소원 심판, 탄핵 심판, 정당 해산 심판, 권한 쟁의 심판이 있다. 권한 쟁의 심판은 국가 기관 사이에 권한 다툼이 발생했을 때 이를 조정해 주는 심판이다.

16 정답 ④

헌법 재판소는 위헌 법률 심판, 헌법 소원 심판, 정당 해산 심판, 권한 쟁의 심판 등을 담당하며 9명의 재판관으로 구성되어 있다.

03 경제생활과 선택

적중예상문제
p.119~122

01	④	02	②	03	①	04	③	05	①
06	③	07	④	08	④	09	①	10	④
11	②	12	③	13	②	14	①	15	①
16	④								

01 정답 ④

제시문은 재화에 대한 설명으로 눈에 보이며 가치가 있는 것을 말한다.

오답피하기
①, ②, ③은 형태가 없지만 가치가 있는 서비스에 해당한다.

02 정답 ②

경제 활동의 종류로 생신, 분배, 소비 활동이 있다. 생산 과정에 참여한 대가를 받는 것은 분배에 해당한다.

03 정답 ①

제시문의 설명은 분배받은 소득으로 재화나 서비스를 구입하는 소비 활동이다.

오답피하기
②, ③은 생산에 해당하며, ④는 분배에 해당한다.

04 정답 ③

ⓒ은 생산의 대가로 받은 임금을 이용하여 등산복을 구입한 소비 활동에 해당한다.

오답피하기
㉠ 생산, ㉡ 분배, ㉢ 소비 활동에 해당한다.

05 정답 ①

희소성은 절대량이 아니라, 인간의 필요와 욕구에 의해

달라지는 상대적인 개념으로 시대와 장소에 따라 달라질 수 있다.

06 정답 ③
어떤 것을 선택함으로써 포기해야 하는 대안들 중 가장 큰 가치를 기회 비용이라고 한다.

07 정답 ④
합리적 선택은 가장 적은 비용으로 가장 큰 편익을 얻을 수 있는 대안을 선택하는 것으로 비용이 같을 경우 편익이 큰 것을 선택하며, 편익이 같을 경우 비용이 적게 드는 것을 선택한다.

08 정답 ④
제시문은 합리적 소비에 대한 설명이다. 한정된 소득으로 최대 만족을 얻을 수 있도록 소비에 따른 비용과 편익을 충분히 고려하여 이루어지는 소비이다.

09 정답 ①
제시된 경제 체제는 계획 경제 체제이다. 계획 경제 체제는 국가가 채택한 주요 목적을 신속히 달성할 수 있다는 장점이 있다.

10 정답 ④
국가가 채택한 주요 목적을 신속히 달성할 수 있다는 장점은 계획 경제 체제의 장점에 해당한다.

11 정답 ②
기업은 무엇을, 어떻게, 얼마나 생산할지를 결정하고 생산 요소를 투입하여 재화나 서비스를 만들고 판매하는 생산 활동의 주체로, 최소 비용으로 최대의 이윤을 얻고자 하는 경제 주체이다.

12 정답 ③
기업의 목적은 이윤 추구이다. 공익을 위한 사회적 책임을 인정하지만 사익보다 공익을 추구하는 것은 기업이 아닌 정부가 추구해야 할 일이다.

13 정답 ②
미래의 위험과 불확실성을 감수하고, 혁신과 창의성을 바탕으로 새로운 상품 개발, 새로운 시장 개척을 통해 이윤을 추구하는 것은 기업가 정신이다. 기업가 정신은 생산성 향상, 소비자 만족으로 이어져 경제 발전에 도움이 된다.

14 정답 ①
소득을 얻을 수 있는 기간은 정해져 있지만, 소비 생활은 평생에 걸쳐 지속된다. 따라서 소비보다 소득이 많은 시기에 저축하여 노년기 은퇴 후 생활에 대비해야 지속 가능한 경제생활을 할 수 있다.

15 정답 ①
자산 관리의 원칙으로 안전성, 수익성, 유동성이 있다.
(가)는 유동성으로 부동산은 유동성이 낮다.
(나)는 수익성으로 수익성이 높으면 안전성이 낮다.
(다)는 안전성으로 안전성이 높으면 수익성이 낮다.

16 정답 ④
신용은 당장 현금이 없어도 거래 가능하며 현재 소득보다 더 많은 소비, 목돈 마련이 가능하다. 하지만 과소비를 유발할 수 있기 때문에 자신의 소득 범위를 고려하여 소비해야 한다.

---

04 시장 경제와 가격

적중예상문제   p.128~130

01	④	02	③	03	④	04	②	05	③
06	④	07	①	08	③	09	②	10	③
11	②	12	③						

01 정답 ④
수요란 일정한 가격에서 재화나 서비스를 사고자 하는 욕구를 말한다.

02 정답 ③

수요는 일정한 가격에서 재화나 서비스를 사고자 하는 욕구를 말하며, 일정한 가격에서 사고자 하는 상품의 수량은 수요량이다.

03 정답 ④

제시된 그래프는 우상향 곡선으로 생산자가 재화나 서비스를 팔고자 하는 욕구를 나타내는 공급 곡선이다.

04 정답 ②

균형 가격은 수요량과 공급량이 일치하여 균형을 이루는 지점에서의 가격을 말한다. 따라서 균형 가격은 2,000원이다.

05 정답 ③

시장에서 수요량과 공급량이 일치할 때 시장 가격(균형 가격)과 균형 거래량이 형성된다. 제시된 표에서 수요량과 공급량이 같은 지점인 1,000원에서 균형 가격이 결정되고 이 가격에서 거래되는 균형 거래량은 300개이다.

06 정답 ④

물건 가격이 1,000원이면 공급량은 줄어들고 수요량은 늘어나는 초과 수요가 나타난다. 균형 가격은 2,000원이며 4,000원이면 초과 공급이 나타난다.

07 정답 ①

가격이 P에서 P′로 변화하면 가격 상승으로 수요량이 감소하며 공급량은 증가한다.

08 정답 ③

제시문은 공급 증가의 변동 요인이다. 공급 곡선은 오른쪽으로 이동하고 균형 가격은 하락, 균형 거래량은 증가한다.

09 정답 ②

수요 증가에 대한 그래프이다. 소득 증가, 기대나 기호 상승, 대체재 가격 상승, 보완재 가격 하락, 인구 증가, 상품 가격 인상 예상 등의 요인으로 수요가 증가한다.

10 정답 ③

제시된 그래프는 수요 곡선이 오른쪽으로 이동했음을 나타내고 있다. 이는 수요가 증가했음을 의미한다. 이처럼 수요가 증가하면 수요 곡선이 오른쪽으로 이동하고 공급 곡선과 만나는 점에서 기존보다 더 높은 새로운 시장 가격이 형성된다. 더 높은 수준에서 형성된 새 균형 가격에서는 거래량이 이전보다 증가한다.

11 정답 ②

공급이 감소하는 그래프로 공급 곡선이 왼쪽으로 이동하고 있다. 이동 결과 균형 가격은 상승하고, 균형 거래량은 감소한다.

12 정답 ③

제시문은 시장 가격에 대한 설명이다. 시장 가격은 생산자와 소비자들에게 얼마나 생산 또는 소비해야 할 것인가에 대한 정보를 제공한다. 또한 경제 주체들에게 합리적인 경제 행위를 하도록 이끌어 한정된 자원을 효율적으로 배분한다.

05	국민 경제와 국제 거래

적중예상문제
p.137~141

01	③	02	④	03	②	04	③	05	②
06	④	07	②	08	④	09	②	10	③
11	②	12	②	13	④	14	④	15	④
16	②	17	③	18	①	19	②	20	①
21	④	22	③						

01 정답 ③

제시문은 국내 총생산(GDP)에 대한 설명이다. 1년 동안 새로이 생산한 것만 포함하며, 생산자가 어느 나라 사람이냐에 상관없이 우리나라 안에서 생산한 것이면 포함한다.

02 정답 ④

④ 국내 총생산(GDP)으로는 소득 분배 상태나 빈부 격차를 반영할 수 없다.

오답피하기
국내 총생산(GDP)은 한 나라 안에서 생산한 것만 포함하고, 시장에서 거래되는 생산물의 가치만 포함하며, 중간 생산물 가치는 포함하지 않는다.

03 정답 ②

국내 총생산은 국가와의 경제 규모를 비교할 때 유용하지만 시장에서 거래되는 생산물의 가치만 포함하며 소득 분배 상태나 빈부 격차를 반영할 수 없다는 한계가 있다. 물가 지수란 기준 시점의 물가를 100으로 했을 때 비교 시점의 물가 수준을 종합적으로 측정한 값을 말한다.

04 정답 ③

㉠은 우리 국민이 해외에서 벌어들인 소득이다. ㉡은 우리 국민이 국내에서 벌어들인 소득이다. ㉢은 외국인이 국내에서 벌어들인 소득이다.

05 정답 ②

실질 GDP는 기준이 되는 연도의 가격을 적용하여 구한 국내 총생산이며, 명목 GDP는 그 연도의 가격을 적용하여 구한 국내 총생산이다.

06 정답 ④

제시문은 인플레이션에 대한 설명이다. 인플레이션의 원인은 총수요 증가, 생산 비용 상승, 통화량 증가로 인해 나타난다.

07 정답 ②

총수요 증가, 생산 비용 상승, 통화량 증가로 화폐 가치가 하락하여 인플레이션이 나타난다.

08 정답 ④

인플레이션은 물가 상승의 현상으로 정부는 물가 안정을 위해 과도한 재정 지출을 줄이고 세율을 인상한다.

09 정답 ②

국제 유가를 비롯한 원자재 가격의 상승, 즉 생산비의 상승은 물가 상승을 가져온다. 일반적으로 물가가 상승하면 화폐의 가치가 하락하여 일정한 소득으로 생계를 꾸려 나가는 봉급생활자들은 생활에 어려움을 겪게 된다. 예금이나 연금을 가진 금융 자산 소유자·채권자·수출업자들은 불리해지며, 채무자·수입업자·실물 자산 소유자들은 유리해진다.

10 정답 ③

실업은 일할 능력과 의사가 있음에도 불구하고 일자리를 구하지 못한 상태를 말한다. 노동 가능 인구 중 일할 능력과 의사가 없는 사람은 비경제 활동 인구에 해당한다.

11 정답 ②

비자발적 실업은 경기적 실업(경기 침체로 인한 일자리 감소)과 구조적 실업(산업 구조의 변화로 일부 산업 쇠퇴, 직업 소멸), 계절적 실업(계절의 영향을 받아 실업) 등이 있다. 자발적 실업은 마찰적 실업(더 나은 직장으로 옮기는 과정에서 일시적으로 발생)이 있다.

12 정답 ②

계절적 실업은 비자발적 실업의 종류로 계절의 영향을 받아 실업이 나타나는 경우이다.

13 정답 ④

구조적 실업의 정부 대책으로 새로운 분야로 재취업할 수 있도록 인력 개발을 하며, 기술 교육 및 직업 훈련을 확대해야 한다. 자기 계발, 기술 습득은 근로자 차원의 해결 방안이다.

14 정답 ④

국제 거래는 재화와 서비스를 수출하거나 수입하는 과정에서 관세라는 세금이 부과된다. 국가 간 법, 제도, 문화, 관습 등이 달라 재화나 서비스 등의 이동이 국내 거래보다 자유롭지 못한 것이 특징이다.

15 정답 ④

국제 거래는 생산 조건, 생산 비용, 자연환경의 차이로 발생하며, 각국 화폐 가치의 차이로 인하여 환율을 적용한다. 화폐 가치의 차이는 국제 거래의 발생 원인과 거리가 멀다.

16 정답 ②

한 국가가 다른 국가에 비해 절대적으로 낮은 비용으로 상품을 생산할 수 있는 능력을 절대 우위, 한 국가가 다른 국가에 비해 상대적으로 더 낮은 비용을 들여 상품을 생산할 수 있는 능력을 비교 우위라고 한다.

17 정답 ③

최근 국제 거래는 교통·통신의 발달, 세계 무역 기구(WTO)의 영향, 다국적 기업의 출현 영향으로 거래가 증가한다.

18 정답 ①

구분	수출	수입	해외 여행
환율 상승	증가	감소	불리
환율 하락	감소	증가	유리

19 정답 ②

외환 수요 증가 원인은 수입 증가, 해외 여행 증가, 해외 투자 증가 등이 있다.

오답피하기

①, ③, ④는 외환 공급 증가 원인에 해당한다.

20 정답 ①

제시된 그래프는 외환 공급 증가를 나타낸다. 공급 곡선은 오른쪽으로 이동하고 있고 환율 하락이 나타난다.

21 정답 ④

세계화를 통하여 국가 간의 교류가 확대되고 국가 간 빈부 격차 심화, 문화의 다양성 훼손, 환경 오염 등과 같은 부정적 측면이 나타난다.

22 정답 ③

제시문은 세계 무역 기구의 기능을 설명한 것이다. 1995년 설립된 국제 기구로, 자유 무역의 활성화를 최우선 목표로 한다.

06	국제 사회와 국제 정치

적중예상문제									p.145~146
01	②	02	②	03	③	04	①	05	④
06	③	07	④	08	③				

01 정답 ②

분쟁을 조정할 중앙 정부가 존재하지 않으며 국제법, 국제 기구가 존재하지만 강제력이 없다.

02 정답 ②

제시문은 국제 기구에 대한 설명이다. 국제 기구는 정부 간 국제 기구(국제 연합, 경제 협력 개발 기구)와 국제 비정부 기구(그린피스, 국경 없는 이사회, 국제 적십자)가 있다.

03 정답 ③

다국적 기업은 세계화로 영향력이 커지고 있으며, 선진국에 본사가 입지한다. 다국적 기업은 여러 다른 나라에 지사, 생산 공장을 설립하여 세계를 대상으로 생산과 판매 활동을 수행한다.

04 정답 ①

현대 국제 사회는 냉전 체제 종식 이후 이념보다 자국의 경제적 이익을 추구함으로써 갈등이 발생한다.

05 정답 ④

국제 사회의 공존 방안으로 자국의 이익을 평화적으로 실현하기 위해 외교 활동을 해야 하며, 자국의 이익을 최우선으로 하는 것보다 협상을 통해 국제 사회의 발전을 위한 외교를 해야 한다.

06 정답 ③

제시문은 동북공정에 대한 설명이다. 동북공정은 '동북 변경 지역의 역사와 현상에 관한 체계적인 연구 과제'라는 말을 줄인 것으로, 중국 국경 안의 모든 역사를 중국의 역사로 편입하려는 목적에서 진행하고 있다.

07 정답 ④

독도는 현재 대한민국이 실효적 지배를 하고 있으며, 일본이 일방적 주장으로 독도 영유권을 주장하고 있다. 국제 재판소에 제소를 하게 되면 분쟁 지역으로 인정하는 것이다.

08 정답 ③

일본과의 갈등을 해결하기 위해서 현재 독도의 영토 주권자는 우리나라임을 확인하고 객관적인 역사적 근거 확보를 위한 노력을 해야 한다.

07	인구 변화와 인구 문제

적중예상문제

p.153~156

01	②	02	③	03	①	04	④	05	②
06	①	07	③	08	②	09	②	10	③
11	③	12	②	13	①	14	④	15	①
16	④	17	②						

01 정답 ②

인구가 가장 많은 대륙은 아시아 대륙으로 세계 인구의 60%가 거주하고 있다.

02 정답 ③

자원이 풍부하고 교통이 편리하며 2·3차 산업이 발달한 도시 지역에 인구가 밀집하며, 최근 인문·사회적 영향력이 커지고 있다.

03 정답 ①

기후가 온화하고 산업이 발달하여 일자리가 풍부한 지역은 인구가 밀집하며 험준한 산간 지역, 건조 기후 지역은 인구 희박 지역에 해당한다.

04 정답 ④

(가) 시기는 산업화 이전 기후가 온화하고 평야가 발달하여 벼농사에 유리한 남서부 지역에 인구가 밀집하고, 산지가 많고 기온이 낮은 북동부 지역은 인구가 희박하다.
(나) 시기는 공업이 발달하고, 일자리가 많은 수도권과 대도시, 남동 임해 공업 지역에 인구가 밀집하고, 농촌이나 산지 지역은 인구가 희박하다.

05 정답 ②

실업, 빈곤, 낮은 임금, 열악한 주거 환경, 전쟁과 분쟁, 종교적 박해 등으로 인구가 유출된다. 높은 임금, 많은 일자리, 경제 발달, 쾌적한 환경, 정치·종교적 자유 등으로 인구가 유입된다.

06 정답 ①

사례는 취직을 하기 위해 멕시코에서 미국으로 이동한 것이다. 이것은 국제적 이동 + 경제적 이동에 해당한다.

07 정답 ③ / 08 정답 ②

㉠ 영국 청교도들의 종교적 이동
㉡ 노예 무역에 의한 아프리카 흑인들의 강제 이동
㉢ 신항로 발견 이후 유럽인들의 신대륙으로의 이동
㉣ 화교들이 일자리를 찾아 동남아시아로 이동
㉤ 개발 도상국에서 선진국으로 일자리를 찾아 이동

09 정답 ②

선진국은 이촌 향도 단계를 거쳐 도시에서 쾌적한 환경을 찾아 농촌으로 이주하는 역도시화 현상이 나타난다.

10 정답 ③

개발 도상국에서 나타나는 현상으로 산업화가 진행되면서 새로운 일자리를 찾아 도시로 이동하는 현상을 이촌 향도 현상이라고 한다.

11 정답 ③

1960년대 이촌 향도 현상으로 수도권과 대도시로 인구가 집중하였으며, 1990년대 이후 과밀화된 수도권, 지방 대도시 인구 문제 해결을 위해 위성 도시와 신도시를 건설하였다.

12 정답 ②

선진국은 산업 혁명 이후 인구가 증가하였으며, 제2차 세계 대전 이후 선진국의 의료 기술을 받아들인 개발 도상국을 중심으로 인구 성장이 나타났다.

13 정답 ①

제2차 세계 대전 이후 선진국의 의료 기술을 받아들인 개발 도상국을 중심으로 인구 성장이 나타났다.

14 정답 ④

선진국은 저출산 문제를 겪고 있어 인구 정체 또는 감소 현상이 나타난다. 대책으로 출산 장려금 지급, 육아 수당 지급, 보육 시설 확대를 통해 출산율을 높이고자 한다.

15 정답 ①

전체 인구에서 65세 이상의 노인 인구 비율이 증가하는 현상을 고령화 현상이라고 한다. 고령화 현상에 따라 노년층 관련 사업과 제도가 늘어나고 있다.

16 정답 ④

여성의 사회적 참여 증가, 자녀에 대한 가치관 변화로 합계 출산율이 감소하는 문제가 등장한다. 이에 대한 대책으로 출산 지원금과 양육비 지급, 보육 시설 확충을 통해 저출산 문제를 해결하고자 한다.

17 정답 ②

현재 우리나라는 여성의 사회적 참여 증가와 소자녀관 증가로 저출산·고령화 문제를 겪고 있다.

---

08 사람이 만든 삶터, 도시

적중예상문제 p.162~165

01	④	02	④	03	③	04	②	05	④
06	①	07	③	08	③	09	①	10	②
11	①	12	③	13	③	14	④	15	④
16	②	17	③	18	①				

01 정답 ④

도시는 집약적 토지 이용으로 고층 건물이 많고, 기능이 집중하여 주변 지역의 중심지 역할을 한다. 제조업과 서비스업 등 2·3차 산업의 비중이 높고 주민들의 직업·생활 모습이 다양하며 생활 범위가 넓다.

02 정답 ④

촌락에서는 자연 경관이 주로 나타나고, 도시에서는 인문 경관이 주로 나타난다.

03 정답 ③

세계 도시는 세계 경제, 문화, 정치의 중심지로 세계적 영향력을 가진 금융 기관, 다국적 기업의 본사, 각종 국제 기구의 활동이 활발히 이루어지는 도시로 미국의 뉴욕, 일본의 도쿄, 영국의 런던 등이 있다.

04 정답 ②

위성 도시는 대도시 주변에 위치하여 대도시의 기능을 분담하는 역할을 한다. 성남은 주거 기능, 안산은 공업 기능에 해당한다.

05 정답 ④

개발 제한 구역은 도시의 무질서한 팽창을 방지하고, 녹지 공간을 확보하기 위해 설정한 공간으로 그린 벨트라고도 한다. 제1차 국토 종합 개발 계획에 따라 설정되었다.

06 정답 ①

도심은 도시 중심부에 위치하여 접근성이 가장 높고 땅

값이 매우 비싸기 때문에 고층 건물이 밀집되어 있다. 중심 업무 지구(CBD)가 형성되고 인구 공동화 현상이 나타난다.

07 정답 ③
인구 공동화에 대한 설명으로 도심 지역에서 나타나는 현상이다. 도심의 접근성이 높고 지대가 높아 주거 지역은 외곽 지역으로 분산하며 나타나는 현상이다.

08 정답 ③
부도심은 도심의 기능을 일부 분담한다. 도시의 기능을 분담하는 지역은 위성 도시에 해당한다. 위성 도시는 대도시 주변에 입지하여 도시의 기능을 분담한다.

09 정답 ①
도시의 중요한 기능을 담당하는 지역으로 중심 업무 지구(CBD)라고 한다. 접근성이 좋고 지가가 높은 것이 특징이다.

10 정답 ②
공업 기능과 주거 기능은 접근성이 낮더라도 환경이 쾌적하고 땅값이 저렴하며, 부지가 넓은 외곽 지역에 형성된다. 상업 업무 기능은 비싼 땅값을 부담하고도 이익을 낼 수 있기 때문에 접근성이 높은 도심에 입지한다.

11 정답 ①
도시화 곡선에서 초기 단계는 농업 중심의 사회로 1차 산업 비중이 높고, 도시화율이 낮다.

> **오답**피하기
> 가속화 단계는 이촌 향도 현상으로 도시 인구가 급증한다. 종착 단계는 도시화율은 높고, 역도시화, 교외화 현상이 발생한다.

12 정답 ③
종착 단계는 높은 도시화율과 역도시화가 발생한다.

> **오답**피하기
> ① 이촌 향도 현상은 가속화 단계의 특징이다.
> ② 종착 단계는 역도시화가 발생하지만 3차 산업의 산업 구조가 나타난다.
> ④ 종착 단계는 주로 선진국에서 나타나며 개발 도상국은 가속화 단계에 따른 도시 문제가 발생한다.

13 정답 ③
선진국은 18세기 산업 혁명 이후 산업화와 함께 도시화가 점진적으로 진행되는 것이 특징이다. 단기간에 급속한 도시화는 개발 도상국에서 나타나는 현상이다.

14 정답 ④
도시 성장 초기 도심에 건설된 건물들이 시간이 지나 낡고 허름해지는 현상은 선진국에서 나타나는 도시 문제에 해당한다. 개발 도상국은 도시화 기간이 짧기 때문에 도시화 초기에 건설된 건물이 많이 존재한다.

15 정답 ④
인구의 집중으로 인해 교통 문제, 주택 문제, 환경 문제가 발생한다. 이를 해결하기 위해서 인구 분산 정책 및 개인의 의식 개혁이 필요하다.

16 정답 ②
급격한 인구 증가와 도시화로 주택 문제가 발생한다. 주택 문제 해결을 위해 신도시 건설, 도시 재개발 사업, 공공 주택 공급 확대 등의 방안이 필요하다.

17 정답 ③
살기 좋은 도시의 조건은 쾌적한 자연환경, 적정 규모의 인구, 높은 사회적 안정성, 다양한 편의 시설, 좋은 의료 시설을 특징으로 하는 도시이다. 많은 일자리가 필요하지만 공업 단지가 많은 것은 대기 오염, 수질 오염 등을 유발하여 살기 좋은 도시 조건으로 적절하지 않다.

18 정답 ①

생태 도시는 지속 가능한 도시이다. 생태 도시는 도시가 하나의 유기적 복합체로 기능하는 도시로, 도시 활동과 공간 구조가 생태계의 속성인 다양성·자립성·순환성·안정성을 갖춘 도시이다. 브라질 쿠리치바, 캐나다 밴쿠버, 오스트리아 빈 등이 대표적 생태도시이다.

09 글로벌 경제 활동과 지역 변화

적중예상문제 p.170~172

01	③	02	④	03	②	04	①	05	②
06	①	07	①	08	②	09	②	10	②

01 정답 ③

세계화로 인해 기계를 이용하여 대규모로 이루어지는 생산 체계를 갖추고 있으며, 자본과 기술력을 바탕으로 농작물을 대량 생산하여 가격 경쟁력을 확보하고 있다.

02 정답 ④

생활 수준의 향상으로 기호 작물, 원예 작물, 유제품 산업 등이 발달하며 소비도 증가하고 있다.

03 정답 ②

농업의 세계화가 나타나게 된 원인은 교통·통신의 발달과 지역 간 교류 증가, 기업적 농업, 다양한 농산물에 대한 수요 증가로 볼 수 있다.

04 정답 ①

오늘날 교통 통신의 발달로 국가 간 교류가 활발해짐에 따라 국가 간 상호 의존도가 높아지고 있다.

05 정답 ②

다국적 기업은 국제 거래가 증가함에 따라 활동 범위가 넓어지고 있으며, 세계 무역 기구(WTO)의 출범으로 수가 빠르게 증가하고 있다.

06 정답 ①

다국적 기업의 생산 공장은 생산 비용을 줄이기 위해 지가와 임금이 저렴한 개발 도상국 또는 무역 장벽을 극복하기 위해 선진국에 입지한다.

07 정답 ①

다국적 기업의 본사는 자국 내 도심 또는 세계 도시에 입지한다. 그 이유는 다양한 정보와 자본을 확보하는 데 유리하기 때문이다.

08 정답 ②

다국적 기업의 판매 이윤은 그 지역에서 소비되는 것이 아니라 이윤이 해외로 유출되어 부정적인 영향을 준다.

09 정답 ②

정보 통신 기술의 발달로 업무 수행에 따른 시·공간적 제약 완화로 서비스가 증가하고 있으며, 선진국의 기업들은 비용을 절감하고 업무 효율성을 높이기 위해 업무의 일부를 개발 도상국으로 분산하여 운영하고 있다.

10 정답 ②

전자 상거래는 시·공간의 제약이 적어 소비자가 해외 상점에 쉽게 접속할 수 있어 소비 활동의 범위가 전 세계로 확대되고 있다.

10 환경 문제와 지속 가능한 환경

적중예상문제 p.177~179

01	②	02	②	03	②	04	④	05	③
06	③	07	①	08	②	09	④	10	④
11	①	12	②						

01 정답 ②

지구 온난화의 원인은 화석 연료 사용 급증으로 인한 이산화 탄소의 증가이다. 식물은 이산화 탄소를 흡수하기 때문에 녹지 면적 증가는 지구 온난화를 해결하는 방안 중 하나이다.

02 정답 ②
몬트리올 의정서는 오존층 파괴 물질의 사용 규제에 해당하고, 온실가스 감축은 교토 의정서에 해당한다.

03 정답 ②
일본 교토 의정서는 선진국을 대상으로 온실가스 배출량을 감축하는 방안이며, 파리 협정은 지구 평균 온도의 상승폭을 산업화 이전과 비교하여 1.5℃로 제한하는 협정이다.

04 정답 ④
고산 식물은 기온이 낮은 해발 고도가 높은 지역에 살고 있어서, 지구 온난화로 기온이 상승하면 고산 식물의 분포 범위가 좁아진다.

05 정답 ③
전자 쓰레기는 첨단 기능을 갖춘 전자 제품이 계속해서 등장하며, 전자 제품의 교체 시기가 점점 빨라져 폐기된 전자 쓰레기이다.

06 정답 ③
전자 쓰레기는 첨단 기능을 갖춘 전자 제품이 계속해서 등장하며, 전자 제품의 교체 시기가 점점 빨라져 증가하고 있다.

07 정답 ①
선진국은 저임금 노동력을 활용하고 환경 문제를 해결하기 위해 공해 유발 산업을 개발 도상국으로 이전하고 있다.

08 정답 ②

오답피하기
①·③ 파리 협정과 기후 변화 협약은 지구 온난화 방지를 위한 노력에 해당한다.
④ 람사르 협약은 습지 보호를 위한 협약이나.

09 정답 ④
미세 먼지는 석탄, 석유 등의 화석 연료를 태울 때 생기는 매연, 자동차 배기가스, 건설 현장 등의 날림 먼지, 소각장 연기 등으로 인해 발생한다. 미세 먼지로 인해 각종 호흡기 질환 유발, 미세 먼지에 노출된 첨단 제품의 불량률 증가, 항공기나 여객선 운행에 지장을 준다.

10 정답 ④
유전자 변형(GMO) 농산물은 본래의 유전자를 변형시켜 기존 번식 방법으로는 나타날 수 없는 새로운 성질의 유전자를 지니도록 개발된 농산물이다.

11 정답 ①
제시된 내용의 운동은 로컬 푸드에 해당한다.
오랜 시간 이동으로 식품의 안전성 우려, 장거리 운송에 따른 화석 연료 사용 및 지구 온난화 가속으로 푸드 마일리지가 작은 식품의 소비를 추구하는 운동이다.

12 정답 ②
로컬 푸드 운동은 푸드 마일리지가 작은 식품의 소비를 추구하는 운동이다. 지역에서 생산된 농산물을 지역에서 소비하는 운동으로 전 지역의 다양한 식품을 즐기기 위한 운동이 아니다.

---

11 세계 속의 우리나라

적중예상문제 p.184~186

01	02	03	04	05
④	③	③	④	②
06	07	08	09	10
④	①	④	②	④
11				
②				

01 정답 ④
제시문은 배타적 경제 수역에 대한 설명이다. 배타적 경제 수역이란 영해를 설정한 기준선으로부터 200해리까지의 바다 중 영해를 제외한 바다이다. 이곳은 연안국이 바다에 대한 경제적 권리를 주장할 수 있다.

02 정답 ③
제시문은 영해에 대한 설명이다.

03 정답 ③
해안선이 단조로운 동해, 제주, 울릉도, 독도는 통상 기선으로부터 12해리, 황·남해는 해안선이 복잡하여 직선 기선으로부터 12해리, 대한 해협은 일본과 가까워 직선 기선으로부터 3해리를 사용한다.

04 정답 ④
황해에서 간척 사업으로 영토는 늘어나지만, 영해는 직선 기선을 사용하기 때문에 변화가 없다.

05 정답 ②
배타적 경제 수역은 연안국에게 경제적 권리가 있지만 영역처럼 정치적 권리가 보장되지 않는다.
② 배타적 경제 수역에 다른 나라 배, 비행기는 통과할 수 있지만 경제 활동은 제한된다.

06 정답 ④
독도는 우리나라 가장 동쪽에 있는 섬으로 동경 132°, 북위 37° 부근에 위치해 있다.

07 정답 ①
우리나라 가장 동쪽에 있는 섬으로 해가 가장 먼저 뜨며 풍부한 해저 자원과 지하자원이 매장되어 있는 독도에 대한 설명이다.

08 정답 ④
제시된 설명은 지리적 표시제이다. 지리적 표시제는 다른 곳에서 임의로 상표권을 이용하지 못하도록 법적 권리 부여, 소비자의 알권리 충족, 지역 홍보 및 지역 이미지 개선 등 지역 경제 발전에 기여한다.

09 정답 ②
지역 브랜드는 그 지역만의 매력적인 가치가 담긴 브랜드를 만들어 지역 경쟁력을 높이기 위해 노력한다.

10 정답 ④
배타적 민족주의란 자기 민족만을 인정하는 태도로 세계화 시대에 걸맞지 않은 태도이다. 다양한 문화, 민족을 인정하는 열린 민족주의가 필요하다.

11 정답 ②
남한보다 북한의 지하자원이 풍부하며, 통일 이후 북한 자원에 대한 기업 투자가 활성화될 것이다.

12 더불어 사는 세계

적중예상문제
p.192~195

01	①	02	④	03	④	04	①	05	④
06	②	07	③	08	③	09	①	10	②
11	④	12	④	13	④	14	③		

01 정답 ①
영토 문제, 자원 문제, 문화 갈등 등 지역 간 분쟁은 세계화로 인해 줄어들고 있다고 보기는 어렵다.

02 정답 ④
가뭄, 홍수, 태풍 등의 자연재해뿐만 아니라 원활하지 못한 식량 분배 및 공급의 문제도 있다.

03 정답 ④
센카쿠 열도는 중국이 일본의 지배를 불법 점령이라고 주장하고, 석유와 수산 자원, 교통로 확보를 위한 영유권 주장을 하고 있다. 관련국으로는 중국, 일본, 대만이 있다.

04 정답 ①

힌두교(인도)와 이슬람교(파키스탄) 사이의 갈등이다. 카슈미르 분쟁지역은 1947년 영국으로부터 인도와 파키스탄이 독립하면서 인도령으로 귀속되었다. 이슬람교도가 상대적으로 많음에도 불구하고 인도령으로 귀속되면서 인도와 파키스탄 간의 갈등이 지속되고 있다.

05 정답 ④

1948년 팔레스타인 지역에 팔레스타인 거주 지역을 무력으로 정복하고 주변 아랍 국가들과 지속적 갈등을 일으키는 국가는 이스라엘이며, 이스라엘의 종교는 유대교이다.

06 정답 ②

지역별로 기후와 지형 등 자연환경과 천연자원, 기술, 자본, 토지, 인구 및 학력 수준의 차이 등 경제 환경에 영향을 주는 요소가 지역마다 다르기 때문이다.

07 정답 ③

인간 개발 지수는 경제적 성장뿐만 아니라 삶의 환경과 수준도 고려하여 선진국과 개발 도상국 간 발전 격차를 줄이고 개발 도상국의 빈곤 문제를 해결하는 데 활용된다.

08 정답 ③

기본적인 의식주 문제가 해결되어야 경제 발전을 이룰 수 있다. 식량 생산을 통한 빈곤, 기아 문제를 해결한 다음 산업에 투자해야 한다.

09 정답 ①

적정 기술은 주로 개발 도상국을 위해 만들어진 기술이다. 지역 특성에 맞는 기술이 적용되어 만들어진다.

10 정답 ②

세계 식량 계획(WFP)은 기아와 빈곤으로 고통받는 지역의 식량 지원 활동을 하는 국제 기구이다.

11 정답 ④

국제 연합 난민 기구(UNHCR)의 활동이 난민 보호 및 난민 문제 해결이다.

12 정답 ④

오답피하기
① 그린피스는 지구의 환경을 보존하고 평화를 증진하기 위한 활동을 한다.
② 해비타트는 무주택 서민의 주거 문제 해결을 목적으로 만들어진 민간 단체이다.
③ 국경 없는 의사회는 인종, 종교, 성, 정치적 성향과 관계없이 분쟁 지역에 의료 서비스를 지원한다.

13 정답 ④

공정 무역은 유통 과정을 줄여 생산자에게 정당한 가격을 지급하여 경제적으로 자립할 수 있도록 해주는 무역 방식이다.

14 정답 ③

지역 간 분쟁은 당사자끼리 해결하지 못할 수도 있기 때문에 국제 사회가 서로 협력하고 조정하여 해결하도록 해야 한다.

제2편 역사

PART 01 선사 문화와 고대 국가의 형성

적중예상문제
p.214~221

01	③	02	①	03	②	04	③	05	②
06	①	07	①	08	④	09	④	10	③
11	②	12	④	13	②	14	②	15	①
16	①	17	③	18	①	19	③	20	③
21	④	22	④	23	③	24	②	25	②
26	②	27	②	28	②	29	③	30	①
31	①	32	①	33	②	34	②	35	①
36	④	37	③	38	④	39	②	40	③
41	②	42	①	43	③						

01 정답 ③

인류가 문명의 길로 접어들기 전에는 문자가 없었기 때문에 기록을 할 수 없었다. 그래서 우리는 문자의 유무를 기준으로 선사 시대와 역사 시대를 구분한다.

02 정답 ①

주먹도끼는 구석기 시대에 사용된 석기의 명칭이다. 손에 쥐고 쓸 수 있는 도끼 모양의 석기로, 짐승을 사냥하거나 털과 가죽을 분리할 때 사용한 도구이다.

오답피하기

② 반달 돌칼은 청동기 시대에 곡식을 수확하는 데 사용된 도구이다.
③ 비파형 동검은 청동기 시대에 비파형으로 생긴 칼날과 손잡이가 따로 주조된 조립식 검이다.
④ 신석기 시대의 유물로는 간석기, 낚시, 바늘 등의 뼈 도구가 있으며, 빗살무늬 토기를 사용하였다.

03 정답 ②

② 간석기 사용은 신석기 시대이다.

오답피하기

한반도의 구석기 시대는 약 70만 년 전부터 인류가 들어와 구석기 문화를 이룩하기 시작하였다. 구석기 시대 사람들은 사냥과 채집을 통하여 생계를 해결하였고, 무리를 지어 계절마다 이동하면서 동굴이나 바위 그늘, 또는 나뭇가지로 만든 임시 거처에서 생활하였다. 또 돌을 깨뜨려 만든 뗀석기 중 한 손에 쥘 수 있는 주먹 도끼는 만능 도구로서 가장 널리 쓰였다.

04 정답 ③

뗀석기를 사용한 구석기 시대 사람들은 주로 사냥, 채집을 통해 생활하였고, 추위를 피해 동굴이나 바위 그늘에서 살았다. 이들은 힘이 센 큰 짐승을 사냥하기 위해 무리를 지었고, 식량을 찾아 자주 이동하였다. 또 사람이 죽으면 시체를 매장하고 장식품과 도구를 함께 넣기도 하였으며, 동굴이나 생활 터전에 동물 그림을 그리는 등의 예술적 활동도 하였다. 이를 통해 사냥의 성공과 풍요를 기원하였다.

오답피하기

① 청동기, ②·④ 신석기 시대이다.

05 정답 ②

가락바퀴는 신석기 시대에 실을 뽑을 때 쓰는 것으로, 구멍에 막대를 넣고 돌려 실을 꼬아서 뽑았다. 신석기 시대 사람들은 이렇게 만들어진 실과 뼈바늘을 이용하여 옷이나 그물을 만들었다. 또한 신석기 시대 사람들은 진흙을 빚은 후 불에 구워 만든 빗살무늬 토기를 사용하였다.

06 정답 ①

빗살무늬 토기는 신석기 시대에 곡식이나 음식을 담거나 저장, 요리하는 데 사용하였다. 신석기 시대에는 인류의 발전 과정에서 무엇보다도 획기적이고 중요한 사건이 일어났다. 사람들이 농사를 짓고 가축을 기르기 시작한 것이다. 이를 가리켜 '신석기 혁명'이라고 한다.

07 정답 ①
청동기 시대의 대표적 유물인 동검은 칼날이 비파라는 악기를 닮아 비파형 동검이라고 한다. 비파형 동검은 기원전 4세기 무렵부터 칼날이 길면서 가는 세련된 모양으로 바뀌고 더욱 단단해졌다. 청동기 시대에는 우리나라 최초의 국가인 고조선이 출현하였으며, 계급이 발생하였다.

08 정답 ④
제시된 유물은 반달 돌칼이다. 신석기 시대에 시작된 농경은 청동기 시대에 이르러 본격적으로 발달하였고, 반달 돌칼과 같은 추수용 도구가 만들어졌다. 또한 이 시기에 벼농사가 시작되어 오늘날 우리가 주식으로 하고 있는 쌀이 본격적으로 생산되기 시작하였다.

09 정답 ④
청동기 문화를 기반으로 건국한 고조선은 8조법이 있었으며, 사유 재산이 존재하였다. 고조선의 성립은 『삼국유사』에 실린 단군의 건국 이야기를 통해 알 수 있는데, '널리 인간을 이롭게 한다'는 홍익인간의 이념을 제시하고 있다.

10 정답 ③
청동기 시대에는 지배 계급의 무덤으로 고인돌을 제작하였다. 또한 우리나라 최초의 국가인 고조선이 출현하였으며, 계급이 발생하였다.

오답피하기
① 철기 시대, ② · ④ 신석기 시대이다.

11 정답 ②
고조선을 대표하는 유물과 유적으로는 비파형 동검과 탁자식 고인돌, 미송리식 토기 등이 있다. 이들의 분포 지역을 통해 고조선이 요령 지방을 중심으로 성장하여 한반도까지 이르렀음을 짐작할 수 있다.

12 정답 ④
고조선에는 백성들을 다스리기 위한 8개의 법(8조법)이 있었으며, 그중에서 세 개가 현재까지 전해 내려온다. 남을 죽이거나 다치게 하면 형벌을 받았던 것으로 보아 사회 질서가 매우 엄격하였다는 것을 알 수 있으며, 죄를 곡식으로 갚게 한 것으로 보아 농사를 짓는 사회였고, 사유 재산이 있었다는 것을 알 수 있다. 또한 도둑질을 한 자는 노비로 삼는 것에서 신분의 차이가 있었음을 알 수 있다.

13 정답 ②
단군 이야기는 청동기 문화를 배경으로 한 고조선 성립 당시의 역사적 사실을 반영하고 있다. 고조선을 세운 '단군왕검'의 단군은 제사장을 뜻하고, 왕검은 정치적 지배자를 뜻하는 것으로, 고조선이 제정일치 사회였음을 알 수 있다.

14 정답 ②
삼한에서는 하늘을 섬기는 일을 매우 중요하게 생각하여 소도라는 별읍을 두었는데 천군이라는 제사장이 그 일을 담당하였다. 또 신지, 읍차와 같은 정치적 군장이 있었는데 이를 통해 삼한 사회가 제정 분리 사회라는 것을 알 수 있다.
② 천군이 주관하는 소도는 신성한 공간으로 죄인이라도 도망하여 이곳에 숨으면 잡아가지 못하였다.

15 정답 ①
부여는 왕 아래 가축의 이름을 딴 마가, 우가, 저가, 구가 등의 관리가 있어 저마다 따로 행정 구획인 사출도를 다스렸다. 사람들은 흰옷을 좋아하였으며, 형이 죽으면 형수를 아내로 삼는 풍습이 있었다. 매년 12월에 '영고'라는 제천 행사가 열렸는데, 이는 수렵 사회의 전통을 보여 주는 것이다.

16 정답 ①
부여에서는 지배층이 죽으면 따르던 이들을 함께 매장하던 순장의 풍습이 있었다.

17 정답 ③

고구려에는 일종의 데릴사위제인 서옥제가 있었는데, 혼인할 때 사위가 처가에서 얼마간 거주하는 풍습이다.

18 정답 ①

부여의 영고, 고구려의 동맹, 동예의 무천, 삼한의 5월제, 10월제는 모두 제천 행사이다. 고대 사회에서 제천 행사는 농사가 잘 되기를 기원하거나 추수에 대한 감사의 뜻을 담고 있으며, 국가의 축제로서 백성들의 화합을 도모하기도 하였다.

19 정답 ③

삼한은 신지, 읍차와 같은 정치적 군장이 있었던 반면에 천군이라 하여 소도를 다스리는 제사장이 있었다. 이를 통해 삼한 사회가 제정 분리 사회라는 것을 알 수 있다.

20 정답 ③

동예에서는 같은 씨족끼리는 혼인을 하지 않았으며, 산천을 소중하게 여겨 함부로 출입하지 않았다. 동예 사람들은 마을끼리 서로 침범하면 소나 말로 배상하도록 하였는데, 이를 '책화'라고 한다. 동예의 특산물로는 활, 과하마, 바다표범 가죽 등이 있었다. 10월에는 '무천'을 열어 하늘에 제사 지냈다.

21 정답 ④

4세기 근초고왕이 왕위에 있던 시기의 백제는 고구려의 고국원왕과 황해도 일대를 놓고 대립하였다. 이에 평양성에서 벌어진 전투에서 고국원왕이 전사하면서 백제가 황해도로 진출하는 계기가 되었다. 이후 근초고왕은 중국의 요서·산동 지방과 일본으로 진출하였다. 이로써 백제의 왕권은 점차 전제화되고 부자 상속에 의한 왕위 계승이 시작되었다. 이 시기 발전을 배경으로 고흥이 『서기』를 편찬하였다.

22 정답 ④

진대법은 고구려 고국천왕 때에 처음 실시된 제도로 을파소의 건의로 만들어졌다. 가난한 농민들에게 나라에서 거두어 놓은 곡식을 봄에 빌려주고 가을에 추수한 후 다시 거두어들이는 제도이다.

23 정답 ③

고구려의 태조왕, 백제의 고이왕, 신라의 내물왕은 각 국의 중앙 집권 국가의 기틀을 마련한 왕들이다.

24 정답 ②

4세기 후반 소수림왕은 중국 지역의 여러 나라와 평화 관계를 맺어 대외적으로도 안정적인 환경을 만들었다. 또 전진으로부터 불교를 받아들여 백성들이 믿고 있던 다양한 사상을 하나로 통합하고, 왕실의 권위를 높이고자 하였다. 나아가 교육 기관인 태학을 세워 국가에 필요한 인재를 길렀으며, 율령을 반포하여 국가의 조직을 체계적으로 정비하였다.

25 정답 ③

고구려 장수왕은 평양으로 도읍을 옮기고(427) 뒤이어 백제의 수도 한성을 함락하고 한강 유역을 차지하였다(475). 이에 신라와 백제는 고구려 세력을 견제하기 위해 군사 동맹을 맺고 대항하였다. 백제는 5세기 이후 고구려의 적극적인 남하 정책에 밀려 한성을 빼앗기고 웅진으로 도읍을 옮기면서(475) 대외 팽창이 위축되었다.

26 정답 ②

전기 가야 연맹의 맹주인 (A) 금관가야는 김수로에 의해 건국되었는데, 그 세력 범위는 낙동강 유역 일대에 미쳤다. 전기 가야 연맹은 4세기 말~5세기 초에 신라를 후원하는 고구려군의 공격을 받고 거의 몰락하여 중심 세력이 해체되고, 가야 지역은 낙동강 서쪽 연안으로 축소되었다.

27 정답 ②

광개토 대왕은 남쪽으로 백제를 공격하여 한강 이북 지역을 차지하였고, 내물왕의 요청을 받아들여 신라에 침입한 왜를 물리치면서 신라에 대한 영향력을 확대하였다. 또 금관가야로 후퇴한 왜를 추격하는 과정에서 가야 연맹의 맹주였던 금관가야 세력을 약화시켰다. 북쪽으로는 만주의 남부 지역을 차지하였고, 동부여와 숙신을 정복하였다.
② 광개토 대왕은 '영락'이라는 연호를 사용하여 자주 의식을 높였다.

28 정답 ②

백제의 건국 세력이 고구려계의 유이민이었다는 사실은 여러 증거를 통해 알 수 있다. 서울 석촌동의 돌무지무덤과 압록강 유역의 고구려 무덤 양식이 같다는 사실과 백제 왕실이 부여씨를 칭했다는 점, 『삼국사기』에 기록된 고구려 시조 주몽의 아들인 온조가 위례성에 자리를 잡고 백제를 세웠다는 건국 설화 등을 통해 이를 설명할 수 있다.

29 정답 ③

장수왕은 남진 정책을 추진하여 백제의 수도인 한성을 함락하고 한강 하류 지역을 차지하였다. 그 뒤 한강 상류 지역을 점령하여 한반도 중부 지방까지 지배하였다. 이러한 사실은 충주 고구려비를 통해 알 수 있다.

오답피하기
① 신미양요 때 서양 세력을 물리친 흥선 대원군은 신미양요 이후 전국 각지에 척화비를 세워 통상 수교 거부 의지를 널리 알렸다.
② 영조는 당파에 관계없이 인재를 고루 등용하는 탕평책을 실시하고 이를 널리 알리기 위해 성균관에 탕평비를 세웠다.
④ 백두산 정계비는 18세기 초 숙종 때 청과 국경 분쟁이 일어나자 조선과 청이 세운 것으로, '서쪽은 압록강, 동쪽은 토문강'을 양국의 경계로 정하였다.

30 정답 ①

백제의 근초고왕은 북쪽으로 고구려의 평양성을 공격하여 고국원왕을 전사시키고, 황해도 지역까지 영토를 넓혔으며, 남쪽으로는 마한의 남은 세력을 정복하여 전라도 일대를 차지하였다. 대외적으로는 중국 남조와 교류하여 선진 문물을 받아들였으며, 가야·왜 등과 교류하여 신라를 견제하였다. 근초고왕의 활약을 바탕으로 백제는 4세기 후반에 중앙 집권 국가를 완성하고 역사상 가장 넓은 영토를 차지하게 되었다.
① 고구려 광개토 대왕에 대한 내용이다.

31 정답 ①

무령왕의 뒤를 이은 성왕은 6세기 중반에 넓은 평야와 강을 끼고 있는 사비(지금의 부여)로 도읍을 옮기고, 나라 이름을 일시적으로 남부여로 바꾸었다. 성왕은 국가 체제를 재정비하여 중앙에 22부의 실무 관청을 두어 행정을 분담하게 하였으며, 수도와 지방의 행정 구역을 나누었다. 또한 중국과 교류하고 불교를 장려하였으며, 왜에 불교를 비롯한 선진 문물을 전해 주었다. 고구려가 귀족들의 권력 다툼으로 혼란해지자, 국력을 키우고 왕권을 강화한 성왕은 신라와 힘을 합하여 한강 유역을 되찾았으나 곧 신라 진흥왕에게 빼앗겼다.

오답피하기
② 무령왕, ③ 문주왕, ④ 동성왕 때의 내용이다.

32 정답 ①

3세기 중엽, 백제 고이왕은 넓은 영토와 늘어난 백성을 효율적으로 다스리기 위해 통치 조직을 정비하였다. 좌평과 같은 관리의 등급을 마련하고 서열을 나누었으며, 관리들의 옷 색깔을 다르게 하는 등 법령을 제정하였다. 영토 확장에도 힘을 기울여 마한의 중심 세력이었던 목지국을 병합하고 한반도의 중부 지역을 확보하였다.

33 정답 ②

사비 천도를 단행한 성왕은 국호를 '남부여'로 고치면서 중흥을 꾀하였다. 성왕은 22부를 설치하는 등 중앙 관청과 지방 제도를 정비하고 불교를 진흥하였으며, 또한 노리사치계를 일본에 보내 불교를 전하기도 하였다. 성왕은 신라와 연합하여 일시적으로 한강 유역을 부분적으로 수복하였지만 신라에게 빼앗기고, 자신도 신라를 공격하다가 관산성 전투에서 전사하였다.

> **오답피하기**
> ㄴ. 신라 진흥왕, ㄷ. 통일 신라 흥덕왕 때의 내용이다.

34 정답 ②

장수왕은 수도를 국내성에서 평양으로 옮기고 남진 정책을 추진하여 신라와 백제를 압박하였다. 또한 백제의 수도인 한성을 공격하여 함락시키고 남쪽으로 진출하여 한강 유역을 차지하였다.

신라 진흥왕은 한강 유역과 낙동강 유역을 차지하고, 함흥평야까지 진출한 뒤 자신의 영토 확장을 기념하기 위해 단양 적성비와 4개의 순수비를 세웠다. 순수란 왕이 나라 안을 두루 살피며 돌아다니는 것을 뜻하는 말로 순수비는 이를 기념하여 세운 비이다. 북한산비, 창녕비, 황초령비와 마운령비가 그것이며, 이 중에서 한강 유역을 차지한 후 세운 비석이 북한산에 세운 북한산비이다.

35 정답 ①

신라는 최고 지배자를 부르는 명칭이 여러 번 변하였는데, 이러한 명칭 변화를 통해 신라가 여러 단계를 거쳐 발전하였다는 것을 알 수 있다. 이사금은 1세기 초 유

리왕 때부터 사용되었고 마립간은 4세기 후반 내물왕 때부터 사용되었으며, 왕은 6세기 초 지증왕 때 처음 사용되었다. 신라는 4세기 후반 내물왕 때에 이르러서 고대 국가로 성장하였다.

36 정답 ④

골품은 신라 사회에서 개인의 사회 활동과 정치 활동의 범위까지 엄격히 제한하였다. 또한 골품 제도는 가옥의 규모와 장식물은 물론, 복색이나 수레 등 신라인의 일상생활까지 규제하는 기준으로서 오랫동안 유지되었다.

④ 6두품은 신라의 일반 귀족 중에서는 가장 높은 지위였지만 진골 귀족과의 차별로 가장 불만이 많았다. 이들은 정치 진출의 한계를 학문과 종교 방면에서의 활동으로 풀어내었다.

37 정답 ④

6세기 초 지증왕 때 국호를 신라로 바꾸고, 왕호를 마립간에서 왕으로 바꾸었으며 철제 농기구와 우경을 장려하였다. 그리고 신라 지증왕은 이사부로 하여금 우산국(지금의 울릉도)을 정복하게 하였다.

38 정답 ②

신라 진흥왕은 고령의 대가야를 병합하여(562) 낙동강 서쪽을 장악하였으며, 북쪽으로 고구려 영토를 공략하여 함흥평야까지 진출하였다. 또한 청소년 집단인 화랑도를 국가적인 조직으로 개편하여 인재를 길렀다.

> **오답피하기**
> ① 법흥왕, ③ 지증왕, ④ 문무왕 때의 내용이다.

39 정답 ②

한강 유역은 농경에 적합하며 한반도의 중심에 위치하여 문화와 인구, 물자가 모이는 곳이었다. 바다를 통해 중국과 교류하기에 적합한 지리적 이점도 가지고 있었기 때문에 한강 유역을 차지한 나라가 삼국 간의 세력 다툼에서 주도권을 차지할 수 있었다.

② 평양에 대한 설명이다.

40 정답 ③

가야는 낙동강 유역에서 일어난 여러 작은 나라의 연맹체로 초기에는 김수로에 의해 건국된 금관가야가 연맹을 주도하였다. 가야가 자리 잡은 낙동강 하류 지역은 철이 많이 생산되고, 바다가 가까워 생산된 철을 교역하는 데 유리하였다. 가야는 중앙 집권 국가로 성장하지 못하고 연맹 왕국 단계에서 멸망하였다. 그 이유는 6개의 소국들이 독자적인 정치 기반을 유지하여 지배력이 분산되었고, 백제와 신라의 중간에 위치하여 두 나라의 세력 다툼을 위한 전장이 되기도 하였기 때문이었다.
③ 가야 문화는 뒤에 일본 문화에 큰 영향을 주었다.

41 정답 ②

삼국에는 도교 사상이 전래되어 산천 숭배나 신선 사상과 결합하여 귀족 사회를 중심으로 환영을 받았다. 고구려 고분에 그려진 사신도는 도교의 방위신을 그린 것으로, 죽은 자의 사후 세계를 지켜 주리라는 믿음을 표현하고 있다. 이외에도 도교의 유행을 알 수 있는 문화재로는 백제의 산수무늬 벽돌과 신선들이 사는 이상 세계를 형상으로 표현한 백제 금동 대향로 등이 있다.

42 정답 ①

일본과 활발하게 교류한 것은 백제와 가야이다. 특히, 백제는 많은 사람들이 일본으로 건너가 일본의 고대 문화 형성에 영향을 주었다. 아직기와 왕인은 4세기 중반 근초고왕 때 일본에 한문학을 가르쳤으며, 노리사치계는 6세기 중엽 성왕 때 불경과 불상, 불교를 전해 주었다.

43 정답 ③

고구려는 영양왕 때 이문진이 『유기』를 요약하여 『신집』 5권을, 백제는 근초고왕 때 박사 고흥이 『서기』를, 신라는 6세기에 거칠부가 『국사』를 편찬하였다. 그러나 이들 역사서는 모두 전하지 않는다.

PART 02 **남북국 시대의 전개**

적중예상문제
p.234~237

01	③	02	④	03	①	04	②	05	④
06	④	07	②	08	④	09	④	10	④
11	②	12	①	13	②	14	①	15	①
16	②	17	③	18	②	19	③	20	①
21	②	22	②								

01 정답 ③

중국 대륙을 통일한 수는 고구려에 복속을 요구하였으나 고구려는 이를 거절하고 요서 지방을 먼저 공격하였다. 이에 대한 반격으로 수 문제는 고구려를 침략하였으나 성과를 거두지 못하고 되돌아갔다. 뒤를 이은 수 양제는 요동성을 공격하였으나 고구려군의 저항에 막혀 함락시키지 못하였다. 또 다시 수 양제는 우중문 등에게 30만 명의 별동대를 이끌고 고구려의 수도 평양을 공격하게 하였다. 이때 고구려의 을지문덕은 평양으로 가는 길목의 식량을 없애고, 평양 근처까지 왔다가 퇴각하는 수의 군대를 살수(지금의 청천강)에서 크게 물리쳤다(살수 대첩, 612).

02 정답 ④

제시문은 을지문덕이 수의 장수 우중문에게 보내는 시이다. 수 문제의 고구려 침입이 실패한 후, 수 양제가 113만 대군을 이끌고 고구려를 침략하였으나 패하고 말았다. 이에 수 양제는 30만의 별동대를 보내 평양성을 공격하도록 하였다. 그러나 을지문덕의 작전에 휘말린 수군은 살수에서 전멸하였다.

03 정답 ①

660년 백제의 멸망 이후 복신·도침·흑치상지 등은 왕자 풍을 왕으로 추대하고 주류성과 임존성을 거점으로 군사를 일으켰다. 그러나 복신과 도침 사이에 대립이 생겨 복신이 도침을 살해하자, 도침의 피살로 부흥군의 사기는 꺾였고, 다시 나·당군의 공격을 받게 되었다. 왜의 수군이 백제 부흥군을 돕기 위해 백강 입구까지 왔으나 패하여 쫓겨갔다.

04 정답 ②

당과 연합하여 먼저 백제를 멸망시킨 신라는 다시 당과 연합하여 고구려를 멸망시켰다. 이후 신라는 당의 20만 대군을 매소성에서 격파하였고, 금강 하구의 기벌포에서 당의 수군을 섬멸하여 당의 세력을 완전히 몰아내었다.

05 정답 ④

신라의 삼국 통일은 그 과정에서 당의 세력을 끌어들이고, 대동강 이북의 고구려 땅 대부분을 잃었다는 점에서 한계성을 띠고 있다. 그러나 신라는 고구려·백제의 유민과 힘을 합쳐 당을 몰아내어 자주적인 통일을 달성하였다. 이로써 우리 민족 최초의 통일을 이루었고, 민족 형성의 계기를 마련하였다. 또한 삼국의 문물이 융합하여 새로운 민족 문화가 발전하는 기반이 형성되었다.

06 정답 ④

통일 후 신문왕은 즉위 직후 일어난 김흠돌의 난을 진압하고 왕권에 도전하는 진골 귀족을 대거 숙청하였다. 또한 9주 5소경제를 완비하고 문무 관리에게 관료전을 지급하였으며 녹읍을 폐지하였다. 그리고 유학 교육을 강화하기 위해 국학을 설립하였다.

07 정답 ②

신라가 삼국을 통일하면서 왕권은 강화된 반면 진골 귀족의 위상은 약화되었다. 통일 이후 중앙 정치의 권한이 집사부에 집중되고, 집사부 장관인 시중의 권한이 강화되었다. 따라서 귀족 회의 기구인 화백 회의의 권한이 상대적으로 약화되었고 화백 회의의 의장인 상대등의 권한도 약화되었다.

08 정답 ④

통일 후 왕권이 강화되자 신문왕은 국가의 수입을 늘리고 귀족들의 경제적 기반을 약화시키고자 녹읍을 폐지하고 관료전을 지급하였다. 관료전은 녹읍과 달리 오로지 세금만을 거둘 수 있었기 때문에 귀족들이 함부로 농민을 지배할 수 없게 되었다. 이외에도 통일 신라는 15세 이상의 남자들에게 토지를 지급하였는데, 그것이 바로 정전이다. 농민들은 정전을 받고 생활이 안정되었으며, 국가에 세금을 내게 되었다.

09 정답 ④

혜초는 바닷길과 비단길을 이용해 4년간의 인도 여행 후 인도의 기행문인 『왕오천축국전』을 남겼다. 『왕오천축국전』은 1908년 프랑스의 동양학자 P. 펠리오가 중국 둔황 석굴 사원에서 발견하여 세상에 알려지게 되었으며 8세기의 인도와 중앙아시아에 관한 현존하는 세계 유일의 기록으로, 프랑스 파리 국립 도서관에 소장되어 있다.

10 정답 ④

불국토의 염원을 담은 불국사와 불국사 3층 석탑(석가탑)과 다보탑, 조각 미술의 정수인 석굴암과 본존불 등은 통일 신라의 문화유산이다. 이외의 통일 신라 시대 문화유산으로는 분황사 석탑, 문무왕릉, 천마총과 천마도, 첨성대 등이 있다.

11 정답 ②

통일 신라의 불교는 이전에 비해 학문·철학적 성격이 강화되었다. 문화적으로 삼국의 문화와 당의 문화가 융합되어 찬란한 불교 문화유산을 남겼다. 불국토의 염원을 담은 불국사와 경내의 3층 석탑과 다보탑, 조각 미술의 정수인 석굴암과 본존불, 종소리가 아름다운 성덕 대왕 신종, 세계 최초의 목판 인쇄본인 무구정광대다라니경 등이 있다.

12 정답 ①

의상은 당에 유학한 뒤 모든 존재가 상호 의존적인 관계에 있으면서 서로 조화를 이루고 있다는 화엄 사상을 정립하였다. 의상은 화엄 사상을 바탕으로 교단을 형성하여 많은 제자를 양성하고 부석사를 비롯한 여러 사원을 건립하여 불교 문화의 폭을 확대하였다. 그는 아미타 신앙과 함께 현세에서 고난을 구제받고자 하는 관음 신앙을 이끌어 불교가 일반인들에게 널리 알려지게 하였다.

13 정답 ②
발해는 고구려 장수 대조영이 고구려 유민과 말갈인들을 이끌고 길림성의 동모산 근처에 세운 나라이다(698). 발해 무왕은 당나라가 발해를 견제하자 당의 산둥 지방을 공격하여 큰 승리를 거두었다. 또 문왕 때에는 당과 친선 관계를 맺고 당의 발달된 문물·제도를 받아들였다. 선왕 시기에는 영토를 크게 확장하여 고구려의 옛 땅을 대부분 되찾았다. 이 무렵 중국인들은 발해를 바다 동쪽의 융성한 나라라는 뜻으로 '해동성국'이라 불렀다.

14 정답 ①
발해 선왕 때에는 연해주에서 요동 지방까지 영토를 확장하고 옛 고구려 영역의 대부분을 차지하여 발해는 중국으로부터 '바다 동쪽의 융성한 나라'라는 의미의 해동성국이라 불리며 전성기를 이루었다.

> **오답피하기**
> ② 당의 산둥반도 공격은 무왕 때이다.
> ③ 당과는 건국 초기 적대적이었으나 문왕 때에 친선 관계를 맺고 당의 발달된 문물·제도를 받아들였다.
> ④ 발해는 거란족에 의해 멸망하였다.

15 정답 ①
발해를 우리의 역사라고 제시할 수 있는 근거로는 우선 굴식 돌방무덤의 모줄임천장 구조, 기와 등이 고구려 문화를 계승한 발해 유물이며, 발해의 국왕이 일본에 보낸 국서에도 '고려 국왕'이라고 표기하여 고구려 계승 의식을 표출하였다는 점이다. 또한 온돌을 사용한 흔적이 남아 있어 그 생활 모습도 우리나라와 유사한 것으로 파악되고 있다. 발해는 고구려 유민과 말갈인으로 구성되었다. 그중 말갈인이 다수를 차지하였고, 일부 말갈인은 귀족이 되기도 하였다. 그러나 발해는 고구려 유민을 중심으로 건국하였고, 고구려인이 지배층의 핵심을 이루어 고구려 계승 의식이 강하였다.

16 정답 ②
(가) 나라는 발해이다. 발해는 고구려 문화를 계승하면서 당과 말갈 문화를 받아들였다. 이를 바탕으로 발해만의 독자적인 문화를 발전시켜 다채로운 모습을 보여주었다. 발해의 수도 상경은 당의 수도 장안을 본떠 건설한 계획도시로서 외성과 내성, 주작대로를 갖추었다. 그 안에 궁궐과 절을 세웠는데 궁궐터에서 발견된 온돌 장치, 절터에서 나온 연꽃무늬 막새기와 등은 고구려 양식을 따랐다.

17 정답 ③
장보고는 신라 말의 해상 세력으로, 완도에 청해진을 설치하고 해외 무역에 종사하여 이름을 떨쳤다. 장보고는 왕위 계승에 관여하여 신무왕을 즉위시켰지만, 자신의 딸을 왕비로 맞지 않은 것에 불만을 품고 난을 일으켰으며, 이후 진골 귀족 세력이 보낸 자객에 의해 죽임을 당하였다.

18 정답 ②
신라 말 혜공왕이 반란으로 피살된 이후, 진골 귀족들은 힘을 키워 본격적으로 왕위 다툼에 뛰어들었다. 그 결과 150년간 왕이 20명이 바뀌는 등 나라가 크게 혼란해졌다. 중앙에서 귀족들이 왕권 다툼을 하는 사이 지방에서는 스스로 세력을 키워 성주 혹은 장군이라고 칭하는 이들이 생겨났는데 이들을 호족이라고 하였다. 이 시기에는 왕권이 크게 약화되고 중앙 정부의 지방 통제력이 약화되었으며, 귀족들의 사치와 향락으로 백성들에 대한 수탈이 심화되었다. 중앙 정부의 보호를 받지 못하고 가혹한 세금에 시달리던 농민들은 산으로 도망가거나 도적이 되어 각지에서 반란을 일으켰다.

19 정답 ③
신라 말 최치원 등의 6두품은 신라 사회의 여러 가지 모순을 비판하고 개혁안을 제시하여 유교를 바탕으로 새로운 정치 질서를 수립하고자 하였다. 이들은 능력이 있어도 관직 승진에 제한을 받았기 때문에 골품 제도에 큰 불만을 품고 있었다.

20 정답 ①

선종은 불교의 한 종파로 신라 말에 유행하였지만, 삼국 시대에 이미 들어와 있었다. 하지만 왕실과 귀족 세력의 세력 강화에 도움이 되었던 교종에 밀려 발달하지 못하다가 신라 말에 이르러 호족과 6두품 세력들의 후원을 받게 되었다. 경전과 교리를 중시하는 교종과 달리 선종은 진리란 말이나 문자로 표현할 수 없다고 주장하였으며, 정신 수양을 통해 자신의 심성을 닦아 각자 자신의 마음속에 있는 불성을 깨달을 것을 주장하였다. 이에 많은 백성들이 선종을 따랐으며, 백성들을 포섭해야 하는 호족들이 선종을 후원하였다. 선종은 호족과 결합하여 각 지방에 근거지를 마련하였는데, 그중에서 대표적인 9개의 선종 사원이 9산이다.

21 정답 ②

궁예는 신라의 권력 다툼에서 밀려난 왕족 출신으로 처음에 죽주(안성)에서 세력을 떨치던 기훤의 부하로 들어갔다가, 이듬해 북원(원주)의 양길 밑에서 활동하였다. 그러다 세력을 키워 자립한 후 양길의 군대를 물리지고 지금의 경기도와 강원도 일대에서 자신의 세력을 크게 넓혔다. 궁예는 왕건 부자를 비롯한 호족들의 도움을 받아 각지의 전투에서 승리를 거두고 송악에서 후고구려를 세웠다(901). 궁예는 영토를 확장하고 도읍을 철원으로 옮기면서 나라 이름을 마진으로 삼았다가, 후에 태봉으로 바꾸었다.

22 정답 ②

호족은 신라 말 고려 초의 사회 주도 세력으로, 지방의 근거지에 성을 쌓고 스스로 성주 또는 장군이라고 불렀다. 이들은 지역의 농민들을 직접 다스리며 세금을 걷었다. 중앙에서 밀려난 귀족이 지방에 내려가 거주하다가 호족이 되거나, 토착 세력인 촌주가 호족으로 성장한 경우가 많았다. 그 외에 지방관이나 지방 요충지에 주둔한 군대의 지휘관이 호족이 되기도 하였다.

PART 03   고려의 성립과 변천

적중예상문제
p.252~255

01	③	02	④	03	④	04	②	05	④
06	②	07	③	08	②	09	④	10	①
11	④	12	②	13	①	14	④	15	④
16	①	17	②	18	④	19	③	20	④
21	④	22	③	23	③	24	②	25	④
26	③	27	①						

01 정답 ③

태조는 지방 호족들을 견제하고 지방 통치를 보완하기 위하여 사심관 제도와 기인 제도를 활용하였다. 사심관 제도는 신라가 고려에 항복하는 과정에서 경순왕이 경주 지역의 사심관이 되었는데, 이것이 기원이 되어 각 지역에서 운영되었다. 기인 제도는 지방 향리의 자제를 서울로 보내 인질로 삼은 제도이다. 이는 신라의 상수리 제도에서 기원했다고 본다.

오답피하기
① 흥선 대원군, ② 고려 광종, ④ 공민왕의 정책이다.

02 정답 ④

서·남해의 해상 세력을 기반으로 성장한 견훤은 완산주를 도읍으로 후백제를 건국(900)하였고, 신라 왕족이었던 궁예가 후고구려를 건국(901)하여 후삼국 시대가 성립되었다. 후고구려에서는 궁예가 실정을 거듭하자 신하들이 왕건을 추대하여 고려가 건국(918)되었다. 이후 후백제에서는 왕위를 둘러싸고 지도층의 내분이 일어나 견훤이 왕건에게 귀순하고, 후백제의 공격으로 국력이 쇠약해진 신라의 경순왕이 스스로 나라를 고려에 넘겼다(935). 마침내 왕건은 신검이 이끄는 후백제를 공격하여 후백제를 멸망시키고 후삼국 통일(936)을 완성하였다.

03 정답 ④

태조는 지방 세력을 포섭하기 위하여 유력한 호족과 혼인 관계를 맺고 왕씨 성을 주는 사성 정책을 실시하였다. 지방 호족을 견제하고 지방 통치를 보완하기 위하여 지방 유력 호족이 그 지방의 행정을 맡게 하는 사심관 제도와 호족의 아들을 수도에 인질로 삼아 머물게 하는 기인 제도를 활용하였다.

04 정답 ②

고려 광종은 쌍기의 건의를 받아들여 과거제를 시행하였다. 시험을 거쳐 유교 지식을 갖춘 인재를 선발하게 되어 왕에게 충성하는 지지 세력을 확보할 수 있었다. 또 노비안검법을 실시하여 후삼국 시대 이래 억울하게 노비가 된 사람들을 조사하여 양민 신분으로 되돌려 주었다. 이를 통해 공신과 호족의 노비 수를 줄여 그들의 경제 기반을 약화시키고, 세금을 부담하는 양민을 확보하여 국가 재정을 확충하고자 하였다.

05 정답 ④

고려는 건국과 통일 과정에서 지방 세력의 도움을 받았으므로 신라에 비하여 정치 참여 세력이 확대되었다. 또 후백제와 신라를 통합한 것뿐만 아니라 고구려를 계승한 발해 유민까지 받아들여 민족의 재통일을 이루었다. 이로써 고려는 옛 삼국의 다양한 문화를 바탕으로 새로운 민족 문화를 발달시킬 수 있었다.

06 정답 ②

고려 광종은 관직을 독차지하려는 중앙 관리들의 힘을 견제하기 위해서 과거제를 시행하여 국왕에게 충성하는 새로운 관리를 뽑을 수 있었다. 또 황제라 칭하게 하고 광덕 · 준풍 등의 연호를 사용하였으며, 관리의 공복 제정을 통해 지배층의 위계질서를 확립하고자 하였다. 왕권 강화 수단으로 원래 노비가 아니었는데 전쟁에서 포로로 잡혔거나, 빚을 갚지 못하여 강제로 노비가 된 자를 파악하여 이전의 상태로 되돌려 놓는 노비안검법을 실시하여 호족의 세력을 약화시키고 국가의 수입을 확대하였다.

07 정답 ③

고려의 중앙 정치는 당과 송의 제도를 나라의 실정에 맞게 고쳐 2성 6부로 운영하였다. 최고 관서인 중서문하성은 국가 정책을 건의하고 결정하였으며, 상서성은 6부를 통해 정책을 집행하였다. 국왕의 비서 기관인 중추원은 군사 기밀을 다루고 국왕의 명령을 전달하였다. 어사대는 관리의 비리를 감찰하였으며, 삼사는 화폐와 곡식의 출납에 대한 회계를 담당하였다.

08 정답 ②

과거제와 음서제는 고려에서 관리를 선발하는 대표적인 방법이었다. 과거제에는 문관을 뽑는 제술과와 명경과가 있었고, 기술관을 뽑는 잡과와 승직자를 뽑는 승과가 있었다. 고려는 과거제를 통해 능력을 바탕으로 고위 관직에 진출할 수 있는 길이 열려 있었다. 음서제는 고려의 관료 체제가 귀족적 특성을 지녔음을 보여 주는 것으로, 왕족과 공신의 후손, 5품 이상 고위 관료의 자제에게 시험 없이 관직을 주는 제도였다. 한편, 고려는 유학 교육에 힘써 개경에 최고 교육 기관인 국자감을 설치하였다. 지방에는 향교를 세워 지방 교육을 담당하게 하였다.
② 고려에서는 무과를 시행하지 않고 무예가 뛰어난 사람을 따로 가려 뽑았다.

09 정답 ④

무신 정권기의 대표적인 사건으로 공주 명학소에서 일어난 망이 · 망소이의 봉기, 경상도 운문에서 봉기한 김사미, 초전에서 일어난 효심의 봉기가 있다. 또한 천민들을 중심으로 신분 해방을 주장한 만적의 봉기도 일어났다. 그리고 몽골의 침입 당시 이를 극복하기 위해 팔만대장경을 제작하였다.
④ 윤관의 동북 9성 설치는 1107년의 일이다.

10 정답 ①

고려는 송을 비롯하여 요, 금, 일본 등 주변 국가와 교류하고, 멀리 아라비아 상인과도 교역하였다. 고려는 아라비아 상인들에 의해 '코리아' 또는 '꼬레아'라는 이류으로 서방 세계에 알려졌다.

11 정답 ④

거란의 1차 침입 때 고려의 서희는 거란 장수 소손녕과 외교 담판을 지어 강동 6주를 회복(993)하였고, 강조의 정변(1009)을 구실로 거란이 다시 침입하여 개경까지 함락되었을 때는 퇴각하는 거란군을 양규가 격파(1010)하였다. 3차 침입 때는 강감찬이 귀주에서 거란군을 격파(1019)하였다. 이후 고려 예종 때 윤관이 별무반을 이끌고 여진 정벌을 단행하여 동북 9성을 설치(1107)하였다.

12 정답 ②

12세기에 들어 여진족이 부족들을 점차 통일하면서 강성해져 고려와 자주 충돌하고 형제 관계까지 요구하였다. 이에 윤관의 건의로 기병, 보병, 승병으로 이루어진 별무반을 만들어 여진을 정벌한 후 동북 9성을 만들었으나 그들이 반환을 요구하자 고려 정부는 관리가 어렵다는 이유로 돌려주었다.

13 정답 ①

묘청 세력은 풍수지리설과 고구려의 계승을 내세워 서경으로 수도를 옮겨 보수적인 개경의 문벌 귀족 세력을 누르고 왕권을 강화하면서 자주적인 혁신 정치를 주장하였다. 이들은 서경에 대화궁을 짓고, 황제를 칭할 것과 금국을 정벌하자고 하였다.

14 정답 ④

고려 초기의 호족이나 신라 6두품 출신의 유학자들은 중앙 관료로 진출하여 지배층을 형성하였다. 이들 중에서 여러 세대에 걸쳐 높은 관리가 나온 가문을 문벌 귀족이라고 부르는데 대표적으로 경원 이씨, 해주 최씨,

파평 윤씨 등을 들 수 있다. 문벌 귀족은 가문의 혈통과 사회적 지위로 인해 대대로 세습되는 특권을 누렸다. 특히 5품 이상의 관리는 대대로 세습할 수 있는 토지인 공음전을 받았고, 그 자제와 손자까지도 음서 제도에 의해 과거 시험을 치지 않고 관직에 진출할 수 있었다. 이러한 특권을 가진 문벌 귀족들은 왕실이나 유력한 명문 가문과 혼인하여 그 지위를 더욱 공고히 하였다.

15 정답 ④

이자겸의 난, 묘청의 서경 천도 운동은 문벌 귀족 사회의 동요를 가져왔다. 문벌 귀족이란 여러 세대에 걸쳐 중앙에서 고위 관직자를 배출한 가문을 일컫는데, 이들은 과거와 음서를 통해 관직을 독점하고, 중서문하성과 중추원의 재상이 되어 정국을 주도하였다.

16 정답 ①

도방은 경대승이 신변 보호를 위해 설치한 사병 기구로, 최충헌 때 확대 설치되었다. 최충헌은 혹시 뜻하지 않은 변이 생길 것을 두려워하여 힘센 남자들을 모아 자신을 지키게 한 것이었다. 삼별초는 최우가 도적들을 잡기 위해 용감한 군사들을 모아 밤에 순찰시킨 데서 비롯된 특수 부대였지만 무신 정권의 사병 노릇을 하였다. 또 교정도감은 인재 추천, 세금 징수, 관리들의 비리 감찰 등 국정을 총괄하는 최고의 정치 기구이고, 그 우두머리는 교정별감이다.

① 광군은 고려 정종 때 거란의 침입에 대비하기 위해 조직한 군대이다.

17 정답 ①

무신 집권자들은 백성들에게 과도한 세금을 거두며 수탈하였다. 이에 무신 집권기에는 하층민의 봉기가 끊이지 않았다. 또한 무신 정권이 수립된 후 노비 출신에서 최고 권력자가 나오기도 하자 신분 질서가 흔들리면서 신분 상승에 대한 기대감으로 봉기가 일어나기도 하였다. 만적의 봉기는 개경에서 사노비 만적이 중심이 되어 일어난 신분 해방 운동이다.

18 정답 ④

공민왕은 원나라에서 고려로 돌아와 당시 유행하던 몽골식 풍습을 버리고 고려의 전통을 되살리는 일에 앞장섰다. 또 원나라가 빼앗은 우리 땅을 되찾아 나라의 힘을 다시 키우고자 노력하였는데, 쌍성총관부를 공격하여 철령 이북의 땅을 되찾았으며 친원파를 제거하였다. 그러나 공민왕의 개혁 정치는 실패로 끝났다.

> **오답**피하기
> ㄱ. 흥선 대원군, ㄴ. 조선 세종의 정책이다.

19 정답 ③

무신 집권기부터 등장하여 원 간섭기에 성장하기 시작한 신진 사대부는 대부분 지방의 향리 집안 출신이었다. 이들은 명분과 도덕을 중시하는 성리학을 배우고 주로 과거를 통해 중앙 관리로 진출하였다. 신진 사대부는 공민왕이 개혁을 추진하는 과정에서 크게 성장하였는데, 이색 등의 신진 사대부가 고위 관직에 진출하여 과거를 주관하게 되면서 지방의 개혁적 인물들이 대거 중앙에 진출하기도 하였다. 이들은 권문세족의 부패를 비판하였다.

20 정답 ④

공민왕은 전민변정도감을 설치하여 권문세족이 부당하게 빼앗은 토지와 노비를 본래의 소유주에게 돌려주거나 양민으로 해방시켰다. 또한 기철로 대표되는 친원 세력을 숙청하는 한편, 고려의 내정을 간섭하던 정동행성 이문소를 폐지하였으며, 몽골풍을 금지하고 쌍성총관부를 공격하여 철령 이북의 땅을 수복하였다.

21 정답 ④

최씨 무신 정권의 군사적 기반이었던 삼별초는 개경 환도를 반대하였다. 몽골과의 강화를 지지하는 무신들이 집권자 최의를 제거하였고, 최씨 무신 정권이 붕괴하자 이들은 배중손을 중심으로 강화도에서 멀리 진도로 내려가 고려와 몽골의 연합군과 싸웠다. 진도가 함락되자 김통정의 지휘하에 삼별초는 다시 제주도로 근거지를 옮겨 항쟁을 계속하였으나, 결국 진압되었다.

22 정답 ③

원의 영향력이 커지자 고려에는 통역관 출신으로 원의 인정을 받은 사람, 원에 끌려갔다가 출세한 사람의 친족 등 다양한 친원 세력이 성장하였다. 이들을 중심으로 권문세족이라는 새로운 지배 세력이 등장하였다. 권문세족은 음서를 통해 도평의사사의 관리 등 고위 관직을 독점하였으며, 농민들의 토지와 다른 관리의 수조지를 빼앗아 방대한 농장을 만들었다.

23 정답 ③

원·명 교체기의 혼란 속에서 왕위에 오른 공민왕은 반원 자주와 왕권 강화를 위해 여러 가지 개혁 정치를 추진하였다. 왕권 강화를 위해 친원파를 제거하였으며, 전민변정도감을 설치하고 신돈을 등용하여 불법적인 농장을 없애 토지를 원래 주인에게 돌려주고 농장의 노비들을 해방시켰다.

24 정답 ②

13세기에는 세력을 강화한 몽골족의 침입을 받게 되었다. 또한 14세기에는 홍건적과 왜구의 침입이 잦아 사회가 매우 어지러워졌다. 이러한 상황에서 요동 정벌을 위해 군대를 이끌고 가던 이성계가 위화도 회군을 일으켜 군사권을 장악한 뒤 왕위에 오름으로써 고려가 멸망하고 조선이 건국되었다(1392).

25 정답 ④

고려 시대 불경을 모아 편찬한 대장경은 국가적인 사업으로 진행되었다. 특히 현재 해인사에 보관되어 있는 팔만대장경은 몽골의 침입을 막기 위해 제작된 것으로 고려 시대에 발달한 목판 인쇄술의 최고 수준을 보여 준다. 또한 유네스코 세계 기록 유산으로 등록되어 한국뿐만 아니라 세계의 문화재가 되었다.

26 정답 ③

충렬왕 때 일연이 쓴 『삼국유사』는 불교사를 중심으로 고대의 민간 설화나 전래 기록을 수록하는 등 우리의 고유문화와 전통을 중시하였으며, 단군의 건국 이야기를 수록하였다.

27 정답 ①

고려는 목판 인쇄술의 발달을 기반으로 세계 최초로 금속 활자 인쇄술을 발명하기에 이르렀다. 강화 천도 시기에 금속 활자로 『상정고금예문』을 편찬하였으나 오늘날 전해지지 않고 있으며, 현재 남아 있는 가장 오래된 금속 활자본은 『직지심체요절』이다. 『직지심체요절』은 청주 흥덕사에서 인쇄되었으며 현존하는 세계에서 가장 오래된 금속 활자본이다. 2001년 9월 세계 기록 유산으로 등록되었는데 현재 프랑스에 보관되어 있다.

PART 04 **조선의 성립과 발전**

적중예상문제   p.268~271

01	②	02	④	03	②	04	②	05	③
06	①	07	④	08	①	09	④	10	③
11	①	12	③	13	④	14	④	15	②
16	①	17	③	18	②	19	③	20	②
21	③	22	③	23	③	24	②	25	②
26	②								

01 정답 ②

세종은 집현전을 설치하여 우수한 인재를 등용하고 이들로 하여금 학문을 연구하도록 하였다. 이들의 역할은 학문 연구, 각종 제도의 개선, 도서 편찬 사업, 역사 기록 등이었다. 세종은 집현전 학자들의 도움을 받아 훈민정음을 창제하여 반포하였는데 세계 기록 유산으로 등재되어 있다.

오답피하기
ㄴ. 광해군, ㄷ. 정조의 업적이다.

02 정답 ④

한양은 풍수가들 사이에서도 명당으로 여겨져 고려 시대부터 3경의 하나로 중시되었다. 또한 한반도의 중앙에 위치하고 남쪽으로 한강이 흘러 세곡 운반 등 교통이 편리하였으며, 주변이 높은 산으로 둘러싸여 외적을 방어하는 데도 유리하였다.

03 정답 ②

태종 이방원은 태조 이성계의 아들로 조선 왕조의 세 번째 왕이다. 두 차례 왕자의 난을 통해 개국 공신 세력을 몰아내고 왕위에 오른 태종은 강력한 왕권의 확립을 위해 신하들이 거느리고 있던 사병을 철폐하고 자신이 군사권을 장악하였다. 그리고 호패법을 실시하여 인구 파악과 국가의 재정 수입 증대를 꾀하였다.

04 정답 ②

세종 때 최윤덕과 김종서는 여진족을 몰아내고 4군 6진을 개척하였다. 또한 정치 운영 방식을 의정부 서사제로 바꾸어 재상들의 권한을 보장하는 한편, 인사와 군사에 관한 일은 국왕이 직접 처리함으로써 왕권과 신권의 조화를 추구하였다.

05 정답 ③

성종은 조선의 정치 이념인 유교에 따라 나라를 다스리기 위해서 세조 때부터 만들기 시작한 『경국대전』을 완성하였다. 『경국대전』은 조선의 최고 법전으로서 백성을 다스리는 데 기준이 되었으며, 사회 질서를 유지하는 데에도 중요한 역할을 하였다. 또 성종은 홍문관을 설치하고 인재를 등용하여 서적과 문서를 관리하게 하였으며, 지리서인 『동국여지승람』, 역사서인 『동국통감』, 음악 서적인 『악학궤범』 등 다양한 서적을 편찬하여 문화 발전에도 이바지하였다.

06 정답 ①

조선은 건국 초기 정도전을 중심으로 요동 정벌을 추진하여 한때 명과 대립하였다. 그러나 태종 이후 명과의 불필요한 충돌을 피하고 사대 관계를 맺어 안정된 관계를 유지하였다. 조선은 명에 사신을 파견하고 조공품을 보냈으며, 명으로부터 조선에 필요한 선진 문물을 받아들여 실리를 추구하였다.

07 정답 ④
조선의 중앙 정치 제도는 영의정, 좌의정, 우의정의 3 정승이 모여 정책을 의논하는 의정부와 이를 집행하는 6조를 중심으로 운영되었다. 그리고 권력의 독점과 부정을 막기 위하여 언론 기관인 3사를 두었다. 3사는 관리의 비행을 감시하는 사헌부, 왕이 올바른 정치를 하도록 간쟁하는 사간원, 왕의 정책에 대한 자문을 담당한 홍문관으로 구성되었다. 또한 승정원은 국왕의 명령을 발표하고 상소문을 처리하는 등 왕의 비서 역할을 하였고, 나라의 큰 죄인을 다스리는 의금부와 함께 왕권을 뒷받침하였다.

08 정답 ①
조선은 전국을 8도로 나누고 그 아래 부·목·군·현을 두어 모든 군현에 수령을 파견해 중앙 집권을 강화하였다. 조선의 지방 행정은 그 지방의 행정, 사법, 군사권을 모두 가진 수령의 책임하에, 6방으로 행정 실무를 맡는 향리들과 지방 양반의 자치 기구인 유향소의 상호 협력으로 이루어졌다. 수령의 주요 업무는 조세 징수, 농업 장려, 호구 조사, 교육 장려, 재판 및 지역 방어 등이었다.

09 정답 ④
조선 시대 유향소는 지방 양반의 자치 기구로, 수령의 자문에 응하고 향리의 비리를 감찰하며 향촌에 유교 질서를 보급하여 백성을 교화하는 역할을 하였다.

10 정답 ③
조선 시대의 과거에는 문관을 뽑는 문과와 무관을 뽑는 무과, 기술관을 뽑는 잡과가 있었다. 과거에 응시할 수 있는 자격은 양인 이상이면 가능하였으나, 실제로 문과 합격자는 대부분 양반의 자제였다. 상민이나 향리의 자제는 주로 무과에 합격하였으며, 잡과에는 기술관이나 향리의 자제가 주로 응시하였다. 문과와 무과 모두 3년에 한 번씩 시행되는 식년시와 국가의 경사가 있을 때나 성균관 유생을 격려하기 위한 별시가 있었다.

11 정답 ①
조선 시대에는 지방에서 세금으로 거둔 곡식을 수로와 해로를 통해 서울의 경창으로 운반하는 조운 제도를 실시하였으며 이를 위해 강과 해안의 여러 지역에 곡식 보관을 위한 조창을 설치하였다.

12 정답 ③
조선 시대에는 관리 양성을 목적으로 교육 제도도 마련하였는데, 주로 문관 양성을 위한 유학 교육을 강조하였다. 서울에는 최고 학부인 성균관과 4부 학당이 있었고, 각 지방의 군현에는 향교가 있었다. 사립 초등 교육 기관인 서당이 있어 한문과 초보적인 유학을 가르쳤다.

13 정답 ④
우리나라는 일찍부터 역사 기록을 중요시하였다. 특히 고려와 조선은 국가 차원에서 실록을 편찬하였다. 사건을 사실대로 바르게 쓸 수 있도록 하기 위해 왕이라 해도 그 내용을 함부로 볼 수 없었다. 『조선왕조실록』은 한 국왕이 죽으면 다음 국왕 때 춘추관을 중심으로 실록청을 설치하고 사관이 국왕 앞에서 기록한 사초, 각 관청의 문서를 모아 만든 시정기 등을 종합, 정리하여 편년체로 편찬하였다. 오늘날까지 전해 오는 『조선왕조실록』은 유네스코 세계 기록 유산에 등록되어 그 가치를 인정받고 있다.

14 정답 ④
고려를 무너뜨리고 나라를 세운 조선의 지배층은 새로운 왕조 개창의 정당성을 확보하는 일이 무엇보다 시급하였다. 또한 성리학적 통치 규범을 정착시키려면 국가적 차원에서 역사서 편찬에 관심을 기울일 수밖에 없었다. 태조 때 정도전은 『고려국사』를 편찬하여 고려의 역사를 정리하고 조선 건국의 정당성을 밝히고자 하였다. 세종은 자주적 관점에서 고려의 역사를 재정리하고자 『고려사』를 편찬하게 하였다. 문종 때 김종서 등은 『고려사절요』를 편찬하였다. 그리고 성종 때 서거정 등은 왕명을 받아 『동국통감』을 편찬하였다.
④ 『국조오례의』는 조선 시대 오례의 예법과 절차에 관해 기록한 책이다.

15 정답 ②

조선 세종 때에는 천문학, 농업과 관련된 각종 기구가 발명·제작되었는데 천체 관측 기구로 혼천의와 간의 등을 제작하고, 시간 측정 기구로 물시계인 자격루와 해시계인 앙부일구 등을 만들었다. 측우기를 만들어 전국 각지의 강우량을 측정하였으며, 토지 측량 기구인 인지의와 규형을 만들어 토지 측량과 지도 제작에 활용하였다. 갑인자를 주조하였으며, 천문 관측을 위한 천문도와 새로운 역법서인 『칠정산』이 편찬되었다.

16 정답 ①

여러 차례에 걸친 사화로 큰 피해를 본 사림들은 향촌 사회에서 향약과 서원을 통해 자신들의 세력을 넓혀 나갔다. 선조 즉위 이후 사림들이 중앙 정계에 진출하면서 훈구 세력은 점차 그 세력이 약화되어 정치 무대에서 사라져 갔다. 사림은 중앙 정계를 장악한 후 점차 분열하여 붕당을 형성하게 되었다. 선조 초에는 외척 세력인 심의겸의 도움으로 관직에 진출한 선배 사림과 새로이 관직에 나아간 후배 사림 사이에 분열이 일어났나. 사림 간의 갈등은 결국 이조 전랑의 임명 문제로 사이가 벌어져 동인과 서인의 붕당으로까지 발전하였다.

17 정답 ③

김종직은 사림 세력의 중심 인물로 세조 때 관직에 진출하였으며 사림이 훈구 세력을 비판하자 훈구와 사림 사이의 갈등이 깊어지면서 네 차례의 사화가 일어났다. 사화란 사림이 훈구 세력과 외척 세력으로부터 받은 정치적인 탄압을 말한다. 조의제문 사건을 시작으로 크게 4차례의 사화가 발생하였으며, 이후 사림이 권력을 장악하였다.

18 정답 ②

서원은 16세기 주세붕이 백운동 서원을 세운 것이 시초였는데, 사림 세력들이 이곳에서 학문을 연구하고 제자를 양성할 뿐 아니라 정치·사회 문제를 의논하고 여론을 형성하면서 성장의 뒷받침이 되었다.

19 정답 ③

연산군을 폐위시키고 왕위에 오른 중종은 유교 정치를 일으키기 위해 당시 명망이 높았던 조광조를 중용하였다. 조광조는 천거제의 일종인 현량과를 통해 사림을 대거 등용시키면서 공신들의 위훈 삭제 등 급진적인 개혁을 추진하였다. 이들의 개혁으로는 경연의 강화, 언론 활동의 활성화, 소격서의 폐지, 소학의 보급, 방납의 폐단 시정 등을 주요 정책으로 하였다.

20 정답 ②

임진왜란 당시 조선의 수군은 우수한 군함과 화포를 활용한 뛰어난 전략 전술을 사용하여 수많은 해전에서 일본군을 격파하였다. 당시 조선 수군이 사용한 판옥선은 속도는 비록 느렸으나, 선체가 튼튼하여 균형을 잘 잡고 회전력이 뛰어나 물살이 빠른 서남해안에 적합하였다. 또한 튼튼한 선체는 화포의 사용에도 적합하였다. 이순신은 이러한 판옥선의 특징을 잘 살려 한산도 대첩 당시 일본군을 넓은 바다로 유인한 뒤, 판옥선의 회전력을 이용해 적선을 순식간에 포위하는 학익진을 형성하고, 화포로 격파하였다.

21 정답 ③

광해군 당시 명이 후금을 방어하기 위해 조선에 원군을 요청하였을 때 광해군은 강홍립을 파견하여 상황에 따라 슬기롭게 대처하도록 하였다(중립 외교 정책).

22 정답 ③

임진왜란 때 김시민은 진주 대첩, 권율은 행주 대첩을 승리로 이끌었으며, 이순신은 거북선을 이용하여 옥포, 당포, 한산도 등지에서 활약하였다. 사명대사는 승병을 이끌고 금강산 지역에서 활약하였다.

23 정답 ③

임진왜란 후 조선은 일본과의 외교 관계를 끊었으나, 일본은 조선과의 국교 재개를 간청해 왔다. 조선은 일본 정부의 사정을 알아보고 끌려간 포로를 데려오기 위해 유정을 파견해 국교를 재개하였다. 그리고 일본의 요청으로 1607년에서 1811년까지 12회에 걸쳐 외교 사절인 통신사를 파견했다. 통신사는 일본에서 전 국민적인 환영을 받았으며, 그들이 왔다 가면 일본 내에 조선의 문화와 풍속이 확산될 정도로 일본 문화 발전에 큰 영향을 주었다.

24 정답 ②

광해군은 명이 점차 쇠퇴하고 여진족이 세운 후금이 강성해지고 있는 국제 정세의 변화를 파악해 명과 후금 사이에서 중립 외교로 신중하게 대처하였다. 선조의 뒤를 이어 북인의 지지로 왕위에 오른 광해군은 전쟁 피해를 복구하기 위해 노력하였다. 어려워진 국가 재정을 회복하기 위하여 토지 대장을 정리하고 호적을 새로 정비하였다. 또한 백성의 건강을 돌보고자 허준의 『동의보감』을 간행하였다.

25 정답 ②

후금이 청으로 국호를 바꾼 뒤 조선에 군신 관계를 요구하며 명 공격에 필요한 군사와 물자 등을 요구하였으나 조선은 끝까지 거부하였다. 이에 청은 1636년(병자년)에 조선을 공격하였다.

26 정답 ②

조선은 병자호란에서 패한 이후 멸망한 명과의 의리와 청에 대한 적개심으로 북벌 정책을 추진하기도 하였다. 효종은 송시열, 송준길, 이완 등을 높이 등용하여 군대를 양성하고 성곽을 수리하는 등 북벌을 준비하였다. 그러나 현실적으로 실천에 옮기지는 못하였다.

PART 05 조선 사회의 변동

적중예상문제					p.282~286
01	③	02 ④	03 ②	04 ④	05 ②
06	③	07 ①	08 ④	09 ③	10 ③
11	④	12 ③	13 ②	14 ③	15 ④
16	③	17 ①	18 ②	19 ③	20 ④
21	②	22 ④	23 ④	24 ③	25 ③

01 정답 ③

비변사는 원래 16세기 중종 초에 여진족과 왜구의 침략에 대비하기 위해 설치한 임시 회의 기구였다. 그러나 임진왜란을 거치면서 그 역할이 중요시되어 국가의 중요 관원들로 구성원이 확대되었고, 그 기능도 외교, 재정, 인사 문제 등 거의 모든 정무를 총괄하게 되었다.
③ 의정부의 기능이 유명무실해지면서 왕권이 위축되었다.

02 정답 ④

임진왜란 초기에 패전을 경험한 조정에서는 새로운 군대의 필요성을 절감하고, 왜군을 물리치는 데 효과적인 편제와 군사 훈련 방식을 모색하였는데, 그 결과 훈련도감이 설치되었다. 훈련도감은 임진왜란 중에 설치되었는데 왜군의 조총에 대항하기 위해 포수·살수·사수의 삼수병으로 편제되었고, 직업 군인으로 조직된 상비군이었다.

03 정답 ②

예송은 둘째 아들로 왕이 되었던 효종이 죽자 효종의 계모인 자의 대비가 얼마 동안 상복을 입어야 하는지를 둘러싸고 일어난 논쟁이다. 이때는 송시열 등 서인의 주장이 받아들여져 서인의 위치가 흔들리지 않았다. 그러나 현종 말년에 효종비가 사망하자 다시 자의 대비의 상복 문제를 둘러싸고 논쟁이 일어났는데, 이번에는 남인의 주장이 받아들여짐으로써 정국은 역전되고 남인이 우세를 차지하게 되었다.

04 정답 ④

영조는 당파에 관계없이 인재를 고루 등용하는 탕평책을 실시하고 이를 널리 알리기 위해 성균관에 탕평비를 세웠다. 민생 안정을 위해 군포를 1년에 1필로 줄여 주는 균역법을 실시하였으며, 형벌 제도를 완화하고 신문고를 부활시켰다. 또한 『속대전』 등을 편찬하여 문물 제도를 정비하였다.

05 정답 ②

조선 후기 정조는 왕권을 강화하기 위한 정책을 펼쳤다. 현재의 수원에 계획도시인 화성을 건설하여 군사와 상업의 중심지로 만들고자 하였으며, 규장각을 설치하여 이곳에서 새로운 인재들이 나랏일을 연구하도록 하였다. 또 군사적 기반으로 친위 부대인 장용영을 창설하였다.

06 정답 ③

정조는 자신의 정치적 이상을 실현하기 위해 수원에 화성을 축조하여 계획도시로 건설한 뒤 아버지 사도 세자의 묘인 융릉을 화성으로 옮겨 자주 화성 행차를 하였다. 또 규장각을 왕권을 뒷받침하는 정치 기구로 육성하였으며, 친위 부대인 장용영을 설치하여 군사적 기반을 확보하였다.
③ 영조의 정책 내용이다.

07 정답 ①

순조, 헌종, 철종의 3대 60여 년간 왕실과 혼인 관계를 맺은 몇몇 가문이 정권을 장악하면서 특정 가문이 권력을 독점하는 정치 형태인 세도 정치가 전개되었다. 이 시기에는 삼정의 문란이 극심하여 백성의 고통이 심화되었고 홍경래의 난 등 농민 봉기가 일어나기도 하였다.

08 정답 ④

임진왜란을 겪으면서 정부의 재정 상태가 악화되었다. 특히 16세기 이후 지방 관리나 상인이 국가에 바치는 물건인 공물을 대신 내고 그 대가를 많이 챙기는 방납의 폐단이 심해졌다. 이에 정부는 실제의 물건으로 걷던 세금을 땅의 많고 적음에 따라 쌀, 삼베나 무명, 동전 등으로 내게 하는 대동법을 실시하였다. 농민은 대체로 토지 1결당 쌀 12두 분량만 납부하면 되었는데 토지가 없거나 적은 농민에게 과중하게 부과되던 공물 부담이 없어지거나 어느 정도 경감되었다.

09 정답 ③

임진왜란과 병자호란 이후 농민의 군포 부담이 과중해지자 여러 개혁 방안이 논의되었고, 균역법이 시행되었다. 정부는 1년에 부담해야 하는 군포를 2필에서 1필로 줄여 농민의 부담을 감소시키고자 하였다. 군포를 줄여 부족해진 재정은 결작을 징수하거나 어장세·염세·선박세 또는 각 지방의 토호 등에게 1년에 1필씩 선무군관포를 징수하여 보충하였다.

10 정답 ③

지도는 홍경래의 난과 관련된 것이다. 평안도 지역에서 지역 차별과 세도 정치에 저항하여 몰락 양반 홍경래를 중심으로 일어난 농민 봉기는 19세기에 일어난 대규모 농민 봉기의 시작이었다.
③ 진주 농민 봉기에 대한 설명이다.

11 정답 ④

조선 후기 양 난을 거치며 농민 사망, 경작지 황폐화로 농촌 사회는 심각하게 파괴되었다. 국가는 수취 체제 개편을 통해 농촌 사회를 안정시키고 재정 수입을 확대하려 하였다. 이는 전세 제도에서 영정법의 시행, 공납 제도에서 대동법의 시행, 군역 제도에서 균역법을 시행하는 것으로 나타났다. 이 가운데 영정법은 기존 전분 6등법과 연분9등법을 따르지 않고 전세를 토지 1결당 4두로 고정시킨 것이었다.

12 정답 ③

세도 정치기에는 전정·군정·환곡의 삼정이 문란해져 농민 봉기의 직접적인 원인이 되었다. 임술 농민 봉기는 1862년 진주에서 몰락 양반 유계춘을 중심으로 경상 우병사 백낙신의 부정부패에 항의하는 농민 봉기로 진주성이 점령되기도 하였는데, 농민들은 관아를 습격하여 조세 대장을 불태우고, 아전과 양반 지주의 집을 불살랐다.
③ 홍경래의 난에 대한 설명이다.

13 정답 ②

조선 후기에는 모내기법 등의 보급으로 벼와 보리의 이모작이 실시되었다. 또한 쌀, 목화, 채소, 담배, 약초, 인삼 등의 상품 작물이 널리 재배되어 농민들에게 많은 이익을 가져다주었으므로 전국적으로 장시가 발달하였다.

14 정답 ③

실학자들 중에서 농업을 중요시한 유형원, 이익, 정약용 등 중농학파 실학자들은 농촌 문제에 관심을 가지고 농민 생활 안정을 위해 토지 제도 개혁안을 제시하였다.

15 정답 ④

유수원, 홍대용, 박지원, 박제가 등은 상공업 발달을 통해 사회를 번영시키자고 주장한 중상학파였다. 이들은 베이징을 왕래하면서 청의 수준 높은 문물을 목격하고, 조선의 현실을 개혁하기 위해서는 청의 발달된 문물을 받아들일 것을 주장하였으므로 북학파라고도 불렸다. 이외에도 중상학파는 현실 개혁에 강한 의욕을 가지고 있어 당시의 양반 사회를 비판하였으며, 국가를 부강하게 하기 위해 수레나 배와 같은 교통 수단을 발전시켜야 한다고 주장하였다.

16 정답 ③

정약용은 과학 기술에 관심을 가져 배다리를 설계하고, 거중기를 고안하였으며 천주교를 믿었다는 이유로 전남 강진에서 유배 생활을 하였다. 정약용은 이 시기에 방대한 양의 저술을 하였는데, 대표적으로 지방 수령들의 필독서가 되었다는 『목민심서』와 『흠흠신서』, 『경세유표』 등이 있다.

17 정답 ①

박지원은 북학파의 대표적인 학자로서 청나라에 다녀온 후 『열하일기』를 저술하여 청의 문물을 소개하였다. 상공업의 진흥을 강조하면서 수레와 선박의 이용 및 화폐 유통의 필요성을 주장하고, 양반 문벌 제도의 비생산성을 비판(「양반전」, 「호질」)하였다.

18 정답 ③

정약용의 『목민심서』는 19세기 초에 저술된 책으로 목민관(지방관)의 덕목에 대한 내용이 기록되어 있다. 이외에도 정약용은 한강에 배다리를 설계하여 정조의 화성 행차를 편리하게 하였으며, 서양 선교사가 중국에서 펴낸 『기기도설』을 참고하여 거중기를 만들어 수원 화성 건설에 사용하기도 하였다.

19 정답 ④

> **오답피하기**
> ① 김정호 – 「대동여지도」, 이중환 – 『택리지』
> ② 이제마 – 『동의수세보원』, 허준 – 『동의보감』
> ③ 유득공 – 『발해고』

20 정답 ④

조선 후기 홍대용은 서양 과학의 영향을 받아 지구가 자전하고 있다는 지전설을 주장하여 성리학적 세계관을 벗어나는 데 영향을 끼쳤다. 한편 17세기 초 허준은 전통 한의학을 정리한 『동의보감』을 저술하여 의학 발전에 크게 공헌하였다.

④ 정약용은 과학 기술에 관심을 가져 배다리를 설계하고 거중기를 고안하였으며, 『침구경험방』은 조선 시대 허임의 저서이다.

21 정답 ②

조선 후기 최제우는 양반 지배층만의 사상인 성리학을 극복하고 서학으로 불린 천주교에 맞서기 위해 동학을 창시하였다(1860). 동학은 민간 신앙, 유교, 불교 등의 장점을 통합하고, 질병 치료나 길흉 예언, 주문과 부적 같은 민간 신앙의 요소를 받아들여 서학을 경계하는 농민들에게 쉽게 다가설 수 있었다. 동학은 '사람이 곧 하늘이다'라는 인내천의 평등 사상을 교리로 내세웠다.

22 정답 ④

조선 후기 그림에서는 우리나라의 산천을 사실적으로 표현한 진경산수화와 백성의 생활 모습을 생동감 있게 표현한 풍속화가 등장하였다. 특히, 정선은 중국의 것을 모방하던 기존의 산수화에서 벗어나 새로운 묘사 기법을 활용하여 〈금강전도〉와 〈인왕제색도〉 등의 진경 산수화를 그렸다.

23 정답 ④

조선 후기에는 서당 교육을 통해 글자를 읽고 쓸 줄 아는 서민들이 늘어나면서 이들의 의식이 성장하였고 서얼 차별을 비판하는 내용의 「홍길동전」을 비롯하여 「흥부전」, 「춘향전」, 「심청전」 등의 한글 소설이 널리 읽혔다.

24 정답 ③

조선 후기 유행한 풍속화는 당시 사람들의 생활 모습을 사실적으로 생동감 있게 표현하여 회화의 폭을 확대하였다. 특히 김홍도는 〈씨름〉, 〈자리짜기〉, 〈추수〉 등의 작품에서 정감 어린 서민들의 삶의 모습을 화폭에 담아 자신의 일에 몰두하는 사람들의 특징을 자연스럽고 익살스럽게 묘사하였다.

25 정답 ③

조선 후기 민화는 해, 달, 나무, 꽃, 동물, 물고기 등의 다양한 소재를 민중의 미적 감각에 맞게 표현한 그림으로, 민중의 소원을 반영하고 생활 공간을 장식하였다. 이와 같은 민화는 조선 후기 서민층의 경제적 · 사회적 지위 향상에 힘입어 유행하였다.

적중예상문제
p.302~313

01	②	02	④	03	④	04	④	05	②
06	③	07	②	08	④	09	④	10	①
11	②	12	①	13	①	14	④	15	④
16	①	17	③	18	④	19	④	20	③
21	②	22	④	23	②	24	④	25	①
26	④	27	④	28	①	29	③	30	②
31	③	32	③	33	②	34	④	35	④
36	①	37	④	38	④	39	①	40	①
41	④	42	①	43	①	44	③	45	③
46	①	47	③	48	④	49	②	50	②
51	④	52	③	53	①	54	②	55	①
56	④	57	③	58	②	59	④	60	③
61	④	62	①	63	①	64	①	65	①
66	③	67	④	68	①	69	②	70	②
71	③	72	④	73	④	74	①	75	②

01 정답 ②

일본이 운요호를 보내 무력으로 위협하며 조선에 통상 수교를 강요하자 결국 조선은 일본과 강화도 조약을 맺고 문호를 개방하였다(1876). 강화도 조약은 조선이 외국과 맺은 최초의 근대적 조약이었으며, 불평등한 조약이었다. 이 조약은 조선을 자주국이라고 밝혔지만, 이는 조선과 청의 전통적 관계를 부인함으로써 청의 간섭을 차단하려는 일본의 의도였다. 또한 부산을 비롯한 3개 항구의 개항, 치외 법권, 해안 측량권 등이 조약에 포함되었다.

오답피하기
① 조 · 미 수호 통상 조약, ③ 조 · 청 상민 수륙 무역 장정, ④ 텐진 조약의 내용이다.

02 정답 ④
흥선 대원군은 경복궁 중건을 위해 당백전을 발행하였고 이는 물가 상승으로 이어졌다.
④ 개화파의 차관 도입 압력은 갑신정변 직전의 상황이다.

03 정답 ④
별기군은 일본인 교관의 신식 훈련을 받았으며, 급료와 복장 등에서 구식 군인보다 좋은 대우를 받았다. 결국 별기군과의 차별에 불만을 품은 구식 군인들은 임오군란을 일으켰다.

04 정답 ④
흥선 대원군은 병인양요와 신미양요, 두 차례에 걸친 서양의 침입을 물리친 후 각지에 척화비를 세웠다. 척화비의 내용은 "서양 오랑캐가 침범하였을 때 싸우지 않음은 곧 화의하자는 것이요, 화의를 주장함은 나라를 파는 것이다."이다. 이는 서양과의 통상 수교를 반대하는 정책을 백성들에게 널리 알리기 위한 것이었다.

05 정답 ②
서양 열강은 조선과의 통상 수교를 목적으로 침범하였다. 병인양요, 신미양요, 오페르트 도굴 사건 모두 이와 관련된 사건들이다.

06 정답 ③
미국은 제너럴 셔먼호 사건의 책임을 물어 강제로 통상 조약을 맺기 위하여 1871년에 로저스 제독을 파견하였다. 로저스 제독은 콜로라도호 등 5척의 군함을 이끌고 강화 해협으로 침략해 들어와 초지진과 덕진진을 점령하고 광성보를 공격하였다. 이에 어재연 등이 이끄는 부대는 광성보와 갑곶 등지에서 미군을 격퇴하였는데, 이를 신미양요라고 한다.

07 정답 ②
강화도의 역사
● 단군에게 제사를 지낸 참성단이 있는 곳이다.
● 송과의 무역품인 인삼이나 화문석이 수산물이고, 고인돌이 많이 분포하고 있다.
● 몽골의 침략 시 수도를 옮긴 곳이다.
● 병인양요 때 양헌수가 정족산성에서 방어하였다.
● 신미양요 때 어재연이 광성보 전투에서 방어하였다.
● 프랑스는 병인박해를 구실로 강화도를 점령한 동안 외규장각 도서와 각종 문화재를 약탈하는 등 많은 피해를 입혔다.
● 우리나라 최초의 근대적 조약이며 불평등 조약인 강화도 조약이 체결되었다.

08 정답 ④
동학 농민 운동은 동학을 바탕으로 녹두 장군이라고 불린 전봉준의 주도 아래 일어난 반봉건·반외세 운동이었다. 동학 농민 운동은 '고부 농민 봉기 → 백산에서 농민군 1차 봉기 → 황토현·황룡촌 전투 승리 → 전주성 점령 → 청군과 일본군의 철수를 주장하며 전주 화약 체결 → 집강소 설치, 폐정 개혁안 실천 → 일본군의 경복궁 점령 → 농민군 2차 봉기 → 공주 우금치 전투 패배, 전봉준 체포'의 순으로 전개되었다.

09 정답 ④
독립 협회는 독립신문을 창간한 서재필과 개화파 지식인들을 중심으로 1896년에 설립되었으며, 자주 국권 운동과 자유 민권 운동 등을 전개하고 국민 계몽에 힘썼다. 서울 종로에서 열린 만민 공동회는 우리나라 최초의 근대적 민중 집회로, 독립 협회의 회원들이 중심이 되기는 하였지만 일반 시민들도 참여하였다. 만민 공동회에서는 정치·사회의 여러 문제에 관해 토론을 벌였다.

10 정답 ①
김홍집 등이 추진한 갑오개혁은 정치·경제·사회 등 각 부분의 제도 개혁을 통해 유교 중심의 조선 사회를 근대 사회로 바꾸기 위한 노력이었다. 먼저 정치적 측면에서는 사법권을 독립시키고 과거제를 폐지하였다. 경제적 측면에서는 조세의 금납화, 부피나 무게 등을 재는 도량형의 통일을 추진하였다. 사회적 측면에서는 신분제를 폐지하고 조혼을 금지하였으며, 과부의 재가를 허용하였다.

11 정답 ②
민씨 정권의 소극적 개화 정책에 불만을 가진 김옥균, 서광범, 서재필, 홍영식 등의 급진 개화파는 자신들이 원하는 방향으로 개혁을 추진하기 위해 우정총국 축하연을 계기로 갑신정변을 일으켰다. 정변을 통해 정권을 장악한 급진 개화파는 새로운 정부를 수립하고 14개조 정강을 통해 청에 대한 종속 관계 청산, 인민 평등권의 제정과 능력에 따른 인재의 등용, 지조법의 개혁, 입헌 군주제의 실현 등을 주장하였다. 하지만 일본에 의존하고 지나치게 급진적 방식을 택하여 백성과 관료층의 지지를 받지 못하였고, 결국 청의 개입으로 3일 만에 실패하였다.

12 정답 ①
일본은 청·일 전쟁에서 승리한 대가로 청의 랴오둥(요동) 반도를 할양받았다. 그러자 남하 정책을 추진하던 러시아가 프랑스, 독일과 함께 일본에 압력을 가하여 랴오둥 반도를 청에 돌려주게 하였다(삼국 간섭, 1895). 이러한 일본은 삼국 간섭 이후 약화된 세력을 만회하기 위해 명성 황후를 시해한 을미사변을 일으켰다.

13 정답 ①
임오군란 이후 심화된 청의 내정 간섭과 민씨 정권의 소극적인 개화 정책에 불만을 품은 김옥균, 박영효, 서광범, 홍영식 등 급진 개화파들은 우정총국 개국 축하연을 계기로 정변을 일으켰다. 이것이 바로 갑신정변이다. 정변 후 이들은 새 정부를 구성하고 개혁 정치를 추진하였으나 청군의 개입으로 3일 만에 실패로 끝나고 말았다.

> **오답피하기**
> ② 어윤중은 온건 개화파의 대표적 인물이다.
> ③ 전봉준은 동학 농민 운동의 지도자이다.
> ④ 최익현은 대표적인 위정척사 운동가이다.

14 정답 ④
을미사변 이후 구성된 친일 내각은 일본의 침략에 유리한 개혁을 추진하였다. 이때 태양력 사용, '건양' 연호 제정, 우편 사무 개시, 종두법과 단발령 실시 등을 포함한 개혁이 단행되었다.

15 정답 ④
미국에서 귀국한 서재필은 정부의 지원을 받아 독립신문을 발간하였다. 또한 개혁적 인사들과 함께 독립 협회를 설립하고 자주 독립의 상징으로 독립문을 세웠다. 독립 협회에는 관료와 학생, 일반 시민이 적극적으로 참여하였다. 독립 협회는 고종의 환궁을 요구하며 토론회와 강연회를 자주 열었다. 토론회에서는 신교육 진흥, 신문 보급, 열강의 이권 침탈 반대 등과 같은 다양한 주제가 논의되었다.

16 정답 ①
일본은 을사조약으로 대한 제국의 외교권을 빼앗고, 통감부를 설치하여 대한 제국의 내정 전반을 간섭하기 시작하였다.

17 정답 ③
우리나라는 일본과 강화도 조약(1876), 을사조약(1905), 한·일 신협약(1907), 한·일 병합 조약(1910) 순으로 조약을 체결하였다.

18 정답 ①
개항 이후 계속된 일본의 경제적·정치적 침략과 명성 황후 시해로 분노한 국민들의 반일 감정이 단발령을 계기로 폭발하면서 항일 의병 운동, 즉 을미의병이 일어나게 되었다.

19 정답 ④
고종은 강제로 체결된 을사조약이 무효임을 국제 사회에 알리기 위해 헤이그 만국 평화 회의에 이준, 이상설, 이위종을 특사로 파견하였는데 이 사건을 구실로 고종은 강제 퇴위를 당했다.

20 정답 ③
안중근은 초대 통감으로서 우리나라의 침략에 앞장섰

던 이토 히로부미가 러시아 대표와 회담하기 위해 만주 하얼빈에 도착하자 그를 사살하여 민족의 독립 의지를 분명히 보여 주었다.

21 정답 ②
간도는 19세기 이후 조선인들이 이주하여 토지를 개간하고 정착하면서 사실상 우리 민족의 생활 터전이 되었다. 그러나 을사조약으로 대한 제국의 외교권을 빼앗은 일본은 청과 간도 협약을 체결하여 남만주의 철도 부설권을 얻는 대가로 간도를 청의 영토로 인정하였다(1909).

22 정답 ④
일본은 러·일 전쟁 중에 독도를 자국의 영토에 불법으로 편입하였다.

23 정답 ②
국채 보상 운동은 일본의 간섭을 막기 위하여 일본에 진 빚을 국민의 힘으로 갚자는 경제적 자립 운동이다. 1907년 대구에서 조직된 국채 보상 기성회에 의해 시작되어 전국으로 확산되었으며, 국민들은 담배와 술을 끊고, 반지와 비녀 등을 내어 성금을 모았다. 그러나 통감부의 방해로 중단되었다.

24 정답 ②
안창호, 이승훈, 양기탁 등이 1907년에 조직한 비밀 결사인 신민회는 자주 독립의 공화제 국가를 수립하는 데 목적을 두었다. 신민회는 대성 학교와 오산 학교를 세워 민족 교육과 신교육을 실시하며 민중을 계몽하였다. 민족 산업을 육성하기 위해 태극 서관과 평양 자기 회사를 운영하였다. 나아가 만주 삼원보에 한인촌을 조성하고 신흥 학교를 세우는 등 독립운동 기지 건설에 앞장섰다.

25 정답 ①
원산 학사는 1883년 설립된 우리나라 최초의 근대 사립 학교로서 함경도 덕원 주민들과 개화파 인사들의 힘

자로 설립되었으며, 외국어, 자연 과학, 국제법 등 근대 학문과 함께 무술을 가르쳤다.

26 정답 ④
한성순보는 1883년 박문국에서 발행한 우리나라 최초의 신문으로 개화파가 발간하였으나 갑신정변 후 발간이 중단되었다.

27 정답 ④
대한매일신보는 영국인 베델이 발행인이어서 상대적으로 일제의 탄압이 덜했다. 따라서 일제를 규탄하는 기사 및 의병 활동 기사를 실어 민족 의식을 고취하였다. 또 국채 보상 운동을 전국으로 확산시키는 데 크게 이바지하였다.

28 정답 ①
일제는 1919년 3·1 운동이 일어나자 무력으로 우리나라를 지배하기 어렵다는 것을 깨닫고, 한민족의 문화와 관습을 존중하며 한국인의 이익을 위한다는 이른바 문화 통치를 실시하였다. 그러나 일제의 새로운 식민 정책은 친일파를 길러 우리 민족을 이간, 분열시키려는 교활한 정책으로 한민족의 단결을 억제하고 독립운동을 막으려는 방침에는 변함이 없었다.

29 정답 ③
헌병 경찰 통치(무단 통치) 시기에는 토지 조사 사업으로 우리나라의 토지를 약탈하였고, 문화 통치 시기에는 산미 증식 계획으로 우리나라의 쌀을 수탈하였다. 민족 말살 통치 시기에는 한반도를 일제의 전쟁 물자를 보급하는 병참 기지로 만드는 병참 기지화 정책이 추진되었다.

30 정답 ②
농민들은 소유권 이외에도 관습상의 경작권, 영구 임대 소작권 등을 인정받고 있었다. 그러나 토지 조사 사업 때 일제는 지주의 소유권만을 인정하였기 때문에 토지에 대한 농민들의 권리가 약화되고, 농민들은 기한부 계약에 의한 소작농으로 전락하였다.

31 정답 ③

회사령은 한국인의 기업 설립을 억제하고 민족 자본의 성장을 억압하기 위해 회사의 설립 때 조선 총독의 허가를 받도록 한 것이다.

32 정답 ③

일제는 1920년부터 부족한 쌀을 한국에서 확보하기 위해 산미 증식 계획을 추진하였다. 일제는 한국에서 쌀 생산을 늘리기 위해 농토를 개간하여 논의 비중을 높이고 수리 시설을 확충하였다. 또한 다수확 품종으로 종자를 개량하고 비료 사용을 확대하였다.

33 정답 ②

토지 조사 사업은 1910년대, 산미 증식 계획은 1920년대, 병참 기지화 정책은 1930년대 이후에 시행된 정책이다.

34 정답 ④

민족 말살 통치기에 일제는 '황국 신민화'의 구호를 내세워 신사 참배와 황국 신민 서사 외우기를 강요하였으며, 우리말과 우리 역사 교육을 금지하고 일본어만 사용하도록 하였다. 또 다수의 한글 신문과 잡지를 폐간하고 민족 운동 단체를 강제로 해산하였다. 그리고 우리의 성과 이름도 일본식으로 바꾸도록 강요하였다(창씨개명).

35 정답 ④

1920년대 일제는 이른바 문화 통치를 내세우면서 보통 경찰제를 시행하였다. 한국인의 언론·출판의 자유를 일부 인정하여 조선일보, 동아일보 등 한글 신문의 발행을 허가하였다.

36 정답 ①

민족 말살 통치기에 일제는 일선 동조론을 주장하였고, 내선 일체와 황국 신민화 등의 구호를 내걸었다. 또한 우리말과 우리 역사에 대한 연구와 교육이 금지되었으며, 한글 신문도 폐간되었다.

37 정답 ④

우리나라의 국권을 강탈한 일제는 헌병 경찰 통치를 실시하다가 3·1 운동이 일어나자 문화 통치를 실시하였다. 이후 1930년대에는 중·일 전쟁, 태평양 전쟁 등을 일으키면서 문화 통치를 민족 말살 통치로 전환하였다.

38 정답 ④

3·1 운동은 일제의 통치가 무단 통치에서 문화 통치로 변화하는 계기가 되었다. 또한 중국과 인도 등 아시아 각지의 민족 운동에 영향을 끼쳤으며, 대한민국 임시 정부 수립의 계기가 되었다.

39 정답 ①

1919년 3·1 운동 때 만세 시위가 전국으로 확산되자 일제는 무력 수단을 동원하여 이를 진압하였고, 화성 제암리를 비롯한 전국 곳곳에서 학살을 저질렀다.

40 정답 ①

윌슨의 민족 자결주의를 통해 독립에 대한 희망을 품게 된 우리 민족은 고종 황제의 죽음과 2·8 독립 선언을 계기로 3·1 운동을 전개하였다.
① 중국의 5·4 운동은 3·1 운동이 끼친 영향이다.

41 정답 ②

일제는 3·1 운동이라는 거국적인 우리 민족의 저항에 당황하여 강압적인 무단 통치로는 더 이상 우리 민족을 지배할 수 없음을 알고 이른바 문화 통치로 전환하였다.

42 정답 ①

연통제는 임시 정부와 국내를 연결하기 위해 설치한 비밀 행정 조직이었다. 연통제는 서울에 총판을 두고 도·부·군·면에 각각 책임자를 두었으며, 간도에도 독판부를 두었다. 일제에 의해 1921년 발각되어 해체되었다.

43 정답 ①

1919년 당시 상하이는 일제의 영향력이 미치지 않았을 뿐만 아니라 세계 여러 나라와의 외교 활동이 편리한 곳이어서, 많은 민족 지도자들이 모여 독립 투쟁을 도모하기에 적합한 지역이었다. 그래서 상하이에 각 지역의 임시 정부를 통합한 대한민국 임시 정부가 수립되었다.

44 정답 ③

1910년대 신민회가 독립운동가를 양성하기 위해 국외에 설치한 강습소가 1919년 신흥 무관 학교로 확대·개편되었다.

45 정답 ③

한인 애국단은 1931년 김구를 중심으로 중국 상하이에서 조직된 항일 독립운동 단체이다. 한인 애국단의 대표적인 인물로는 이봉창·윤봉길이 있는데, 이봉창은 일본 국왕이 탄 마차에 폭탄을 던졌고, 윤봉길은 상하이 훙커우 공원에서 열린 일본군의 상하이 점령 축하 기념식장에 폭탄을 던져 일본군을 응징하였다.

46 정답 ①

임시 정부의 지도자 김구는 한인 애국단을 조직하여 대한민국 임시 정부의 활동에 활기를 불어넣고자 하였다. 또 김구와 김규식은 평양에 남북 협상을 제안하여 통일 정부를 수립하고자 하였다.

47 정답 ③

한인 애국단의 단원이었던 윤봉길의 의거를 계기로 중국의 국민당 정부는 대한민국 임시 정부를 적극 지원하게 되었다.

48 정답 ④

대한민국 임시 정부는 충칭에서 지청천을 총사령관으로 하는 한국광복군을 창설하였다(1940). 1941년 태평양 전쟁이 발발하자 임시 정부는 일본에 정식으로 선전 포고하였으며, 한국광복군은 연합군의 일원으로 인도·미얀마 전선에 파견되어 포로 심문, 선전 활동 등을 하였다. 또한 중국에 주둔하고 있던 미국 전략 정보국(OSS)의 특수 훈련을 받으며 국내 진공 작전을 계획하기도 하였으나 일본의 패망으로 부산되었다.

49 정답 ②

민족주의 세력은 일제의 식민지 교육에 맞서 민립 대학 설립 운동을 추진하였다. 동아일보는 1931년부터 브나로드 운동을 내걸고 문맹 퇴치 운동 등 농촌 계몽 운동을 전개하였다.

50 정답 ②

한인 애국단은 김구가 조직한 단체로 이봉창, 윤봉길 등이 활약하였으며, 윤봉길의 상하이 훙커우 공원 폭탄 투척 사건 이후로 중국의 장제스 정부가 임시 정부를 지원하였다.
② 의열단의 활동이다.

51 정답 ④

1920년대 초 물산 장려 운동은 국산품 애용과 자급자족을 통해 민족의 산업을 발전시키고 민족 자본을 길러 일제로부터의 경제적 자립을 이루고자 하였다.

52 정답 ③

일제 강점기 백정들은 신분 제도가 폐지되어도 여전히 남아 있는 자신들과 가족들에 대한 사회적 차별을 없애기 위하여 저울처럼 평등한 세상을 만들겠다는 의지를 모아 경남 진주에서 조선 형평사를 창립하였다.

53 정답 ①

광주 학생 항일 운동은 3·1 운동 이후 최대 규모의 반일 학생 투쟁으로 학생 시위로 시작하여 일반 국민들까지 가담하여 전국적으로 전개되었다.
① 1919년 고종 황제의 장례식을 계기로 일어났던 항일 운동은 3·1 운동이다.

54 정답 ②

국채 보상 운동은 일본의 간섭을 막기 위하여 일본에 진 빚을 국민의 힘으로 갚자는 경제적 자립 운동이다. 1907년 대구에서 조직된 국채 보상 기성회에 의해 시작되어 전국으로 확산되었으며, 국민들은 담배와 술을 끊고, 반지와 비녀 등을 내어 성금을 모았다. 그러나 통감부의 방해로 중단되었다.

55 정답 ①

기회주의 배격을 주장하였던 신간회는 1927년 비타협적 민족주의 세력과 사회주의 세력의 연합을 목적으로 하는 민족 유일당 운동 결과 창립되었다. 신간회는 1929년 광주 학생 항일 운동이 일어나자 진상 보고를 위한 민중 대회를 열어 3·1 운동과 같은 전국적인 항일 운동으로 확산시키려 하였으나 계획이 사전에 드러나 허헌, 홍명희 등이 검거됨으로써 실행되지 못하였다.

56 정답 ④

독립군 부대의 기습에 번번이 피해를 본 일제는 독립군의 근거지였던 만주의 봉오동을 습격하였다. 그러나 홍범도가 이끄는 대한 독립군을 비롯한 독립군 연합 부대는 봉오동 주변 야산에 몰래 숨어 있다가 일본군을 기습하여 큰 승리를 거두었다(봉오동 전투, 1920. 6.).

57 정답 ③

박은식을 비롯하여 신채호, 정인보, 문일평 등 일제의 식민 사관에 대항한 민족주의 사학자들은 민족의 자주성과 한국사의 주체성, 우리 문화의 우수성을 강조함으로써 민족 독립의 강력한 이념적 기반을 구축하고자 하였다.

58 정답 ②

이윤재, 최현배 등이 주도한 조선어 학회는 조선어 연구회가 확대 개편된 것이다. 조선어 학회는 한글의 보급과 우리말 큰사전 편찬 등을 주도하다가 조선어 학회 사건으로 해산되고 말았다.

59 정답 ④

이병도와 손진태 등은 진단 학회를 조직하여 한국사를 실증적으로 연구하는 데 힘썼다.

60 정답 ③

1945년 12월에 미국, 영국, 소련의 외무 장관(외상)이 소련의 모스크바에 모여 한반도 문제를 논의하였다(모스크바 3국 외상 회의). 이 회의에서 우리나라에 민주적인 임시 정부를 세우되 최대 5년간 신탁 통치를 실시하기로 결정하였다. 또한 임시 정부 구성을 논의하기 위해 미·소 공동 위원회를 설치하기로 하였다.

61 정답 ①

1950년 6월 25일 북한군의 전면적 남침으로 6·25 전쟁이 시작되었다. 북한군의 기습적인 남침에 국군은 3일 만에 수도 서울을 빼앗겼고, 한 달 뒤에는 낙동강 유역까지 후퇴하였다. 그러자 정부는 미국에 도움을 요청하였고, 미국의 주도로 열린 유엔 안전 보장 이사회는 유엔군 파견을 결의하였다. 이후 국군과 유엔군은 인천 상륙 작전을 통해 전세를 뒤집은 뒤 압록강 유역까지 진격하였다.

62 정답 ①

카이로 회담은 우리 민족의 독립을 최초로 언급했으며, 포츠담 선언은 이를 재확인했다. 두 합의 모두 연합국 측이 전후 처리 문제를 논의하기 위해 마련한 국제적 협의이다.

63 정답 ①

모스크바 3국 외상 회의에서는 한국에 임시 민주 정부 수립과 이를 지원하기 위한 미·소 공동 위원회의 설치, 최대 5개년의 신탁 통치안을 결의하였다. 그러나 미·소 공동 위원회의 결렬 이후 미국은 한국 문제를 유엔에 상정하였다.

64 정답 ①

유엔이 남한만의 단독 선거를 결정하자 김구는 남한만의 단독 선거를 막고 통일 정부를 수립하기 위해 남북 협상을 추진하였다.

65 정답 ①

5·10 총선거는 유엔의 도움으로 치러진 우리 역사상 최초의 민주적 선거로 제헌 의회 구성을 위한 의원 선출이 목표였다.

66 정답 ③

남한은 미군의 철수와 함께 태평양 방위선에서 한국과 타이완을 제외한다는 애치슨 선언이 발표되어 어려운 상황에 놓이게 되었다. 1950년 6월 25일 새벽, 북한은 선전 포고 없이 남한에 무력으로 침입해 왔다. 제대로 방어하지 못한 남한은 서울을 점령당하였으며, 부산까지 피난하여 이곳을 임시 수도로 정하였다.

67 정답 ④

전쟁은 북한의 남침으로 시작되었다. 정부는 한때 부산까지 피난을 갔으나, 유엔군이 참전하고 인천 상륙 작전(1950. 9. 15.)이 성공하며 전세는 역전되었다. 그러나 이후 중국군이 개입하며 국군과 유엔군은 서울을 다시 빼앗겼다(1·4 후퇴). 이후 치열한 공방전을 벌이다 휴전이 성립되었다.

68 정답 ①

4·19 혁명은 이승만과 자유당 정권이 3·15 부정 선거를 실시하자 그동안 이승만과 자유당 정권의 부정부패와 독재에 불만을 가진 국민들이 민주주의를 지키기 위해 일어난 사건이다. 자유당 정권은 이승만의 대통령 당선이 확실시되자, 부통령에 같은 자유당원인 이기붕을 당선시키기 위해 3·15 선거에서 부정적인 방법을 사용하였다.

69 정답 ②

이승만 정부와 자유당은 1960년 3월에 시행된 제4대 정·부통령 선거에서 대대적인 선거 부정을 저질렀다(3·15 부정 선거). 선거 직후 부정 선거와 이승만 정부의 독재에 항의하는 시위가 일어났으며, 시위 중에 실종되었던 한 학생의 시체가 마산 앞바다에서 발견되었다. 이를 계기로 시위가 전국으로 확산되었다.

70 정답 ②

박정희는 영구 집권을 목표로 1972년 유신 헌법을 제정했다. 유신 헌법에는 대통령이 통일 주체 국민 회의의 간접 선거에 의해 선출되었으며, 대통령 중임제를 폐지하는 등 박정희의 영구 집권을 위한 많은 조치들이 포함되었다. 그리고 대통령의 긴급 조치권을 인정하는 등 민주주의 원칙과는 거리가 먼 조항들이 많았다.

71 정답 ③

10·26 사태로 독재 정치를 하던 박정희 대통령이 죽자, 시민들은 민주화에 대한 희망을 갖게 되었다. 그러나 12·12 사태로 새로운 군인 세력이 권력을 잡자 민주화가 이루어지기 어려워졌다. 이에 시민들은 유신 헌법 철폐와 새로운 군인 세력의 퇴진을 요구하며 5·18 민주화 운동을 일으켜 민주주의를 이룩하고자 하였다.

오답피하기
① 1960년 3·15 부정 선거에 항거한 4·19 혁명으로 이승만 정부가 무너졌다.
② 새마을 운동은 근면·자조·협동의 정신을 바탕으로 농민의 소득을 올리고 농촌 사회의 생활 환경을 개선하는 데 중점을 두었다.
④ 부·마 민주 항쟁은 1979년 10월 부산과 마산에서 학생들과 시민들이 유신 철폐를 요구하는 대규모 시위를 벌인 사건이다.

72 정답 ③

1998년 여·야 간의 평화적 정권 교체로 수립된 김대중 정부는 적극적인 기업 구조 조정을 통해 경제 위기를 극복하였으며, 남북 관계 개선에도 힘을 기울여 분단 이후 최초로 남북 정상 회담을 성사시켰다.

73 정답 ④

경제 개발 5개년 계획은 1962년부터 실시되어 1981년까지 모두 4차의 계획이 시행되었다. 1982년부터는 경제 사회 발전 5개년 계획으로 명칭이 변경되어 1996년까지 실시되었다.

74 정답 ①

ㄱ. 1970년대에는 남북 적십자 회담을 시작으로 남북 교류의 물꼬가 트이면서 자주 통일, 평화 통일, 민족 대단결 원칙을 내세운 7·4 남북 공동 성명이 발표(1972)되었다.

ㄷ. 박정희 정부가 발표한 6 · 23 평화 통일 외교 정책 선언(1973)에서 남북한 유엔 동시 가입이 제안되었고, 이 제안은 1991년에 실현되었다.
ㄴ. 2000년 6월 김대중 대통령은 북한의 평양을 방문하여 김정일 북한 국방 위원장과 만나 정상 회담을 하고 6 · 15 남북 공동 선언을 발표하였다.
ㄹ. 2007년 노무현 대통령은 육로로 평양을 방문하여 제2차 남북 정상 회담을 가지고 남북 관계 발전과 평화 번영을 위한 선언(10 · 4 남북 공동선언)을 발표하였다.

75 정답 ②

2000년에는 남북 정상이 만나 남북 정상 회담을 개최하고 발표한 6 · 15 남북 공동 선언이 이루어졌다. 김대중 정부는 평화와 화해 · 협력을 통한 남북 관계 개선을 목표로 대북 화해 협력 정책인 '햇볕 정책'을 추진하였는데 그 결과 금강산 관광이 이루어졌으며, 개성 공단 건설 등 남북 경제 교류가 이루어졌고, 분단 이후 처음으로 남북 정상이 만나 남북 관계 안정에 크게 기여하였다.

제3편 2025년 기출문제

					제1회 정답 및 해설					p.316~320
01	④	02	②	03	④	04	④	05	②
06	④	07	②	08	④	09	①	10	③
11	④	12	③	13	③	14	②	15	②
16	②	17	③	18	③	19	④	20	④
21	③	22	①	23	①	24	④	25	①

01 정답 ④

지리 정보 시스템(GIS)은 다양한 지리 정보를 수치화하여 컴퓨터에 입력 · 저장하고 이를 사용자의 요구에 따라 다양한 방법으로 분석 · 종합하여 제공하는 정보 처리 시스템이다.

오답피하기
① 랜드 마크는 지역에서 유명한 지형적 물체를 말한다.
② 원격 탐사는 인공위성이나 항공기 등을 이용하여 접근하기 어려운 곳의 정보를 수집한다.

02 정답 ②

㉠은 위도에 대한 설명이다. 위도에 따라 일사량 차이가 나타나 수평적 기후 분포가 나타난다.

오답피하기
① 경도는 경선에 매겨진 값이다.
③ 날짜 변경선은 경도 180°와 대체로 일치하며, 날짜 변경선을 기준으로 양쪽 지역 간에 24시간의 시차가 발생한다.
④ 본초는 '기준', 자오선은 '경선'을 뜻한다. 즉, 본초 자오선은 경도 0°로 동반구와 서반구를 구분하는 기준이다.

03 정답 ④
열대 기후에서는 땅이 척박해 숲에 불을 질러 만든 밭에서 카사바, 얌 등을 재배하는 이동식 화전 농업을 한다.

오답 피하기
① 낙농업은 우유, 치즈, 버터를 생산한다.
② 수목 농업은 오렌지, 포도, 코크스 등을 재배한다.
③ 건조 기후 지역에서 오아시스 농업을 통해 대추 야자를 재배한다.

04 정답 ④
서안 해양성 기후는 일년 내내 바다에서 불어오는 편서풍의 영향으로 연중 강수량이 고르고 온난 습윤하다. 흐리고 비 내리는 날이 많아 외출할 때 긴 코트를 입거나, 우산 등을 늘 가지고 다닌다.

05 정답 ②
오스트레일리아의 그레이트 오션 로드 해안에서는 파도의 침식을 받아 형성된 돌기인 시스택을 관찰할 수 있다.

오답 피하기
① 퇴적된 지층이 압력을 받아 휘어진 상태를 습곡이라 한다.
③ 암석의 파편 등이 일정한 곳에 쌓이는 것이 퇴적이다.

06 정답 ④
인구 공동화 현상은 비싼 땅값으로 인해 도심의 상주인구가 감소하면서 낮에는 일자리가 많아 인구 밀도가 높지만 밤에는 인구 밀도가 낮아지는 현상을 의미한다.

오답 피하기
① 열대 기후에서 소나기를 스콜이라 부른다.
③ 여자 100명당 남자의 수를 성비라 하며 남자, 또는 여자가 많을 경우 성비 불균형이라 한다.

07 정답 ②
다국적 기업은 여러 기능에 따라 서로 다른 지역에 입지

하여 업무를 분담한다. 다국적 기업의 본사는 자국 내 도심 또는 세계도시에, 연구소는 쾌적환 환경·대학가 근처에, 생산 공장은 임금이 저렴한 개발 도상국에 입지한다.

오답 피하기
① 공정 무역은 개발 도상국에서 생산하는 제품에 정당한 가격을 지급하여 생산자가 경제적으로 자립할 수 있도록 해주는 무역 방식이다.
③ 장소 마케팅은 특정 장소의 자연환경, 역사적·문화적 특성을 부각하여 장소를 매력적인 상품으로 만들어 이를 판매하려는 활동이다.

08 정답 ④
㉠은 배타적 경제 수역(EEZ)이다. 영해를 설정한 기준선으로부터 200해리까지의 바다 중 영해를 제외한 바다이며, 연안국이 바다에 대한 경제적 권리를 가지고 있어 인공 섬 설치, 해양 자원, 자원 탐사·개발 등을 실시할 수 있다.

오답 피하기
① 영토와 영해의 수직 상공을 영공이라 한다.
② 영토는 한반도와 부속도서이다.
③ 중심 업무 지구는 백화점, 금융 기관, 대기업 본사, 행정 관청 등이 입지 하여 중추 관리 기능을 담당한다.

09 정답 ①
사회 집단은 접촉 방식, 결합 의지, 소속감에 따라 집단을 구분할 수 있다. 자신이 소속되어 있고 소속감을 가지는 집단을 내집단이라 하고, 자신이 소속되어 있지 않고 이질감이나 적대감을 가지는 집단을 외집단이라 한다.

오답 피하기
③ 1차 집단은 구성원 간의 침밀감을 바탕으로 전인격적인 인관관계가 이루어지는 집단이다.
④ 2차 집단은 특정 목적을 달성하기 위해 인위적으로 만들어진 집단으로 형식적 접촉, 공식적인 절차와 규식에 의해 운영된다.

10 정답 ③

문화의 속성에는 공유성, 학습성, 변동성, 축적성, 전체성이 있다. 문화는 타고나는 것이 아니라 후천적으로 습득하게 되는데 이를 문화의 학습성이라고 한다.

오답피하기

① 변동성은 문화가 시간이 흐르면서 그 형태나 의미가 변화하는 것이다.

② 문화는 여러 구성 요소들이 서로 밀접한 관계를 맺으면서 부분이 아닌 전체로서의 의미를 갖는데 이를 문화의 전체성이라고 한다.

11 정답 ④

제시된 내용은 권력 분립의 원리이다.

오답피하기

① 국민의 기본권 보장과 국가 기관의 조직 및 작용의 원리를 헌법에 규정하고, 그 헌법에 따라 통치해야 한다는 것을 입헌주의 원리라 한다.

② 주권을 가진 국민이 국가를 다스려야 한다는 것이 국민 자치의 원리이다.

③ 국가의 의사를 최종적으로 결정하는 최고의 권력인 주권이 국민에게 있다는 것이 국민 주권의 원리이다.

12 정답 ③

국가의 의사 결정 과정에 참여할 수 있는 권리는 참정권이다.

오답피하기

② 사회권은 국가에 인간다운 생활의 보장을 요구할 수 있는 적극적 권리로 근로의 권리, 교육을 받을 권리 등이 있다.

13 정답 ③

비밀 선거는 유권자가 누구에게 투표했는지 다른 사람들이 모르게 하는 제도이다.

오답피하기

② 보통 선거는 일정 연령 이상의 국민 누구나 선거를 할 수 있다는 제도이다.

④ 직접 선거는 국민 주권의 원리에 부합하기 위한 유권자가 대리인을 거치지 않고 직접 투표를 해야 한다는 제도이다.

14 정답 ②

국회는 법률의 제정 및 개정, 헌법 개정안의 제안 및 의결, 조약 체결 동의, 예산안의 심의 및 확정, 국정 감사, 국정 조사, 탄핵 소추 의결 등의 권한을 가진다.

오답피하기

③ 조례는 지방 의회에서 제공하는 법이다.

15 정답 ②

수요량이란 일정한 가격에서 사고자 하는 상품의 수량이다. 가격이 상승하면 수요량이 감소하고, 가격이 하락하면 수요량이 증가하는 것을 수요 법칙이라 한다.

16 정답 ②

환율이란 두 나라 화폐 사이의 교환 비율이다. 1달러에 1,300원에서 1달러에 1,500원으로 올랐다면 환율은 상승한 것이며 원화의 가치는 하락한 것이다. 환율이 상승하면 수출 증가, 수입 감소, 물가 상승 등의 현상이 나타난다.

17 정답 ③

우리나라 최초의 국가인 고조선에 대한 설명이다. 8조법을 통해 고조선의 생활 모습을 알 수 있다. '남을 다치게 한 사람은 곡식으로 갚는다'는 내용을 통해 고조선이 노동력을 중시하는 농업사회라는 것을 알 수 있다.

18 정답 ③

신라의 진흥왕은 화랑도를 국가적 기관으로 개편하여 전쟁에 동원하였으며, 영토 확장을 기념하여 단양적성비 외에 진흥왕 순수비를 건립하였다.

19 정답 ④
통일 신라 때 제작된 석굴암 본존불은 경주에 위치해 있으며, 완벽한 비례로 안정감과 균형미를 자랑한다.

20 정답 ④
고려 우왕의 명령으로 요동 정벌의 명령을 받은 이성계는 위화도에서 군대를 회군하면서 정권, 군사력을 장악하였다.

> **오답 피하기**
> ① 병자호란은 청나라 태종이 군사를 이끌고 조선을 침략한 사건이다.
> ② 임진왜란은 일본이 명을 정벌하겠다는 구실로 조선을 침략한 사건이다.
> ③ 살수 대첩은 중국 수나라가 고구려를 침략한 사건이다.

21 정답 ③
물산 장려 운동은 1920년 평양에서 조만식을 중심으로 일어난 사건이다. 민족 산업 발전을 위해 국산품 애용, '내 살림 내 것으로', '조선 사람 조선 것' 등을 주장하였다.

> **오답 피하기**
> ① 6·10 만세 운동은 일제 강점기에 조선인 학생을 중심으로 순종의 장례가 있었던 1926년 6월 10일에 일어난 만세 운동이다.
> ② 동학 농민 운동은 1894년에 농민들이 힘을 합쳐 일으킨 사회 개혁 운동이다.
> ④ 서경 천도 운동은 이자겸의 난 이후 왕권의 권위가 약화 되자 묘청을 중심으로 수도를 서경으로 천도하자는 운동이다.

22 정답 ①
1894년 군국기무처에서 과거제·신분제 폐지, 과부의 재가 허용 등을 내용으로 하는 갑오개혁을 시행하였다.

> **오답 피하기**
> ② 무신 정변은 의종의 향락과 무신에 대한 차별대우로 무신들이 일으킨 정변이다.
> ③ 을미사변 이후 고종이 러시아 공사관으로 처소를 옮긴 사건이 아관 파천이다.
> ④ 고려 문벌 귀족인 이자겸이 일으킨 난이다.

23 정답 ①
사림은 조선의 건국을 반대했던 유생들로, 중종은 훈구파를 견제하고자 사림을 등용하였다.

> **오답 피하기**
> ② 호족은 통일신라 말에 나타난 지방 귀족을 말한다.
> ③ 6두품은 신라의 계급이다.

24 정답 ④
조선 성종은 조선의 통치 방향과 이념을 제시하였다. 홍문관을 설치하였고, 세조 대에 편찬을 시작한 「경국대전」이 완성되었다.

> **오답 피하기**
> ① 고려 태조 왕건이 후대 왕들에게 훈요 10조를 남겼다.
> ② 흥선 대원군이 척화비를 건립하였다.
> ③ 조선의 영조와 정조가 탕평책을 실시하였다.

25 정답 ①
고종 암살설과 미국 대통령 윌슨의 민족자결주의를 배경으로 1919년 3·1운동이 일어났다. 이후 조직적 독립운동을 위해 임시 정부가 수립되었다.

> **오답 피하기**
> ③ 1907년 대구에서 서상돈을 중심으로 일본에 1,300만 원의 차관을 상환하자는 국채 보상 운동이 일어났다.
> ④ 1997년 외환위기를 극복하기 위해 금 모으기 운동을 실시하였나.

p.321~325

01	②	02	③	03	③	04	④	05	①
06	②	07	④	08	③	09	④	10	③
11	②	12	③	13	③	14	①	15	④
16	①	17	②	18	①	19	②	20	②
21	①	22	②	23	②	24	④	25	③

01 정답 ②

한대 기후는 짧은 여름에 기온이 영상으로 올라가는 툰드라 기후와 일 년 내내 영하인 빙설 기후가 있다. 툰드라 기후는 고상 가옥이 나타나며 순록의 유목을 한다.

오답피하기
① 스텝 기후는 강수량보다 증발량이 많은 건조 기후이다.
③ 지중해성 기후는 여름에 아열대 고압대의 영향으로 고온 건조한 기후이다.
④ 서안 해양성 기후는 일 년 내내 편서풍의 영향으로 온난 습윤하다.

02 정답 ③

석회 동굴은 과거 바다에 퇴적된 석회암층이 융기하여 육지가 된 후 지하수에 의해 녹아 만들어진다. 오름은 용암이 분출하면서 생긴 작은 화산이다.

오답피하기
① 석순은 동굴의 밑바닥에 죽순 모양으로 자란다.
② 석주는 종유석과 석순이 맞닿아 이어지면 만들어진다.
④ 종유석은 동굴의 천장에 고드름 모양으로 매달린 모양이다.

03 정답 ③

한국, 중국, 일본을 동아시아로 구분한다. 동아시아에서 공통으로 나타나는 문화는 유교, 불교, 한자, 젓가락 등이 있다.

오답피하기
① 건조 문화 지역은 주로 이슬람교를 믿으며 여성들은 히잡, 차도르 등을 착용한다.
② 유럽 문화 지역은 주로 크리스트교를 믿는다.
④ 아프리카 문화 지역은 사하라 사막 이남 지역이다.

04 정답 ④

제시된 자연재해는 폭설이다. 폭설은 기후와 관련된 재해로 겨울철 짧은 시간에 많은 눈이 내리는 현상이다. 비닐하우스・건축물 붕괴, 교통 장애 유발 등의 피해를 준다.

오답피하기
① 가뭄은 오랫동안 비가 내리지 않아 물이 부족하고 땅이 메마르는 현상이다.
② 지진은 지각판이 움직이면서 땅이 갈라지고 흔들리는 현상이다.
③ 태풍은 적도 부근의 열대 바다에서 발생하여 중위도 지역으로 이동하는 열대성 저기압이다.

05 정답 ①

쌀은 고온 다습한 아시아 계절풍 기후 지역의 비옥한 충적토에서 재배된다. 생산에 많은 노동력이 필요하며 다른 작물에 비해 인구 부양력이 높다.

오답피하기
②・④ 커피, 카카오는 열대 우림 지역에서 플랜테이션 방식으로 재배한다.

06 정답 ②

산업화로 인해 도시에 일자리가 만들어지고 농촌의 인구가 일자리를 찾아서 도시로 이동하는 현상을 이촌 향도 현상이라 한다.

오답피하기
① 랜드마크는 어떤 지역을 대표하거나 구별하는 역할을 하는 건물이다.
③ 인구 밀도는 일정한 지역의 단위 면적에 대한 인구 수의 비율이다.
④ 다국적 기업은 여러 나라에서 물건을 생산하고 판매하는 기업이다.

07 정답 ④

개발 제한 구역은 도시의 무질서한 팽창을 막고 녹지 공간을 확보하기 위해 일부 대도시 주변에 설정한 지역이다.

오답피하기
① 부도심은 도심의 기능을 일부 분담한 지역이다.
② 위성 도시는 도시의 기능을 일부 분담한 도시이다.
③ 중심 업무 지구(CBD)는 상업시설, 대기업 본사, 정부 기관이 모여 있는 지역이다.

08 정답 ③

㉠ 영해는 일반적으로 해안선으로부터 12해리까지이다. 영해는 그 나라의 주권행사가 가능한 지역이다.
㉡ 배타적 경제 수역은 해안선으로부터 200해리 중 영해를 제외한 188해리이다. 배타적 경제수역의 연안국이 경제권을 가지며 어업활동, 광물 채취 등의 활동이 가능하다.

09 정답 ④

선거 관리 위원회는 국민 투표의 공정한 관리, 정당 및 정치 자금에 관한 사무를 처리하기 위하여 설치된 독립 기관이다.

오답피하기
① 대법원은 법의 구체적 해석과 적용 등을 담당하는 사법부의 최고 기관이다.
② 특허 법원은 산업재산권 관련 특허 분쟁을 해결하기 위해 설립한 법원이다.

① 대법원은 법의 구체적 해석과 적용 등을 담당하는 사법부의 최고 기관이다.
② 특허 법원은 산업재산권 관련 특허 분쟁을 해결하기 위해 설립한 법원이다.
③ 국가 인권 위원회는 우리나라에서 인권을 보호하기 위한 인권 전담 기구이다.

10 정답 ③

국민 주권 주의는 국가 의사를 결정하는 최고의 원동력은 국민에게 있다는 것을 의미한다. 통치권자는 국민에 의해서 결정되고, 국가의 모든 통치권의 행사는 국민에 의해서 이루어지는 것이다.

오답피하기
① 희소성은 인간의 욕구에 비하여 재화가 부족한 상태이다.
② 하나의 소송사건에 대하여 서로 다른 계급의 법원에서 반복하여 심판하는 제도이다.
④ 국가의 권력을 각각 입법, 사법, 행정으로 분리하여 국민의 기본권을 보장하기 위한 제도이다.

11 정답 ②

국무 회의는 정부의 최고 심의 기관이다. 의장 대통령, 부의장 국무총리, 국무위원으로 이루어져 있다.

오답피하기
① 국회는 국민의 대표 기관이며 입법 기관이다.
③ 근로자가 주체가 되어 근로 조건의 유지, 개선을 위해 조직한 조직이다.
④ 헌법 재판소는 위헌 법률 심판, 탄핵 심판, 정당 해산 심판 등을 담당하는 국가 기관이다.

12 정답 ③

헌법은 국가의 통치 체제와 기본권 보장의 기초에 관한 최고의 법이다.

13 정답 ③

수요량과 공급량이 일치할 때의 가격을 균형 가격(시장 가격)이라 한다. 수요량과 공급량이 일치할 때의 수량을 균형 거래량이라 한다.

14 정답 ①

여러 상품의 가격을 종합한 평균적인 가격 수준을 물가라 한다. 물가가 지속적으로 상승하는 현상을 인플레이션이라 한다.

15 정답 ④

또래 집단은 비슷한 나이의 사람들이 형성한 집단으로 놀이를 통해 필요한 규칙과 질서를 배우고 소속감과 심리적 안정감을 가질 수 있다.

16 정답 ①

문화란 인간의 모든 생활양식으로 의식주 등이 해당한다. 선천적인 것, 한 사람의 습관은 문화가 아니다.

17 정답 ②

구석기 시대는 사냥과 채집을 하며 살았다. 이동 생활을 했기 때문에 동굴이나 막집에서 거주하였다. 제시된 주먹도끼는 구석기 시대의 대표적인 사냥도구이다.

18 정답 ①

백제의 성왕은 수도를 웅진에서 사비로 천도하였으며 국호를 남부여로 바꾸었다. 백제와 신라는 고구려의 한강을 공격하고, 성왕은 한강 하류를 차지했지만 신라 진흥왕의 배신으로 관산성 전투에서 전사하였다.

19 정답 ②

고구려 장군인 대조영이 고구려를 계승하는 발해를 건국하였다. 일본에 보내는 외교 문서에 고려 국왕이라 쓰며, 고구려의 무덤 양식, 기와, 온돌 등을 사용한 것을 통해 발해의 고구려 계승 의식을 알 수 있다.

20 정답 ②

고려의 공민왕은 원나라 간섭기에 개혁 정치를 실시한 왕이다. 몽골풍을 금지시켰으며 기철 등의 친원 세력을 제거하고, 쌍성총관부 수복, 신돈에게 전민변정도감을 설치하게 하였다.

21 정답 ①

제시된 사건은 병자호란이다. 후금이 나라 이름을 청으로 변경하고 조선에 군신 관계를 요구하였지만 받아들이지 않자 청이 조선을 침략한 사건이다.
인조는 남한산성에서 항전하였지만 결국 항복하고 삼전도의 굴욕을 겪었다.

② 귀주 대첩은 거란의 3차 침입을 고려의 강감찬 장군이 귀주에서 크게 무찌른 싸움이다.

③ 살수 대첩은 고구려의 을지문덕 장군이 수나라의 공격을 격퇴하고 크게 승리한 싸움이다.

22 정답 ②

정조가 갑자기 사망하자 어린 순조가 왕위에 오른다. 이후 순조, 헌종, 철종에 걸쳐 60년 동안 안동 김씨, 풍양 조씨의 외척 가문이 국정을 장악하는 정치 형태를 세도 정치라 한다.

① 골품제는 신라의 신분 제도이다.

③ 유신 헌법은 박정희 정권의 독재를 위해 만든 법이다.

④ 화백 회의는 신라의 귀족 회의로 만장일치제이다.

23 정답 ②

세종은 왕권과 신권의 조화를 위해 의정부 서사제를 실시하였고 집현전을 설치하여 훈민정음을 창제하였다. 당시 자격루, 앙부일구, 『농사직설』 등을 통해 과학과 농업이 발달하였다. 또 최윤덕과 김종서에게 4군과 6진을 개척시켜 영토를 확장하였으며 대마도를 정벌하였다.

ㄴ. 갑오개혁을 통해 1894년에 신분 제도가 사라졌다.

ㄷ. 1905년 을사늑약을 통해 외교권 박탈, 통감부가 설치되었다.

24 정답 ④

1910년 한일 병합 이후 근대적 토지 소유권을 확립한다는 명분으로 토지 조사 사업을 시행하여 신고하지 않은 토지를 일본인에게 싼 값에 넘겼다.

① 탕평책은 붕당의 폐단을 없애기 위해 인재를 고르게 등용하는 정책이다.

② 호패법은 조선 시대 신분을 나타내기 위한 제도이다.

③ 광종은 양민이었던 노비를 해방시켜 주기 위해 노비안검법을 실시하였다.

25 정답 ③

전두환 정부의 강압적인 통치, 1987년 박종철 고문 사망 사건, 4·13 호헌 조치를 계기로 전국적으로 대규모의 시위가 일어났다. 이 사건을 6월 민주 항쟁이라 한다. 6월 민주 항쟁으로 대통령 선거가 간선제에서 직선제로 변하게 되는 민주주의의 중요한 사건이다.

① 새마을 운동은 1970년부터 시작된 지역 사회 개발 운동이다.

② 이성계는 위화도 회군을 통해 정치적·군사적 장악을 하여 조선을 건국하였다.

④ 국채 보상 운동은 일본으로부터 빌려 쓴 1,300만 원을 갚기 위한 운동이다.

memo